证券市场沉思录

（第3版）

［美］保罗·克利克曼
(Paul M. Clikeman)
著

周 华　尤希琦
译

中国人民大学出版社
·北京·

译者序

20世纪90年代初，我国证券市场刚起步，有很多人寄希望于借鉴欧美证券市场上的做法来制定我国的经济金融监管规则。于是，诸如证券市场"看门人"机制、《国际财务报告准则》（IFRS）等许多域外的习惯做法和规则被冠以"先进经验""国际惯例"之名引入我国。

三十多年来，全球证券市场上严峻的现实给人们敲响了警钟。在全球各大证券市场，有的上市公司财务舞弊手段之花样繁多、涉及金额之巨大，已经远远超出了人们的想象。人们不禁要问，在百亿级财务造假之后，经济金融监管制度中所引入的某些所谓的"国际惯例"还会带来什么？一些人认为，正所谓"橘生淮南则为橘，生于淮北则为枳"，那些引入的金融监管规则本身是先进的，只是我国暂时还不具备实施的环境和条件。这种观点貌似有一定道理，但其实质仍然是故弄玄虚、混淆视听。事实上，几十年来我国一直有学者（如中国人民大学戴德明教授等）在追问：那些规则是否在当初编写时就缺乏合理性？这一追问提醒我们，要解决这一问题，需要从历史深处寻求真相。

《证券市场沉思录（第3版）》紧扣百年来美国证券市场上发生的震惊全球的案例展开，从"火柴大王"克鲁格案到麦克森&罗宾斯公司欺诈案，从美国权益基金公司案到疯狂埃迪公司案，从安然事件到世界通信公司案，从帕玛拉特公司案到奥林巴斯公司案，着力帮助读者朋友理解证券市场上财务舞弊的前因后果及其对证券市场会计审计监管规则的影响，进而形成辩证评价证券服务机构、正确甄别金融证券理论知识的科学理念。

2016年5月17日，习近平总书记在哲学社会科学工作座谈会上发表重要讲话，指出"观察当代中国哲学社会科学，需要有一个宽广的视角，需要放到世界和我国发展大历史中去看"，"要按照立足中国、借鉴国外，挖掘历史、把握当代，关怀人类、面向未来的思路，着力构建中国特色哲学社会科学，在指导思想、学科体系、学术体系、话语体系等方面充分体现中国特色、中国风格、中国气派"。2022年4月25日，习近平总书记在中国人民大学考察调研时强调，"加快构建中国特色哲学社会科学，归根结底是建构中国自主的知识体系"。习近平总书记还多次强调，"历史研究是一切社会科学的基础"。这一系列具有指导性、针对性、实践性的判断和论述，为科学评价域外习惯做法的成败得失，完善我国经济金融监管制度和财会监督、审计监督体系指明了方向。

笔者和戴德明教授、刘俊海教授、叶建明教授以及中国人民大学商学院"会计学原论"研究组其他成员的研究成果表明：域外习惯做法并不见得就是先进经验，相反，很多时候它们恰恰是教训。强制性注册会计师审计制度是美国《1933年证券法》仓促立法形成的失当的机制设计。弹性化的会计规则，包括IFRS和美国证券市场上的公认会计原则，是这种失当的审计机制设计的必然结果。2002年安然事件爆发以后，强制性注册会计师审计制度的失当性一再成为英美财经界探讨的话题。2011年以后，英国财经界谴责IFRS没什么用。2012年，美国证监会宣布放弃与IFRS"趋同"的路线图。实践证明，理论逻辑、历史逻辑和实践逻辑"三个逻辑相统一"的马克思主义方法论，是建构中国自主的经济金融监管制度和会计审计体系的重要方法论。我们认为，我国经济金融监管制度和会计审计机制应当依照我国法律的基本原则设计，会计审计改革应当面向新时代中国特色社会主义法治体系，着力建构中国自主的会计审计法规体系和会计审计知识体系。

自1999年至2011年，我们基于经济学和法学交叉学科视角，遵循理论逻辑、历史逻辑和实践逻辑"三个逻辑相统一"的马克思主义方法论，初步论证形成了一套会计审计理论主张，如"根据法律事实记账""取消强制性注册会计师审计制度，建立政府监管机构和内部监督机构自愿委托的注册会计师协助机制"等。2011年6月，笔者就上述观点征求了部分资深学者的意见和建议。2012年1月至2013年1月，笔者受中国人民大学和国家留学基金管理委员会"青年骨干教师出国研修项目"资助，赴美国哥伦比亚大学做访问学者，其间笔者搜集和阅读了大量文献，这些文献为我们此前的理论分析成果提供了充分的历史证据。笔者认为其中一些史料丰富、论证扎实的佳作对我国立法机构、监管机构、会计界同人、高校教师、企业管理人员、证券投资者和广大科研人员具有一定的参考价值。于是，笔者向中国人民大学出版社推荐翻译出版"会计学原论"系列译著，并吸收"会计学原论"研究组的硕士生和博士生参与进来。莫彩华、吴晶晶、张姗姗、尤希琦、孙安文、刘斯曼、赵巍、潘一彬、罗宇田、仝话等优秀青年学子积极参加了《会计简史》《审计简史》《公司财务报告史》《证券市场沉思录（第3版）》《国际会计准则史》等著作的初译工作。每本译著初译完成后通常还要经过至少三年的仔细打磨方可交付出版社。自2016年起，"会计学原论"系列译著开始陆续与读者朋友见面。

《证券市场沉思录（第3版）》是"会计学原论"系列译著之一。本书原著是最近二十多年来笔者在创作《会计制度与经济发展》《法律制度与会计规则》《会计规则的由来》等"会计学原论"系列著作的过程中，所查阅的诸多英文著作中最令人印象深刻的佳作之一。

读过《证券市场沉思录（第3版）》后，相信读者朋友会对美国《1933年证券法》及《2002年萨班斯-奥克斯利法案》等证券法律法规有一个全新的认识。那些惊天大案的主谋为何能够屡屡得手？证券市场监管规则存在哪些系统性缺陷？投资者怎样才能洞察上市公司的舞弊行为，从而把宝贵的资源投向真正为社会创造价值的领域？希望本书能够为读者朋友的思考提供较为全面的参考。

金融行业虽然不直接参与生产制造，但在经济运行中扮演着重要的角色，能够通过资金的融通和配置，促进资源的有效利用和经济发展。当然，金融行业也潜藏着危险，金融危机就是一个例子。金融市场上很多所谓的"学问"实际上都是为了引导市场预期而产生的。可以借助这样一个问题来深入反思证券分析的相关"学问"：四位玩家租了一间棋牌室打麻将，玩了一天，他们的财富是增加了还是减少了？如果您回答"他们的财富不变，因为金融是个零和游戏"，那么，可以断定您已经被"瑞典中央银行纪念阿尔弗雷德·诺贝尔经济学奖"（有许多人不恰当地将其简称为"诺贝尔经济学奖"）的部分获奖成果误导了。因为租棋牌室是要交钱的，所以打麻将的这四位玩家的财富总和一定会减少。这里面体现的就是财富转移的过程。把这四位玩家引向棋牌室的"学问"，就属于公司金融理论。那么，有没有什么科学能够使这四位玩家都从中受益呢？仔细想一想，读者朋友就会明白，决不能把交易所搞成棋牌室性质的机构，可见公司金融理论里面值得反思的东西还真不止一星半点。本书对此进行了深入且全面的探讨，是一部发人深省的著作。

党的二十大报告强调，要"深化金融体制改革，建设现代中央银行制度，加强和完善现代金融监管，强化金融稳定保障体系，依法将各类金融活动全部纳入监管，守住不发生系统性风险底线"。《中共中央关于进一步全面深化改革 推进中国式现代化的决定》提出了"完善促进资本市场规范发展基础制度""完善市场经济基础制度"的要求。这些关键决策和部署为我国金融领域的进一步改革和发展指明了方向、提供了强大动力，是推动金融领域高质量发展的重要遵循。

社会财富主要来源于生产商品、提供服务的实体经济部门。从长期来看，若投资者能够切实关注实体经济部门的基本面状况，便有较大概率能够分享实体经济部门成长所带来的红利。倘若金融监管部门能够制定更为科学合理且贴合实际的监管规则，引导证券投资者与发行人将更多注意力聚焦于实体经济的增长，那么证券市场将更有可能形成健康、持续的发展态势，进而更好地服务于实体经济，促进宏观经济的良性循环与稳定增长。

本书的翻译工作由笔者和中国人民大学商学院会计学专业博士研究生尤希琦共同完成。尤希琦主攻会计基础理论，她积极地申请参与翻译本书。笔者乐于看到青年学子深入探寻学科基础理论和学科发展史，所以欣然邀请她参与了本书的翻译工作。

中国人民大学出版社在联络本书版权过程中给予了大力支持和协助，管理出版分社的各位编辑为本书的出版做了大量细致工作，在此深表谢忱。八年来，莫彩华、吴晶晶、潘一彬、刘斯曼等中国人民大学商学院"会计学原论"研究组成员参与了本书的初译和校对工作，并提出了不少中肯建议，在此一并表示感谢。

我们真诚地希望《证券市场沉思录（第3版）》能够对立法机关、监管机构以及会计界同人、高校教师、企业管理人员、证券投资者和广大研究人员有所助益，能够对推动以人民为中心的金融事业发展有所裨益。囿于我们的识见和能力，舛误纰缪在所难免，深望读者、专家给予批评和指正。

周华

于中国人民大学明德楼

致 谢

　　这本书与我的其他几部作品一样，创作灵感都来源于学生们的启发。那是2002年春天，在安然公司轰然崩塌、安达信会计公司被诉之际，一些学生询问我对公共会计行业的未来有何看法，他们许多人将任职于会计公司，雇主的前途命运理所当然地令他们牵肠挂肚、寝食难安，有人开始怀疑选择公共会计师行业是否明智。我的简要答复是："不必杞人忧天。像安然公司这种证券市场丑闻并非史无前例，见得多了你们就波澜不惊了。在你们上小学时、在你们出生前、在我出生前，证券市场都发生过更大的、巨大的、特大的丑闻。地球照常运转。这个世界一直都需要好的会计师和审计师。"而比较详细的回答，则写在了《证券市场沉思录》这本书里。

　　构思这本书，只用了一个早上。然而创作这本书，却历时三年有余，而且，如若没有研究助手凯文·鲁巴（Kevin Rouba）和亚当·克莱姆（Adam Cram）的帮助，本书可能至今都难以问世。本书第2版的研究和创作得到了埃里克斯·波尔（Alex Burr）的大力帮助。布兰登·比德（Brendan Bieder）和珍·齐默尔曼（Jen Zimmerman）则帮助我撰写了第3版的新章节。

　　感谢我的朋友兼同事乔·霍伊（Joe Hoyle），他听取了我的创作计划，鼓励我尽快将创作计划付诸行动。

　　最重要的是，我要感谢爱妻玛格丽特（Margaret）和我的三个孩子：约翰（John）、凯瑟琳（Kathryn），以及迈尔斯（Miles），他们每天都提醒着我，创作这本书并不是世界上最重要的事。

前　言

> 「复式记账是人类智慧最美妙的发明之一……
> ——约翰·沃尔夫冈·冯·歌德[①]」

会计师和审计师在商业世界中并不属于前台角色——他们的重要作用往往没有得到充分的认可，他们甚至很少受到关注。只是当他们辞任或者被处罚的时候，人们才恍然意识到这个行业的重要价值。宛若巨星的 CEO 因点兵布阵、挥斥方遒而尊享巨额薪酬，华尔街分析师因预测赢家和输家而赢得赞誉，然而，会计师和审计师却很少因其收集和验证对现代经济至关重要的财务信息而得到应有的评价。

会计师的角色是为经济决策者提供有用的信息。会计师将数以百万计的交易概括成寥寥数页的财务报表，使得职业经理、股票经纪人、投资组合管理人、银行信贷员、债券交易员、私人投资者和政府监管机构能够高效率地评价每一家公司的业绩。

审计师可以保护经济决策者免受错误信息或欺骗性信息的影响。通过抽查账簿记录、核实资产数量，审计师可以对财务报表是否按照公认会计原则公允地予以编制提供合理保证，而不是绝对保证。

全球金融市场每天都有投资者根据公司公布的利润信息交易数以百万

[①] *Wilhelm Meister's Lehrjahre* (1796).

计的股票，都有债权人根据借款者的资产负债表信息提供数十亿美元的贷款。如果没有经由会计师编制、审计师验证的准确的财务报表，资本市场就难以高效率地运作。

公共会计师和证券市场舞弊案件

公共会计师行业形成于19世纪中期的英国。英国《1844年公司法》要求公司接受由股东组成的委员会负责实施的年度审计，并允许股东以公司经费聘请外部会计师协助进行年度审计。英格兰和苏格兰的会计师率先成立了"公共会计师"（public accountants）公司，以提供审计服务。其中最著名的是由塞缪尔·普莱斯（Samuel H. Price）和埃德温·华特豪斯（Edwin Waterhouse）于1860年在伦敦建立的著名的合伙企业。

纵观历史，有少数会计师和审计师以揭露金融犯罪而闻名。19世纪50年代，德勤会计公司的创始人威廉·德劳伊特（William W. Deloitte）帮助英格兰大北方铁路公司和大东方轮船公司解决了财务欺诈问题。20世纪20年代，美国联邦税务局（IRS）特别调查组负责人埃尔默·艾瑞（Elmer Irey）在20世纪20年代抓捕黑帮头目阿尔·卡彭（Al Capone）的行动中发挥了关键作用，使其被送往恶魔岛联邦监狱。1995年5月19日，《华尔街日报》盛赞会计学教授阿尔伯特·梅耶（Albert J. Meyer）揭露新时代慈善基金会2亿美元投资骗局的义举。审计师辛西娅·库珀（Cynthia Cooper）入选《时代》杂志2002年"年度人物"，因为她揭发了世通公司（WorldCom）高达110亿美元的财务欺诈案。

但是在过去的100多年中，公共会计师有太多次未能发现客户实施的大胆的欺诈行为。麦克森＆罗宾斯案（McKesson ＆ Robbins）、全美学生营销案（National Student Marketing）、林肯储蓄贷款机构案（Lincoln Savings ＆ Loan，LS ＆ L）、ZZZZ Best案、MiniScribe案、Sunbeam案、Phar-Mor案、HealthSouth案、Lernout ＆ Hauspie案、帕玛拉特案（Parmalat）和东芝案（Toshiba）等导致投资者损失数百亿美元。在每个财务丑闻揭露之后，人们都厉声疾呼"会计师在哪里"。

尽管审计师经常以否认和借口回应，但许多财务丑闻最终还是导致审计程序和财务报告惯例发生了显著变化。本书阐释了塑造全球公共会计师行业的16起证券市场财务欺诈案件。其中，一些丑闻之所以会发生是因为会计师和审计师违反了现有的专业准则，而另一些丑闻的发生，则是因为现行准则存在严重的缺陷。本书的八个部分分别阐释了两起丑闻所引发的最重要的变革。有些变革是会计师和审计师行业自发实施的，而更多的变革则是通过立法实现的。

当然，证券市场财务欺诈案件并非公共会计师行业获得进步的唯一动力。在过去的100多年中，成千上万的人们辛勤地工作，着力改善公司信息披露、建立有意义的会计准则和制定有效的审计程序。但是变革通常是痛苦的，对于相对"保守"的会计师而言尤其如此。众所周知，不到财务丑闻爆发之时，公共会计师行业很少愿意主动承认缺点并采取改进措施。在选民要求改革之前，很少有政客会格外重视会计问题。要想了解当代公共会计师行业所面临的问题，就必须先了解那些对会计惯例影响至深的证券市场财务欺诈案件和企业破产案例。要知道，当今的许多会计准则和审计准则其实都是证券市场财务欺诈案件催生出来的。一些问题数十年来一直在折磨公共会计师行业，那是因为财经界长期未能给出解决争议的妥善方案，以致这些问题沦为老生常谈。

使用建议

本书可用作证券投资学、审计等课程的配套泛读书目。全书阐释了过去80年来值得关注的证券市场重大舞弊案件，着力以丰富的案例研究来帮助读者全面把握识别舞弊技巧、风险评估、内部控制缺陷和审计程序等重要知识点，同时阐释了证券市场重大舞弊案件所催生的新法律、新准则。通过阅读本书，读者朋友可以深刻把握诸多会计、审计惯例的起源和目的。*

---

* 本书附录和索引请参见英文原书。

目 录

01 丑闻与改革 ·········· 1
丑闻和改革 ·········· 2
公共会计师行业的诞生 ·········· 3
公认会计原则 ·········· 4
储蓄贷款机构危机 ·········· 5
审计师与舞弊 ·········· 7
审计师的独立性 ·········· 8
公共会计师行业的职业化进程 ·········· 9
大衰退 ·········· 11
全球化下的监管改革 ·········· 12
结　论 ·········· 12

第一部分　公共会计师行业的诞生

02 走出黑暗 ·········· 17
资本市场 ·········· 18
公共会计师行业 ·········· 19
外部批评 ·········· 21
政府管制 ·········· 22

　　　　结　论 ·· 24
03 伊瓦尔·克鲁格 ··· 26
　　　　伊瓦尔·克鲁格简介 ·· 27
　　　　火柴大王 ·· 28
　　　　克鲁格 & 托尔公司欺诈案 ······································ 30
　　　　被废黜的国王 ·· 32
04 麦克森 & 罗宾斯公司 ··· 35
　　　　科斯特、科斯塔、约翰逊都是穆希卡 ························ 36
　　　　麦克森 & 罗宾斯公司欺诈案 ··································· 38
　　　　骗局败露 ·· 39
05 成为焦点 ··· 42
　　　　国会的行动 ··· 43
　　　　《1933 年证券法》 ·· 44
　　　　《1934 年证券交易法》 ·· 46
　　　　麦克森 & 罗宾斯公司 ·· 47
　　　　SEC 的调查 ·· 47
　　　　结　论 ··· 49

第二部分　会计行业的原则问题

06 公认会计原则 ·· 55
　　　　对准则的需求 ·· 56
　　　　会计程序委员会 ··· 57
　　　　会计原则委员会 ··· 58
　　　　SEC 对会计准则的影响 ·· 60
　　　　并购狂潮 ·· 62
　　　　会计界的另一场危机 ··· 63
07 全美学生营销公司 ·· 66
　　　　假如最初你没有成功 ··· 66
　　　　全美学生营销公司概况 ·· 68
　　　　华尔街的"科特"时代 ·· 69
　　　　NSMC 的会计 ·· 70

NSMC 的审计师 ············· 72
　　　补充说明 ················· 74
08　权益基金公司 ················ 76
　　　美国权益基金公司 ············ 77
　　　权益基金公司欺诈案 ··········· 79
　　　斯奎斯特揭秘 ·············· 80
　　　权益基金公司的审计师 ·········· 81
　　　余　波 ·················· 83
09　似曾相识 ·················· 85
　　　财务会计准则委员会 ··········· 85
　　　财务会计准则委员会的作用 ······· 89
　　　莫斯和梅特卡夫的调查 ·········· 90
　　　审计师责任委员会 ············ 94
　　　监督会计公司 ·············· 95
　　　会计电算化系统 ············· 96
　　　结　论 ·················· 97

第三部分　储蓄贷款机构危机

10　这是美好的生活吗？ ············ 103
　　　建筑贷款协会 ·············· 103
　　　政府管制 ················· 104
　　　战后的繁荣 ················ 105
　　　灾　难 ·················· 106
　　　储蓄贷款机构的会计 ··········· 107
　　　赌徒们的天堂 ·············· 109
11　ESM 政府证券公司 ············· 112
　　　ESM 政府证券公司概况 ·········· 113
　　　合法的赌博 ················ 114
　　　ESM 政府证券公司欺诈案 ········· 115
　　　欺诈曝光 ················· 116
　　　家乡州立储蓄贷款机构 ·········· 117

俄亥俄州的恐慌	118
亚历山大·格兰特会计公司	118
余　波	120

12　林肯储蓄贷款机构　123

基廷的早期职业生涯	124
美国大陆公司	125
林肯储蓄贷款机构欺诈案	126
基廷五人组	128
林肯储蓄贷款机构的审计师	129
问题的解决	131

13　银行劫匪　134

国会听证会	135
《1989年金融机构改革、复苏和强化法》	138
《1991年联邦存款保险公司改进法案》	139
内部控制报告	141
盯市会计	144
其他会计改革	147
余　波	148
硬币的另一面	149

第四部分　期望差距

14　审计师与舞弊　155

公共会计师	156
拒绝承担侦察舞弊的责任	157
大论战	160
约翰·丁格尔和罗恩·怀登	163
持续的争论	165

15　ZZZZ Best公司　168

奇迹男孩	169
ZZZZ Best公司的骗局	170
巴里的团伙	171

巴里的审计师 172
　　　ZZZZ Best 骗局败露 175
　　　一扫而净 176
　　　一朝当过骗子 177

16　Crazy Eddie 公司 180
　　　Crazy Eddie 公司概况 181
　　　安塔家族 182
　　　Crazy Eddie 公司欺诈案 183
　　　Crazy Eddie 公司的审计师 185
　　　发现欺诈行为 185
　　　逃亡的艾迪 187
　　　公平、正义？ 187

17　缩小差距 190
　　　特雷德韦委员会 191
　　　与"期望差距"有关的审计准则 192
　　　欺诈性财务报告：1987—1997 年 195
　　　后续的审计准则 196

第五部分　终结的开端

18　审计师独立性 201
　　　审计师的独立性 201
　　　审计师由客户雇用和支付报酬 203
　　　旋转门 204
　　　非审计服务 206
　　　与客户建立合资企业 208
　　　独立性准则委员会 209
　　　结　论 210

19　废弃物管理公司 214
　　　废弃物管理公司概况 215
　　　旋转的首席执行官 216
　　　废弃物管理公司的会计 218

	共　犯 · 220
	清理垃圾 · 222
20	Sunbeam 公司 · 226
	"电锯艾尔" · 227
	Sunbeam 公司概况 · 228
	Sunbeam 公司破产 · 229
	Sunbeam 公司的会计 · 231
	Sunbeam 公司的审计师 · 233
	烧焦的吐司 · 234
21	千禧年的末尾 · 237
	8 064 项违规行为 · 238
	SEC 提议对审计师独立性监管规则实施现代化改革 · 240
	SEC 新规的影响 · 243
	关于重要性的指导 · 244
	结　论 · 246

第六部分　从职业到受管制的行业

22	公共会计师行业的职业化进程 · 251
	一仆二主 · 252
	广　告 · 253
	直接招徕客户 · 254
	竞争性招标 · 256
	鉴证服务 · 258
	一群狂热的认知者 · 259
	非审计服务的增长 · 261
	安达信会计公司 · 262
	重商主义 · 264
23	安然公司 · 268
	肯尼斯・莱与安然公司的建立 · 269
	杰弗里・斯基林和安然公司的转型 · 270
	安迪・法斯托和安然公司的会计处理 · 271

　　　　安然公司的倒闭 ·················· 273
　　　　安然公司和安达信会计公司 ·········· 276
　　　　肯尼斯·莱和斯基林遭到起诉 ········· 277
24　世通公司 ······················ 282
　　　　世通公司概况 ···················· 283
　　　　对不起，您的电话无法接通 ·········· 284
　　　　拨错号码 ························ 285
　　　　勉为其难的参与者 ················ 287
　　　　夜间侦探 ························ 288
　　　　世通公司的外部审计师 ············ 290
　　　　余　波 ·························· 292
25　完美风暴 ······················ 297
　　　　安达信会计公司的堕落 ············ 298
　　　　《2002年萨班斯-奥克斯利法案》 ···· 302
　　　　审计审计师 ······················ 304
　　　　"404条款" ······················ 307
　　　　《审计准则公告第99号》 ············ 308
　　　　结　论 ·························· 309

第七部分　没有地方比得上家

26　看房时间 ······················ 317
　　　　房利美和房地美 ·················· 318
　　　　华尔街 ·························· 319
　　　　街区里新来的孩子 ················ 321
　　　　信用评级机构 ···················· 322
　　　　房地产泡沫 ······················ 323
　　　　坐拥炸药桶 ······················ 324
27　泰勒、比恩 & 惠特克公司 ········ 326
　　　　抵押贷款巨头 ···················· 327
　　　　借"不良资产救助计划"掩盖问题 ···· 328
　　　　审计师付出代价 ·················· 330

7

行尸走肉 …… 332
28　雷曼兄弟公司 …… 335
　　　从蒙哥马利到曼哈顿 …… 335
　　　举债交易 …… 337
　　　时隐时现 …… 338
　　　大猩猩和裁判 …… 340
　　　雷曼兄弟公司的破产 …… 342
　　　余　波 …… 343
　　　悲剧还是闹剧？ …… 345
29　大衰退 …… 348
　　　美国金融危机 …… 349
　　　立法改革 …… 350
　　　会计改革 …… 352
　　　罚款和诉讼 …… 354
　　　不只是局部问题 …… 356

第八部分　世界是平的

30　世界很小 …… 361
　　　巴别塔 …… 362
　　　国际会计准则 …… 363
　　　美国无意采用《国际财务报告准则》 …… 364
　　　国际审计准则 …… 366
　　　监管套利 …… 367
　　　欺诈是一个全球性的问题 …… 369
31　帕玛拉特公司 …… 372
　　　冠军牛奶 …… 373
　　　帕玛拉特公司开始"变质"了 …… 374
　　　帕玛拉特公司骗局 …… 375
　　　审计师轮换 …… 377
　　　擦掉溢出的牛奶 …… 380
32　奥林巴斯公司 …… 383

奥林巴斯公司概况 ………………………………… 384
　　　亏损"飞走"了 …………………………………… 385
　　　警铃大作 …………………………………………… 386
　　　三只盲鼠 …………………………………………… 389
　　　浴火重生 …………………………………………… 390
33 随着世界的变化 ………………………………………… 393
　　　加拿大 ……………………………………………… 393
　　　澳大利亚 …………………………………………… 395
　　　日　本 ……………………………………………… 396
　　　欧　盟 ……………………………………………… 398
　　　英　国 ……………………………………………… 401
　　　结　论 ……………………………………………… 403
34 总　结 …………………………………………………… 406
　　　强制性财务报告和强制性审计 …………………… 406
　　　公认会计原则的发展 ……………………………… 407
　　　审计程序 …………………………………………… 408
　　　审计师对发现客户的舞弊行为的责任 …………… 410
　　　公共会计公司 ……………………………………… 412
　　　政府监管 …………………………………………… 413
　　　结　论 ……………………………………………… 415

01　丑闻与改革

「　失误是发现之门。

——詹姆斯·乔伊斯①　」

  2002 年初，公共会计师行业迎来了一场危机。据统计，2000—2001 年，美国发生了 300 余起利润重述案件，不难想象在此之前的 20 世纪 90 年代财务报告中的利润数据是何其虚假。2001 年 12 月，能源巨头安然公司（Enron）的破产事件沉重打击了投资者的信心，更引发了道琼斯工业平均指数（Dow Jones Industrial Average，DJIA）下跌 2 000 点。如日中天的著名会计公司安达信（Andersen）因为销毁了近 20 箱关于安然公司的审计文件而遭到司法部门的起诉。安然事件之后不久，世通公司的内部审计师自曝该公司存在严重的财务欺诈行为。一时间，曾经备受尊敬的注册会计师在民意调查中的地位竟低于政客和记者。

  截至 2002 年末，各级监管机构已出台多项措施，美国的财务报告环境发生了翻天覆地的变化。国会针对安然公司和世通公司等财务丑闻，通过了《公众公司会计改革和投资者保护法案》（Public Company Accounting Reform and Investor Protection Act），又称《2002 年萨班斯-奥克斯利法案》（Sarbanes-Oxley Act of 2002，SOX），该法案限定了会计师能够为其审计客户提供的非审计服务的范围，并设立了公众公司会计监察委员会（Public

---

①　*Ulysses*（1922）.

Company Accounting Oversight Board，PCAOB）负责管理公共会计公司。同时，审计准则委员会（Auditing Standards Board，ASB）也公布了一套新的审计准则，要求审计师执行更多侦察舞弊的程序。另外，财务会计准则委员会（Financial Accounting Standards Board，FASB）针对特殊目的实体制定了更为严格的会计规则，美国证券交易委员会（Securities and Exchange Commission，SEC）则要求对表外融资（off-balance sheet financing）进行更加广泛的披露。

21 世纪初，很多国家针对财务丑闻实施了会计和审计改革，其公共会计师行业的从业环境也发生了相应的变化。比如，日本在 2004 年加强了审计独立性规定，禁止审计人员持有客户的股票。加拿大在 2005 年通过了一项规定，要求企业高管证明其公司内部控制的有效性。著名的澳大利亚"第 9 号法案"（CLERP 9）则规定，会计师公司在审计某家客户满五年之后必须轮换合伙人，等到度过两年"冷静期"后才能再次为该客户服务。

丑闻和改革

2002 年安然公司和世通公司引发的重大会计改革，遵循了某种似曾相识的模式。正如 70 年前伊瓦尔·克鲁格（Ivar Kreuger）在瑞典火柴公司的投资骗局促使美国国会在 1933 年和 1934 年连续通过两部联邦证券法，这两项颇具里程碑意义的法案要求公司公布经审计的年度财务报表，并成立了 SEC 来监管财务报告行为。

1932—2002 年，丑闻和改革一再重演。1938 年，审计师们未能发现麦克森 & 罗宾斯公司的 1 900 万美元虚假资产，促使美国会计师协会（American Institute of Accountants，AIA，美国注册会计师协会的前身）公布了第一份明确说明如何任命审计师并实施审计的权威性程序准则；1973 年，美国权益基金公司（Equity Funding Corporation of America，EF-CA）丑闻促使审计师们开发了测试电算化会计记录的新程序；20 世纪 80 年代，储蓄贷款机构危机（savings and loan crisis）引发了要求对金融机构进行更彻底审计的新立法；20 世纪 90 年代，安达信会计公司在家用电器制造商 Sunbeam 公司以及废弃物管理公司（Waste Management）案中的审计失败促使 SEC 对审计师独立性要求进行修订。事实上，公共会计师行业的发展史可以说是由一系列丑闻及其引发的改革所构成的，虽然这些改革可能是自发的也可能是政府强制推行的。

公共会计师行业的诞生

19世纪40年代，英国公司就开始公布经审计的财务报表。但60年以后，美国许多企业的高管仍然拒绝向公众披露公司的利润率和财务状况。直到1932年，美国政府和美国各大证券交易所均未要求工商企业向股东分发经审计的财务报表。

20世纪20年代，生性风流的瑞典金融家伊瓦尔·克鲁格通过承诺每年支付高达20%的丰厚股利，从美国投资者手中募集了逾2.5亿美元，这在当时是一个天文数字。1932年3月，克鲁格自杀的消息传出后不久，人们就发现投资者投入的资金中有1.15亿美元已经不翼而飞。内布拉斯加州的参议员乔治·诺里斯（George Norris）以及路易斯安那州的参议员休伊·隆（Huey Long）遂要求联邦立法，保护投资人免受那些"试图兜售蓝天的恶棍证券发行人"的欺骗。①

随后，富兰克林·罗斯福（Franklin D. Roosevelt）总统签署了《1933年证券法》（Securities Act of 1933）以回应投资者的担忧。《1933年证券法》要求公司在向公众出售证券之前，必须公布经审计的财务报表等注册文件。1934年，美国国会又通过了《1934年证券交易法》（Securities Exchange Act of 1934），要求公众公司提交包含经审计财务报表的年报，并设立了SEC负责管理和实施联邦证券法。

尽管1933年以及1934年的联邦证券法要求公众公司向审计师开放账目，但在当时的审计程序中几乎不存在针对舞弊的监管措施。事实上在20世纪30年代初，审计师无须去实地盘点客户的资产或与客户所声称的顾客进行沟通确认。两度被判诈骗罪的菲利普·穆西卡（Philip Musica）正是利用了这些漏洞，通过麦克森&罗宾斯公司实施了高达数百万美元的诈骗。在他三个兄弟的帮助下，穆西卡伪造了销售发票、运输单据以及存货记录来虚增麦克森&罗宾斯公司的利润和资产。

1938年，麦克森&罗宾斯公司诈骗案的曝光引发了人们对于审计师测

---

① Dale Flesher and Tonya Flesher, "Ivar Kreuger's Contribution to U. S. Financial Reporting," *Accounting Review* 61 (July 1986): 426.

试程序是否充分的广泛辩论。SEC 采访了 46 名证人,试图弄清麦克森 & 罗宾斯公司的审计师是否遵循了公认审计准则,以及当前的审计准则是否足以保证财务报告的可靠性与准确性。麦克森 & 罗宾斯公司丑闻曝光之后的半年内,美国公共会计师协会(Institute of Public Accountants)公布了第一份《审计程序声明》(Statement on Auditing Procedure),要求审计师观察客户盘点实物存货的过程,并与债务人直接沟通确认应收账款。

公认会计原则

《1934 年证券交易法》授权 SEC 为公众公司制定财务会计准则(financial accounting standards)。但是无意承担如此重任的 SEC 早期委员们将制定详细会计规则(accounting rules)的任务交给了会计程序委员会(Committee on Accounting Procedure,CAP)及其继任者——会计原则委员会(Accounting Principles Board,APB),这些机构制定的准则被统称为"公认会计原则"。

许多公司利用公认会计原则实施合规舞弊。例如,全美学生营销公司(National Student Marketing Corporation,NSMC)就采用了权益结合法(pooling of interests),将公司利润从 1967 年的 72.3 万美元增加到 1969 年的 6 800 万美元。权益结合法是公认会计原则中一种颇具争议性的会计处理方式。SEC 针对全美学生营销公司的后续调查结论认为,该公司夸大了两家子公司的收益,并不当地确认了两家子公司的销售利润。

1969 年,当会计原则委员会试图废除权益结合法时,愤怒的财务经理与投资银行家们向该委员会寄出了上百封抗议信。其中,国际电话电报公司(IT&T)威胁要起诉会计原则委员会,以期阻止该项会计规则的变更提议,八大著名会计公司中有三家派出代表质疑会计原则委员会制定会计准则的能力。最终美国注册会计师协会(AICPA)被迫以规模较小的财务会计准则委员会取代了原来的会计原则委员会,并授予其来自工商业界和投资界的代表投票权。

1973 年,就在财务会计准则委员会成立后的几周内,美国权益基金公司财务丑闻的曝光,使得刚成立不久的委员会陷入了危机。举报人隆·斯奎斯特(Ron Secrist)透露,美国权益基金公司的员工利用计算机程序生成了 64 000 份虚假的人寿保险单。为了造假,美国权益基金公司雇用了 10

名年轻女性工作者,专门负责伪造保单申请、医生报告和其他文件以填写虚假的保单持有人档案。在这起财务丑闻中,20 名美国权益基金公司的员工和 2 名审计师因参与欺诈而遭到起诉。

1977—1978 年,加利福尼亚州民主党众议员约翰·莫斯(John Moss)和蒙大拿州民主党参议员李·梅特卡夫(Lee Metcalf)举行了一系列听证会以评估会计准则和审计程序的制定机制。一些证人建议废除财务会计准则委员会,交由国会、SEC 或者美国审计总署(General Accounting Office,GAO)制定会计和审计准则。还有的证人抱怨 SEC 缺乏检查独立审计师工作质量的程序。因为后来会计师行业自愿进行变革,美国联邦并没有对此立法。在改革中,审计公众公司的会计公司同意每 3 年进行一次同行评审,以确定其是否符合公认审计准则(generally accepted auditing standards,GAAS)的要求。另外,这些会计公司还承诺为每个属于 SEC 监管范围的客户分配一位复核合伙人(concurring partner),该合伙人每 5 年轮换一次。

储蓄贷款机构危机

20 世纪 80 年代的储蓄贷款机构危机是自 20 世纪 30 年代大萧条(the Great Depression)以来最严重的一次金融崩盘。背信弃义的储蓄贷款机构经营者在垃圾债券和商业投机上损失了数十亿美元,继而以操纵会计记录来隐藏损失金额。20 世纪 80 年代末和 90 年代初,美国联邦政府耗费近 5 000 亿美元为 700 多家破产金融机构收拾了残局。

20 世纪 70 年代的利率波动,是储蓄贷款机构危机的导火索。利率波动导致投资证券的价格出现剧烈震动。为了弥补投资证券的损失,ESM 政府证券公司的管理人员开始投机交易数百万美元的国库券。然而其投机行为以惨败收场,首席执行官艾伦·诺维克(Alan Novick)利用虚假关联交易掩盖了 3 亿美元的投机损失。1985 年 3 月,ESM 政府证券公司破产,拖垮了俄亥俄州的储蓄贷款机构系统。总部位于辛辛那提的家乡州立储蓄贷款机构(Home State Savings & Loan)失去了投资于 ESM 政府证券公司的 1.45 亿美元存款,此后,俄亥俄州州长理查德·塞莱斯特(Richard Celeste)关停了该州 70 家有私人保险的储蓄机构,直到通过紧急立法成立了俄亥俄州保险基金。ESM 政府证券公司案中最令人震惊的是公司的审计师乔斯·戈麦兹(Jose Gomez)在 1979 年已经发现公司存在欺诈行为,却在后续的 5 年内接受了 ESM 政府证券公司高管 20 万美元的贿赂，后因帮助掩盖 ESM 政府证券公司欺诈案被判处 12 年有期徒刑。

性质同样恶劣的案件还有林肯储蓄贷款机构案，这家机构的破产直接让美国纳税人损失了 23 亿美元。1983 年，小查尔斯·基廷（Charles H. Keating Jr.）用 5 100 万美元收购了林肯储蓄贷款机构。在接下来的 6 年中，基廷和他的家人从林肯储蓄贷款机构中抽走了 3 400 万美元，并在垃圾债券、未开发土地和无担保贷款上豪掷了 20 亿美元的储蓄资产，结果血本无归。1987 年，当政府监管机构试图接管林肯储蓄贷款机构时，5 位收受基廷数十万美元高额竞选捐款的美国参议员百般阻挠。林肯储蓄贷款机构的审计师对基廷鲁莽的投资行为完全放任不管，他们也因此获得了丰厚的回报。例如亚瑟·扬会计公司（Arthur Young）的合伙人杰克·艾奇森（Jack Atchison）批准了该机构报告 8 000 万美元的可疑地产销售利润，在此后不久便获得了林肯储蓄贷款机构母公司年薪 93 万美元的职位。

美国众议院和参议院银行委员会于 1989 年初举行听证会，调查为何这么多储蓄贷款机构都需要政府收拾残局。在听证会期间，一些政府监管机构指责本国的审计师教唆客户犯罪。储蓄机构监管办公室（Office of Thrift Supervision，OTS）的一位代表作证称，会计公司于 1986 年和 1987 年对林肯储蓄贷款机构的审计存在缺陷，这"有力地证明了美国任何一家储蓄机构尽管存在严重资不抵债的情况，但都能获得干净的审计意见"。[1] 一名美国审计总署的代表列举了多个审计师未能识别或报告客户内部控制问题的例子。众议院银行委员会（House Banking Committee）主席亨利·冈萨雷斯（Henry Gonzalez）在听证会结束时总结称，公共会计师"玩忽职守，储蓄贷款机构即将发生灾难，他们却还在粉饰太平"。[2]

1989 年，美国国会通过《1989 年金融机构改革、复苏和强化法》（Financial Institutions Reform, Recovery and Enforcement Act of 1989，FIRREA）加强了对储蓄贷款机构的监管。《1989 年金融机构改革、复苏和强化法》将储蓄贷款机构的最低净资产要求提高了一倍，并设置了金融机构对于风险资产的投资限额。1991 年，国会在处理本国银行体系中类似危机时，出台了《1991 年联邦存款保险公司改进法案》（Federal Deposit Insur-

---

[1] Ron Wyden, "The First Line of Defense," *New Accountant* (December 1990): 15.

[2] Mary B. Malloy and Walter M. Primoff, "The S&L Crisis—Putting Things in Perspective," *CPA Journal* 59 (December 1989): 12.

ance Corporation Improvement Act of 1991，FDICIA），提高了银行的最低资本要求，规定了贷款文件的标准，并禁止向高管发放"过高"的薪酬。

《1991年联邦存款保险公司改进法案》中的另外两项条款则显著地改变了公共会计师行业。该法案要求审计师加强检查并就每家银行的内部会计控制提交报告。11年后，《2002年萨班斯-奥克斯利法案》进一步将《1991年联邦存款保险公司改进法案》中的内部控制报告和审计要求扩展到一定规模以上的所有公众公司。此外，《1991年联邦存款保险公司改进法案》还要求银行披露其货币性资产和负债的公允市场价值。自1991年起，财务会计准则委员会缓慢而稳步地从历史成本会计转向了按市值计价的会计。

审计师与舞弊

过去投资者一直认为审计师的首要工作是防范和侦察公司舞弊。但在整个20世纪，美国的审计师都在努力逃避为其客户的财务欺诈承担责任。1929年，由美国会计师协会出版的《财务报表的验证》(Verification of Financial Statements) 警示，无法保证其推荐的审计程序"能够发现挪用公款，以及通过经营交易或操纵账目来低估资产的情形"。[1] 1957年版的罗伯特·蒙哥马利（Robert Montgomery）的颇具影响力的教材《审计理论与实践》(Auditing Theory and Practice) 认为审计师"不承担侦察舞弊的责任"。[2]

20世纪70年代和80年代，一系列广为人知的财务欺诈案件迫使审计人员承担起更多侦察和报告公司违规行为的责任。其中最大胆的两家舞弊企业当属ZZZZ Best公司和Crazy Eddie公司。1982年，巴里·明科（Barry Minkow）创建了ZZZZ Best公司，当时的他还只是一名16岁的高中生。在短短5年内，ZZZZ Best公司的市值就达到了2亿美元。然而到1987年ZZZZ Best公司破产时，调查人员却发现该公司虚构了大部分的收入。巴里·明科被判处25年有期徒刑。而"Crazy Eddie的超线性声音体验店"

---

[1] American Institute of Accountants, *Verification of Financial Statements*, reprinted in *Journal of Accountancy* 47 (May 1929): 324.

[2] Robert H. Montgomery, *Auditing Theory and Practice*, 8th ed. (New York: Ronald Press, 1957) quoted in Commission on Auditors' Responsibilities, *Report, Conclusions, and Recommendations* (New York: Commission on Auditors' Responsibilities, 1978), 34.

（Crazy Eddie's Ultra Linear Sound Experience）的创始人艾迪·安塔（Eddie Antar）一方面通过记录虚假销售收入和更改库存记录抬高公司股价，另一方面通过抛售 Crazy Eddie 公司的股票套现逾 6 000 万美元。在 Crazy Eddie 公司的骗局曝光后，艾迪·安塔潜逃出国，靠着秘密银行账户中的资金生活，躲过了警察 2 年多的搜查。最终，艾迪在以色列落网，随后被判处 7 年有期徒刑。

为了平息公众的愤怒，1988 年，审计准则委员会公布了九项旨在减少欺诈性财务报告的新审计准则。《审计准则声明第 53 号》规定审计师设计的审计程序需要"为发现财务报表中重大的错误和违规行为提供合理保证（reasonable assurance）"，还要求审计师以职业怀疑态度对待管理层的陈述。换言之，审计师再也不能简单地在缺乏相反证据的情况下假定管理层是诚实的。而其他准则试图通过改进审计师评估内部控制的程序、执行分析性程序（analytical procedures）和评估会计估计的程序来提高审计质量。另外，对于审计师报告也进行了修订，以期更清晰地传达审计师履行的程序和承担的责任。

审计师的独立性

独立性是审计的基石。正是因为担心管理层编制的财务报表可能存在偏差，投资者和债权人才会要求进行审计，因此审计师的作用就是对财务报表提出公正和客观的意见。正如美国最高法院大法官沃伦·伯格（Warren Burger）在 1984 年一项裁决中所说的："如果投资者认为审计师已经沦为公司客户利益的代言人，审计就失去其价值了。"[①]

1998 年，安达信会计公司两家客户的会计报表重述引发了社会舆论的热烈讨论——虽然人们希望审计师公正地监督被审计公司的账目，但审计师能否如众人所愿的那样独立于被审计公司，这一点确实值得质疑。同年2 月，主营垃圾收集的废弃物管理公司补记了 35 亿美元的费用，主要包括上一年度的折旧费用、资本化利息、环境清理义务以及资产减值损失等项目。8 个月之后，家用电器制造商 Sunbeam 公司解雇了公司的首席执行官邓拉普（Dunlap），并宣布撤回其 1996 年与 1997 年的财务报表，声称这些

---

① *United States v. Arthur Young & Co.*, 465 U. S. 805 (1984).

数据存在严重错误。

SEC 的调查人员发现，废弃物管理公司和 Sunbeam 公司的审计师都发现了数百万美元的会计违规操作，却均未报告。1993 年，审计师在结束废弃物管理公司审计时，提出需要调整 1.28 亿美元的错报，在公司高层承诺整改之后，审计师竟然出具了干净的审计报告。而负责 Sunbeam 公司审计的合伙人更是断言，占该公司 1997 年报告收入总额 16% 的已知错报并"不重要"。

SEC 时任主席亚瑟·莱维特（Arthur Levitt）从 Sunbeam 公司和废弃物管理公司的重磅丑闻中得出结论：审计师已经失去独立性。审计师并没有对财务报表提供客观的意见，只是简单地出具了管理层想要的审计意见。莱维特时常质疑会计师既为客户提供管理咨询服务，又对其进行审计是否恰当。2000 年，莱维特耗费了大量的时间和精力修改 SEC 关于审计师独立性的要求，希望通过限定公共会计师公司能够为其审计客户提供的非审计服务的范围来提高审计师的独立性。

大型会计公司自然会极力反对莱维特对于其服务范围的限制。因为在当时，管理咨询服务占会计公司总收入的 50% 以上，在利润中占据的份额则更高。所以美国注册会计师协会和五大会计公司豪掷 1 200 多万美元游说国会领导人以阻挠莱维特的计划。46 名国会议员写信给莱维特，敦促他撤回或修改关于独立性的提案。阿拉巴马州共和党参议员理查德·谢尔比（Richard Shelby）甚至提议了一项拨款附加条款，这将禁止 SEC 花费任何资金实施或强制执行莱维特提议的规则。

在最后关头各方达成妥协，SEC 修改了规则，允许会计公司继续为其审计客户提供信息系统设计服务，条件是公众公司必须在其年度委托投票说明书（annual proxy statements）中披露因非审计服务而支付给会计师的金额。审计师也得以继续执行客户不超过 40% 的内部审计工作。直到 2 年后，《2002 年萨班斯-奥克斯利法案》才终于禁止了审计师为其审计客户提供信息系统设计和内部审计服务。

公共会计师行业的职业化进程

提供公共服务的使命使得公共会计师行业的企业区别于一般商业企业。注册会计师既然获得了签署审计报告的独家权利，就应该保护公众免受错误或欺诈性财务报告信息的侵害。美国注册会计师协会《职业行为准则》

(Code of Professional Conduct) 第二条便要求会员"行事需符合公众利益、尊重公众信任，并展现职业精神"。

在 20 世纪的前 70 年里，大多数审计师在提供公共服务的同时，都能够过上舒适的生活。美国经济的增长与公众公司数量的增加确保了会计公司收入的稳步增长。美国注册会计师协会明文禁止发布广告、直接招徕客户（direct solicitation）和竞争性招标，以期确保行业较低的竞争程度和较高的审计收费水平。

但是到了 20 世纪 70 年代，在联邦贸易委员会（Federal Trade Commission，FTC）强制美国注册会计师协会废除其关于发布广告、直接招徕客户和竞争性招标的规则之后，审计服务的市场环境发生了翻天覆地的变化。为了争夺市场份额，会计公司大幅削减了审计收费，压缩了审计的利润空间。而随着审计利润的下降，会计公司将更多的资源和精力转向了管理咨询服务。到 1998 年，管理咨询服务收入占大型会计公司总收入的一半以上，而会计和审计业务仅占 30%。针对这种现象，美国注册会计师协会的一个特别委员会预测，会计师可以通过提供网站认证和评估医疗保健质量等新型服务，使其收入增加一倍到两倍。批评者则质疑，这些自称为"具有交叉学科背景的职业化服务公司"（multidisciplinary professional services firms）的会计公司，是否已经为了利润最大化的目标而将公共服务目标置之脑后。

安然公司和世通公司的破产更是进一步令美国民众及国会议员意识到注册会计师确实已经忘却了其对于公众的责任。2001 年，安达信会计公司向安然公司收取了 5 200 万美元的巨额费用，作为回报，安达信会计公司纵容安然公司报告了向特殊目的实体按照虚高价格出售资产获取的不当收益。安然公司的破产使成千上万的员工失去了工作和养老金。安然公司的股价从 2000 年 8 月的每股 90 美元，暴跌至 2001 年 12 月的每股 1 美分，投资者的损失大约在 600 亿美元。事实上世通公司的审计失败更加令人震惊，审计师竟然未能注意到世通公司的会计师没有将 38 亿美元的线路成本记录为营业费用，而是作为财产和设备的补充支出予以资本化。

安然公司的破产直接摧毁了安达信会计公司的信誉。在司法部门指控安达信会计公司销毁与安然有关的文件而妨害司法公正之前，数十家安达信会计公司的大客户就失去了对其审计意见可靠性的信心，并与其解除合作。审计师真正的价值就在于他们的信誉。当会计公司沦为笑柄的时候，公共会计师行业也就失去了存在的意义。

在世通公司宣布其史无前例的收益重述一天后，南达科他州参议员多数党（民主党）领袖汤姆·达施勒（Tom Daschle）决定加快推进几个月前由马里兰州参议员民主党保罗·萨班斯（Paul Sarbanes）起草的金融改革法案。多亏了公众对世通公司的声讨，《2002年萨班斯-奥克斯利法案》以97票比0票在参议院获得全票通过。

《2002年萨班斯-奥克斯利法案》是自1933年和1934年联邦证券法以来美国财务报告体系中最大的变革。该法案加强了对审计师独立性的要求，为公司的审计委员会安排了新的职责，要求披露更多的表外融资，并提高了欺诈罪的最高监禁期限。众多措施中最令公共会计师感到尴尬的是，《2002年萨班斯-奥克斯利法案》成立了一个具有准政府性质的监督委员会，即公众公司会计监察委员会，负责制定审计准则并监察会计公司，以评估其审计质量。而公司高管最关心的则是该法案要求公司每年都对其内部会计控制进行评估，并在年度报告中披露内部控制的重大缺陷。一些跨国公司为了遵循《2002年萨班斯-奥克斯利法案》的内部控制要求，耗费了70 000个人工工时（相当于雇用了35名全职员工专司其职）。

大衰退

道琼斯工业平均指数从2002年10月的7 286点稳步上升到2007年10月的14 043点，然后在接下来的18个月里暴跌超过50%，仅在2008年9月这一个月里就下跌了2 000点。经济崩溃是由利率上升和房地产价格下跌造成的，其结果是房屋止赎数量增加了2倍，抵押贷款支持证券的价值更是蒸发了数千亿美元。后续调查发现，抵押贷款机构泰勒、比恩&惠特克公司（Taylor, Bean & Whitaker, TBW）出售了数百万美元的虚假贷款以骗取融资。华尔街的标志性企业雷曼兄弟也在这场危机中破产。一位法院指定的破产审查员得出结论，雷曼兄弟利用激进的会计方法调低了报告的财务杠杆率。

在此期间，负责审计抵押贷款机构和承销商的四大会计公司也为其违规行为付出了高昂的代价。会计公司总计支付了大约10亿美元，就控告其违反审计准则的民事诉讼达成和解。为了应对危机，国会通过了《多德-弗兰克华尔街改革和消费者保护法案》（Dodd-Frank Wall Street Reform and Consumer Protection Act），对美国金融机构监管制度进行了重大改革。其中与会计师最为相关的是，该法案要求经纪商的审计师在 PCAOB 注册，并接受定期检查。另外，该法案要求新增披露高管薪酬对比于员工薪酬中位数的情况。而 FASB 也修订了关于回购协议会计处理的指南，避免其他公司效仿雷曼兄弟低估负债。

全球化下的监管改革

由于世界资本市场紧密相连，在一国发生的财务欺诈可能会波及全球。2002 年，在美国的安然公司和世通公司财务丑闻曝光后不久，国际会计师联合会（IFAC）成立了一个工作组，研究如何重建公众对财务报告的信心。IFAC 工作组的报告建议所有国家采取与 SOX 类似的改革。IFAC 还特别建议强化审计委员会的作用，加强管理层对内部控制的关注，并限制会计公司向审计客户提供的非审计服务。

21 世纪初，最严重的两次财务欺诈分别发生在意大利和日本。2003 年，意大利第七大公司帕玛拉特承认其现金余额被高估了 39.5 亿欧元，约占公司报告资产的 38%。2011 年，日本相机制造商奥林巴斯（Olympus）的首席执行官迈克尔·伍德福德（Michael Woodford）则向记者透露，近 20 年来他的前任首席执行官们隐瞒了 1 000 亿日元的投资损失。

在帕玛拉特和奥林巴斯丑闻，以及萨蒂扬软件技术公司（印度）、维旺迪公司（法国）、HIH 保险公司（澳大利亚）和建筑承包商卡利莲（英国）等类似的欺诈案件发生之后，全球的公共会计师行业协会和会计监管机构纷纷修订了审计准则和公司治理准则。例如，加拿大要求各公司强化其审计委员会，澳大利亚采取了保护举报人的措施，并对审计人员加入前客户单位工作设置了限制。日本颁布了一项与 SOX 类似的法案，要求企业高管和审计师对财务报告的内部控制进行评估，而欧盟则限制了会计公司能够提供的非审计服务的范围，并开始要求公众公司每 10 年轮换一次承接审计业务的会计公司。

结　论

20 世纪至 21 世纪初，聪明的诈骗犯们利用制度的漏洞大发其财，同时也暴露出美国财务报告系统的缺陷。丑闻和欺诈促使公共会计师行业制定了新的会计准则来弥补漏洞，并采用了更加严密的审计测试程序。除公共会计师行业的自发性改革之外，政府监管机构一旦认为会计师未能充分保护投资者的利益，便会强制推行新的保护措施。

接下来的章节将详细介绍塑造了全球公共会计师行业的16起证券市场财务欺诈案件，在每两起相关的欺诈案件之后都会附上公共会计师行业、政治家和证券监管机构对于这些欺诈案的应对措施。今天，我们在许多会计和审计实务中依然能看到那些财务丑闻的影子。

【参考文献】

American Institute of Accountants. *Verification of Financial Statements*, reprinted in *Journal of Accountancy* 47 (May 1929).

Commission on Auditors' Responsibilities. *Report, Conclusions, and Recommendations*. New York：Commission on Auditors' Responsibilities, 1978.

Flesher, Dale, and Tonya Flesher, "Ivar Kreuger's Contribution to U. S. Financial Reporting." *Accounting Review* 61 (July 1986).

Joyce, James. *Ulysses*. Paris：Sylvia Beach, 1922.

Malloy, Mary B., and Walter M. Primoff. "The S&L Crisis—Putting Things in Perspective." *CPA Journal* 59 (December 1989).

Montgomery, Robert H. *Auditing Theory and Practice*, 8th ed. New York：Ronald Press, 1957.

Wyden, Ron. "The First Line of Defense." *New Accountant* (December 1990).

【思考*】

1. 美国总统富兰克林·罗斯福是如何应对伊瓦尔·克鲁格的投资骗局的？

2. 20世纪70年代后期，参议员李·梅特卡夫和众议员约翰·莫斯召开国会听证会之后，会计公司采取了哪些改革措施？

3. 《1991年联邦存款保险公司改进法案》对美国证券市场上的审计和财务报告具有哪些影响？

4. 承担美国证券市场审计业务的会计公司是否一直承担发现和报告客

---

* 使用本书作为教材的老师可通过电子邮件向作者索取参考答案（E-mail：pclikema@richmond. edu）。

户的财务报表欺诈的责任？

5. SEC主席亚瑟·莱维特从安达信会计公司在 Sunbeam 公司和废弃物管理公司的审计失败中得出的结论是什么？莱维特是如何应对的？

6.《2002年萨班斯-奥克斯利法案》对美国证券市场的审计和财务报告有何影响？

7. 2007—2009年金融危机后，美国的公共会计师行业和监管机构在审计和财务报告实务方面发生了哪些改变？

8. 2000年以来，加拿大、澳大利亚和日本等国在打击财务欺诈方面采取了哪些改革措施？

第一部分
公共会计师行业的诞生

02　走出黑暗

> 世人因自己的行为是恶的，不爱光，倒爱黑暗。
>
> ——《约翰福音》3：19①

哈斯金斯&塞尔斯会计公司的创始合伙人兼纽约大学商学院院长查尔斯·哈斯金斯（Charles W. Haskins）在1901年的一篇社论（editorial）中引用了《圣经》里面的这句名言，以敦促美国的公众公司主动公布年度经审计的财务报表。②英国公众公司自19世纪40年代起就开始公布经审计的资产负债表，而美国的投资者却一直"蒙在鼓里"，美国政府和美国各大证券交易所均未要求工商企业在其年度报告中纳入经审计的财务报表。实际上，也很少有公司会主动披露它们的财务状况。

为什么公司普遍不愿意披露财务状况？究其原因，在20世纪初许多公司高管认为，披露公司的收入和利润率是在帮助竞争对手做市场调研，还有一些公司高管则抱怨编制、审计和分发（distributing）合并财务报表的成本过高，甚至有高管质疑财务报告的作用，声称很少有公众受过足够的培训，能够理解财务报表。1901年西屋电气公司（Westinghouse Electric's）董事长发表的声明颇能代表当时的主流思想：

---

① The Holy Bible, New International Version (International Bible Society, 1973).

② Richard Brief, "Corporate Financial Reporting at the Turn of the Century," *Journal of Accountancy* 163 (May 1987): 144.

董事及大股东认为鉴于当下的激烈竞争，再加上公众缺乏理解工商企业报表的能力，应当尽可能避免过度宣扬公司的财务状况，才能使公司利益最大化。①

事实上，许多企业的领导者之所以抵制公开财务报告，是因为他们不希望将其交易和决策的结果暴露在公众的监督之下。

1903年，美国钢铁公司（U. S. Steel）公布了第一份经审计的财务报表，这无疑打破了工商业界不公开财务报告的惯例。对于其打破常规的做法，董事长解释称，"公司得打开门光明正大地做生意"。② 由于多方面的原因，其他公司迫于压力，慢慢地接受并采纳了美国钢铁公司的做法。到1930年，纽约证券交易所（New York Stock Exchange）近80%的公众公司已经开始定期公布经审计的资产负债表。促使公众公司普遍公布财务报告的因素包括：（1）企业高度依赖外部融资；（2）公共会计师行业的影响力日益增强；（3）财务报告改革派的批评；（4）政府的推动。

资本市场

20世纪的前30年中，在美经营的公众公司数量急剧增加。仅1925年，在纽约注册成立的公司就达到了25 000家。与之相对应的是，1921—1928年在纽约证券交易所交易的公司数量增长了50%。这或许是因为许多新公司从事的是采矿、钢铁生产、汽车制造和无线电广播等需要大量资金的行业，传统的债权融资方式已无法满足其需求。

持有公司股票的美国人数量在1900—1925年增加了2倍。在1900年前后，大多数人习惯于将存款存入本地的商业银行或建筑贷款协会，后者是集建筑、集资、放贷于一体的互助式团体。当时，只有440万美国人持有公司股票。但在第一次世界大战期间，美国政府通过向公众出售自由贷款债券（liberty loan bonds）募集了数百万美元，这些债券使得美国中等收入人群第一次接触到了证券交易。一战结束后，许多新手投资者都怀抱着

---

① Richard Brief, "Corporate Financial Reporting at the Turn of the Century," *Journal of Accountancy* 163 (May 1987): 148.

② William Z. Ripley, *Main Street and Wall Street* (Lawrence, KS: Scholars Book Company, 1972), 164.

在股市中淘金的梦想，而社会工资水平的普遍上涨也让人们拥有更多闲钱可供投资，所以在 1917 年后的 3 年中，大约有 340 万美国人第一次尝试购买股票。到 1923 年，持股者人数已增至 1 440 万。

尽管一战后公众持股量迅速增长，但美国仍然面临着资金短缺的问题。这要从一战前美国主要的资本来源国英国说起。在整个 20 世纪初，英国都是世界上最富有的国家，拥有最具效率的资本市场。在 19 世纪中后期美国的西进运动期间，英国金融家对美国的畜牧业、矿业和铁路企业进行了大量投资。资本从英国源源不断地流向美国，这种情况一直持续到第一次世界大战。

美国公司对资本的渴求相应地带动了对财务报告的需求。在过去，英国银行家习惯于要求借款人提供经审计的资产负债表，将贷款业务发展到美国之后，银行干脆派出英格兰和苏格兰的公共会计师队伍到美国持续跟进其投资。于是英国会计公司开始在美国设立办公室，以便继续为其英国客户服务。

美国公司逐渐开始披露更多的财务信息以吸引资本。著名的帽子制造商约翰·斯特森公司（John B. Stetson Co.）是第一家在上市时提供了审计师证明书（auditor's certificate）的美国公司。而其他公司最终也意识到审计师证明书能使它们的证券更加畅销。对此，约瑟夫·斯特莱特（Joseph E. Sterrett）在 1999 年评论道：

> 在美国，越是优秀的公司越会主动……雇用公共会计师进行定期审计。近年来，这一做法已经变得相当流行，按照目前的增长速度，很快那些不雇用公共会计师进行审计的公司就要落伍了。[1]

公共会计师行业

1896 年，纽约州通过立法创设了"注册会计师"这样一个职业头衔，此职业头衔仅限于通过州注册会计师执业资格考试的人使用。在那时，几乎没有人确切知道公共会计师是做什么的。公共会计师行业的领军人物罗

---

[1] J. E. Sterrett, "The Present Position and Probable Development of Accountancy as a Profession," *Journal of Accountancy* 7 (February 1909): 267.

伯特·蒙哥马利甚至就此开起了玩笑——"公众认为公共会计师就是很爱喝酒又失了业的簿记员"。[1] 但公共会计师确实渐渐因其在编制和审计财务报告方面的专业技能而获得了认可，影响力与社会地位与日俱增。截至1921年，美国本土48个州全部都通过了与纽约州相似的注册会计师法。到1932年，美国已经拥有大约12 000名注册会计师。

随着公司的业务不断扩大并变得越来越复杂，越来越多的公司开始寻求外部专家的帮助来梳理公司的交易并编制财务报表。过去，公司通常由未经充分训练的簿记员手工记账，难免会出错，到了年末常常借贷不平，所以审计师需要花费大量时间查找和纠正错误。除此之外，审计师也会帮助高管人员防范和侦察下级职员的舞弊行为。

会计公司的从业人数从一人到几百人不等。1932年，《财富》杂志列出了美国最大的几家会计公司。[2] 按照承接的纽交所公众公司的审计业务数量排名，前八名是：

1. 普华会计公司（Price，Waterhouse & Co.）

2. 哈斯金斯 & 塞尔斯会计公司——德劳伊特·哈斯金斯 & 塞尔斯会计公司的前身

3. 厄恩斯特 & 厄恩斯特会计公司（Ernst & Ernst）——厄恩斯特 & 维尼会计公司（Ernst & Whinney）的前身

4. 皮特、马威克 & 米歇尔会计公司（Peat，Marwick，Mitchell & Co.）——毕马威会计公司（KPMG）的前身

5. 亚瑟·扬会计公司（Arthur Young & Co.）

6. 莱布兰德、罗斯兄弟 & 蒙哥马利会计公司（Lybrand，Ross Bros. & Montgomery）——永道会计公司（Coopers & Lybrand）的前身

7. 图什 & 尼文会计公司（Touche，Niven & Co.）——图什·罗斯会计公司（Touche Ross & Co.）的前身

8. 安达信会计公司

这前八大会计公司包揽了纽交所一半以上公众公司的审计。这些会计公司，也就是后来所谓的"八大"（"Big Eight"）。它们自此主导了20世纪的美国证券市场的审计业务。

---

[1] John Carey, *The Rise of the Accounting Profession: 1896–1936* (New York: American Institute of Certified Public Accountants, 1969), 46.

[2] "Certified Public Accountants," *Fortune*, June 1932, 63.

公共会计师利用他们日益增长的影响力推广了更加完善的财务报告。例如,《会计杂志》(Journal of Accountancy)会定期出版文章和社论,或旁敲侧击,或直截了当地鼓励公司向股东分发经审计的财务报告。《会计杂志》1906年1月号的一篇社论便赞扬了公平人寿保险协会(Equitable Life Assurance Society)雇用普华会计公司审计其账目的做法①,编辑们预言该保险协会的竞争对手将迫于压力采取类似的措施,以维持公众对其的信心。另一篇社论则盛赞了《英国公司法》(British Companies Acts),因为该法案使英国得以免受公司舞弊丑闻的侵害,同时该文也对美国并不认为公司经理有义务向投资者提供充分的信息来评价他们的业绩表示遗憾。② 1919年1月,《会计杂志》刊文敦促国会通过立法强制要求对公司账目进行审计。③

外部批评

哈佛大学经济学教授威廉·里普利(William Ripley)直言不讳地倡导改进财务报告制度。里普利在1926年9月的《亚特兰大月刊》(The Atlantic Monthly)上公开批评了公司财务报告的糟糕现状。④ 他谴责国际商务机器公司(International Business Machines,IBM)将自身大部分资产揉成一团,统统塞入一个叫作"厂房、不动产、设备、机器、专利以及商誉"的账户中,却不披露有形资产与无形资产各自的金额。极少有公司能够系统性地计提折旧。例如,美国罐头公司(American Can)在1913年只记录了100万美元的折旧金额,而上一年度计提的折旧金额为250万美元,该公司通过少计提折旧的方式使报告的净利润较去年翻了一倍。许多公司在效益好的年份随意设立各种储备金,并在需要提高收入时将其转回。还有一个问题是,很少有控股公司公布合并财务报表。

里普利在1927年出版的《主街与华尔街》(Main Street and Wall Street)

---

① "Annual Audit for the Equitable," *Journal of Accountancy* 1 (January 1906): 233-234.

② "The Reports of American Corporations," *Journal of Accountancy* 2 (October 1906): 458-459.

③ "Safeguarding Investment," *Journal of Accountancy* 27 (January 1919): 61-66.

④ William Z. Ripley, "Stop, Look, Listen!" *The Atlantic Monthly*, September 1926, 380-399.

一书中描述了不完善的财务报告所造成的种种问题。里普利提出,可靠财务信息的匮乏助长了市场的投机行为,"投机行为在重重迷雾中生根发芽并蓬勃发展"①,这是因为投资者无法评估个别公司的业绩,所以只能尝试捕捉市场整体的时间性波动,在股价上涨时不分青红皂白地买进,并在价格开始下跌时恐慌地抛售。公开信息的严重缺乏,使得普通投资者相对于那些了解公司的业务且能够利用交易牟利的公司内部人士而言,处于极大的劣势。里普利认为,企业隐瞒利润信息的做法造成了劳资纠纷,由于工人们无从判断雇主是否有能力支付更高的工资,所以他们总会因为听说公司赚了很多钱却不给他们涨工资而感到气愤。

里普利引用了"阳光是最好的防腐剂"这句谚语,他建议通过"公开",即改进财务报告制度,来加强公司治理并建立更稳定的资本市场。② 他提出,如果要求公众公司定期公布财务报告,则必将遏制公司经理过度扩张、过度举债或进行轻率交易等不理性的行为。里普利断言,定期公布的财务报告有助于形成更加公允的股票价格,因此,即便是那些从来没有翻开过年度报告的投资者,也能从中受益。

哥伦比亚大学法学院教授小阿道夫·伯利(Adolf A. Berle, Jr.)是另一位具有重要影响力的改进财务报告的倡导者。1932年,他与加德纳·米恩斯(Gardiner C. Means)联袂推出《现代公司与私有财产》(*The Modern Corporation and Private Property*)一书,该书批判了公司未能向投资者充分提供信息的问题。伯利和米恩斯在书中描述了各种会计操纵手法,例如高估资产、直接从留存收益中扣除费用,以及将销售额"调整"到最后一段时期来实现超常的利润等。伯利后来成为富兰克林·罗斯福总统的"头脑托拉斯"(brain trust)的成员,并帮助起草了1933年和1934年的联邦证券法。

政府管制

在20世纪初,美国联邦政府在工商企业监管方面扮演着一个无足轻重的角色。公司受各州的监管,或者根本不受监管。在20世纪初自由放任主

---

① Ripley, *Main Street and Wall Street*, 110.
② Ibid., 109.

义（laissez-faire）的政策之下，很少有州政府乐意对工商企业进行严格监管。实际上，各州政府非常急于收取公司的注册费用，甚至打出了注册条款对商业最为友好（即限制最少）的招牌来争取公司来本州注册。国家级的出版物如《科利尔》（*Collier's*）和《科学美国人》（*Scientific American*）经常会刊登面向公司创立者的广告，例如亚利桑那州的广告承诺一天内批准申请，特拉华州则声称可以提供"最好、最快、最便宜、最自由"的公司章程（corporate charters），而南达科他州招徕公司注册的广告则吹嘘："这儿的条款比新泽西州还宽松。"①

里普利教授将那些州的行为界定为"无耻的拉皮条行为"。② 他指责各州审批的公司章程赋予了公司高管漫无边际的权力（powers），却没有给股东留下多少权利（rights），以此来迎合公司高管的需求。在《主街与华尔街》中，里普利援引了一些公司执照的例子，例如有的章程条款限制了股东参与未来证券发行的权利；有的授予管理层发行优先于现有证券的新证券的权力；有的允许管理层不受限制地出售资产或建立新的公司关系；还有的豁免了高管和董事因进行有损股东利益的交易而本应承担的责任。③

有几任美国总统曾经考虑要求工商企业公布年度财务报表。例如，1905年，被誉为"反托拉斯能手"的西奥多·罗斯福（Theodore Roosevelt）曾提出要求从事跨州业务的公司全面披露账目的设想。其继任者威廉·塔夫特（William H. Taft）则加强了州际商务委员会（Interstate Commerce Commission, ICC）的监管，该委员会建立了统一的铁路会计系统，不过塔夫特并没有要求所有的公司都进行财务报告。

政府也尝试通过立法手段来改善财务报告制度。如《1913年联邦储备法案》（Federal Reserve Act of 1913）成立了联邦储备委员会（以下简称"美联储"）来监管国家的银行体系。为了帮助银行降低违约率，美联储鼓励银行向借款人索取经审计的财务报表。因此，联邦政府在未强制要求审计的情况下推广了审计业务。

而《1914年克莱顿反托拉斯法案》（Clayton Antitrust Act of 1914）则设立了联邦贸易委员会，并授权其调查欺诈和不公平的贸易行为。联邦贸易委员会副主席埃德温·赫尔利（Edwin Hurley）提议为美国所有的主要

---

① Ripley, Main Street and Wall Street, 29.
② Ibid, 28.
③ Ibid., 37-38.

行业建立统一的簿记及成本核算系统。虽然赫尔利并未成功地制定出统一的会计准则，但在他的推动下，公共会计师行业开始认真尝试编纂公认的会计程序。

结 论

以下是对 20 世纪 30 年代初财务报告情况的简单总结：经审计的财务报表很常见，但审计并非强制性要求；财务报表还存在很多不足之处。公司在计价和资产分类方面有较大的回旋余地；现金流量表还没有出现；附注披露的信息极少。

但这种情况不久之后就发生了变化。1932 年瑞典火柴公司（Swedish Match Company）和 1938 年麦克森 & 罗宾斯公司的财务丑闻令公众注意到了美国证券市场上的会计体系的不足之处。瑞典火柴公司的破产案给美国投资者造成了 2.5 亿美元的损失（这在当时是一笔巨款）。新任总统富兰克林·罗斯福迅速采取行动以避免未来再度发生财务欺诈。然而 5 年后，审计师依然未能发现麦克森 & 罗宾斯公司 1 900 万美元的欺诈行为，可见当时公认的审计程序并不足以保护投资者免受管理层的欺诈。麦克森 & 罗宾斯公司的财务丑闻促使公共会计师行业开始全面审视其审计程序，以提高审计质量。

【参考文献】

"Annual Audit for the Equitable." *Journal of Accountancy* 1 (January 1906): 233-234.

Berle, Adolph A., and Gardiner C. Means. *The Modern Corporation and Private Property*. New York: Macmillan, 1932.

Brief, Richard. "Corporate Financial Reporting at the Turn of the Century." *Journal of Accountancy* 163 (May 1987): 142-157.

Carey, John. *The Rise of the Accounting Profession: 1896-1936*. New York: American Institute of Certified Public Accountants, 1969.

"Certified Public Accountants." *Fortune*, June 1932.

Flesher, Dale, Paul J. Miranti, and Gary John Previts. "The First Century of the CPA." *Journal of Accountancy* 182 (October 1996): 51-56.

Jereski, Laura. "You've Come a Long Way, Shareholder." *Forbes*, July 13, 1987.

Previts, Gary, and Barbara Merino. *A History of Accounting in America*. New York: John Wiley & Sons, 1979.

"The Reports of American Corporations." *Journal of Accountancy* 2 (October 1906): 458-459.

Ripley, William Z. "Stop, Look, Listen!" *Atlantic Monthly*, September 1926.

Ripley, William Z. *Main Street and Wall Street*. 1927. Reprint, Lawrence, KS: Scholars Book Company, 1972.

"Safeguarding Investment." *Journal of Accountancy* 27 (January 1919): 61-65.

Sterrett, J. E. "The Present Position and Probable Development of Accounting as a Profession." *Journal of Accountancy* 7 (February 1909): 265-273.

Wootton, Charles, and Carel Wolk. "The Development of 'The Big Eight' Accounting Firms in the United States, 1900 to 1990." *Accounting Historians Journal* 19 (June 1992): 1-27.

【思考】

1. 20世纪初，美国公众公司的高管为什么不公布经审计的财务报表？

2. 美国钢铁公司、约翰·斯特森公司等引领潮流的企业是如何迫使其他企业公布经审计的财务报表的？

3. 根据威廉·里普利的说法，不充分的财务报告造成了哪些经济和社会问题？

4. 联邦储备委员会是如何间接地鼓励美国公司编制经审计的财务报表的？

03 伊瓦尔·克鲁格

「　人们总有一天会意识到，所有资产负债表都是错的，因为它空有数字，别无其他。而企业究竟是优是劣，则取决于它的商业计划。

——伊瓦尔·克鲁格[1]　」

伊瓦尔·克鲁格因在第一次世界大战后向欧洲多国政府提供近 4 亿美元的援助以帮助其重建崩溃的经济，而获得了"欧洲救世主"的美誉。希腊利用从他那里借来的 500 万美元遣返了来自土耳其和马其顿的难民，拉脱维亚和爱沙尼亚则用克鲁格的钱建造铁路以及购买谷物种子，波兰遭遇洪水的灾民也因此得到了救助。此外，克鲁格向法国提供 7 500 万美元的贷款，帮助法国稳定货币秩序。而知恩图报的法国议会则授予克鲁格"荣誉军团大十字勋章"（the Grand Cross of the Legion of Honor），这是法国平民所能获得的最高奖章。在 20 世纪 20 年代末期，克鲁格甚至被提名为诺贝尔和平奖候选人。

克鲁格并不是依靠经营石油、钢铁、航运或矿物等垄断行业起家的。人们恐怕难以想象，他能够凭借销售标价半便士一盒的火柴积累如此惊人的财富。在 20 世纪早期，人们还在使用木柴或天然气来做饭，火柴是每个家庭的必需品。在打火机发明之前，全世界每年要消耗 400 亿盒火柴，而

---

[1] Dale Flesher and Tonya Flesher, "Ivar Kreuger's Contribution to U. S. Financial Reporting," *Accounting Review* 61 (July 1986): 425–426.

克鲁格的 250 家工厂供应了其中的 80%。他的经营逻辑是"生产什么并不重要，只要生产得足够多，你就掌握了决定权"。① 但讽刺的是，克鲁格从来不随身携带火柴，对任何询问他原因的人，他就会说这是他的"小迷信"。

1932 年克鲁格去世后，人们发现公司有 1.15 亿美元的资产下落不明。这是因为克鲁格为了吸引投资者而夸下海口，许诺每年支付 20% 的高额股息，然而，虽然他的火柴厂每年能获得数百万美元的利润，却依然不足以维持如此慷慨的股利分配。骑虎难下的克鲁格一统全球火柴市场的计划就这样演变成了一个巨大的"庞氏"骗局（"Ponzi" scheme）：直接动用资本来支付股息，公司依靠后续贷款和股票发行来回报初始投资者。

伊瓦尔·克鲁格简介

1880 年，伊瓦尔·克鲁格出生于瑞典的卡尔马小镇。他的父亲厄恩斯特是一位富商，经营着纺织厂、造纸厂以及两家小型火柴工厂。年轻的克鲁格记忆力惊人。据其家人回忆，他 5 岁时，就能将听过一遍的内容倒背如流。上学时，克鲁格能够想起几天前读过的书中全部的章节。克鲁格后来利用这一天赋，以其对几乎所有主题的事实和数据的掌握，给他的商业伙伴留下了深刻的印象。

克鲁格不是传统意义上的好学生，但他凭借过人的记忆力，再加上一点作弊技巧，还是获得了斯德哥尔摩科技大学土木工程专业的学士学位。1899 年毕业后，克鲁格没有加入他父亲的公司，而是选择只身闯荡美国。

19 岁的克鲁格在美国过得并不好。在纽约，没有人会聘请一个说话还带着外国口音的小伙子来当工程师。于是他去了美国中西部，因为那里的瑞典人比较多。他曾在伊利诺伊中央铁路公司（Illinois Central Railroad）当过一小段时间的巡道工，也试过在芝加哥做房地产销售员，但业绩惨淡。只身闯荡的克鲁格辗转丹佛和新奥尔良，后来与另外 10 名工程师一同签约，去墨西哥的韦拉克鲁斯帮助造桥。短短数月内，那 10 名工程师中有 9 人因染黄热病而殒命，另外 1 人则遭到谋杀。劫后余生的克鲁格于 1901 年

---

① Joseph T. Wells, *Frankensteins of Fraud* (Austin, TX: Obsidian Publishing Company, 2000), 369.

回到瑞典，才慢慢地从轻度黄热病中恢复过来。

克鲁格于 1903 年再次来到纽约，在富勒建筑公司（Fuller Construction Company）寻了份工作，负责验证建筑结构计划中的计算是否正确，这份工作的工资是每小时 50 美分。在富勒建筑公司，克鲁格参与了许多未来地标性建筑的建设，包括梅西百货公司、广场酒店（Plaza Hotel），以及大都会人寿大厦（Metropolitan Life building）等。

在建造锡拉丘兹大学的足球场时，克鲁格学会了如何将钢筋混凝土以及桁架混凝土用于建筑工程。这项重要创新的精髓在于将钢筋置于混凝土的内部以加固建筑物的地基。克鲁格说服了桁架混凝土的发明者朱利叶斯·汗（Julius Kahn），允许他将汗氏钢铁（Kahn Iron）引入欧洲。

克鲁格于 1907 年回到瑞典，并遇到了名叫保罗·托尔（Paul Toll）的工程师，他也想参与经营汗氏钢铁的欧洲代理机构。他们开办的合伙企业克鲁格 & 托尔公司（Kreuger & Toll）很快便获得了成功。克鲁格负责签订合同，托尔则负责监督建设，该公司承建的项目规模不断扩大，比较有名的项目包括斯德哥尔摩城外的高架桥、一条折返铁路和在古尔斯蓬市中心的一座六层高的摩天大楼。1912 年，斯德哥尔摩在由克鲁格 & 托尔公司新建造的大型体育场举办了奥运会。

火柴大王

1913 年，克鲁格把兴旺发达的建筑公司留给了合伙人，将全部精力投入他父亲的两家小火柴厂。当时瑞典生产的火柴是世界上最好的，这得益于丰富的白杨木供应以及古斯塔夫·帕施（Gustaf E. Pasch）发明的安全火柴。帕施去掉了火柴头中易燃的磷成分，并将其添加到火柴盒的摩擦面，提高了火柴的安全性。

当时，瑞典的火柴生产由延雪平垄断集团（Jönköping Trust）主导，这个垄断集团每年要生产数十亿盒火柴。为了与延雪平竞争，克鲁格开始收购尚未被其控制的火柴工厂。到 1915 年，克鲁格收购了 10 家工厂，将它们并入了一家名为联合火柴工厂（United Match Factories）的公司。克鲁格的公司在经营的第 3 年就获得了 500 000 美元的利润，并支付了 17％的股息。

第一次世界大战在 1914 年至 1918 年间摧毁了欧洲，这对于伊瓦尔·克鲁格却是一件幸事。由于北海和波罗的海海域有潜艇巡游,延雪平很难获得原材料。而克鲁格是自行生产钾和磷,因此确保了火柴厂原料的稳定供应。到1917年底,延雪平的磷库存见底。而此时克鲁格刚刚收购了汉密尔顿&汉斯公司(Hamilton & Hansell),这是瑞典主要的磷生产商,这使他握住了延雪平的命脉。当年12月,这家规模更大但实力较弱的竞争对手同意被收购,克鲁格以瑞典火柴公司的名义统治了整个瑞典火柴行业。

战后,瑞典向西欧、俄罗斯和亚洲出口了数十亿支火柴。然而,公司的扩张却受到了贸易壁垒的阻碍。许多国家对进口商品征收高额关税。为了避免瑞典火柴被征收过高的关税,克鲁格开始在目标市场购买火柴工厂。他的代理人威逼利诱工厂主出售自己的工厂。一旦克鲁格在一个国家控制了足够多的小型工厂,他就会把它们全部关闭,然后用一家雇用瑞典机械和技术人员的大型现代化工厂取而代之。

到1922年,克鲁格已经控制了北欧和波罗的海地区绝大部分的火柴市场,但仍有大片的欧洲市场无法进入,包括法国、德国、西班牙和波兰在内的几个国家通过国家垄断自行生产火柴,不允许进口火柴,国内也没有私有的火柴工厂可供购买。

克鲁格最终还是找到了打破国家垄断的方法。当时许多欧洲国家深陷债务困境,并极度渴望能获得资金以重建战乱后的经济。克鲁格向各国政府提供了高达1.25亿美元的贷款,借机换取在该国境内火柴的独家销售权。销售价格根据合同确定,贷款则通过免除克鲁格火柴的消费税来偿还。这一战略使克鲁格在15个国家获得了独家垄断权,并在另外19个国家中主导了火柴市场。

克鲁格的财富和政治关系使他活得像个国王。他在斯德哥尔摩、柏林、华沙、巴黎和纽约都有公寓。在纽约住的是公园大道上的顶层公寓,墙上挂着伦勃朗和鲁本斯的画作,从法国进口土壤铺就屋顶花园。尽管整体上极尽奢华,每间公寓都会保留一间装饰比较简陋的"静室",作为克鲁格独处沉思的空间。他很喜欢一句瑞典谚语——伟大诞生于沉默之中(Great things happen in silence.)。

克鲁格的生活十分逍遥自在。他终身未婚,几乎在所有购买了住所的城市都包养了情妇。媒体推测他可能与瑞典女演员葛丽泰·嘉宝(Greta Garbo)也有交往关系。

即使是1929年的股市崩盘,似乎也未能让克鲁格感到困扰。他应赫伯特·胡佛(Herbert Hoover)的邀请于1930年1月访问了白宫,并建议总统不要惊慌。由于其卓越的社会贡献，1930年春，克鲁格回到锡拉丘兹大学获取了工商管理荣誉博士学位，时任纽约州州长富兰克林·罗斯福也在同一仪式上获得了荣誉博士学位。

克鲁格 & 托尔公司欺诈案

克鲁格接管国家火柴垄断地位的方法需要大量资金。1923—1931年，瑞典火柴公司为年限20~50年的火柴特许经营权一共支付了大约3.84亿美元。

当克鲁格耗尽了欧洲几乎所有的资本来源后，他将目光投向了美国。1923年，克鲁格注册成立了一家美国子公司，即国际火柴公司（International Match Company，IMC）。国际火柴公司的普通股由瑞士火柴公司持有，但其债券和优先股通过纽约投资银行李·希金森公司（Lee Higginson & Co.，LHC）销售给美国投资者，其中主要的机构投资者包括大陆伊利诺伊银行（Continental Illinois Bank）、大通银行（Chase National Bank）和哈佛大学、耶鲁大学及布朗大学的捐赠基金。国际火柴公司的证券也深受小股民的欢迎，这些小股民渴望在20世纪20年代繁荣的股市中分一杯羹。

国际火柴公司从美国投资者那里筹集了超过2.5亿美元。这些资金被转移到欧洲，并借给各国政府以换取火柴垄断特权。国际火柴公司的钱通常要先在瑞典火柴公司400家子公司中的几家账上流转一番，才能到达最终目的地。克鲁格称，在公司间的转移是为了将收入从高税收地区转移到低税收地区。而实际上，转账却是为了隐藏公司的真实财务状况。瑞典火柴公司没有编制合并财务报表，克鲁格也很小心地不让人看到事情的全貌。在瑞典火柴公司斯德哥尔摩总部工作的员工分工非常细，所以很少有员工能够同时看到交易双方的状况。

在1929年10月全球股市崩盘之后，大多数公司收缩了业务，并尝试减少未偿还的债务。克鲁格却选择继续扩张。1930年，尽管瑞典火柴公司早已过度扩张，而且由于全球萧条加剧，难以取得新的资本，且德国的政治和经济前景充满不确定性，但他依然固执地推进了获取德国国家火柴垄断权的计划。克鲁格于1930年8月30日向德国提供5 000万美元贷款，又于1931年5月29日向德国提供了7 500万美元的贷款。

克鲁格借给德国1.25亿美元的同时，一方面，中欧政府开始拖欠之前的贷款；另一方面，受危机影响的失业者不再购买克鲁格新发行的证券，公司现金流受到很大影响。现金流入的下降导致了流动性危机。虽然克鲁格已经尽可能地从银行贷款，甚至出现了同一财物的多重抵押，但他最终还是耗尽了信用额度。随着克鲁格对现金的渴望越来越强烈，他的融资计划也越来越大胆。

在一次"小试牛刀"中，克鲁格将一大堆钱扔在布鲁塞尔一家银行经理的桌子上，要求其出具4亿法郎的收据。克鲁格在这名惊慌失措的经理数清并发现这笔钱只有500万法郎之前，就带着收据离开了。当克鲁格被召回到银行时，他表达了歉意，将错误归咎于他那愚蠢的会计师，并退回了收据。只不过就在这两小时当中，克鲁格已经利用这张收据从另一家银行获得了数百万法郎的贷款。

克鲁格最严重的诈骗涉及伪造1.4亿美元的债券。克鲁格于1930年10月前往意大利以展开控制该国火柴市场的谈判。贝尼托·墨索里尼（Benito Mussolini）那时正在寻求资金以扩大自己的军队。虽然这笔交易最后并未完成，克鲁格却假装他已经提供了贷款。他命令他的印刷厂印制了42张面值为50万英镑的债券。这些债券上印有意大利国徽，并印着意大利总理与财政部长的名字，克鲁格亲自替他们签上了名字。之后他便将这些伪造的债券列为资产负债表中的资产，并作为抵押物从瑞典银行借入了更多资金。

克鲁格不费吹灰之力就将他的审计师、承销商和董事们统统蒙在了鼓里。国际火柴公司的财务报表由厄恩斯特&厄恩斯特会计公司审计。由于国际火柴公司的业务仅仅是向瑞典火柴公司及其各子公司转账和收款，厄恩斯特&厄恩斯特会计公司的审计程序主要是打越洋电话与瑞典火柴公司总部的雇员确认交易，根本不要求提供合同、凭证或报表。

纽约投资银行李·希金森公司的主承销商唐纳德·杜兰特（Donald Durant），曾前往斯德哥尔摩参观瑞典火柴公司的总部。克鲁格为他举办了一场豪华派对，并将杜兰特介绍给几位相貌出众的"大使"及其"妻子"。由于杜兰特只说英语，他无法与任何客人交谈，但他仍然对这场盛事的排场和高雅感到惊叹。他怎么也想不到，那些衣着华丽的男人和美丽的女人，其实是为了讨好他而雇用的电影演员。

还有一次，国际火柴公司最杰出的董事珀西·洛克菲勒（Percy A. Rockefeller）访问了克鲁格在斯德哥尔摩的子公司。克鲁格的办公桌上有两部电话，其中一部是真的，而另一部是只要克鲁格在桌子下面按下秘密按钮就会响起来的虚假电话。洛克菲勒与克鲁格的短暂会面被贝尼托·墨索里尼和约瑟夫·斯大林的"来电"打断,这场会面也因此给洛克菲勒留下了不错的印象。

被废黜的国王

在玩弄了审计师 15 年之后,克鲁格的好运终于到头了。1930 年,国际火柴公司向德国提供了第一笔 5 000 万美元的贷款。厄恩斯特 & 厄恩斯特会计公司负责对国际火柴公司进行审计的合伙人阿尔伯特·伯宁(Albert D. Berning)无法理解为什么德国债券没有存放在美国。他不停地追问克鲁格,却得到了一个又一个不可思议的解释。伯宁受够了克鲁格的借口,遂通知克鲁格,他将在 1932 年初亲自去欧洲检查那些债券。事实上,这些债券已不在克鲁格手中,而是早就成为另一笔贷款的抵押品。

克鲁格需要钱来支付股息,便提出将手中的一家瑞典电话公司(爱立信电话公司(Ericsson Telephone))出售给国际电话电报公司。基于国际电话电报公司支付 1 100 万美元的初步协议,克鲁格得以从美国多家银行获得 400 万美元借款。但国际电话电报公司的经理坚持要求在购买完成之前对爱立信电话公司的报表进行审计。当普华会计公司伦敦办公室的审计师抵达斯德哥尔摩时,他们发现这家公司存在 700 万美元的现金短缺。国际电话电报公司于 1932 年 2 月退出谈判,克鲁格陷入了前所未有的债务深渊。

克鲁格的最后一次融资机会来自瑞典政府。在纽约时,克鲁格就和瑞典央行(Riksbank)就 200 万美元贷款达成了协议。该协议规定,瑞典政府会计师将有权审查瑞典火柴公司的账户。克鲁格同意这些条款是因为他相信审计师在他返回斯德哥尔摩之前不会开始检查。他确信自己可以掌控任何与审计师面对面的讨论。

克鲁格乘船从纽约出发,在 1932 年 3 月的第一个星期抵达了巴黎。在巴黎停留期间,克鲁格了解到,瑞典会计师已经开始检查,并且针对公司提供的意大利债券提出了尖锐的问题。另外,会计师还想知道为什么这些债券从未被加盖过印章,以及为什么总理的名字要用三种不同方式拼写。

由于无力偿还债务,又迫于两组审计师的压力,克里格意识到他的欺诈行为很快就会败露。1932 年 3 月 12 日,伊瓦尔·克鲁格对着自己的心脏开了一枪,比起在公开场合受辱,他宁愿选择死亡。虽然他的尸体在一个小时内就被发现，但是克鲁格的董事会还是说服了法国政府在纽约证券交易所周末休市后再宣告他的死讯，给市场一点时间消化这个噩耗。

周一早上，交易所开盘时一片混乱。克鲁格 & 托尔公司股票的开盘价不到周五收盘价的一半。克鲁格 & 托尔公司的证券交易量占纽约证券交易所当天总交易量的 1/3。克鲁格 & 托尔公司的证券价格在柏林、巴黎和伦敦的证券交易所也出现了放量下跌。斯德哥尔摩证券交易所为了防止可能出现的崩盘而闭市数日。

克鲁格去世的消息已经相当令人震惊，但 3 周后，当投资者了解到公司舞弊及其自杀内幕时，受到了更大的惊吓。3 月底，瑞典政府聘请普华会计公司来处理克鲁格死后的财务问题。4 月 5 日，他们发布的初步报告中得出的结论是，克鲁格 & 托尔公司最近公布的资产负债表"严重失实"（gross misrepresentation）。①1930 年 12 月 31 日的资产负债表显示资产为 4.05 亿美元，但审计师称许多资产要么是以虚高的价格报告的，要么是完全虚构的，又或是对关联公司账簿上所列报资产的重复报告。审计师估计克鲁格 & 托尔公司从 1918 年到 1932 年的真实收入约为 4 000 万美元，而不是最初报告的 3.16 亿美元。②

审计师的最终报告显示，克鲁格支付的利息和股息远远超出了公司实际的收入。15 年来，克鲁格一直依靠新的贷款和发行股票来支付股息并偿还旧的贷款，超过 1 亿美元的投资者的资金甚至因为无从解释而被推定为已经人间蒸发。这位火柴国王、欧洲救世主，确实是他那个时代最大的骗子。

【参考文献】

Churchill, Allen. *The Incredible Ivar Kreuger*. New York: Rinehart & Company, 1957.
Flesher, Dale, and Tonya Flesher. "Ivar Kreuger's Contribution to U. S. Financial Reporting." *Accounting Review* 61 (July 1986): 421-434.
"Ivar Kreuger Ⅲ." *Fortune*, July 1933.
"Kreuger Books Are 'Grossly Wrong,' Some Assets False." *New York Times*, April 6, 1932.
"Kreuger's Defalcations Shown to Be $115,000,000." *Barron's*, January 16, 1933.

---

① "Kreuger Books Are 'Grossly Wrong,' Some Assets False," *New York Times*, April 6, 1932.

② "Kreuger's Defalcations Shown to Be $115,800,000," *Barron's*, January 16, 1933, 22.

"Kreuger's Suicide Depresses World Markets." *Barron's*, March 31, 1932.

"Market Sags Here on Kreuger Selling." *New York Times*, March 15, 1932.

"Monopolist." *Time*, October 28, 1929.

"More Sensational Kreuger Disclosures." *Barron's*, May 9, 1932.

Picton, John. "The Death of the World's Greatest Swindler." *Toronto Star*, August 21, 1988.

Wells, Joseph T. *Frankensteins of Fraud*. Austin, TX: Obsidian Publishing Company, 2000.

【思考】

1. 为什么瑞典火柴公司需要筹集大量的资金？

2. 瑞典火柴公司是如何支付远超公司实际利润的利息和股息的？

3. 至少描述一项伊瓦尔·克鲁格虚增瑞典火柴公司报告资产的欺诈行为。

4. 克鲁格是如何向公司董事和承销商隐瞒瑞典火柴公司的真实财务状况的？

5. 审计师对于揭发克鲁格舞弊案发挥了什么作用？

04　麦克森 & 罗宾斯公司

> 哦，我们设下骗局的那一刻，
> 便开始了作茧自缚。
>
> ——沃尔特·斯科特爵士[①]

人们所认识的 F. 唐纳德·科斯特（F. Donald Coster）是一位医学兼哲学双料博士，更是麦克森 & 罗宾斯公司的总裁兼最大的股东。麦克森 & 罗宾斯公司是一家拥有百年历史的制药公司，年收入逾 1.7 亿美元。1937 年版的《美国名人传》（Who's Who in America）对于科斯特的介绍是：海德堡大学的毕业生、布里奇波特市信托公司（Bridgeport City Trust Company）的董事和高档黑石游艇俱乐部的成员。毫无疑问，科斯特是一位成功人士。

而菲利普·穆希卡则来自一个贫穷的意大利移民家庭。他在曼哈顿下东区一个拥挤的公寓里长大，14 岁就辍学到他家的小杂货店工作。穆希卡是纽约州埃尔米拉教养所和图姆斯监狱的常客，在他 30 岁前就已经两次被判诈骗罪入狱。

1938 年 12 月 15 日，联邦调查员发现 F. 唐纳德·科斯特和菲利普·穆希卡竟然是同一个人。第二天一大早，执法官们来到科斯特的豪宅，准备以涉嫌麦克森 & 罗宾斯公司诈骗案为由将其拘留。但穆希卡不会被第三次定

[①] Marmion, Canto vi, Stanza 17 (1808).

罪了，因为他步 6 年前伊瓦尔·克鲁格的后尘，举枪自尽了。

科斯特、科斯塔、约翰逊都是穆希卡

　　菲利普·穆希卡的母亲在那不勒斯怀孕，于 1884 年在纽约生下了他。这是因为在他母亲的坚持下，夫妻俩在婚礼后不久便来到美国。他们最终生了八个孩子，包括四个男孩和四个女孩，菲利普的三个弟弟在麦克森 & 罗宾斯公司欺诈案中发挥了重要的作用。

　　和其他男孩一样，穆希卡也崇拜纽约市年轻耀眼的警察局局长西奥多·罗斯福。穆希卡会阅读报纸上描绘的罗斯福的功绩、听他的演讲，并模仿这位未来总统的言行和举止。

　　穆希卡是个商业天才，16 岁时已经接手了家里的小杂货店。他在十几岁时就自学了进出口业务，从意大利进口橄榄油、香料和奶酪。他通过直接进口节省了中间商的成本，所以可以给出低于竞争对手的定价。

　　不幸的是，穆希卡是个骗子。1909 年，调查人员发现穆希卡一直通过贿赂海关官员少记进口货物重量来逃避进口关税。事情败露后，穆希卡被提起公诉，被判有期徒刑 1 年。本来他应该在纽约州埃尔米拉教养所服刑 1 年，但实际上不到 6 个月他就回家了。给他减刑的是美国总统威廉·塔夫特。至于他究竟是如何手眼通天赢得总统青睐的，人们不得而知。

　　穆希卡的第二次商业冒险也是一场骗局。1910 年，穆希卡从埃尔米拉教养所获释后不久，就创立了美国美发公司（U. S. Hair Company）。当时很多富有的女士喜欢用假发片来打造精致的发型。12～20 英寸长的优质头发售价能达到每磅 80 美元。穆希卡伪造文件证明自己拥有大量优质头发存货，从而借入了大笔资金。该公司的股票曾在纽约场外交易所（New York Curb Exchange）短暂上市。1913 年，曼哈顿银行的一名职员警觉地发现提货单存在修改痕迹，穆希卡的欺诈行为这才败露。银行职员打开了据说装有市价 37 万美元头发的集装箱，却发现里面只装有价值 250 美元的劣质头发、理发店的扫地工具和旧报纸。

　　第二次被捕后，穆希卡被送到纽约臭名昭著的图姆斯监狱。在图姆斯监狱中，穆西卡协助地方检察官告发了其他囚犯，虽然他本应被转移到州立监狱，但当地检察官却依然将他关在市监狱里，以便能继续利用他提供的信息。鉴于穆希卡存在立功表现，刑期被减为 3 年。

在二进宫后，穆希卡决定与当局合作，不再与政府作对。1916 年，他通过在图姆斯监狱中结交的朋友获得了一份工作——担任纽约总检察长办公室的特别警官。在第一次世界大战中，他花费了很多时间追捕逃兵，以及调查存在与德国通敌嫌疑的人。在那几年，他化名为威廉·约翰逊（William Johnson）以掩盖他的犯罪史。

然而江山易改，本性难移，穆希卡很快又入歧途。更何况对于那些拥有商业头脑又无所顾忌的人而言，禁酒令无异于天赐良机。在 1919 年宪法第十八修正案（禁酒令）通过后不久，穆希卡（约翰逊）启用了新的假名弗兰克·科斯塔（Frank D. Costa），并成立了阿德菲制药公司（Adelphi Pharmaceutical Manufacturing Company）。阿德菲制药公司生产高酒精含量的产品，如生发液和化妆品。私酒贩大批量地买入阿德菲制药公司的产品，并蒸馏出酒精来造私酒。

穆希卡（科斯塔）在个人生活上与他在生意上一样狡猾。在经营阿德菲制药公司时，他爱上了卡罗尔·哈伯德（Carol Hubbard），一位前商业伙伴的妻子，于是科斯塔就开始密谋破坏这对夫妇的婚姻。首先，他利用伪造的文件和假录音来说服哈伯德相信他的合伙人正在挪用公款，从而毁掉了爱德华·哈伯德（Edward Hubbard）的生意。然后，他给哈伯德所在教堂的一名成员发了一封匿名信，称爱德华·哈伯德与其正处青春期的女儿发生了关系。最后，他向检察官发送了关于一起长达 2 年的商业纠纷的证据，检察官以欺诈客户为由逮捕了哈伯德。卡罗尔则与她饱受创伤的丈夫离婚，嫁给了弗兰克·科斯塔。

1923 年末，穆希卡改名为 F. 唐纳德·科斯特，自称医学博士，并创立了吉拉尔公司（Girard & Company）。F. 唐纳德·科斯特是穆希卡选定的最终身份，他即将开启一个全新的骗局，使这个新的姓名闻名于世。与阿德菲制药公司一样，吉拉尔公司生产合法药品，以正常价格出售给药店，同时以极高的价格向私酒贩出售大量含酒精的产品。穆希卡（科斯特）雇用了他的两个兄弟在吉拉尔公司的财务部门和运输部门工作，他们分别化名为乔治·迪特里希（George Dietrich）和罗伯特·迪特里希（Robert Dietrich）。穆希卡三兄弟篡改了发货单据和销售发票，使得所有产品看起来都以合理的价格流向了正经的客户。

1926 年，穆希卡（科斯特）用赃款收购了麦克森 & 罗宾斯公司，这家挣扎求生但依然值得尊敬的公司已经有 90 年的历史，主营镁乳剂、咳嗽糖浆和奎宁。在接下来的 12 年中，科斯特建立了一个足以与利格特（Liggett)、雷氏制药（Rexall）和沃尔格林（Walgreen）等全国性连锁店相媲美的药品分销网络。

到 1937 年，F. 唐纳德·科斯特成为举国上下公认的商业领袖。许多公司在大萧条中破产了，而麦克森 & 罗宾斯公司却在科斯特的领导下存活了下来，甚至在美国本土 35 个州及夏威夷设置了 66 个配送中心。该公司的财务报表由普华会计公司审计，宣称该公司年度收入规模为 1.74 亿美元，总资产规模为 8 700 万美元。1937 年 12 月，一个由国会议员、金融家和共和党领导人组成的委员会到科斯特家做客，促请他竞选美国总统。尽管科斯特和他们一样鄙视"另一个罗斯福"，但还是拒绝了共和党提名其竞选美国总统的邀请。①

麦克森 & 罗宾斯公司欺诈案

麦克森 & 罗宾斯公司的欺诈行为大部分由其加拿大子公司——麦克森 & 罗宾斯（加拿大）有限公司（M&R, Ltd.，以下简称"加拿大子公司"）完成。科斯特成立加拿大子公司，名义上是为了进入国际药品批发贸易行业，销售用于制造零售药品的原料。但实际上，加拿大子公司只是一家空壳公司，几乎没有库存商品，从事的实际交易很少。

为了给加拿大子公司创造"客户"，科斯特还成立了 W.W. 史密斯公司（W.W. Smith）。W.W. 史密斯公司的总裁也是穆希卡四兄弟之一，用的是乔治·维纳德（George Vernard）这个假名。W.W. 史密斯公司实际上是一个"写信工厂"，里面有七台打字机，每台都特别设置了字体，用的都是英国特制的耗材。维纳德领着一位职员负责打印虚构公司抬头的采购订单，并邮寄给加拿大子公司。另外两位穆希卡兄弟也各司其职，一位化身为负责运输部门的罗伯特·迪特里希，伪造客户的收货单；另一位则化身为乔治·迪特里希，凭借麦克森 & 罗宾斯公司助理财务主管的职务之便，在银行账户之间转移资金，来营造一种对采购业务付款和从客户处收款的假象。

加拿大子公司存在的主要意义就是方便穆希卡兄弟从麦克森 & 罗宾斯

---

① Charles Keats, *Magnificent Masquerade*: *The Strange Case of Dr. Coster and Mr. Musica*, (New York: Funk & Wagnalls, 1964), 3.

公司骗取佣金。加拿大子公司对于 W. W. 史密斯公司报上来的每一笔销售订单都会支付 0.75% 的佣金。四兄弟共享佣金，其中菲利普（四兄弟的大哥，也是主谋）分得的比例最高。

在穆希卡（科斯特）执掌麦克森 & 罗宾斯公司的这些年里，普华会计公司每年都要对其财务报表进行审计。然而在那个年代，审计师并不需要检查存货或观察客户的实地盘点，审计师只需要审核能够印证公司存货交易记录的供应商发票、收货单以及发运单。审计师也不必与债务人确认应收账款余额。他们审查了麦克森 & 罗宾斯公司与其"客户"之间的往来信件，并依靠邓白氏（Dunn & Bradstreet）的信用报告来证明这些客户是合法的。穆希卡三兄弟齐心协力，一个以 W. W. 史密斯公司的名义提交虚假的采购订单，一个负责伪造物流记录，还有一个负责记录虚构的现金收入和付款，很容易就让审计师相信确实有数百万美元的存货在加拿大子公司的仓库之间流转。

骗局败露

对于揭露麦克森 & 罗宾斯公司欺诈案功劳最大的人物，是该公司主计长朱利安·汤普森（Julian Thompson）。汤普森毕业于普林斯顿大学，曾经是一位绅士的农场主、一位业余的剧作家。1932 年，他的戏剧《勇士的丈夫》在百老汇开演，演员阵容包括凯瑟琳·赫本（Katharine Hepburn）等人。

1925 年，汤普森是一名投资银行家，科斯特想要出售吉拉尔公司的股票，于是找到了汤普森。汤普森对科斯特非常有好感，认为科斯特"有魅力、有知识、有直觉、有效率"，最终他加入了麦克森 & 罗宾斯公司，成为公司的主计长。[①] 汤普森完全没有意识到欺诈正在他眼皮子底下发生。毕竟比起制药业，他对饲养优质奶牛和写戏剧更感兴趣。他的大部分工作都委托给了助理主计长乔治·迪特里希。

但是在 1937 年，汤普森开始怀疑为什么利润丰厚的加拿大子公司从不向母公司返还任何利润。会计记录表明加拿大子公司持有 1 800 万美元的药品库存。汤普森提议应将加拿大子公司 100 万美元的存货售出，然后将

---

① Charles Keats, *Magnificant Masquerade: The Strange Case of Dr. Coster and Mr. Musica*, (New York: Funk & Wagnalls, 1964), 98.

收入返还给母公司，董事会也同意了。科斯特却未能遵从董事会的指示，这是因为加拿大子公司并没有存货可供出售，所以他捏造借口称加拿大子公司的所有利润必须用于扩大再生产。而汤普森认为这个说法无法令人信服。

1938年，汤普森发现W. W. 史密斯公司的佣金竟然是由母公司，而非加拿大子公司支付的，这更引起了他的怀疑。这说明子公司不仅扣留了母公司的利润，实际上母公司还在补贴子公司的运营。汤普森非常想知道更多关于W. W. 史密斯公司的细节，他想办法搞到了W. W. 史密斯公司曾用于向审计师证明其生存能力的邓白氏信用报告的副本。然而当他向邓白氏公司代表出示这份信用报告时，邓白氏表示从未听说过W. W. 史密斯公司。汤普森手上的邓白氏信用报告是伪造的。

1938年11月底，汤普森与科斯特当面对峙。科斯特否认有不当行为，并且反过来指责汤普森参与了攫取公司控制权的阴谋。汤普森确信科斯特参与了某种欺诈，因此向麦克森&罗宾斯公司董事会报告了伪造的邓白氏信用报告以及该公司向W. W. 史密斯公司支付的可疑款项。

1938年12月6日，纽约证券交易所暂停了麦克森&罗宾斯公司股票的交易，SEC展开调查。第2周，麦克森&罗宾斯公司董事会解雇了科斯特和乔治·迪特里希。12月13日，SEC要求逮捕科斯特、乔治·迪特里希和维纳德。联邦探员逮捕了科斯特，提取了他的指纹，然后允许他取保候审。探员们很快发现，备受尊敬的商人、医学博士科斯特竟然与两次被判诈骗罪的穆希卡是同一个人。

【参考文献】

Berger, Meyer. "The Story of F. D. Coster (Musica): A Strange Human Record." *New York Times*, December 25, 1938.

Crossen, Cynthia. "A '30s Business Genius Fooled Bankers, Peers and Price Waterhouse." *Wall Street Journal*, November 6, 2002.

"Drug Mystery." *Time*, December 19, 1938.

Keats, Charles. *Magnificent Masquerade: The Strange Case of Dr. Coster and Mr. Musica*. New York: Funk & Wagnalls, 1964.

"Ledgers and Legends." *Newsweek*, January 2, 1939.

Wells, Joseph T. *Frankensteins of Fraud*. Austin, TX: Obsidian Publishing Company, 2000.

【思考】

1. 穆西卡四兄弟是如何从麦克森&罗宾斯公司"揩油"的?

2. (审计师)采取哪些审计程序就能够发现麦克森&罗宾斯公司虚构收入和虚增库存的行为?

3. 麦克森&罗宾斯公司的欺诈行为是如何曝光的?

05　成为焦点

「　克鲁格用谎言和背叛玷污了世界主要国家的金融支柱。以史为鉴，一些国家（特别是美国）逐渐建立起新的投资者保障措施。我们从证券法中的部分防范措施，可以清楚地看到克鲁格案对证券立法的影响。

——K. L. 奥斯汀[①]　」

1932 年 3 月，伊瓦尔·克鲁格自杀的消息引发了美国和欧洲的极大关注。此前，《时代周刊》（*Time*）和《周六晚邮报》（*Saturday Evening Post*）等知名媒体的报道早已使克鲁格成为家喻户晓的大人物，人们自然就想知道这样一位世界上最富有、最具影响力的大人物为什么会自寻短见。一时间，涉及敲诈和感染梅毒的谣言满天飞。一名"目击者"称，克鲁格死时手中还攥着一位著名女演员的来信。

但 4 周后，当普华会计公司报告称该公司 1.15 亿美元的资产下落不明时，人们的好奇和怜悯迅速化成了愤怒。当时，美国投资者持有克鲁格公司发行的证券价值超过 2.5 亿美元。克鲁格 & 托尔公司的股价在几周内就从 5 美元狂跌至 5 美分。在美国，从像洛克菲勒那样的巨富到孤寡妇孺，许多投资者都成了克鲁格欺诈案的受害者。

[①] K. L. Austin，"Ivar Kreuger's Story in Light of Five Years," *New York Times*，March 7，1937.

国会的行动

1929年股市崩盘后，美国国会在两年多的时间里没有采取任何实质性行动。此次股灾发生的原因，并不容易为公众所理解。对国会来说，解决这些问题也不是一件容易的事情，尤其是在投资银行家、证券经纪人和其他有权势的企业高管利用他们相当大的政治影响力来扼杀改革的情况下。

但克鲁格的骗局引起了公众的注意，每个人都想知道他的阴谋是如何实施的。《纽约时报》在1932年和1933年发表了300多篇关于克鲁格欺诈案的文章，《财富》、《商业周刊》（Business Week）和《国家》（The Nation）等杂志上的文章均描述了这一骗局，并指责会计师、投资银行家、高管、证券交易所以及最终的保护人——政府未能尽到保护公众的职责。① 数以百万计的读者被克鲁格骗局的耸人听闻的一面所吸引，这是他们第一次了解到美国证券市场的运作方式及其失败之处，要求政府采取行动的呼声日益高涨。

1932年4月18日，就在普华会计公司公布有关克鲁格财务状况的初步报告后不到2周，国会议员菲奥雷洛·拉瓜迪亚（Fiorello LaGuardia）在众议院公开谴责"纽约证券交易所的疏忽大意、漠不关心甚或是纵容放任"。② 7月，内布拉斯加州的参议员乔治·诺里斯和路易斯安那州的参议员休伊·隆组织了一场关于克鲁格案的讨论，并呼吁加强立法，保护投资者免受"试图兜售蓝天的恶棍证券发行人"③ 的欺骗。

1932年，富兰克林·罗斯福竞选美国总统，他认为，证券监管既是一个道德问题，也是一个经济问题。他经常讲述一个虚构的故事：纽约的一个小村庄在1929年的股市崩盘中被摧毁，125个家庭中有109个失去了存款，一半人变得无家可归。罗斯福将村民的不幸归咎于纽约证券交易所和投资银行家。他承诺将以联邦立法的方式加大证券市场信息披露力度，并将对证券交易所进行监管。

1933年3月29日，罗斯福就任后不久，在一次国会演讲中阐明了他的

---

① Max Winkler, "Playing With Matches," The Nation, May 25, 1932.
② Dale Flesher and Tonya Flesher, "Ivar Kreuger's Contribution to U. S. Financial Reporting," Accounting Review 61 (July 1986): 426.
③ Ibid.

想法：

  联邦政府不能也不应该采取任何可能被理解为证明或担保新发行证券可靠性的措施，这里的可靠性是指这些证券能够保值，或其代表的财产将获得利润。

  然而，我们有义务坚持要求从事州际贸易的公司新发行的每一只证券都做到充分的信息公开，不得向公众投资者隐瞒任何与发行证券相关的重要因素。①

《1933年证券法》

  《1933年证券法》，通常被称为"证券真实"法（"truth in securities" law），是罗斯福在就任总统的百日新政期间签署的15项重要法案之一。由于国会平均每周都要通过一项重大法案，所以很少有参议员或众议员能够完全理解他们所制定的法律。立法者严重依赖于参众两院的专门委员会来起草立法，并信任各专门委员会主席提出值得投票支持的法案。得克萨斯州的萨姆·雷伯恩（Sam Rayburn）是众议院州际商务委员会强有力的领导人，也是引导该法案通过国会讨论的最主要负责人。

  《1933年证券法》在很大程度上模仿了《英国公司法》，对股票和债券的首次公开发行和出售进行了规范。该法的主要目的是确保投资者能够获得关于待售证券的完整和真实的信息。为此，该法要求证券发行人在向公众出售证券之前进行证券登记。此外，还要求企业向买方提供一份招股说明书，其中包括经审计的资产负债表和利润表。

  国会在起草1933年法案时，采取的是"预防性"而非"惩罚性"的监管方式。也就是说，国会试图通过要求所有公司在向公众发行证券之前公布注册登记表和招股说明书来防止欺诈。这种为了防范（少数）骗子的方法，使得所有公司都感到负担沉重。

  普华会计公司的合伙人乔治·梅在参议院听证会上作证，劝告参议员

---

 ① James M. Landis, "The Legislative History of the Securities Act of 1933," *George Washington Law Review* 28 (October 1959): 30.

们不要强加过于繁重的规定。① "克鲁格诈骗案绝对只是个案，"梅作证说，"因此我看到了通过立法来防范欺诈的危险。虽说公众是应该得到保护，但始终存在平衡风险与成本的问题。如果你建立的保护机制太过昂贵，你就会扼杀工商业界的活力。对付超级大骗子时，立法是没有用的。"②

但梅将克鲁格描述为"超级大骗子"的说法与他自己公司的调查报告不一致。在斯德哥尔摩检查克鲁格会计记录的普华会计公司审计师报告说，"这些操纵太幼稚了，只要对簿记有基本的了解，任何人都能看出这些账目是伪造的"。③ 审计师还指出，"总账中的会计分录显然是假的，甚至很少有分录从表面上看是合理的"。④

不幸的是，从来没有任何独立的一方被允许接触克鲁格 & 托尔公司的会计记录。国会得出结论，要求公众公司向审计师公开账目，是防范未来欺诈的合理保障。关键问题是，企业是否应继续由公共会计师行业进行审计，或者国会是否需要成立一个政府审计师团队来检查企业的财务报表。西点军校毕业生、哈斯金斯 & 塞尔斯公司的高级合伙人亚瑟·卡特（Arthur H. Carter）上校在参议院听证会上作证，敦促参议员不要与公共会计师抢饭碗。

　　参议员巴克利：你不认为如果要对这些公司会计记录的准确性进行任何检查或提供任何保证，由某个政府机构来实施比由某个私立会计公司来实施更符合购买这些证券的公众的利益吗？
　　卡特上校：我认为要求政府机构有效地做到这一点是不切实际的。
　　参议员雷诺兹：为什么？
　　卡特上校：因为这件事需要很多的人力、物力，这牵涉到时间成本问题。
　　参议员雷诺兹：假设我们在最后通过的这份法案中规定从你的公司中聘请五六百名审计师，那就没问题了，不是吗？
　　卡特上校：我不认为在公共会计师行业工作的人会离开现在的工

---

① 乔治·梅并未参加《1933年证券法》的听证会，但他给众议院的雷本写信提供过书面意见。梅之后参加了针对《1934年证券交易法》立法草案举办的听证会。——译者
② "Man Who Trapped Kreuger Describes Deals to Senators," *New York Times*, January 12, 1933.
③ "Ivar Kreuger III," *Fortune*, July 1933, 72.
④ Ibid.

作岗位去政府工作……①

最终，国会决定将私人会计公司作为防范克鲁格式的欺诈者的第一道防线。②

《1934年证券交易法》

《1933年证券法》通过后不到一年，国会就开始起草一项范围更广的法案来监管证券交易，其成果便是《1934年证券交易法》。该法案试图结束20世纪20年代普遍存在的违规操作。例如，该法案禁止"虚伪交易"（如连续的买入和卖出订单），这种操作会给人造成交易活跃的假象。该法案还对内幕交易进行了监管，并限制了经纪商向客户提供用于购买证券的融资信用额度。

对会计师影响最大的条款是要求公众公司提交包含经审计财务报表的年度报告。也正因如此，1934年法案确保了公共会计师行业稳定的收入来源。具体而言，根据法案的规定，所有的公众公司都必须每年接受审计，而只有注册会计师有权签署审计报告。

1934年法案还建立了一个新的联邦机构——SEC，来管理和执行联邦证券法。SEC的公司财务部门（Division of Corporate Finance）负责审查公司提交的年度、季度和特别报告，以及公开发行时的注册声明，市场监管部门（Division of Market Regulation）负责监管证券交易所，投资管理部门（Division of Investment Management）负责管理证券经纪商和交易商，执法部门（Division of Enforcement）负责调查涉嫌违反证券法的行为，并有权罚款、摘牌以及禁止经纪商或公共会计师进入证券市场。

SEC由美国总统任命的5名委员管理，并得到参议院的建议和同意。为确保两党在其中的代表性，同一政党的委员不得超过3人。后来的美国总统约翰·肯尼迪（John F. Kennedy）的父亲约瑟夫·肯尼迪（Joseph

---

① John L. Carey, *The Rise of the Accounting Profession*: 1937—1969 (New York: American Institute of Certified Public Accountants, 1970), 186—188.

② 这是公共会计师行业流传已久的"神话"，但没有证据表明美国国会是根据卡特的建议出台强制性的注册会计师审计制度的。——译者

P. Kennedy），在 1934—1935 年出任 SEC 第一任主席。

麦克森 & 罗宾斯公司

媒体围绕克鲁格欺诈案的狂热最终平息了下来，公众对会计的兴趣也日益减弱。但 1938 年末，麦克森 & 罗宾斯公司高达 1 900 万美元的欺诈案败露，让会计师和审计师重新回到了聚光灯下。头条新闻争相报道唐纳德·科斯特的自杀。穆西卡（科斯特）的故事是每一个新闻人的梦想——贿赂、走私、勒索和流血。甚至有指控（后来被证实是假的）称科斯特走私了数千支步枪给西班牙的佛朗哥法西斯军队。

在挖掘完丑闻中的恶俗话题后，记者们将注意力转向了未能发现大型舞弊的审计师。《新闻周刊》（Newsweek）称，麦克森 & 罗宾斯公司的欺诈案提出了"当前会计方法是否恰当的问题"，后来又指出"如果高层管理人员不诚信，现有的法律和实务不足以保护公众和美国大型企业的股东"。[①]《商业周刊》在 1939 年 1 月预测，科斯特的"恶行必将加速美国公司和会计程序的改革"。[②]

1939 年 2 月，《会计杂志》上的一篇社论哀叹新闻媒体对会计重新产生了兴趣：

> 麦克森 & 罗宾斯公司案掀起的舆论浪潮就像一盆冷水泼在了整个公共会计师行业头上。会计人员习惯于在公开出版物中默默无闻，现在他们惊讶地发现，他们的程序、原则和职业准则成为耸人听闻且冷漠无情的头条新闻的主题。[③]

SEC 的调查

鉴于美国国会通过《1933 年证券法》来提振公众信心还不到 5 年，麦

[①] "Musica Case Presages New Steps to Safeguard U. S. Investors," *Newsweek*, December 26, 1938, 9; "Ledgers and Legends," *Newsweek*, January 2, 1939, 12.

[②] "After Coster, Accounting Reform," *Business Week*, January 7, 1939, 15.

[③] "The McKesson & Robbins Case," *Journal of Accountancy* 67 (February 1939): 65.

克森 & 罗宾斯公司这种重磅丑闻很可能会摧毁公众对于证券市场脆弱的信心，所以 SEC 必须迅速采取行动以避免股市再次崩盘。SEC 于 1938 年 12 月 29 日开展了一项调查，目的有两个，一是确认普华会计公司的审计师是否遵守了当时的公认审计准则，二是确认这些准则是否足以确保财务报表的可靠性和准确性。

SEC 的听证会从 1939 年 1 月 5 日开到了 4 月 25 日。46 名证人提供了 4 587 页的证词和另外约 3 000 页的证物。听证会上讨论的话题包括审计师的基本职责和审计报告的意义、会计公司合伙人与员工的比例，以及检查各种资产负债表账户的具体程序等。

在 SEC 进行调查的同时，审计师们疯狂地重新审视自己的审计程序，以期在 SEC 强制进行更严厉的修改之前能有所改进。当时最权威的审计程序汇编是 1936 年由公共会计师协会（以下简称"协会"）出版的题为《独立公共会计师对财务报表的审查》（Examination of Financial Statements by Independent Public Accountants）的手册。1939 年初，该协会任命了一个委员会，由帕特里克·格洛弗（Patrick Glover）担任主席，负责研究是否应针对麦克森 & 罗宾斯公司的审计失败修改审计程序。

到 1939 年 5 月，格洛弗领导的委员会完成了其建议的初稿。报告建议审计师观察客户的实地存货盘点，并与债务人直接沟通确认应收账款。这两种程序都是协会 1936 年审计程序汇编中推荐的最佳做法，但不是强制性的。报告还建议审计师由董事会（而不是由公司管理层）聘请或提名。协会成员在 1939 年的年度会议上批准了这些建议，只做了一些小的修改，报告的实质内容载于《审计程序声明第 1 号：拓展审计实务》（Statements on Auditing Procedure No. 1, "Extensions of Auditing Practice"）中。

SEC 于 1940 年发布的关于麦克森 & 罗宾斯公司欺诈案的最终报告建议对审计师的业务承揽与报告惯例进行改革。① SEC 指出，鉴于科斯特在没有得到麦克森 & 罗宾斯公司董事会意见的情况下聘用了普华会计公司，而且董事会成员也没有收到业务约定书（engagement letter）或长式审计报告（long-form audit report）的复本，提出以下建议：

1. 由股东大会投票选举本年度的审计师。
2. 从董事会的非管理层成员中遴选出一个委员会，负责提名审计师并

---

① Securities and Exchange Commission, Accounting Series Release No. 19, *In the Matter of McKesson & Robbins*, December 5, 1940.

安排审计业务的细节。

3. 短式审计报告（或意见）应提交给股东，所有其他报告的副本应由审计师提交给每个董事会成员。

4. 审计师应出席股东大会回答问题，并报告他们是否能够获得所需的全部信息。

SEC 还建议审计师花更多的时间独立核实资产，而不是简单地测试客户会计记录的准确性。SEC 的结论是，"审计依据仅限于账簿和记录中出现的材料的时代已经过去很久了，如果那样的时代曾经存在过的话"。[1] SEC 呼吁"对审计程序进行实质性改进，要求审计师通过实物盘点或独立核实等手段，在更大程度上验证被审计公司的记录和文件所反映的事实"。[2]

SEC 的其他建议包括对内部控制进行更彻底的评估，以及对新客户进行更广泛的背景调查。

结　论

克鲁格 & 托尔公司和麦克森 & 罗宾斯公司的欺诈案是 20 世纪上半叶最大的财务丑闻。在 1896 年纽约州通过第一部注册会计师法案后的 30 年里，超过 1.2 万名会计师获得注册会计师资格，投资者也开始期待公众公司提供经审计的资产负债表。但在 1933 年，当国会考虑建立一个政府审计师团队来执行企业审计时，公共会计师行业的未来已经命悬一线。

然而最终，会计师和审计师不仅没有丢掉饭碗，反而在克鲁格欺诈案中因祸得福。1933 年和 1934 年的证券法强制要求所有公众公司提交经审计的财务报表，从而增加了公众公司对公共会计师服务的需求。由此，公共会计师行业被视为保护无辜投资者免遭克鲁格式的欺诈者的监督者。

5 年后，两次被判诈骗罪的菲利普·穆希卡再一次骗过了世界上最受尊敬的会计公司，麦克森 & 罗宾斯公司案的曝光几乎摧毁了人们对公共会计师行业的信心。政府和媒体对审计程序提出了强烈的质疑，并要求改革。

但公共会计师行业再次逃过一劫。SEC 拒绝制定详细的审计程序，并

---

[1] Securities and Exchange Commission, Accounting Series Release No. 19, *In the Matter of McKesson & Robbins*, December 5, 1940.

[2] Ibid.

赞扬了帕特里克·格洛弗领导的委员会在麦克森 & 罗宾斯公司危机后起草的新审计规范。1939 年，美国会计师协会成立了第一个制定审计准则的常设委员会——审计准则委员会。审计准则委员会及其继任者——审计准则执行委员会（Auditing Standards Executive Committee）和审计准则理事会——将在接下来的 60 年里负责编写审计准则。

1939 年 2 月的《会计杂志》社论总结道：

> 我们认为，从长远来看这种社会关注对于这个行业而言不完全是件坏事。在美国各地，关于会计的公开讨论从未像现在这样热烈。人们不会忘记独立审计和会计程序的重要性。我们预测，与过去相比，未来的审计师在更大范围内的检查中遭遇的阻力会变小，尝试限制其工作的情况也会减少。①

虽然在麦克森 & 罗宾斯公司丑闻正处在风口浪尖的时候，这种话听起来像是一厢情愿的想法，但审计的范围和频率确实在随后几年有所增加。接下来的 60 年是公共会计师行业发展繁荣的时期。

【参考文献】

"After Coster, Accounting Reform." *Business Week*, January 7, 1939.

Afterman, Allan B. *SEC Regulation of Public Companies*. Upper Saddle River, NJ: Prentice-Hall, 1995. Austin, K. L. "Ivar Kreuger's Story in Light of Five Years." *New York Times*, March 7, 1937.

Carey, John L. *The Rise of the Accounting Profession*, 1937–1969. New York: American Institute of Certified Public Accountants, 1970.

Flesher, Dale, and Tonya Flesher. "Ivar Kreuger's Contribution to U. S. Financial Reporting." *Accounting Review* 61 (July 1986): 421–434.

"Ivar Kreuger III." *Fortune*, July 1933.

Landis, James M. "The Legislative History of the Securities Act of 1933." *George Washington Law Review* 28 (October 1959): 29–49.

"Ledgers and Legends." *Newsweek*, January 2, 1939.

"Man Who Trapped Kreuger Describes Deals to Senators." *New York Times*, Janu-

---

① "The McKesson & Robbins Case," 68–69.

ary 12, 1933. "The McKesson & Robbins Case." *Journal of Accountancy* 67 (February 1939): 65-69.

"Musica Case Presages New Steps to Safeguard U. S. Investors." *Newsweek*, December 26, 1938.

Parrish, Michael E. *Securities Regulation and the New Deal*. New Haven, CT: Yale University Press, 1970.

Securities and Exchange Commission. *In the Matter of McKesson & Robbins*. Accounting Series Release No. 19. December 5, 1940.

Skousen, K. Fred. *An Introduction to the SEC*. 5th ed. Cincinnati, OH: South-Western College Publishing, 1991.

Winkler, Max. "Playing With Matches." *The Nation*, May 25, 1932.

【思考】

1. 《1933 年证券法》尝试通过哪些措施来防范财务舞弊？
2. 美国国会在 1933 年审议的哪项提案严重威胁到了全国的会计公司？
3. 《1934 年证券交易法》试图通过什么措施来防范财务舞弊？
4. 经过对麦克森 & 罗宾斯公司诈骗案的调查，SEC 建议怎样改革审计实务？

第二部分
会计行业的原则问题

06　公认会计原则

「　　会计是一种通用的商业语言，而语言的首要前提是能够为人们所理解。一门语言要想为人们所理解，它的各种术语必须要有明确的定义，而缺乏明确的定义恰恰是会计的主要缺陷。不过会计需要的不仅仅是明确的术语，对于会计而言，最重要的是建立健全的理论体系。

——亨利·哈特菲尔德[①] 」

复式记账法起源于 15 世纪的意大利。1494 年，方济会修道士、著名数学家卢卡·帕乔利（Luca Pacioli）首次在公开出版物中完整描述了复式记账法。人们把他的著作翻译成了英语、荷兰语、俄语和德语。世界各地的商人很快就采用了这种"威尼斯式"的复式记账法来记录交易。时至今日，复式记账法依然是会计和财务报告的基础。

在帕乔利的时代，商业经济其实不太需要什么会计原则。记录存货的采购和销售，常识就足够了。而且由于投资者或债权人很少需要比较两家或多家公司的会计记录，企业间的可比性也并不重要。

但是在现代经济中，交易更加复杂，对健全的会计原则的需求要强烈得多。工业革命迫使人们弄清楚怎样对铁路线路和钢铁厂等长期资产计提折旧。另外，不断变化的价格也引发了报告资产时究竟应该按照历史成本

---

① Henry Rand Hatfield, "What Is the Matter With Accounting?" *Journal of Accountancy* 44 (October 1927): 271-272.

（historical cost）还是现行价值（current value）列报的争论。而优先股和可转债等复杂的金融工具则模糊了负债与股东权益之间的界限。

20世纪初，美国公司开始公布财务报表，但企业之间所采用的资产核算及费用分配的方法之间存在着巨大的差异。威廉·里普利在《主街与华尔街》一书中记录了许多这方面的差异。会计教育家亨利·哈特菲尔德（Henry R. Hatfield）也曾经抱怨，会计师们对净利润（net income）等常用术语竟然都没有公认的定义。

与现代会计师痴迷于规则的刻板印象相反，20世纪初的会计师强烈抵制推行严格的会计准则。会计师对他们的职业判断受到限制感到不满。而他们的客户也喜欢按照自己的意愿灵活地记录其交易。

针对哈特菲尔德教授的批评，美国会计师协会出版了《会计术语》（Accounting Terminology）来应对，其中定义了会计常用术语。但在这本1931年出版的术语表之外，美国会计师协会在会计准则制定方面基本上无意进行更深入的探索。1934年，美国会计师协会的制定会计原则特别委员会（Special Committee on the Development of Accounting Principles）主席、普华会计公司合伙人乔治·梅总结称，制定统一的会计规则并要求所有企业都去遵守，既不可行，也不可取。梅主张赋予会计师充分的自由，即只要披露了会计方法，会计师就可以使用任何他们认为合理的方法，他写道：

> 在相当广泛的范围内，如果投资者知道公司采用的是什么方法并且确信这种方法在每一年都能得到一贯的执行，对投资者而言，公司在报告收益时具体采用了什么方法或惯例就不那么重要了。①

对准则的需求

1935年，卡门·布劳（Carman G. Blough）被任命为SEC第一位首席会计师。SEC的主要职责之一是审查公司提交的注册表和年度报告，并判断这些财务报告是否公允地反映了公司的财务状况。布劳很快就因为公司提交上来的财务报表缺乏一致性而倍感挫折。

---

① Stephen A. Zeff, "Some Junctions in the Evolution of the Process of Establishing Accounting Principles in the U.S.A.: 1917–1972," *Accounting Review* 59 (July 1984): 451.

1937年，布劳在《会计评论》中发表文章，哀叹美国缺乏公认的会计准则体系。

> 在日常工作过程中，我们必须判断证券登记人所遵循的会计程序是否符合公认的原则。但令人难以置信的是，很多时候我们遇到的问题哪怕在教科书作者与执业会计师之间都达不成一致的意见。
>
> 几乎每天，我都会发现那些由我非常信任的会计师出具的注册声明违反了我认为多年来业界早已广泛接受的准则。事实上，在检查了上百份提交给委员会的声明后，我们几乎可以得出这样的结论：除了简单的复式记账规则，美国会计人员能够一致认同的会计准则少之又少。[①]

美国国会在《1934年证券交易法》中授权SEC制定公众公司的财务会计与报告准则。布劳希望公共会计师行业能够自行制定出更加统一的会计准则。但他也在文章最后几乎不加掩饰地威胁说，如果公共会计师行业不这样做，SEC将会亲自制定会计准则。

会计程序委员会

1938年，面对政府接管会计准则制定的威胁，美国会计师协会成立了会计程序委员会，并授权该委员会就特定的会计问题公布公告。《会计研究公报第1号》（Accounting Research Bulletin（ARB）No.1）解释了会计程序委员会的目标是为投资者提供有用的财务数据。在接下来的20年中，会计程序委员会总共公布了51份ARB公告，指导公司对长期建造合同、养老金、或有事项以及企业合并等事项进行会计处理。

会计程序委员会在成立之初就决定要着力解决特定的会计难题，而不是去制定详尽的会计准则体系。会计程序委员会的失败也许在其早期决定不建立概念框架的时候就已经注定了。20世纪30年代，社会对会计界最主要的不满就在于，对于存货计价、计算折旧、确认收入以及退休金等事

---

① Carman Blough, "The Need for Accounting Principles," *Accounting Review* 12 (March 1937): 30–31.

项存在太多"公认"的会计处理方法。各式各样的会计处理方法使得投资者难以比较两家或多家公司所披露的净收入。而且由于缺乏公认的资产计价和利润计算的原则，会计程序委员会也没有可以用来判断会计方法孰优孰劣的依据。

事实上，ARB的权威性仅仅来源于公共会计师行业的认可。SEC从未正式授权会计程序委员会制定会计准则，美国会计师协会也从未要求其会员遵守会计程序委员会的公告。甚至对于会计程序委员会是否有权否决已得到广泛使用的会计处理方法都存在争议。因此，虽然财务报表的编制需要遵守"公认"的会计原则，但这些原则并不一定是"逻辑上一致"、"理论上合理"或"经济上相关"的。

在20世纪50年代末，许多因素导致了会计程序委员会的解散。首先，委员会试图解决一批存在争议的会计问题，此前对这些问题如何进行正确的会计处理并不存在共识，所以委员会成员想要制定出能够获得2/3多数通过的会计准则非常困难。其次，美国主计长协会（Controllers Institute of America，CIOA）的成员抱怨在会计程序委员会中无人能够代表他们，这是因为美国会计师协会仅指派了学者和会计公司的代表加入会计程序委员会。美国主计长协会的成员声称他们未得到充分的机会对处于提议阶段中的公告发表评论。最后，安达信会计公司合伙人莱奥纳多·斯派切克（Leonard Spacek）控诉会计程序委员会的一份拟议公告屈从于行业压力。尽管美国会计师协会的领导们不遗余力地为会计程序委员会辩护，斯派切克的指控还是严重损害了会计程序委员会的声誉。

会计原则委员会

会计原则委员会（APB）于1959年取代了会计程序委员会。与会计程序委员会的构成类似，会计原则委员会的21名成员在保留全职工作的同时，以志愿者的身份为委员会工作，而一项新准则的颁布同样需要经过2/3以上的成员同意。

与此同时，美国会计师协会委托会计原则委员会公布公告——《会计原则委员会意见书》（APB Opinions），并扩大了自身的研究部门。为了不重蹈会计程序委员会的覆辙，该研究部门立即着手开发一系列基本假设和原则来指导会计原则委员会意见书的制定，其成果便是《会计研究文集》

(Accounting Research Study，ARS)。

1961年，会计原则委员会出版了《会计研究文集第1辑：会计基本假设》(ARS No.1，*The Basic Postulates of Accounting*)，没有引起争议。但1962年出版的《会计研究文集第3辑：企业广义会计原则暂行公告》(ARS No.3，*A Tentative Set of Broad Accounting Principles for Business Enterprises*)却引发了激烈的争论。

在《会计研究文集第3辑：企业广义会计原则暂行公告》中，最具争议性的建议是存货和固定资产按照现行价值列报。事实上，资产应该以历史成本还是现行价值列报的问题已经困扰会计实务界长达数十年。哈特菲尔德教授在他1927年的文章中提到，会计主要处理的就是估算价值及其变化，然而会计师们却从未给出令人信服的理论来说明何种价值计量属性才符合会计的目标。①

在20世纪20年代，一些公司尝试在年底按照现行重置成本调整某些资产的价值。但SEC为了避免企业任意调整价值操纵利润，坚持所有资产都应当以历史成本计量。1940年，威廉·佩顿（William A. Paton）教授与亚拿尼亚·利特尔顿（Ananias C. Littleton）教授在其划时代的著作《企业会计准则导论》(*An Introduction to Corporate Accounting Standards*)中为历史成本会计进行了辩护。这部专著被分发给美国会计师协会的所有成员，并且成为20世纪40年代和50年代大学会计课程中阅读最广泛的书。他们的书使整整一代的会计师深信，资产就应当以历史成本计量。

因此，当1962年《会计研究文集第3辑：企业广义会计原则暂行公告》公布时，几乎没有会计原则委员会的成员愿意背离历史成本会计。委员会宣称《会计研究文集第3辑：企业广义会计原则暂行公告》"与现行的公认会计原则差异过大，所以令人难以接受"。② 在《会计研究文集第3辑：企业广义会计原则暂行公告》被否决后，过了12年，会计准则制定机构才再一次尝试建立新的会计概念框架。

由于缺乏一套基本原则的指导，会计原则委员会只能沿用会计程序委员会的做法——出现一个会计问题才研究一个问题。虽然会计原则委员会制定会计准则的做法被戏称为"逐个主题灭火"，但理事会确实公布了一些非常

---

① Hatfield，"What Is the Matter With Accounting?" 273.
② Stephen A. Zeff，"The Evolution of U. S. GAAP：1930-1973，" *CPA Journal* 75 (January 2005)：23.

重要的公告，例如《会计原则委员会意见书第 3 号》（APB Opinion No. 3），要求公司在年报中加入第三份基本财务报表——资金来源与运用表（statement of sources and applications of funds）。① 会计原则委员会还就企业应如何处理所得税和计算每股收益提供了指导。

SEC 对会计准则的影响

《1934 年证券交易法》授权 SEC 制定公众公司的会计准则。紧接着，SEC 的 5 位委员就对会计准则应该由本委员会直接制定，还是交由公共会计师行业主持制定产生了分歧。委员罗伯特·海利（Robert Healy）和威廉·道格拉斯（William O. Douglas）不相信公共会计师行业会为公共利益服务。道格拉斯（后来被富兰克林·罗斯福总统任命为最高法院大法官）认为，审计师有时会偏袒客户，损害投资者的利益。但 SEC 主席詹姆斯·兰迪斯（James Landis）不愿意承担起制定会计准则的任务。兰迪斯不是会计师（其他四位委员也不是），他觉得自己没有能力去做会计方面的决策。委员詹姆斯·罗斯（James D. Ross）和罗伯特·海利站在了兰迪斯这一边，所以最后的投票结果是 3 票对 2 票，SEC 决定由私人部门牵头制定企业会计准则。1938 年 4 月，SEC 宣布，其将接受根据"得到实质性权威支持的"会计准则编制的财务报告。②

尽管决定了要由公共会计师行业主持制定准则，但 SEC 还是从 1938 年开始发布《会计系列公告》（Accounting Series Releases，ASRs）。早期的《会计系列公告》大部分是对会计程序委员会公告的补充，或者描述了 SEC 希望公司在申请文件中包含的内容。但有时候，SEC 也会因为会计程序委员会或会计原则委员会迟迟未能给出特定会计问题的处理方法，而选择自行发布强制性指南。

SEC 与会计原则委员会之间的第一次严重冲突发生在 1962 年，当时国会为购买长期资产（比如车辆和厂房设备）的公司提供了投资抵税的税收优惠制度，即当年购买资产的这些公司可以从应纳税额（tax liability）中

---

① Accounting Principles Board, Opinion No. 3, *The Statement of Source and Application of Funds*.

② Securities and Exchange Commission, Accounting Series Release No. 4, *Administrative Policy on Financial Statements*.

扣除一部分符合要求的资产成本。对此，在经过大量讨论之后，会计原则委员会认为企业应当在资产的使用寿命内分期确认税收优惠。①

然而会计原则委员会的决定惹恼了很多业界人士，因为他们希望在购入资产的第一年就将全部的税收减免金额作为费用减项在报表中列报。业界游说团体呼吁 SEC 和国会推翻会计原则委员会的决议。在肯尼迪政府和位高权重的国会议员的压力下，SEC 只能发布《会计系列公告第 96 号》，宣布 SEC 将同时接受使用会计原则委员会的"递延法"，或使用"径流法"（flow-through method）编制的财务报告。②

虽然美国注册会计师协会会长罗伯特·维特希（Robert E. Witschey）恳请审计师采用会计原则委员会的准则，但是很多会计公司依然为它们那些采用了"径流法"核算投资税收抵免的客户出具了无保留意见的审计报告。知名的八大会计公司中有三家甚至直接表明不会听从会计原则委员会的指引。1964 年，会计原则委员会只能让步，公布了新的意见书，允许公司在两种方法中任选一种来核算投资税收抵免。③

尽管在接下来的 10 年里会计原则委员会依然在维持运作，但因为在 1962 年的争议中未能获得 SEC 的支持，会计原则委员会的权威性遭到了严重的打击。当初，成立会计原则委员会的宗旨便是要缩小会计实务中存在的差异和不一致，但由于后来失去了 SEC 的支持，最终《会计原则委员会意见书第 4 号》竟然允许企业在两种"公认"的会计处理中进行选择。

有关投资税收抵免的争议也给了企业抵制会计原则委员会的提案，并在必要时向 SEC 或国会提出抗议的勇气。这使得会计原则委员会不得不为许多后续的提案辩护，以应对业界的攻击。例如，财务经理协会（Financial Executives Institute，FEI）的成员写了将近一千封信来反对有关所得税会计的提议草案，美国银行家协会（American Bankers Association，ABA）则反对关于证券销售亏损的规则提案。租赁业人士更是联名上书，希望说服 50 位有权势的国会议员，如果要将长期租赁作为一项负债在资产负债表中列示，那么美国企业将不得不放弃为扩张和现代化筹集资金。SEC 在听取了相关参议员和众议员的意见后，建议会计原则委员会推迟该项提案。

---

① Accounting Principles Board, Opinion No. 2, *Accounting for the "Investment Credit."*
② Securities and Exchange Commission, Accounting Series Release No. 96, *Accounting for the Investment Credit.*
③ Accounting Principles Board, Opinion No. 4, *Accounting for the "Investment Credit."*

并购狂潮

20世纪60年代,企业并购的频率和规模急剧增加。《财富》杂志将并购活动的蓬勃发展归因于那些将企业看作是投资组合(即企业的集合,collections of businesses)的"新一代"经理人。[①] 他们建立了多元化的企业集团,集团内的子公司在许多行业运营。增长型公司通过收购市盈率较低的公司来提高每股收益。在并购狂潮的顶峰,一些企业收购其他企业仅仅是为了避免自己被收购。

20世纪60年代末,大部分的并购都是通过股票交易进行的。收购方企业发行普通股来换取目标公司股东的股票,在交易的过程中很少使用现金交易。

1957年,会计程序委员会允许企业采用"权益结合法"来核算特定的换股合并交易。"权益结合"之后,相当于两家企业的财务报表加总在了一起。合并的资产负债表列示了两家公司以初始历史成本计价的资产。合并利润表则包含了两家公司合并前所有的收入和费用,从报表上看就像这两家公司从一开始就是一家似的。

另一种处理合并的会计方法是购买法,在这种方法下子公司的资产以公允价值并入母公司的资产负债表,只有在购买日之后产生的利润才计入合并净收入。

权益结合法最初仅适用于两家规模大致相同的企业,合并后的企业管理团队由两家企业的代表组成。在这种情况下,很难分清到底是哪一家企业合并了另一家企业。这种商业合并就好像两家公司简单地把资源聚集到一起建立更完美的联盟。

到了20世纪60年代中期,实际上所有换股合并业务都是用权益结合法处理的。会计程序委员会在《会计研究公报第48号》中对联营的限制是含糊不清的,审计人员很少会强制执行。这种并购方式最大的吸引力在于,即使合并交易发生在12月31日,合并企业依然可以把被合并企业全年的净利润计入自己的利润,企业便可以通过兼并其他公司来增加自己的报告盈利。但这样一来,投资者就很难分辨(如果还可能分辨的话)利润中有

[①] "The Biggest, Wildest Merger Year Ever," *Fortune*, June 15, 1968, 43–44.

多少来自原公司,有多少来自新购入的子公司。《商业周刊》在 1968 年 10 月评论称:"这种方法可以构造出抛物线式的华丽利润曲线,把投资者迷得神魂颠倒……"①

有许多人反对权益结合法。一些著名会计师,比如雅各布·赛德曼(Jacob S. Seidman)和亚伯拉罕·布里洛夫(Abraham Briloff)就曾公开反对权益结合法。② SEC 主席曼纽尔·科恩(Manuel Cohen)也担心企业会利用这种合并处理方式来"构建盈利和增长的假象,可事实上这种盈利和增长并不存在",以及"增加企业披露的营业收入和利润,却不需要在事实上提高业绩"。③ 一些国会议员更是呼吁叫停权益结合法,但他们并非真的理解并关心这种方法带来的会计影响,他们只是希望延缓"流氓"企业集团通过吞并小企业来实现增长的速度。

当会计原则委员会在 1969 年就废除权益结合法展开讨论时,愤怒的财务经理和投资银行家们向该委员会寄出了上百份抗议信。很多人称强制企业使用购买法会阻碍有利的合并,损害经济的发展。国际电话电报公司甚至威胁起诉会计原则委员会,以期阻止该项会计规则的变更提议。最终,会计原则委员会保留了权益结合法,但对其使用范围进行了更严格的限制。

会计界的另一场危机

20 世纪 60 年代与 20 世纪 20 年代非常相似,只不过是嬉皮士与大麻取代轻佻女子与私制劣酒成了新的时尚。经济在总体上是健康的,失业率相对较低,攀升的股价和低门槛(investor-friendly)的共同基金吸引了数百万新投资者进入证券市场。

1960 年,美国国内大概有 71 000 名注册会计师。对他们中的多数人而言,生活都挺美好的。计算机将人们从许多机械性的记账工作中解放出来,并降低了记账错误的概率。经济的增长和日渐繁杂的税法使得人们越来越依赖公共会计师行业的服务。八大会计公司已经从同行中脱颖而出,共同包揽了在 SEC 注册的 80% 的公司审计业务。当时,西钛珂(Westec)、耶

---

① "Asset Pooling Debate Heats Up," *Business Week*, October 26, 1968, 160.

② J. A. Seidman, "Pooling Must Go," *Barron's*, July 1, 1968; Abraham J. Briloff, "Dirty Pooling," *Barron's*, July 15, 1968.

③ Briloff, "Dirty Pooling," 1.

鲁快递（Yale Express）和大陆自动售货机（Continental Vending）等公司的丑闻尚未损害公众对经审计的财务报表的信心。

但不久之后，全美学生营销公司和美国权益基金公司的审计失败暴露出了美国财务报告体系的潜在缺陷。企业并购"艺术家"们巧妙利用权益结合法创造了极具误导性的盈利增长的假象。骗子们利用计算机玩弄起更大、更糟糕的花招。

全美学生营销公司是20世纪60年代典型的成长型公司。在收购了23家公司之后，其合并利润从1967年的72.3万美元增至1969年的6 800万美元，这些并购中的大多数合并利润恰恰都是采用权益结合法核算的。1970年，一位记者戳穿了全美学生营销公司的利润泡沫，公司的股价随即从每股144美元暴跌到每股6美元。

另一位并购"艺术家"——美国权益基金公司在4年内收购了三家人寿保险公司、三家共同基金公司、一家储蓄贷款机构和一家牧牛场，之后被《财富》杂志评为增长最快的金融服务集团。但1973年，加州保险监督官（California Insurance Commissioner）发现美国权益基金公司的员工利用计算机程序伪造了64 000份虚假人寿保单，之后便接管了该公司。

【参考文献】

"Asset Pooling Debate Heats Up." *Business Week*, October 26, 1968.

"The Biggest, Wildest Merger Year Ever." *Fortune*, June 15, 1968.

Blough, Carman. "The Need for Accounting Principles." *Accounting Review* 12 (March 4.1937): 30-37.

Briloff, Abraham J. "Dirty Pooling." *Barron's*, July 15, 1968.

Carey, John L. *The Rise of the Accounting Profession: 1937-1969*. New York: American Institute of Certified Public Accountants, 1970.

Cooper, William D., and Ida B. Robinson. "Who Should Formulate Accounting Principles? The Debate Within the SEC." *Journal of Accountancy* 163 (May 1987): 137-140.

Davidson, Sidney, and George Anderson. "The Development of Accounting and Auditing Standards." *Journal of Accountancy* 163 (May 1987): 110-127.

Hatfield, Henry Rand. "What Is the Matter With Accounting?" *Journal of Accountancy* 44 (October 1927): 267-279.

Seidman, J. A. "Pooling Must Go." *Barron's*, July 1, 1968.

Skousen, K. Fred. *An Introduction to the SEC*. 5th ed. Cincinnati, OH: South-Western, 1991.

"Some Hard New Rules for the Merger Game." *Business Week*, April 11, 1970.

Weis, William L., and David E. Tinius. "Luca Pacioli: Accounting's Renaissance Man." *Management Accounting* 73 (July 1991): 54-56.

Wise, T. A. "The Auditors Have Arrived." *Fortune*, November 1960.

Zeff, Stephen A. "The Evolution of U. S. GAAP: 1930-1973." *CPA Journal* 75 (January 2005): 18-27.

Zeff, Stephen A. "Some Junctures in the Evolution of Establishing Accounting Principles in the U. S. A.: 1917-1972." *Accounting Review* 59 (July 1984): 447-468.

【思考】

1. 在没有公认会计原则的情况下，会计早已经运行了多个世纪。为什么19世纪末和20世纪初之后，就有人想要编写公认会计原则呢?[①]

2. 为什么会计程序委员会无法消除存货、折旧、养老金和所得税等项目的替代性会计处理方法?

3. 会计程序委员会为什么解散?

4. 为什么会计原则委员会拒绝接受《会计研究文集第3辑：企业广义会计原则暂行公告》提出的会计原则?

5. SEC声称希望减少替代性会计处理方法，该委员会是否始终言行一致? 政治在会计准则的制定中扮演了什么角色?

6. 为什么增长型公司更愿意用权益结合法来处理并购?

---

① 原书此题设问错误，此为改编版。——译者

07　全美学生营销公司

> 当个企业家可是很危险的。
>
> ——科特·兰德尔[1]

科特斯（科特）·兰德尔（Cortes (Cort) Randell）创建了至少5家公司，并收购了20多家公司。他卷入了数起政府调查、民事诉讼、刑事诉讼，并曾2次被判在联邦监狱服刑。当然，如果他没有无视道德走那么多捷径的话，他的人生道路可能不会那么艰难。

假如最初你没有成功

兰德尔在弗吉尼亚大学（University of Virginia）的硕士论文题目是《在青年市场中创业成功的因素》。毕业后不久，兰德尔就尝试将他的理论付诸实践。1964年的夏天，他成立了一家非营利组织——国家学术成就学会（National Scholastic Achievement Society，NSAS），声称成立该机构是为了帮助高中生获得上大学的资金支持。兰德尔以国家学术成就学会主席的名义写信给各高中，收集了35 000名优秀学生的名字。之后他写信邀请

---

[1] Sharon Warren Walsh, "Cortes Randell Sets Up Shop All Over Again," *Washingon Post*, October 12, 1987.

这些学生加入国家学术荣誉学会（National Scholastic Honor Society，NSHS），只需缴纳 5 美元的申请费，这些学生就能得到大学录取和奖学金等方面的咨询服务及相关信息。邮政监察局（Postal Inspection Service）的诈骗案调查组收到了大量来自家长、教师和校长关于该学会的质询，之后便对兰德尔展开了调查。结果调查员发现，国家学术荣誉学会并没有提供咨询服务，也没有任何在职员工。邮政监察局便将案件移交给了哥伦比亚特区的联邦检察官，鉴于兰德尔退还了从 1 600 名学生那里收取的 8 000 美元，检察官决定不对其提起刑事诉讼。

兰德尔的第二次创业更成功，尽管持续时间很短。1966 年，兰德尔创办了全美学生营销公司，向大学生销售暑期工作指南、杂志订阅服务和航空公司折扣卡，赚得 16 万美元。3 年后，兰德尔的全美学生营销公司总收入达到了 6 800 万美元。兰德尔住在华盛顿特区附近的一座价值 60 万美元的"城堡式"建筑中，家中甚至还配有炮塔和仿制的地牢。他在后院里就能驾驶水翼船和用无线电遥控模型舰队在波托马克河（Potomac River）上航行。但兰德尔很快就知道了真正的地牢是什么样子。1970 年 2 月，他被迫从全美学生营销公司辞职。1975 年，他承认了四项合谋和欺诈罪名，获刑 18 个月。

1981 年，兰德尔再次入狱，这次联邦陪审团认定他犯有邮件欺诈、跨州运输赃款，以及向退伍军人管理局（the Veterans Administration）提交虚假贷款申请等罪行。这些指控源于他与全国商业信贷公司（National Commercial Credit Corporation）的明来暗往，而这家房地产投资公司的倒闭让 100 名投资者损失了 100 多万美元。

1984 年，兰德尔又成立了联邦新闻服务公司（Federal News Service，FNS）。该公司主要向报社、游说机构和律师事务所出售国会听证会和新闻发布会等政府性会议的文字整理稿。尽管公司发展得很好，但是兰德尔的合伙人理查德·博伊德（Richard Boyd）却在 1986 年提起诉讼，指控兰德尔不正当地将所有股票都发行给了自己，还扣留了博伊德应得的利润。后来，联邦贸易委员会也对联邦新闻服务公司提起了反垄断诉讼，称该公司与竞争对手达成了一项非法垄断协议。联邦新闻服务公司没有认罪，通过和解解决了这一问题，并答应未来不再与任何新闻文本提供商协议分割市场。不过，兰德尔最终被剥夺了公司总裁的职务。之后他起诉了公司，声称自己被不正当地解雇。特拉华州法官威廉·钱德勒（William Chandler）认为兰德尔提交的雇用合同证据是伪造的，遂安排了一场单独的听证会来决定是否要起诉兰德尔藐视法庭及在法庭上实施欺诈的行为。[1]

全美学生营销公司概况

兰德尔的第二个创业公司——全美学生营销公司（NSMC）——对会计行业产生了极大的影响。兰德尔于1966年创办该公司，向14～25岁的学生提供商品和服务。随着战后婴儿潮一代步入成年，人们预计到1975年该年龄段的人口将增长30%。

兰德尔带领的600名大学生凭借在校园公告板上张贴带有可撕掉的回复卡的海报，每年能挣到4 000美元。他的客户包括杂志出版商、唱片公司、毕业戒指制造商和网上交友服务公司。部分公司向NSMC支付了印刷和分发海报的固定费用，另一些公司则根据收到的回复卡数量向NSMC支付佣金。

在1968年和1969年，NSMC将其广告媒介范围拓展到了日历桌垫、教科书封面、螺旋形笔记本插页和校园电话簿。NSMC帮助推广了20世纪60年代末几款流行的时尚产品，包括纸质连衣裙和印着"Sock It to Me, Baby"的运动衫。

NSMC的收入从1967财年（截至8月31日）的72.3万美元增至1968财年的500万美元，乃至1969财年的6 800万美元。这一非凡的增长是通过收购许多使用NSMC销售其产品和服务的公司来实现的。例如，NSMC在1968财年收购了6家公司，其中包括一家网络就业服务公司和一家陶瓷啤酒杯制造商。次年，NSMC又收购了17家公司，其中最为著名的可能要属《五美元过一天》这本旅游指南的出版商——亚瑟·弗罗默公司（Arthur Frommer's company）。

NSMC的快速增长造成了公司组织上的混乱。公司在1968年8月至1970年4月进行了8次重大重组。但美国时尚杂志评论称，无论公司采用了何种组织结构，兰德尔始终牢牢掌控着这些公司。即使在NSMC成为一个拥有遍布全国20多家子公司的企业集团之后，他也保留了所有重大决策权。兰德尔几乎没有受到NSMC董事会的监督。董事之中只有两人不听命

---

[1] "President's Use of Forged Document Was Fraud on Court, Says Judge," *Delaware Corporate Litigation Reporter*, August 19, 2002.

于兰德尔，其中一人还是兰德尔的父亲。

华尔街的"科特"时代

虽然 NSMC 对外宣称其业务是向高中生和大学生销售面向年轻人的产品，但实际上其真正的业务是向华尔街出售科特·兰德尔的梦想。兰德尔高度重视公共关系。他不惜一切代价取悦于分析师和投资银行家，有时还会带他们去乘坐自家 55 英尺长的豪华游艇。NSMC 向多家证券公司支付股票购买其投行服务，其中有两家证券商随后出具了对 NSMC 有利的报告。

兰德尔抓住每一次机会向投资者们宣传并不断重申他的承诺，即在可预见的未来，NSMC 每年的收入和利润都将增长 2 倍。因为相信兰德尔的人足够多，所以 NSMC 股价从 1968 年 4 月首次公开发行时的每股 6 美元上涨到 6 个月后的每股 70 美元。1969 年 11 月，在纽约证券分析师协会（New York Society of Security Analysts）的一场会议上，兰德尔预计 NSMC 1969 财年的每股收益会有 1.54 美元，1970 财年每股收益将会达到 4 美元。当月，该公司股价应声上涨了 20 美元。12 月，股价最终达到经拆股调整后每股 144 美元的高点，几乎是前一年每股收益的 100 倍。

兰德尔利用不断升值的股价来推动公司的增长。NSMC 几乎所有的收购项目都是股票交易。NSMC 发行普通股股份以换取目标公司的所有权，公司的一名副总裁后来描述公司的商业模式如下：

> 兰德尔的收益预测是一种自我实现的预言。通过宣布惊人的盈利预测，他持有的 NSMC 的股票获得了极高的估值，这使得他能够通过换股购买足够多的子公司以提升 NSMC 的利润，进而满足他的预测。然后为了像所有的明星股一样保持增长的势头，他又会作出另一轮惊人的预测。只要他购买的公司市盈率低于 NSMC 股票的市盈率，在权益结合法下公司合并利润增长的速度就会高于所有者权益被稀释的速度，每股收益就会增加。①

NSMC 股价的上涨使兰德尔得以扩大公司员工的规模。虽然 NSMC 员

---

① Andrew Tobias, *The Funny Money Game* (London: Michael Joseph, 1972), 63-64.

工的薪资水平低于纽约平均水平，但所有新员工在加入公司时都获得了股票期权。而且他们的劳动合同有时会倒填日期，令期权的行权价格与较早（也较低）的股价挂钩。这增加了期权的价值，并且不要求员工为获得的期权支付个人所得税。

在股价达到顶峰后不久，NSMC 的股价下跌的速度甚至超过了它的上涨速度。艾伦·阿贝尔森（Alan Abelson）在 1969 年 12 月 22 日的《巴伦周刊》（Barron's）上发表了一篇文章，对 NSMC 报告的利润质量提出了质疑。① 第二天，股价下跌了 20 美元。1970 年 2 月，NSMC 报告了截至 1969 年 11 月 30 日的财务季度出现亏损之后，股票跌幅更大。最初的公告显示其净亏损 57.3 万美元，销售额为 1 800 万美元。两天后，NSMC 又将净亏损修正为 86 万美元，销售额修正为 1 440 万美元，修正的理由是"之前在更换账本转移数据时出现了技术性错误"。②

机构投资者要求 NSMC 公布该财年第一季度亏损的原因，因为兰德尔一直在预测该财年的利润会创历史新高。然而他只给出了含糊其词、自相矛盾的解释。实际上，之所以出现亏损，是因为 NSMC 不断增加的企业管理费用超过了运营部门的利润。兰德尔对 NSMC 的持股比例在一次次换股合并中已经降至 10％多一点。1970 年 2 月 20 日，兰德尔被迫辞职。到 1970 年 7 月，股票价格回落到最初发行时的每股 6 美元。

NSMC 的会计

NSMC 的试算平衡表显示，截至 1968 年 8 月 31 日的财政年度净亏损为 22 万美元。但之后公司进行了账目调整。经审计机构同意，NSMC 另外录入 170 万美元的收入，公司声称这些收入来自 8 月 31 日之前达成的固定费用合同。在固定费用合同中客户同意向 NSMC 支付一定的金额来推广其产品。NSMC 采用"完工百分比"法核算固定费用合同，也就是说，公司会在收到钱之前，甚至是在履行合同之前就记录收入。在每个阶段，NSMC 都会估算完成工作的比例，并按照该比例将合同总金额的一部分确

---

① Alan Abelson, "Up and Down Wall Street," *Barron's*, December 22, 1969.

② "National Student Marketing Says It Erred Over Deficit," *Wall Street Journal*, February, 26, 1970.

认为收入。尽管无法提供书面合同，但NSMC声称该协议在8月31日之前就已经敲定，且该合同的大部分工作已经完成，因此公司有权将大部分收入列入1968财年的财务报表。在年度结束后录入的这笔业务收入占最终公布的500万美元年收入的1/3，从而一举将最初的亏损扭转为38.8万美元的净利润。

NSMC在截至1969年8月31日的财务报表中披露的收入为6 700万美元，较上一财年增长了13倍。这一惊人的增长是通过将17笔收购中的绝大部分按照权益结合法核算来实现的。当NSMC通过股票交换与另一家公司合并时，被收购公司的收入和利润进入了NSMC的合并利润表，就好像它们全年都作为同一个实体运作。但NSMC对于权益结合法的使用超出了规则允许的范围，公司在1969财年的财务报表中包括了8家公司的收入和利润，而事实上这些公司的收购直到1969年8月31日之后才完成。这8家公司的净利润总计380万美元，比公司利润表披露的320万美元的净利润还要多。

除了在1969年的报告中纳入当时尚未完成收购的公司利润外，NSMC还通过"出售"两家亏损的子公司实现了37万美元的利润。1969年10月，NSMC的董事会批准将大学生广告有限公司（Collegiate Advertising Ltd.）和计算机工作公司（CompuJob）销售给各自公司的员工。这些合同的日期被倒填为8月31日，以便NSMC能够将这些交易记录在1969财年中。NSMC没有收取任何现金，而且公司收到的45万美元无追索权本票上清楚地写明，买方对其付款不承担任何个人责任。此外，一项补充协议甚至要求NSMC承担计算机工作公司在未来一年产生的所有损失。SEC后来得出结论，两家子公司的销售实际上是"虚假交易"（sham transactions）。[1]

NSMC在1969财年的财务报表中包含了与固定收费营销合同相关的280万美元的收入。公司经理在想方设法提高公司报告收入的过程中，将许多在会计年度终了之后才签订的合同提前确认了收入。兰德尔在认罪书中承认，曾亲手修改了通用汽车（General Motors）庞蒂亚克分部（Pontiac Division）的一封信来尝试说服审计师允许他记录更多的收入。信中有一句话说，庞蒂克决定"不与NSMC达成协议"，但兰德尔将"不"改成了"现在"，从而窜改了其意思。

---

[1] Securities and Exchange Commission, Accounting Series Release No. 173, *In the Matter of Peat, Marwick, Mitchell & Co.*, July 2, 1975.

NSMC 的审计师

安达信会计公司审计了 NSMC 1968 年 4 月的注册报表中的财务报表。同年 7 月，安达信会计公司与 NSMC 的外部法律顾问科文顿 & 柏灵律师事务所（Covington & Burling）一同辞任。数年后，安达信会计公司向 SEC 表示，他们对 NSMC 管理层所提供信息的可靠性产生了质疑，因此他们选择辞任。但在律师的建议下，安达信会计公司没有主动向下一任审计机构皮特、马威克 & 米歇尔会计公司（PMM）说明其退出的原因。虽然该会计公司确实询问了安达信会计公司是否有任何专业原因导致他们不愿承接 NSMC 的审计，但 SEC 认为，考虑到审计师事务所和律师事务所同时退出的不寻常情况，皮特、马威克 & 米歇尔会计公司的调查是不充分的。①

PMM 对 NSMC 1968 年 8 月 31 日的财务报表出具了一份无保留意见的审计报告。虽然他们对在会计年度截止日之后增加的 170 万美元收入持怀疑态度，但在兰德尔的坚持下，他们并没有向 NSMC 的客户进行函证，而是在查阅了现有的单据凭证并进行了有限的电话问询之后，最终认可了这项会计处理。

1969 年夏，NSMC 与一家保险公司——全美州际公司（Interstate National Corporation，INC）进行了合并谈判。由于完成合并需要双方股东都投赞成票，因此同年 8 月，NSMC 向其股东邮寄了一份委托投票说明书，以寻求批准。委托投票说明书中包括了 1968 财年（截至 1968 年 8 月 31 日）和 1969 财年前 9 个月（截至 1969 年 5 月 31 日）的财务报表。

在编制委托投票说明书的时候，PMM 的审计人员就已经知道公司 1968 财年末的 170 万美元收入中有 140 万美元已经在 1969 财年的前三个季度转回了，其中包含 4 份合计达 75 万美元的合同，一名员工伪造了这些合同来骗取佣金。审计师非但没有披露前一年财务报表中存在重大错误并要求 NSMC 进行前期差错更正，反而允许 NSMC 将转回的金额掩藏在 1969 年收购的子公司的利润当中。

1969 年 10 月，PMM 给 NSMC 和 INC 的董事提供了一份告慰函

---

① Securities and Exchange Commission，Accounting Series Release No. 173，*In the Matter of Peat*，*Marwick*，*Mitchell & Co.*，July 2，1975.

(comfort letter)。PMM 尚未对 5 月 31 日前的 9 个月的财务报表进行审计，董事们只是想知道审计师是否注意到委托投票说明书中存在的重大错误。PMM 在 10 月 31 日写了一封信，声称 5 月 31 日的财务报表需要调整，如果记录了这些调整，NSMC 的净利润将从委托投票说明书中的 70 万美元盈利降为 8 万美元的净亏损。PMM 还建议向两家公司的股东发送修改后的委托投票说明书。

10 月 31 日下午晚些时候，PMM 在致信 NSMC 的法律顾问时，发现两家公司的董事并没有收到审计师的告慰函，并在当天的早些时候批准了合并。无计可施的 PMM 只能将信件抄送给了 NSMC 和 INC 董事会的全体成员。然而由于担心进一步披露信息将违反州法律以及保护客户机密的职业准则，因此 PMM 没有采取进一步的行动。

SEC 在 1972 年 2 月发布了一份针对 PMM 的民事禁令，禁令中批评审计师：（1）与前任审计师沟通不足；（2）没有正确地检查 NSMC 的固定收费营销合同；（3）没有披露 1968 财年财务报表中的错误；（4）在 NSMC 拒绝向股东公布经修改的委托投票说明书后，没有通知 SEC。此案于 1975 年得到解决。PMM 既不承认也不否认在 NSMC 以及另外四家公司的审计过程中存在不当行为，但同意接受由一个独立委员会对整个公司的审计程序进行审查，并被要求在 6 个月内不得接受新的上市公司审计客户。

SEC 还将对 PMM 的审计合伙人和审计主管的诉讼移交给了司法部。这两名审计师——安东尼·纳特利（Anthony Natelli）和约瑟夫·斯坎萨洛里（Joseph Scansaroli）于 1974 年 1 月被起诉，罪名是对 NSMC 的 1969 年的委托投票说明书中包含的重要事实作出虚假和误导性陈述。对于审计师未能披露和纠正 1968 财年财务报表中的错误，联邦助理检察官告诉陪审团，"这是一个简单的案件……两名 PMM 的审计师犯了一个严重的错误（这不构成犯罪），然后掩盖了错误（这构成犯罪）"。[①] 但检察官认为，审计师对 1968 财年的虚假陈述进行了掩饰，是因为他们担心一旦错误曝光他们就会丢掉注册会计师证书。

在陪审团认定两名审计师有罪后，富有同情心的法官作出了较轻的判决。纳特利被判 60 天监禁，并处罚金 10 000 美元；斯坎萨洛里被判 10 天监禁，并处罚金 2 500 美元。斯坎萨洛里通过上诉推翻了罪名，他再也没

---

① Frederick Andrews, "Fraud Trial of Peat Marwick Attracts Anxious Attention of Other Accountants," *Wall Street Journal*, October 29, 1974.

有被重审。

这项民事诉讼拖了 12 年。1970 年夏，股东对 PMM 提起集体诉讼。官司一路打到美国最高法院，PMM 在 1982 年支付了 640 万美元与股东达成和解。

补充说明

科特·兰德尔有一双善于发现商机的眼睛，多年后他尝试创办一家互联网公司。2000 年，兰德尔创立了 eModel.com 公司，在其网站上发布模特的照片，供模特经纪人挑选。该公司的客户主要是年轻女性，她们支付 395 美元将自己的照片和重要数据挂到网站上，之后每月还需支付 20 美元的信息维护费用。很显然，64 岁的兰德尔并没有失去他的企业家精神。2001 年，一名报社记者估计，eModel.com 公司已经收取了 230 万美元的入会费，还将继续从网站上近 6 000 个模特那里获取每月 11.6 万美元的收入。[①]

与兰德尔的其他企业一样，这笔现金也引发了争议，因为公司星探的薪酬取决于他们能够说服多少名女性上传她们的照片。尽管 eModel.com 公司的一位发言人表示，公司会仔细筛选应聘者，只会录取那些有潜力成为职业模特的人，但据几名前星探透露，凡是支付 400 美元的人都会被录取，而面试只是为了向潜在客户灌输成为高级时装模特的幻想。洛杉矶商业改进局（Los Angeles Better Business Bureau）对这家公司的行为不甚满意，该局局长曾断言："就其本质而言，这件事情从头到尾就是一场骗局。"[②]

【参考文献】

Abelson, Alan. "Up and Down Wall Street." *Barron's*, December 22, 1969.

Andrews, Frederick. "Fraud Trial of Peat Marwick Attracts Anxious Attention of Other Accountants." *Wall Street Journal*, October 29, 1974.

---

① Wyatt Olson, "Hustling for Models," *New Times Broward-Palm Beach*, September 6, 2001.

② Ibid.

Barmash, Isador. "Troubles of Youth Concern Jolt the Industry." *New York Times*, March 8, 1970.

Knapp, Michael C. *Contemporary Auditing: Issues&Cases*. 3rd ed. Cincinnati, OH: South-Western College Publishing, 1999.

Loving Jr., Rush. "How Cortes Randell Drained the Fountain of Youth." *Fortune*, April 1970.

McClintick, David. "National Student Marketing, Former Head Were Targets of Post Office Inquiries." *Wall Street Journal*, March 27, 1970.

McClintick, David. "Peat Marwick Partner Indicted Over Proxy Data." *Wall Street Journal*, January 18, 1974.

"National Student Marketing Says It Erred Over Deficit." *Wall Street Journal*, February 26, 1970.

Olson, Wyatt. "Hustling for Models." *New Times Broward-Palm Beach*, September 6, 2001.

"President's Use of Forged Document Was Fraud on Court, Says Judge," *Delaware Corporate Litigation Reporter*, August 19, 2002.

Securities and Exchange Commission. *In the Matter of Peat, Marwick, Mitchell & Co.* Accounting Series Release No. 173, July 2, 1975.

Tobias, Andrew. *The Funny Money Game*. London: Michael Joseph, 1972.

Walsh, Sharon Warren. "Cortes Randell Sets Up Shop All Over Again." *Washington Post*, October 12, 1987.

【思考】

1. 全美学生营销公司是如何在短短两年内将年收入从72.3万美元增至6 800万美元的？

2. 科特·兰德尔为什么被NSMC解雇？

3. 在接受NSMC审计业务之前，PMM应该向安达信会计公司提出哪些问题？

4. PMM应该采取哪些审计程序来测试NSMC的固定费用营销合同？

5. PMM在发现NSMC在1968财年获得的170万美元收入中有140万美元在1969财年的前三个季度转回后，应该如何应对？

6. 1969年10月，当NSMC拒绝向股东公布修改后的委托投票说明书时，PMM应该如何应对？

08　权益基金公司

「如果常规审计程序连64 000份假保单、2 500万美元的假债券以及1亿美元的资产丢失都发现不了,那审计究竟在干什么?

——雷·德克斯①」

雷·德克斯(Ray Dirks)在华尔街相当出名。他留着长长的鬓角和齐到眼镜上的刘海,因此被亲昵地称为"嬉皮士分析师"。在经营的戏剧公司破产后,德克斯便进入了证券市场。尽管他不是传统意义上的分析师,却拥有一份令人印象深刻的客户名单。这或许是因为他在1970年批评了ITT公司和哈特福德火灾保险公司(Hartford Fire Insurance)的合并计划,从而赢得了保险业洞察者的声誉。

1973年3月,德克斯从美国权益基金公司(EFCA)的前雇员那里得到了一条消息。线人称EFCA的高管在账上记录了数千份虚构的人寿保险单,夸大了公司的资产。这个说法非常可信,所以德克斯建议他的几位大客户重新考虑是否要继续持有EFCA的股票。

在接下来的两周里,德克斯采访了许多EFCA的员工,其中也包括公司的首席执行官斯坦利·戈德布卢姆(Stanley Goldblum),以证实或者反驳线人的指控。在德克斯寻找答案的同时,他的客户抛售了数十万股EF-

---

① Joseph T. Wells, *Frankensteins of Fraud* (Austin, TX: Obsidian Publishing Company, 2000), 166.

CA 的股票，导致公司股价暴跌 50%。这也引发了 SEC 的调查。最终发现，EFCA 账上的 9.9 万份人寿保险单中，有 6.4 万份是假的，报告的 1.17 亿美元的应收贷款中也有 6 200 万美元纯属虚构。

SEC 首先对雷·德克斯提起了诉讼，罪名是内幕交易。尽管他帮助揭发了自 35 年前的麦克森 & 罗宾斯公司案以来最严重的财务欺诈，但 SEC 认为，他将可疑的欺诈行为通报给了客户，这是不恰当的行为。德克斯被判有罪，且在前几轮上诉中败诉。直到 10 年后，美国最高法院才推翻了对德克斯的定罪，而德克斯在这些年耗费了 10 万美元的律师费。

美国权益基金公司

1958 年，戈登·麦考密克（Gordon McCormick）想出了一个千年一遇的好点子。他尝试将人寿保险的保障和共同基金的增长潜力结合起来。当时，大多数美国人都买了人寿保险。这种保险能够在被保险人死亡时提供理赔，却不是好的投资工具。此类保单的现金价值每年仅增长约 3%，勉强能跟得上通货膨胀的步伐。所以麦考密克就教他的销售人员向客户同时推销人寿保险和共同基金。首先，客户向共同基金投资，比如每年 500 美元，然后他们用自己的投资做抵押借钱，来支付寿险保单的保费。客户在贷款上可能需要支付 5% 的利息，但在共同基金上也许能够获得平均 8%～10% 的收益，因此只要共同基金的收益率高于贷款利率，客户就不仅能利用基金收益偿还贷款利息，甚至还有余钱，同时如果被保险人过早死亡，受益人也能得到赔偿。

当然，这种做法也有风险，如果共同基金亏损或收益率低于贷款利率，客户将没有足够的资金来偿还贷款，但是麦考密克的销售人员刻意淡化了这种风险。不管顾客将来会发生什么事，销售人员都早已赚得盆满钵满了，他们通过销售保单赚了一笔佣金，又通过销售共同基金赚了第二笔佣金。

1960 年 3 月 31 日，麦考密克成立了 EFCA，并开始组建一支销售队伍来推广他的伟大构想。然而短短 6 个月之后，他最信任的四名员工就发动了一场"政变"——雷·普拉特（Ray Platt）、尤金·卡斯伯特森（Eugene Cuthbertson）、斯坦利·戈德布卢姆和迈克·里奥丹（Mike Riordan）买下了麦考密克在公司的股份并取得了控制权。1963 年，普拉特卖出了他持有的 EFCA 股份，不久后便死于心脏病。1966 年，卡斯伯特森辞职，由戈德布卢姆和里奥丹执掌公司。

戈德布卢姆是 EFCA 的"管家"。在其岳父的肉类加工厂当了 5 年的屠夫后,保险公司对他而言就像天堂一样。这个行业不用与又脏又臭的牲畜打交道,而且给他提供了许多成长的机会。戈德布卢姆很喜欢做交易、发号施令,他只是不喜欢和顾客或公众打交道。戈德布卢姆有洁癖,还是个健身狂。他的办公桌上除了一个小记事本和一支价值 1.5 万美元的万宝龙钢笔外,什么也没有。他的家位于比弗利山庄(Beverly Hills),与保罗·纽曼(Paul Newman)和乔安娜·伍德沃德(Joanne Woodward)为邻,家里光是运动器材就价值 10 万美元。

里奥丹是公司的"外交官"。他喜欢与人交谈,在搬到加州并加入戈登·麦考密克的公司之前,他曾是纽约顶级的共同基金销售人员。他的名人朋友们包括喜剧演员乔纳森·温特斯(Jonathan Winters)、演员雷·博尔格(Ray Bolger)、歌手丹尼斯·戴(Dennis Day)和足球教练文斯·隆巴迪(Vince Lombardi)。里奥丹喜欢夜生活,给小费也很大方。他最喜欢的爱尔兰酒吧的钢琴师们会在他进入酒吧的时候弹奏他最喜欢的歌曲《不可能的梦想》(The Impossible Dream)。

然而里奥丹的美好生活在 1969 年 1 月 25 日戛然而止。那天几吨重的泥石流砸穿了他位于布伦特伍德的曼德维尔峡谷地区山坡上的豪宅的滑动玻璃门。当时大雨已经下了两个星期,已有 40 多人死于泥石流。第一波泥浆将里奥丹压倒在床,就在救援人员奋力解救他时,第二波泥石流又冲进了房子,将他彻底埋了起来。里奥丹的死让戈德布卢姆成为 EFCA 的唯一指挥官。

EFCA 最初只是一个销售机构,拥有 4 000 名持牌代理人(licensed agents),出售由宾夕法尼亚人寿(Pennsylvania Life)等公司承保的寿险保单,以及由凯士顿托管基金(Keystone Custodian Funds)等公司管理的共同基金。到了 1967 年,EFCA 开始收购寿险公司和共同基金,以便出售自己的产品。1967 年 12 月,EFCA 收购了美国总统人寿保险公司(Presidential Life Insurance Company of America),后来又收购了另外两家人寿保险公司、三家共同基金公司、一家储蓄贷款机构和一家牧牛场。1972 年 5 月,《财富》杂志将 EFCA 评为美国增长最快的金融服务集团。[①]

[①] "The Fifty Largest Diversified Financial Companies," *Fortune*, May 1972, 215.

权益基金公司欺诈案

权益基金公司的欺诈手段主要是伪造人寿保险单,并将其卖给其他公司。出售保险单,也就是所谓的"再保险",这在保险业很常见。比如说,一家保险公司向客户出售一份保险单,客户承诺在未来 10 年每年支付 800 美元的保费。第二家保险公司支付给第一家保险公司 2 000 美元购买该保险单,然后收取客户的保费,并承担投保人死亡的风险。通常会由第一家保险公司继续从客户那里收取保费,再将钱转交给第二家保险公司。

EFCA 深度参与了再保险业务。它的代理人向客户出售人寿保险单,然后 EFCA 再将其中的大部分保单出售(再保险)给其他保险公司。1970 年起,EFCA 开始向再保险公司出售假的人寿保险单,公司雇员为每个虚构的投保人编造了姓名、地址、年龄、医疗状况等信息。

每一份虚假保单都为 EFCA 带来了现金流,出售这些保险单的现金收入虚增了 EFCA 的利润,但每增加一份虚假保单也意味着增加了一项义务。例如,EFCA 会预先收到 2 000 美元,但是在接下来的 10 年里,它必须假装每年从保单持有人那里收取 800 美元并将该笔款项支付给再保险公司。其结果就是一个巨大的庞氏骗局。EFCA 不得不每年出售更多的假保单来筹集足够的现金去支付前几年的假保单的保费。打破这种循环的唯一方法就是"杀死"投保人。因此,每年 EFCA 员工都会根据未结的虚假保单数量去伪造适当数量的死亡证明,而由这些虚构的死亡所带来的死亡赔偿金则为剩余的保单提供了更多的资金。

戈德布卢姆在这起欺诈案中的主要角色是设定盈利目标。由于 1969 年 EFCA 的股价大幅下跌,戈德布卢姆迫切希望提高 EFCA 的股价,这样他就可以进行更多的股权融资收购。每个季度戈德布卢姆都会告诉下属他想要的每股收益数字,而下属则需要尽全力去达成这个目标。

戈德布卢姆的两名高级副手弗雷德·莱文(Fred Levin)和萨姆·洛威尔(Sam Lowell),完全有能力实施和掩盖欺诈。弗雷德·莱文掌管着 EFCA 的寿险子公司——权益基金人寿保险公司。从 1961 年到 1964 年,莱文一直是伊利诺伊州保险局(Illinois Department of Insurance)的调查员,所以他知道国家监管机构在寻找什么样的证据,以及他们能够接受什么样的证据。而 EFCA 的首席财务官萨姆·洛威尔，曾担任哈斯金斯 & 塞尔斯公司的审计师，他甚至参与了 EFCA 早期的审计工作。莱文和洛威尔的努力自然得到了丰厚的回报，每人年薪 25 万美元，每月还有 1 000 美元的当地娱乐费用。

斯奎斯特揭秘

隆·斯奎斯特曾在 EFCA 担任多个职位，最后更是成了权益基金人寿保险公司的助理副总裁。1971 年，斯奎斯特被邀请去帮助伪造虚假保单持有人的文件，得知了假保单的事情。斯奎斯特不赞成这种诈骗行为，并打算辞职。但 1972 年 2 月，在斯奎斯特主动辞职前，莱文恶意解雇了他，他感到非常愤怒。

愤怒的斯奎斯特决定揭发他的前雇主，但不知道谁会相信他的话。与他拥有相同境遇的还有帕特·霍珀（Pat Hopper），后者几个月前刚从 EFCA 的一家寿险子公司辞职，因为莱文要求他将保险公司的资产暗中转移给 EFCA。霍珀建议斯奎斯特将事情告诉雷·德克斯，因为德克斯是一位对保险业感兴趣的华尔街特立独行者。

1973 年 3 月 6 日，斯奎斯特打电话告诉德克斯，EFCA 出售假保单已经至少 3 年了，EFCA 1/3 的保单都是假的。斯奎斯特还向德克斯透露，EFCA 正在尝试从其寿险子公司中抽取现金并替换成公司债券。斯奎斯特当时有所不知的是，就连这些债券都是伪造的。这些债券面值总计 2 500 万美元，上面印有陶氏化学公司（Dow Chemical）、费尔斯通轮胎橡胶公司（Firestone Tire & Rubber）和西南贝尔（Southwestern Bell）等蓝筹股公司的名称。

帕特·霍珀和前权益基金人寿保险公司财务总监弗兰克·马杰鲁斯（Frank Majerus）证实了斯奎斯特所讲的大部分内容。因此德克斯向几家大客户发出警报，称 EFCA 是"华尔街的水门事件"，并启程飞往加州采访戈德布卢姆。戈德布卢姆和德克斯谈了很久，并允许他接触 EFCA 的高管，包括莱文和洛威尔。他们把霍珀和斯奎斯特看作心怀不满的前雇员，并对坊间关于这家美国第九大保险公司不过是一间纸牌屋的说法嗤之以鼻。德克斯没有获得能够证明斯奎斯特指控的必要文件或电脑记录，但他的客户大量出售股票引起了 SEC 和纽约证券交易所的注意。

在斯奎斯特给德克斯打电话的当天，他也给纽约保险委员会（New York Insurance Commission）打了电话。他们很重视斯奎斯特的投诉，并于两天后通知了加州保险委员会（California Insurance Commission）。莫瑞斯·卢布（Maurice D. Rouble）是加州警察局最强硬、最有经验的调查人员之一，受命调查此案。来自伊利诺伊州保险局的两名调查人员也加入了他的队伍。伊利诺伊州保险局局长听说了关于 EFCA 的令人不安的指控，决定开展一次突击审计。

1973 年 3 月 27 日上午，雷·德克斯、帕特·霍珀和弗兰克·马杰鲁斯向一位 SEC 代表描述了他们对 EFCA 的了解。当天下午，SEC 暂停了 EFCA 的股票交易。三天后，加州保险局局长接管了权益基金人寿保险公司。伊利诺伊州调查员发现那价值 2 500 万美元的公司债券并没有如公司所言存放在芝加哥银行中，卢布则了解到 EFCA 总部正在抹除计算机记录。

4 月 1 日，EFCA 董事会召开紧急会议，要求戈德布卢姆、莱文和洛威尔辞职，会议在律师办公室举行。董事会没有在 EFCA 董事会会议室举行会议，是因为在 EFCA 的行政套间发现了窃听设备，他们担心会议内容会被窃听。原来莱文一直在使用隐藏的麦克风监听州保险调查员的动向，他不可能会喜欢他所听到的内容。

权益基金公司的审计师

1964 年 EFCA 上市，当年沃尔弗森、维纳、拉托夫 & 拉宾会计公司（Wolfson, Weiner, Ratoff & Lapin, WWR&L，以下简称"沃尔弗森公司"）开始审计 EFCA 的财务报表。EFCA 的发展带给该公司洛杉矶办公室 60% 的收入。尽管投资者和董事会成员偶尔会建议聘请一家更知名的审计公司来取代沃尔弗森公司，戈德布卢姆却亲自为这家小公司辩护，称其不但忠诚于本公司，而且提供了良好的服务。

这是因为戈德布卢姆不可能找到比这家公司更"合作"的审计师了。SEC 后来认定沃尔弗森公司洛杉矶办公室提供的审计质量远远低于职业准则的要求，其雇员的各种行为和做法公然违反了 SEC 的规则和会计职业独立性准则。①

更具体的批评包括沃尔弗森公司的合伙人将大部分时间花在市场营销上，很少审阅审计工作底稿；有些甚至不具备注册会计师资格的审计经理被允许签署审计报告；审计师没有获得足够的证据来支持他们的结论。EFCA审计业务的首席审计师所罗门·布洛克（Solomon Block）就是沃尔弗森公司中没有注册会计师资格的经理之一。更具讽刺意味的是，44岁的布洛克终于在1973年通过了注册会计师考试，但数月后，证书还没捂热乎，他就被禁止公开执业了。

赛德曼 & 赛德曼会计公司（Seidman & Seidman，以下简称"赛德曼会计公司"）在1972年2月与沃尔弗森公司合并时接手了EFCA这个客户。合并发生在沃尔弗森公司即将完成EFCA 1971年审计之时。出于对沃尔弗森公司的信任，在未审查其工作底稿的情况下，赛德曼会计公司就出具了一份无保留意见的审计报告。SEC后来批评赛德曼会计公司在没有确认沃尔弗森公司是否进行了恰当审计的情况下就签署了EFCA的审计报告。

> 沃尔弗森公司的审计工作……显然是有缺陷的，因此详细阐述似乎是多余的。关于赛德曼会计公司的行为，人们应该注意到，只需将账上的资产与工作底稿进行比较，就可以明显地看出审计证据在总体上是不足的。然而，赛德曼会计公司在没有审查沃尔弗森公司审计工作底稿的情况下，就将沃尔弗森公司在EFCA 1971年财务报表上的署名换成了自己。②

当雷·德克斯联系上赛德曼会计公司的审计合伙人鲍勃·斯宾塞（Bob Spencer），并就EFCA的欺诈指控向他发出警告时，赛德曼会计公司几乎已经完成了EFCA 1972年的审计工作。然而审计师在测试中没有发现任何可疑之处，且已经批准EFCA公布其1972年的利润。德克斯对这些指控进行了描述，甚至还给了斯宾塞一份详细笔记的复印件。斯宾塞却把这些笔记给了戈德布卢姆。当德克斯问他为什么这么做时，斯宾塞回答说："因为

---

① Securities and Exchange Commission, Accounting Series Release No. 196, *In the Matter of Seidman & Seidman*, September 1, 1976.
② Ibid.

他们是我的客户。"①

"你们不是独立审计师吗?"德克斯问道。

"我们当然是独立的,"斯宾塞说,"但我们要对客户负责。"

作为对包括 EFCA 在内的四次审计失误的惩罚,SEC 要求赛德曼会计公司接受由一个顾问委员会来对其审计行为进行审查。赛德曼会计公司同意在 6 个月内不接受任何新的受 SEC 监管的公众公司的审计业务。

哈斯金斯 & 塞尔斯公司是第三家惨遭戈德布卢姆欺诈团伙欺骗的会计公司。1968—1971 年,哈斯金斯 & 塞尔斯公司负责审计 EFCA 的寿险子公司——权益基金人寿保险公司。哈斯金斯 & 塞尔斯公司的员工在审计过程中通过审查客户档案来验证 EFCA 所谓的保单是否存在,这是因为当时的审计准则并不要求审计师找保单持有人核实保单的真实性。

为了向审计师提供必要的文件,EFCA 雇用了 10 名年轻女性,将她们安排在 EFCA 办公楼之外的一个办公室里。在这一年的大部分时间里,她们无所事事,整天都在听收音机、打电话,或是做精致的午餐。但当审计师或再保险公司要求查看其中一名虚构投保人的档案时,这些女性很快就能做出必要的文件。她们伪造保单申请表、医生报告和其他通常会包含在保单持有人档案中的文件。她们按照流水线作业,因此每个文件夹里的文件字体和油墨都不相同。所以在审计师看来,这些伪造的文件看起来与真实的文件并无分别。

余 波

1973 年 11 月 1 日,20 名 EFCA 前雇员和 2 名审计师在一份包含 105 项指控的起诉书中被点名。这些指控包括合谋从事证券欺诈、向 SEC 提交虚假文件、银行诈骗、州际运输伪造证券以及电子窃听罪等。戈德布卢姆在 45 项指控中被提名,沃尔弗森公司的审计师朱利安·维纳(Julian Weiner)和所罗门·布洛克则被指控故意实施不完全的审计。隆·斯奎斯特和弗兰克·马杰鲁斯被列为不予起诉的同谋。

1974 年 10 月,戈德布卢姆的庭审开始。检方原计划传唤 90 名证人参加,庭审预计将持续 3 个月。然而在作证环节开始一周后庭审就提前结束,

---

① Dialogue between Ray Dirks and Bob Spencer taken from Raymond Dirks and Leonard Gross, *The Great Wall Street Scandal* (New York: McGraw-Hill, 1974), 270.

因为戈德布卢姆承认了 5 项共谋和欺诈的指控。他在宣誓后承认，他曾示意下属夸大 EFCA 的资产和收益。

戈德布卢姆在加利福尼亚监狱里共服刑 3 年。对于这位曾担任全美证券交易商协会洛杉矶分会道德委员会主席的人来说，这是一个相当轻的判决。忆往昔，他因对违规者实施异常严厉的惩罚而闻名。

【参考文献】

Blundell, William. "A Scandal Unfolds." *Wall Street Journal*, April 2, 1973.

Dirks, Raymond, and Leonard Gross. *The Great Wall Street Scandal*. New York: McGraw-Hill, 1974.

Knapp, Michael C. *Contemporary Auditing: Real Issues & Cases*. 4th ed. Cincinnati, OH: South-Western College Publishing, 2004.

Robertson, Wyndham. "Those Daring Young Con Men of Equity Funding." *Fortune*, August 1973.

Securities and Exchange Commission. *In the Matter of Seidman & Seidman*. Accounting Series Release No. 196, September 1, 1976.

Soble, Ronald, and Robert Dallos. *The Impossible Dream*. New York: G. P. Putnam's Sons, 1975.

Weinstein, Henry. "Goldblum Enters Equity Guilty Plea." *New York Times*, October 9, 1974.

Wells, Joseph T. *Frankensteins of Fraud*. Austin, TX: Obsidian Publishing Company, 2000.

Wright, Robert. "Twenty-two Indicted by U. S. in Equity Scandal." *New York Times*, November 2, 1973.

【思考】

1. 美国权益基金公司是如何利用虚假人寿保单来骗取现金的？这些虚假保单为 EFCA 带来了哪些长期问题？

2. EFCA 如何让审计师相信这些假的人寿保单是真的？什么审计程序能识破这些假保单？

3. 根据 SEC 的说法，沃尔弗森会计公司"公然违反"了哪些 SEC 的规则和会计准则？

4. 赛德曼会计公司审计合伙人鲍勃·斯宾塞将雷·德克斯的笔记复印件交给戈德布卢姆的做法有问题吗？为什么？

09 似曾相识

> 又有一种似曾相识的感觉。
>
> ——约吉·贝拉[①]

对于会计师和审计师而言，20世纪70年代与20世纪30年代很相似。报纸和杂志痛斥审计师无能，未能发现欺诈行为。会计师们就如何制定最好的会计准则展开辩论。国会的委员会举行了冗长的听证会，研究如何才能促使会计公司为公众利益服务。

财务会计准则委员会

在会计程序委员会成立后的30年里，会计师们仍然未能设计出可行的会计准则制定机制。会计原则委员会在改进财务报告方面也只比其前任略微成功一点。截至1970年，会计原则委员会尚未建立任何概念框架；对于存货、折旧、所得税、养老金和企业合并等事项，仍然存在可供选择的会计处理方法；此外，租赁和研发成本等几个争议性的会计处理问题仍有待解决。

从20世纪60年代中期开始，会计原则委员会遭受了各方的严厉批评。

[①] 人们普遍认为这句话是约吉·贝拉（Yogi Berra）说的，尽管没有确切的证据能够证明这句话的出处。

如 SEC 主席曼纽尔·科恩就在几次演讲中指出，会计原则委员会未能减少记录类似交易的会计方法。股票分析师则抱怨说，根本无法比较不同公司的利润。《福布斯》杂志的一篇社论甚至扬言"公认会计原则毫无意义"。①

会计原则委员会一时间陷入了进退两难的局面。一方面，SEC、投资界和财经媒体抱怨会计准则过于宽松；另一方面，财务经理和投资银行家们则抱怨会计原则委员会的公告过于严格。美国银行业协会（American Banking Association）的成员抗议一项将贷款损失计入净利润的提议。租赁公司声称，如果要求承租人将租赁付款义务记录为负债，他们将失去客户。投资银行家表示，如果会计原则委员会调整每股收益的计算方法，企业的筹资能力将受到影响。

公共会计师行业的主要成员也开始反对他们自己的准则制定机构，这几乎成了压死骆驼的最后一根稻草。1970 年，在一场关于是否要取消权益结合法的会计处理规则的激烈辩论之后，八大会计公司中的三家向美国注册会计师协会主席马歇尔·阿姆斯特朗（Marshall S. Armstrong）致函，称他们对会计原则委员会制定会计准则的能力失去了信心。亚瑟·扬会计公司的管理合伙人拉尔夫·肯特（Ralph E. Kent）写道："过去几个月的一些事态发展令我怀疑目前的会计原则委员会是否是当下最合适的会计准则制定机构。"安达信会计公司董事长哈维·卡普尼克（Harvey E. Kapnick）写道："在我们看来，会计原则委员会既没有成功地完成使命，目前也没有作出将会完成使命的承诺。"图什·罗斯会计公司（Touche Ross）的罗伯特·特鲁布拉德（Robert M. Trueblood）写道，他的公司"目前正在重新考虑是否还要继续参与会计原则委员会的事务"。②

面对来自外界的压力和来自内部的质疑，美国注册会计师协会理事会于 1971 年 3 月任命了一个特别委员会来研究会计原则委员会的组织和业务，并对准则制定流程提供改进建议。曾经担任 SEC 委员的律师弗朗西斯·维特（Francis M. Wheat）是该特别委员会的主席。特别委员会的其他成员包括三位注册会计师、一位证券分析师、一位会计学教授，以及罗杰·史密斯（Roger B. Smith）——通用汽车公司后来的董事长兼首席执行官。

---

① John L. Carey, *The Rise of the Accounting Profession*: 1937 – 1969, (New York: American Institute of Certified Public Accountants, 1970), 136.

② Stephen A. Zeff, "Some Junctures in the Evolution of Establishing Accounting Principles in the U. S. A. : 1917–1972," *Accounting Review* 59 (July 1984): 464.

1972年3月，特别委员会公布了它的建议。关于应该由谁来制定会计准则的问题，该委员会的结论是，会计准则的制定工作应在SEC的监督下继续由私立部门承担。但是，为了保留私立部门的准则制定权，美国注册会计师协会也必须让出对准则制定过程的部分控制权（给商界和行业团体），这也是为了解决私立准则制定机构的后顾之忧。准则制定机构长期以来面临的最严重的威胁之一就是行业团体只要不喜欢会计原则委员会的提案，就会向国会和SEC求助。如果SEC还得继续对会计原则委员会和商界之间的纠纷进行仲裁，那倒不如由SEC的委员们自行制定准则。

关于应如何制定会计准则的问题，特别委员会的结论是："虽然当前的财务会计准则制定流程在20世纪50年代末可能是适当的……但现在是做出改变的时候了。"[①]

会计程序委员会和会计原则委员会均由18至21名成员组成，他们在保持正常工作的同时，无偿地提供兼职服务。由于委员会成员的时间有限，两家委员会都在制定准则方面遇到了困难。在会计原则委员会成立之初，只允许公司级的管理合伙人代表会计公司进入委员会。这项政策本意是为了提高会计原则委员会公告的权威性，但一个意想不到的结果是，由于大多数会计原则委员会成员都极其忙碌，他们管理着大型公司，所以有时候不能将足够多的时间投入会计原则委员会的准则制定工作。

委员会由无偿的兼职成员构成所引发的另一个问题是，他们的投票有时会受到自身利益的影响。客户公司的高管可能在审议期间向审计师施压，要求他们在论证中支持客户的立场。很少有审计师愿意执行不受客户欢迎的规则。批评人士抱怨称，会计原则委员会为了避免激怒企业客户，在公告中作了让步。一位共同基金分析师声称："注册会计师与他们所审计的公司的联系是如此紧密，以至于他们无法恩将仇报。"[②]

特别委员会建议用财务会计准则委员会取代会计原则委员会，新委员会将由7名全职带薪成员组成。特别委员会认为，会计问题的复杂性决定了成员需要全职致力于会计准则制定，并希望通过要求新委员会成员与其前雇主脱离关系，来促使他们根据公众利益来投票。

一个更具争议性的建议是，财务会计准则委员会应吸收公共会计师行

[①] "Wheat Committee: Establishing Financial Accounting Standards," *Journal of Accountancy* 163 (May 1987): 134.

[②] Lee Berton, "Frustrated CPAs: Accounting Body Fails in Attempts to Change Some Firms' Reporting," *Wall Street Journal*, January 8, 1969.

业之外的成员。过去，会计程序委员会和会计原则委员会的成员都来自学术界，或是执业的注册会计师。特别委员会建议成立一个财务会计基金会（Financial Accounting Foundation，FAF），由基金会受托人负责提名财务会计准则委员会的成员。财务会计基金会的受托人将由5家财务报告相关的组织提名。最初，美国注册会计师协会、美国会计协会（American Accounting Association，成员主要由会计教育工作者组成）、财务经理协会、全国会计师协会（National Association of Accountants）和金融分析师联合会（Financial Analysts Federation）联合提名财务会计基金会受托人。

特别委员会还建议财务会计准则委员会在撰写公告时遵循广泛的"正当程序"（due process），以赢得（或至少是安抚）尽可能多的群体。具体的程序会随着时间的推移而不断发生变化，目前的程序包括：（1）所有董事会会议都需要事先宣布，并对公众开放；（2）拟议的准则以征求意见稿（exposure drafts）的形式发放，并邀请利益相关方（interested parties）发表意见；（3）理事会只有在审查了所有的评论信并至少召开一次公开听证会后，才能对新的公告进行投票。

并不是所有的公共会计师都赞成特别委员会的建议。许多注册会计师认为，他们的职业生来就享有制定会计准则的权力，所以强烈反对让渡准则制定权。会计原则委员会主席菲利浦·德夫利斯（Philip L. Defliese）也担心新委员会"将由脱离实践、不接触日常问题的人构成"。[①]

尽管存在这些反对意见，美国注册会计师协会理事会还是在1972年5月批准了特别委员会的建议。会计原则委员会于1973年6月30日解散，财务会计准则委员会于次日开始运作。

美国注册会计师协会和SEC都决心帮助这第三个准则制定机构取得成功。美国注册会计师协会在1973年初通过了一项新的《职业行为准则》（Code of Professional Conduct），其中规定其成员在判断财务报表是否符合公认会计原则时必须遵守财务会计准则委员会的公告。[②] 1973年末，SEC在发布的《会计系列公告第150号》中称，"本委员会认为财务会计准则委员会公布的公告和解释中的原则、准则和惯例具备实质性权威支持，如果违背财务会计准则委员会所推行的原则、准则和惯例，将被视为没有实质

[①] John H. Allan, "Accountants Get Report on Rules," *New York Times*, March 30, 1972.

[②] American Institute of Certified Public Accountants, *Code of Professional Conduct*, Rule No. 203, *Accounting Principles*.

性权威支持"。①

但此时 SEC 的信任投票并没有妨碍其在短短几年后就推翻了财务会计准则委员会的一项公告。1977 年，财务会计准则委员会公布了一份《财务会计准则公告》，要求石油和天然气公司使用所谓的"成功成本法"（"successful-efforts" method）来核算勘探成本。② 几个月后，SEC 发布了一份《会计系列公告》，宣布它也接受采用"完全成本法"（"full-costing" method）编制的财务报表。③ SEC 虽然声称想要更统一的会计准则，但是在财务会计准则委员会试图统一会计实践时，却一再纵容企业在不同的会计处理方法当中选择。

财务会计准则委员会的作用

财务会计准则委员会与其前身最大的区别在于，公司经理和财务报表使用者更积极地参与了会计准则制定过程。尽管财务会计准则委员会成员是独立的，他们必须断绝与前雇主的一切联系，但是委员会成员通常包括具有公共会计、企业会计、证券业和学术界背景的成员。因此，财务会计准则委员会的成员了解财务报表编制者、使用者和审计师观点之间的矛盾冲突。为了确保财务会计准则委员会能够听取各方观点，后来又成立了由20～30 名经济学家、律师、会计师、审计师、证券分析师、银行家和教育工作者组成的财务会计准则咨询委员会（Financial Accounting Standards Advisory Council）。

财务会计准则委员会最终实现了准则制定机构数十年来的目标，即编写财务会计概念框架。1978—1984 年，财务会计准则委员会公布了五份《财务会计概念公告》（Statements of Financial Accounting Concepts, SFACs），描述了财务报告的目标，定义了基本财务报表的构成，并讨论了

---

① Securities and Exchange Commission, Accounting Series Release No. 150, *Statement of Policy on the Establishment and Improvement of Accounting Principles and Standards*, December 20, 1973.

② Financial Accounting Standards Board, SFAS No. 19, *Financial Accounting and Reporting by Oil and Gas Producing Companies*, December 1977.

③ Securities and Exchange Commission, Accounting Series Release No. 253, *Adoption of Requirements for Financial Accounting and Reporting Practices for Oil and Gas Producing Activities*, August 31, 1978.

确认和计量的问题。1985年公布的《财务会计概念公告第6号》取代了《财务会计概念公告第3号》,讨论了会计要素的问题。15年后,财务会计准则委员会公布了《财务会计概念公告第7号》,讨论了现金流和现值的计算方法。

不幸的是,概念框架并没有帮助财务会计准则委员会消除关于如何计量收入的争论。行业组织继续抵制会计改革,国会也继续干预准则的制定过程。最近的一个例子是关于股票期权会计核算的辩论,2004年,企业界的说客说服美国众议院通过一项法案,推翻了财务会计准则委员会的公告。

顶着压力和批评,财务会计准则委员会苦苦支撑了40多年。假如1972年美国注册会计师协会没有决定与其他利益集团分享准则制定的权力,并使其正当程序对公众更加开放,那么财务会计准则委员会不太可能挺过成立之初的那五年里国会发起的挑战。

莫斯和梅特卡夫的调查

在20世纪70年代早期和中期,水门事件、阿拉伯石油禁运以及随之而来的能源危机牵制了国会大部分的精力。但全美学生营销公司和权益基金公司的财务欺诈规模之大亦不容忽视。众议院监督与调查小组委员会(House Subcommittee on Oversight and Investigations)主席、加州民主党众议员约翰·莫斯是第一批呼吁政府对财务报告加强监管的人之一。莫斯对于他所关注的会计问题作了如下解释:

> 近十年来,国会对会计的关注与日俱增。国会的关注始于过去几年中震惊全美的重大丑闻——权益基金公司、宾州中央铁路公司(Penn Central)、四季疗养院(Four Seasons Nursing Homes)、全美学生营销公司,这些公司的名字很快就跃入脑海。所有涉事的公众公司都破产了,这对投资者造成了巨大的伤害,而它们的独立审计师事先并没有警告过任何异常情况。我们这些国会议员现在想知道,在这些公司走向衰落的那段时间里,审计师们干什么去了。①

---

① Wallace E. Olson, *The Accounting Profession*, *Years of Trial*: 1969 – 1980 (New York: American Institute of Certified Public Accountants, 1982), 39.

水门事件和阿拉伯石油禁运使得政客们对会计更加关注。在水门事件曝光后，美国注册会计师协会前会长莫瑞斯·斯坦斯（Maurice Stans）承认他在尼克松总统1972年连任竞选期间担任财务主席时违反了竞选融资法（campaign financing laws）。财经媒体质疑审计师为什么没能发现或报告200多家大公司的非法竞选捐款、未记录的账外贿赂资金、秘密银行账户以及贿赂和回扣。在阿拉伯石油禁运发生后，莫斯在调查国内石油公司时发现，因为用于计算存货和勘探成本的方法多种多样，所以实际上没办法评估这些公司的利润。

参议院报告、会计和管理小组委员会（Senate Subcommittee on Reports, Accounting and Management）主席、蒙大拿州参议员李·梅特卡夫（Lee Metcalf）在1975年末指导他的工作人员对公共会计师行业展开调查。他的工作人员编写了一本长达1 760页的题为《会计运行机制》（The Accounting Establishment）的报告，该报告导言中写道：

> 从历史上看，国会和公众都认为会计是一门晦涩难懂的学科，最好还是留给会计师们自己去研究。然而不断曝光的公众公司不当行为促使人们重新认识到，当前的会计惯例在很大程度上纵容了此类违规行为的发生……会计问题太重要了，决不能留给会计师们自己去做决定。①

该报告称，八大会计公司通过对财务会计基金会提供财务支持以及持续在美国注册会计师协会的关键委员会中任职，实质上操控了准则制定过程。该报告批评会计和审计的准则过于宽松，同时得出以下结论：

> 看来，八大会计公司似乎更关心聘用它们并向它们支付费用的公司管理层的利益，而不是保护公众的利益。然而正是为了公众的利益，国会才确立了独立审计师的地位。②

该报告同样对SEC提出了批评。SEC决定允许财务会计准则委员会及

---

① Senate Committee on Government Operations, Subcommittee on Reports, Accounting and Management, *The Accounting Establishment: A Staff Study* (Washington, D.C.: Government Printing Office, 1976), 2.
② Ibid., 8.

其前任（美国注册会计师协会旗下的会计程序委员会和会计原则委员会）撰写会计准则，这被称为"将公共权力和责任特别授权给狭隘的私人利益"。① 该报告还抱怨说，SEC没有检查独立审计师工作质量的程序。它还指责SEC对于已知的审计失误没有给予足够的惩罚。

该报告建议联邦政府负责制定会计准则并确保合规的责任。它建议，会计和审计准则应由美国审计总署、SEC制定或由联邦立法，并且由美国审计总署、SEC或一个特别的联邦审计检查机构定期检查公共会计师对公众公司的审计。

除了提出削弱会计师职业自主权的改革方案，报告还提出了一些可能对公共会计师收入产生重大影响的建议。它建议国会考虑如何增加会计公司之间的竞争，并提议禁止会计公司为其审计客户提供管理咨询服务。

参议员梅特卡夫领导的小组委员会在1977年4月、5月和6月分别举行了听证会，讨论工作人员的报告及其建议。40多名证人提出了各种建议，包括解散财务会计准则委员会、拆分美国八大会计公司、改善会计教育、要求企业建立独立审计委员会（independent audit committees）等。

"核海军"之父、海军上将海曼·里克弗（Hyman G. Rickover）强烈主张让SEC收回财务会计准则委员会制定会计准则的权力。在发现国防承包商与海军签订的是成本加成合同后，里克弗对会计准则产生了兴趣，因为国防承包商似乎有权选择任何方式来核算成本。他告诉参议员们：

> 这么多年来公共会计师和他们的行业协会有充足的时间证明他们能够在没有政府管控的情况下负责任地完成工作。但他们尽责了吗？他们没有履行对公众的责任，这不是很明显吗？然而不知何故，他们的发言人竟然能让我们相信，他们会突然超越自己的利益，他们已经悔悟并且今后将致力于公众的福利。
>
> 如果再次选择相信公共会计师会采取必要纠正措施的承诺，将是希望战胜了经验。一仆不能事二主。在现行制度下，会计公司的利益与公众的利益并不一致。不应该让会计师处于不得不在公众的公平和客户的需求之间进行协调的境地。指望既得利益集团设定自己的准则，

---

① Senate Committee on Government Operations, Subcommittee on Reports, Accounting and Management, *The Accounting Establishment: A Staff Study* (Washington, D.C.: Government Printing Office, 1976), 2.

就是指望他们像上帝一样。①

来自公共会计师行业的代表也在小组委员会的听证会上作证。大多数人对过去的失败表示遗憾，承诺在未来将做得更好，并希望国会不要采取任何极端措施。普华会计公司合伙人约翰·比格勒（John Biegler）建议，审计公众公司的会计公司必须在 SEC 注册，并接受 SEC 的定期工作检查。这令其他会计公司的成员感到震惊。许多注册会计师认为比格勒的建议简直是彻头彻尾的背叛。

在仔细研究了证词之后，小组委员会于 1977 年 11 月发布了一份最终报告。令人惊讶的是，该报告没有提议新的联邦立法，而且提出的改革措施比原来的工作人员报告中包含的内容要温和得多。为了提高审计师的独立性，报告敦促会计公司不要让员工与客户接触，并停止提供高管招聘等管理咨询服务。它建议成立一个成员构成更加多样化的新委员会来制定审计准则。标准的审计报告应予改进，审计人员应该每年轮换。总体而言，这些提议允许会计师和审计师继续自我监管，但要接受 SEC 更严格的监督。不过，小组委员会成员警告称，如果公共会计师行业未能实施有意义的改革，那么他们会准备引入立法。

1978 年 1 月，就在小组委员会的最终报告公布两个月后，参议员梅特卡夫去世，众议员莫斯自行发起了对公共会计师行业的调查。莫斯领导的众议院监督与调查小组委员会在 1978 年 1 月、2 月和 3 月讨论了可能的会计和审计改革。

同年 6 月，莫斯和 4 名共同发起人提出了《公共会计监管法案》（Public Accounting Regulatory Bill），该法案提议建立一个 SEC 会计组织（National Organization of Securities and Exchange Commission Accountancy, NOSECA）。所有审计公众公司的会计公司都必须加入 NOSECA。成员会计公司必须提交年度报告，其中需包含本公司的财务报表和所审计的受 SEC 监管的公众公司名单。NOSECA 的工作人员将每 3 年对成员会计公司进行一次质量审查，调查不合格审计的指控并实施必要的制裁。让许多会计师松了一口气的是，莫斯的法案在众议院州际与外国商务委员会（the House Committee on Interstate and Foreign Commerce）中就被拦下了，未

---

① H. G. Rickover, "The Accounting Establishment: Comments on the Metcalf Report," *Government Accountants Journal* 26 (Fall 1977): 5.

能进入众议院。莫斯在 1978 年没有竞选连任众议员，该法案也没有再被提出。

审计师责任委员会

20 世纪 70 年代初发生的事件让许多审计师认为自己受到了不公平的迫害。报纸和杂志上关于全美学生营销公司和权益基金公司的文章将责任同等地归咎于审计师和作恶者。陪审团命令会计公司为其客户的欺诈行为买单。当局还对审计师提起了刑事诉讼，尽管审计师的律师称他们的行为最多只能算是判断失误。公共会计师们担心记者、陪审员、监管者和公众对审计师的期望比审计师实际能提供的要高。

1974 年 11 月，美国注册会计师协会任命了一个特别的审计师责任委员会（Commission on Auditors' Responsibilities）来调查公众的期望和审计师能够合理完成的工作之间是否存在差距。SEC 前主席曼纽尔·科恩是当时这个七人委员会的主席。

1978 年，委员会公布的最终报告称，"期望差距"确实存在，审计师要为此承担大部分责任。报告指出，用户对审计师所能提供的保证程度的期望总体上是合理的，但是审计师未能跟上美国商业环境的变化。[1]

最重要的问题涉及审计师对于发现和报告管理层欺诈的责任。审计师在过去 50 年里一直声称，例行财务报表审计的目的不是发现欺诈，不应依赖于审计来发现欺诈。但对于在西钛珂、大陆自动售货机公司、全美学生营销公司和权益基金公司的舞弊中损失惨重的成千上万名投资者来说，审计师的警告听起来很空洞。报告称，"在使用和依赖审计师工作的人中，有相当大比例的人将发现舞弊列为审计工作最重要的目标之一"[2]，委员会建议审计师应承担为财务报表不存在重大错报（material fraud）提供合理保证（reasonable assurance）的责任。

另一个问题是关于会计公司向其审计客户提供管理咨询服务的适当性。到 20 世纪 70 年代末，会计公司提供的服务五花八门，包括高管招聘、厂

---

[1] Commission on Auditors' Responsibilities, *Report, Conclusions, and Recommendations* (New York: American Institute of Certified Public Accountants, 1978), xii.

[2] Ibid., 31.

房布局设计、税务筹划和市场分析等。许多会计公司认为，此类服务对它们未来的发展和盈利能力至关重要。但有"相当少数"的财务报表使用者察觉到，管理咨询服务与审计职能之间存在潜在冲突。[①] 委员会没有建议禁止管理咨询服务，但建议企业在年报中披露其审计师提供的所有服务。

委员会还得出结论，标准审计报告"不令人满意"[②]。20年来，审计师一直在公布相同的两段式报告。审计报告既没有区分公司管理层的职责与审计师的职责，也没有详细说明审计时所执行的程序。委员会建议公司管理人员公布一份单独的报告，确认他们对财务报表负有主要责任。委员会建议扩展审计报告的内容，纳入"审计范围"并对客户内部会计控制的充分性发表意见。

1977年春天，科恩和委员会中的另外四名成员向参议员梅特卡夫领导的小组委员会阐述了他们的初步建议。他们的证词也许在一定程度上说服了这位参议员，在国会实施彻底改革之前再给这个行业一次改革的机会。

监督会计公司

在梅特卡夫和莫斯领导的小组委员会举行的听证会上，许多证人表达的主要担忧之一是，公共会计公司基本上不受监管。美国注册会计师协会可以惩罚违反职业准则的会员，但没有办法惩罚该会员所在的会计公司。美国注册会计师协会理事会认为，将会计公司置于其管辖之下或许可以推迟政府对会计公司实施监管。

1977年9月，美国注册会计师协会为注册会计师公司成立了一个分部。要想成为会员，会计公司的所有合伙人都必须是美国注册会计师协会的成员，大部分员工必须是注册会计师。成员会计公司同意每3年进行一次同业互查（peer review），以确保它们符合美国注册会计师协会质量控制准则。审计受SEC监管的公众公司的会计公司还必须为每一个客户指定一个复核合伙人，并每5年轮换一次审计合伙人。

同业互查并不是一个新想法。1967年，当美国注册会计师协会的一个

---

① Commission on Auditors'Responsibilities, *Report, Conclusions, and Recommendations* (New York: American Institute of Certified Public Accountants, 1978), 96.

② Ibid., 71.

长期规划委员会（long-range planning committee）提出同业互查的想法时，反对者谴责这一建议是不必要的和累赘的。但到了20世纪70年代，SEC开始下令对被控审计疏忽的会计公司进行外部审查。作为全美学生营销公司案和解协议的一部分，皮特、马威克 & 米歇尔会计公司不得不接受一组外部人员审查其整个公司的审计程序。之后在1976年，梅特卡夫的报告建议联邦机构定期检查所有的公共会计公司。同业互查因为能帮助躲过政府的检查，突然之间显得很有吸引力。普华会计公司是八大会计公司中第一家自愿接受同行审查的，当时它聘请德劳伊特·哈斯金斯 & 塞尔斯会计公司对其截至1976年6月30日的财年的质量控制程序进行了评估。

合伙人轮换（partner rotation）是公共会计师行业采取的另一项改革，旨在避免更严格的政府管制措施——会计公司轮换。消费者权益倡导者拉尔夫·纳德（Ralph Nader）向国会议员莫斯的监督与调查小组委员会提出建议，要求上市公司每5年更换一次会计公司。纳德认为，长期的审计师-客户关系使审计师降低了他们对客户的怀疑，并对客户产生了认同感。美国注册会计师协会的代表在他们的证词中辩称，合伙人轮换将减轻纳德的担忧，同时几乎不会造成破坏。要求另一个审计合伙人执行复核，可以为预防合伙人疏忽或放任的审计行为（lax or permissive auditing）提供额外的保障。

会计电算化系统

计算机对会计人员来说简直就是天赐之物。自从安达信会计公司的咨询人员在20世纪50年代初帮助通用电气公司（General Electric）实现了工资发放的自动化以来，会计师们一直在设计新的、更好的方式来推动计算机在会计处理过程中的应用。

但权益基金公司的财务欺诈表明，计算机也可以用于实施欺诈。1974年和1975年的会计行业杂志（accounting trade magazines）上刊登了几篇文章，为审计师如何评价计算机控制、测试电子数据提供了建议。[①]

1974年，美国注册会计师协会的审计准则执行委员会公布了《审计准则公告第3号：电子数据处理对审计师研究和评估内部控制的影响》

---

① Felix Pomerantz, "Securing the Computer," *CPA Journal* 44 (June 1974): 23-26.

(Statement on Auditing Standards（SAS）no.3，*The Effects of EDP on the Auditor's Study and Evaluation of Internal Control*）。该准则解释了会计电算化系统带来的风险：数据处理常常集中在一个单独的部门，没有传统的职责分离；对交易的人力监督更少；计算机缺乏识别错误的判断力。

大型企业的会计部门有时每年要处理数百万笔交易，它们采用会计电算化系统之后，便不再打印纸质的日记账和分类账。这无疑抹除了审计师传统上所依赖的审计跟踪（audit trail），即从原始凭证（source documents）到财务报表的证据链条。诸如资产分类账和客户主文件等许多资料，客户都只提供电子版本。《审计准则公告第3号》指导审计师使用计算机辅助审计技术，来执行诸如重新计算总数、筛查异常或重复分录等程序。20世纪70年代，会计公司花费了数百万美元来开发专门的审计软件。

在20世纪70年代早期以前，大多数大学的会计系几乎没有教授学生有关电子数据处理的知识。但是《审计准则公告第3号》要求所有审计师充分了解电子数据处理的过程，以识别关键的内部控制（key internal controls），并制定适当的实质性测试（substantive tests）计划。会计公司必须培训数千名审计师，使其掌握计算机数据处理和控制的基础知识。《审计准则公告第3号》还提出，许多审计工作将需要计算机审计专家的参与。会计公司开始雇用数百名（非注册会计师的）计算机审计专家来分析客户复杂的系统。

结　论

对会计师和审计师来说，20世纪70年代是一个动荡的年代。围绕权益结合法的激烈辩论，摧毁了人们对会计原则委员会制定会计准则能力的信心。此外，诸如全美学生营销公司和权益基金公司等高曝光率的财务丑闻，也让公众对审计师拥有保护公众免受欺诈的能力产生了怀疑。一些有权有势的国会议员开始认真考虑命令SEC或GAO制定会计准则并监管审计师。

公共会计师行业的自愿改革，如同业互查、合伙人轮换、在财务会计准则委员会中增加非注册会计师席位等，说服了国会作出让步。1978年1月，参议员李·梅特卡夫去世，同年晚些时候众议员约翰·莫斯退休，国会对公共会计师行业的关注有所减弱。1980年，罗纳德·里根当选美国总统，这就意味着（在其任期间）美国将不再可能颁布重要的联邦法律来规范公共会计师行业，因为里根总统强烈支持放松管制。不幸的是，20 世纪 70 年代末的高通胀和 80 年代初的放松管制为下一场会计危机埋下了伏笔。

【参考文献】

Allan, John H. "Accountants Get Report on Rules." *New York Times*, March 30, 1972.

Berton, Lee. "Frustrated CPAs: Accounting Body Fails in Attempts to Change Some Firms' Reporting." *Wall Street Journal*, January 8, 1969.

Carey, John. *The Rise of the Accounting Profession: 1937-1969*. New York: American Institute of Certfied Public Accountants, 1970.

Commission on Auditors' Responsibilities. *Report, Conclusions, and Recommendations*. New York: American Institute of Certified Public Accountants, 1978.

Davidson, Sidney, and George Anderson. "The Development of Accounting and Auditing Standards." *Journal of Accountancy* 163 (May 1987): 110-127.

Jancura, Elise, and Fred Lilly. "SAS No. 3 and the Evaluation of Internal Control." *Journal of Accountancy* 143 (March 1977): 69-74.

Miller, Paul B. W., and Rodney J. Redding. *The FASB: The People, the Process, and the Politics*. 2nd ed. Homewood, IL: Richard D. Irwin, Inc., 1988.

Oelsner, Lesley. "Stans Pleads Guilty to Five Violations of Election Laws in Campaign of 1972." *New York Times*, March 13, 1975.

Olson, Wallace E. *The Accounting Profession, Years of Trial: 1969-1980*. New York: American Institute of Certified Public Accountants, 1982.

Rankin, Deborah. "Tough Senate Study on Auditing Practice Ends on Softer Note." *New York Times*, November 14, 1977.

Rickover, H. G. "The Accounting Establishment: Comments on the Metcalf Report." *Government Accountants Journal* 26 (Fall 1977): 1-10.

Schroeder, Michael. "House Passes Curb On Expense Rules For Stock Options." *Wall Street Journal*, July 21, 2004.

U. S. Senate Committee on Government Operations, Subcommittee on Reports, Accounting and Management. *The Accounting Establishment: A Staff Study*. Washington, D. C.: Government Printing Office, 1976.

"Wheat Committee: Establishing Accounting Standards." *Journal of Accountancy* 163 (May 1987): 134-135.

Zeff, Stephen A. "Some Junctures in the Evolution of Establishing Accounting Principles in the U.S.A.: 1917-1972." *Accounting Review* 59 (July 1984): 447-468.

【思考】

1. 会计程序委员会为什么会解散？

2. 财务会计准则委员会与会计程序委员会、会计原则委员会有何不同？

3. 水门事件和阿拉伯石油禁运给会计改革带来了怎样的压力？

4. 参议员李·梅特卡夫和众议员约翰·莫斯提出了哪些改革公共会计师行业的建议？

5. 科恩领导的审计师责任委员会提出了哪些改革公共会计师行业的建议？

6. 美国注册会计师协会采取了哪些改革措施来响应莫斯和梅特卡夫领导的小组委员会的调查？

7. 根据《审计准则公告第3号》，电算化会计系统会带来哪些风险？

第三部分
储蓄贷款机构危机

10 这是美好的生活吗?

> 省一文就是赚一文。
>
> ——本杰明·富兰克林①

演员吉米·斯图尔特（Jimmy Stewart）在经典电影《生活多美好》中塑造了一个典型的建筑贷款协会经营者形象。斯图尔特饰演的角色乔治·贝利（George Bailey）毕生致力于帮助自己社区的警官、出租车司机、酒馆经营者等工人阶级成员购买自己的房子。

建筑贷款协会

建筑贷款协会②（Building and Loan Associations）的运作方式与银行类似，两者都吸收储户的存款，再把钱贷给借款人。但直到 20 世纪 80 年代初，银行和建筑贷款协会都面向不同的目标市场。商业银行主要吸收活期（支票）存款并发放商业贷款。而建筑贷款协会则主要吸收定期（储蓄

---

① 人们普遍认为这句话是本杰明·富兰克林（Benjamin Franklin）说的，尽管并没有确切的证据能够证明这句话的出处。

② 到 20 世纪 50 年代，大多数建筑贷款协会已更名为"储蓄贷款机构"（savings and loans）。建筑贷款协会或储蓄贷款机构通常也被称为"储蓄机构"（thrift organizations or thrifts）。

存款并发放住房抵押贷款。

早期的建筑贷款协会经营者更喜欢将自己描绘成进步社会运动的领导者，而不是商人。他们有两个主要目标，第一个就是促进储蓄。1919年，美国财政部发起了一个"全国储蓄周"（National Thrift Week）活动，宣扬按时支付账单的美德，并鼓励公民开立储蓄账户，而不是把收入浪费在香烟、口香糖和酒等"奢侈品"上。时任新泽西州州长（后来出任美国总统）伍德罗·威尔逊（Woodrow Wilson）称赞了该州的建筑贷款协会对成员的"道德影响"。[1]

建筑贷款协会经营者的第二个目标是促进"居者有其屋"。社会改革者认为，拥有房屋的公民会是更有责任心的公民。社会主义者也主张拥有住房，这样就能把工人从资本家手中解放出来。1922年，美国商务部长赫伯特·胡佛提出设立"更好家园周"（Better Homes Week）活动，以鼓励低收入人群拥有住房。

有了如此崇高的目标，许多建筑贷款协会经营者认为，他们是在响应为社区服务的"召唤"。建筑贷款协会的领导者形容他们的协会更像宗教机构，而不是金融机构。《商业周刊》在1930年的评论中写道："这场'运动'——他们现在仍然这样称呼它——充满了福音主义的色彩。"[2]

政府管制

直到20世纪30年代早期，建筑贷款协会都是由各州监管的。负责审批储蓄机构章程的州政府对谁能拥有和运营储蓄机构，储蓄机构可以接受的存款类型、可以持有的资产类型以及可以开办的分支机构的数量和地点设置了限制。

1929年的股市崩盘以及随之而来的经济萧条对美国的金融机构造成了巨大的破坏。1931—1932年，美国近20%的商业银行倒闭。建筑贷款协会的表现相对较好，这是因为它们主要投资于相对安全的住房抵押贷款，所以遭遇的违约较少。但许多储蓄机构确实遇到了严重的流动性问题——银

---

[1] David L. Mason, *From Building & Loans to Bail-Outs* (Cambridge: Cambridge University Press, 2004), 44.

[2] "Building and Loan Program Aims to Get More Homeowners," *Business Week*, July 30, 1930, 22.

行收回了它们的贷款，迫使它们交出了大部分可用现金，失业的客户则停止存款，开始提款。

1932年7月，赫伯特·胡佛总统签署了建立联邦住房贷款银行委员会（Federal Home Loan Bank Board，FHLBB）的法案。联邦住房贷款银行委员会的主要目的是借钱给储蓄机构，使它们能够向客户发放贷款，以满足储户的取款要求。

2年后，富兰克林·罗斯福总统签署了一项法案，建立了联邦储蓄贷款保险公司（Federal Savings and Loan Insurance Corporation，FSLIC），负责在储蓄机构倒闭时为客户的存款提供保险。储蓄机构自愿加入联邦储蓄贷款保险公司。会员机构必须支付保险费，并保持所有者权益至少达到保险存款的5%。这些储蓄机构很快发现，联邦储蓄贷款保险公司的会员资格对于吸引储户至关重要。到1960年，全国94%的储蓄贷款机构都加入了联邦储蓄贷款保险公司。值得注意的是，俄亥俄州和马里兰州特许的储蓄机构，通过州立机构为储户提供保险。

战后的繁荣

二战后的30年里，储蓄贷款机构的高管们一直遵循着简单的"3/6/3法则"——以3%的利率吸收存款，以6%的利率发放贷款，每天下午3点前去高尔夫球场打球。收入水平的提高使人们能够在储蓄账户上存更多的钱。交通的改善使人们有可能在郊区建房。战后婴儿潮促使年轻夫妇购买更大的房子。在这些有利条件下，储蓄贷款机构控制的资产从1945年的不足100亿美元，增至1979年的近6 000亿美元。

储蓄贷款机构面临的违约风险非常低。它们的贷款以借款人土地和房屋的留置权为担保。借款人要么支付一大笔首付款，要么通过联邦住房管理局（Federal Housing Administration）或退伍军人管理局等政府机构购买保险。在战后的几年里，房地产价格持续上涨，确保了即使在借款人违约的情况下，房地产本身的卖价基本上也能抵偿尚未偿还的贷款。

但储蓄贷款机构面临着巨大的利率风险。储蓄贷款机构本质上从事的是"借短贷长"的高风险业务。也就是说，它们通过存折储蓄账户吸收短期资金，然后投资于30年期的固定利率贷款。只要利率保持稳定，储蓄贷款机构就能通过向借款人收取高于向储户支付的利率来赚取利润。然而，如果利率意外上升，储蓄贷款机构需要支付的存款利率可能就会高于收到的贷款利率，从而面临亏损。为了保护储蓄贷款机构不受意外的利率波动影响，《1966年利率控制法》（Interest Rate Control Act of 1966）限制了银行和储蓄机构向储户支付的利率。

灾 难

从1978年1月到1980年12月，三个月期国库券的利率从6.5%升至15.6%。与此同时，存折储蓄账户的利率上限始终为5.2%。储蓄贷款机构的储户自然会开始寻找其他投资机会。投资于商业票据和政府票据等短期证券的货币市场共同基金便是一个颇具吸引力的选择。货币市场账户并没有得到联邦政府的担保，但它们较高的收益率足以弥补额外的风险。

投资于货币市场共同基金的总资产从1978年的95亿美元，飙升至4年后的2 360亿美元。进入货币市场账户的资金大部分是从储蓄贷款机构中提取出来的，这种迅速的金融脱媒（disintermediation）造成了储蓄贷款机构行业的流动性危机。许多机构不得不出售其大部分的贷款组合来满足客户的提款需求，由此确认的贷款损失又使得储蓄贷款机构的净资产跌破了最低监管"红线"。

阻止资金从储蓄贷款机构中流出的唯一方法，是允许它们支付与货币市场共同基金相同甚至比后者更高的利率。因此，1980年4月，美国总统吉米·卡特（Jimmy Carter）签署了《存款机构放松管制和货币控制法案》（Depository Institutions Deregulation and Monetary Control Act，DIDMCA）。这项法案的关键条款是逐步取消利率上限。为了帮助储蓄贷款机构吸引存款，该法案授权储蓄贷款机构提供可转让支付命令（negotiable order of withdrawal，NOW）账户来吸收活期存款[①]，并将联邦储蓄贷款保险公司的存款保险从每户4万美元提高至10万美元。该法案还允许储蓄贷款机构将至多20%的资产投资于消费贷款、商业票据和公司债券，从而使其投资组合部分地实现多样化。

虽然《存款机构放松管制和货币控制法案》有助于阻止资金流出储蓄贷款机构，但是这对改善储蓄贷款机构的营业利润几乎没有帮助。随着存

---

① 可转让支付命令（NOW）账户基本上都是计息支票账户。

款利率的提高，储蓄贷款机构的利息支出增加。到 1982 年，储蓄贷款机构支付的平均利率为 11.2%。但大多数储蓄贷款机构的利息收入取决于发放贷款时的固定利率。它们投资组合中的许多贷款是在 20 世纪 60 年代和 70 年代早期发放的，当时利率还不到 8%。

美国总统罗纳德·里根和许多国会议员认为，帮助储蓄贷款机构的最佳途径是让它们摆脱政府的监管。由犹他州共和党参议员杰克·加恩（Jake Garn）和罗得岛州民主党众议员费迪南德·圣日耳曼（Ferdinand J. St. Germain）共同发起的《1982 年存款机构法案》（Depository Institutions Act of 1982）极大地扩展了允许储蓄贷款机构持有的资产种类。最终，该法案允许储蓄贷款机构发行可调利率抵押贷款（adjustable-rate mortgages），从而减小了储蓄贷款机构对利率波动的风险敞口。该法案还允许储蓄贷款机构发放无担保商业贷款、购买公司垃圾债券，甚至允许对企业进行直接股权投资。

储蓄贷款机构的会计

SEC 第一批委员们作出的最重大决定之一，是要求企业以历史成本（historical cost）而非当前市场价值（current market value）对资产进行计价。SEC 的决定确立了历史成本作为唯一被公认的资产估值方法的地位，这一决定得到了佩顿和利特尔顿 1940 年出版的著名专著《企业会计准则导论》的强力支持。尽管会计原则委员会的《会计研究文集第 3 辑》建议以当前市场价值进行资产计价，著名学者如罗伯特·斯特林（Robert Sterling）、劳伦斯·瑞辛恩（Lawrence Revsine）、埃德加·爱德华兹（Edgar O. Edwards）和菲利普·贝尔（Philip Bell）等都提倡现行价值会计（current value accounting），但历史成本会计仍是硬性规则。

贷款（对于放贷人）的价值与现行利率成反比。例如，如果储蓄贷款机构以 6% 的固定利率向借款人发放 10 万美元贷款，而类似贷款的利率随后升至 10%，那么贷款的市场价值就会下降。如果储蓄贷款机构将贷款出售给第三方，它将不得不接受远低于 10 万美元的价格。但根据历史成本会计的规则，只要储蓄贷款机构不出售该项贷款，它就可以继续按照 10 万美元的面值来报告该项贷款。

20 世纪 70 年代末，当利率飙升时，储蓄贷款机构的资产市场价值骤降。除非储蓄贷款机构出售它们的贷款，否则就不用报告损失。如果储户提款过多，那么储蓄贷款机构将被迫清算部分贷款组合并确认损失。因此，在1980年，储蓄贷款机构大幅提高了支付给储户的利率，以避免大规模的净提款。从长远来看，这种策略是不可持续的，因为较高的利息支付与较低的固定利息收入造成了经营亏损。但是在短期内，储蓄机构的资产负债表列报的是资产的面值，并不能真实反映出该行业问题的严重程度。

20世纪70年代末80年代初，随着利率的上升和营业利润的下降，储蓄贷款机构使用了许多会计花招来夸大其报告的收益。其中一类花招是向借款人提供超出项目实际需要的资金。举例来说，如果房地产开发商需要1 000万美元，储蓄贷款机构可能会发放1 200万美元的贷款，借款方会将多余的200万美元存入储蓄贷款机构。当最初的几期还款到期时，储蓄贷款机构就从开发商的账户中直接扣除，并记录"收到"的利息收入。这种做法使得储蓄贷款机构可以向投机性的长期项目提供贷款，而不必担心它们在早年能否产生收入。即使该项目从未实现盈利，也可能需要数年时间才能耗尽最初的存款，然后该贷款才会被划入不良贷款。

另一类会计花招是向借款人收取大笔的初始贷款费用（up-front loan origination fees）。假设当时的利率是12%，储蓄贷款机构可能会同意以10%的利率发放贷款，前提是借款人同意支付一大笔贷款申请费。储蓄贷款机构会立即将初始收费确认为收入，同时按其面值列报市价低于成本的贷款。

更糟糕的是，联邦住房贷款银行委员会在1982年允许储蓄贷款机构使用监管会计原则（Regulatory Accounting Principles，RAP）来编制交给监管机构的财务报表。监管会计原则允许储蓄贷款机构推迟确认出售贷款的损失。例如，得克萨斯州加尔维斯顿的担保联邦储蓄机构（Guaranty Federal Savings，GFS）以1.8亿美元的价格出售了总价2.8亿美元的贷款组合。但在1982年出售贷款时，GFS并没有报告1亿美元的损失，而是获准在接下来的23年里摊销损失。联邦住房贷款银行委员会为了鼓励储蓄贷款机构的资产多样化而批准了这种诡异的会计处理方法。假如要求储蓄贷款机构报告巨额亏损，它们将不愿出售贷款。实际上，这样的会计规则就是在鼓励储蓄贷款机构处置相对安全的资产，并用风险更高的投资取而代之。

监管会计原则还允许储蓄贷款机构将它们的土地和建筑按照当前市场价值重新计价。这种对历史成本会计的选择性背离导致（通常体现为价值增值的）建筑物按当前市场价值列报，而（由于利率上升而贬值的）贷款组合则按历史成本列报。

　　监管会计原则夸大了储蓄贷款机构的资产，掩盖了该行业问题的严重性，但这正是它们的目的。假如继续按照公认会计原则记账，1984 年就会有 449 家储蓄贷款机构资不抵债，这是监管机构不愿意看到的局面①，因为无论是联邦住房贷款银行委员会还是联邦储蓄贷款保险公司都没有足够的资源来应对这么多的破产机构。因此，联邦住房贷款银行委员会选择掩耳盗铃，改变了衡量偿付能力的会计规则。监管会计原则的实施果然"立竿见影"，如此一来，1984 年就只有 73 家储蓄贷款机构资不抵债。② 联邦住房贷款银行委员会赌的是，如果给这些机构足够的时间，等到《1982 年存款机构法案》发挥作用，大部分储蓄贷款机构也许就能弥补亏损，在没有政府干预的情况下生存下来。

　　值得赞扬的是，财务会计准则委员会警告说，储蓄贷款机构使用由联邦住房贷款银行委员会批准的非公认会计原则所编制的财务报表可能具有误导性。财务会计准则委员会主席唐纳德·柯克（Donald Kirk）表示，"在我看来，通过调整财务报表的办法来达到不违反（净资产）测试指标的目的，这种做法总体来看对于增强储蓄贷款机构或财务报告的可信性几乎没有任何帮助"。③

赌徒们的天堂

　　经济学家用"道德风险"（moral hazard）一词来描述这样一种情况：如果实际的成本或可感知的潜在成本比较低，一个人就有动机去从事异常的风险行为。保险单就是一个简单的例子。拥有综合汽车保险的司机可能会更激进地驾驶，或者不锁车门，因为他知道事故或盗窃的损失将由保险公司承担。因此，大多数保险单都会要求投保人在每次索赔时承担一定的免赔额。免赔额条款通过激励投保人避免不负责任的行为，减少了道德风险。

　　1980 年以前，联邦储蓄贷款保险公司要求会员机构的所有者权益至少

---

① James J. Tucker and Ahmad Salman, "Congress, Regulators, RAP, and the Savings and Loan Debacle," *CPA Journal* 64 (January 1994): 47.

② Ibid.

③ Robert H. Mills, "Accounting Alchemy: It Turns S&L Red Ink Into Black," *Barron's*, May 31, 1982, 30.

要达到被保险存款的5%。这个"净值"要求就像一种保险单的免赔条款。如果储蓄贷款机构破产，其所有者会先损失他们的投资，然后联邦储蓄贷款保险公司才需要支付剩余储户的索赔。但20世纪70年代末遭受的巨大损失使许多储蓄贷款机构的净值跌破了5%的要求。联邦储蓄贷款保险公司不仅没有关闭这些不合格的机构，反而在1980年将净资产要求降低到存款的4%，然后在1982年又降低到存款的3%。

1983年，储蓄贷款行业的监管要求之低几乎是在盛情邀请储蓄贷款机构的经营者去赌博。因为联邦储蓄贷款保险公司对会员的净资产率要求仅为3%，所以只要付出300万美元就可以买到1亿美元资产的储蓄贷款机构。又因为《1982年存款机构法案》，储蓄贷款机构所有者可以将这1亿美元的资产投资于各式各样的高风险/高回报资产。如果这些资产的收益率为15%，那么该储蓄贷款机构的所有者就可以通过金融杠杆的魔力，从最初的300万美元投资中获得可观的1 500万美元的回报。但是，如果鲁莽的投资导致储蓄贷款机构损失了全部1亿美元的资产，所有者只会损失300万美元，然后就可以潇洒离场了，联邦储蓄贷款保险公司则必须赔偿储户的损失。

在这种情况下，竟然有如此多的储蓄贷款机构经理继续安全地、保守地经营他们的机构，这几乎令人吃惊。不幸的是，也有少数重要的储蓄贷款机构运营商利用了这一机会。加利福尼亚州、佛罗里达州和得克萨斯州储蓄贷款机构的总资产在1982年至1985年间翻了三倍。激进的储蓄贷款机构经理们打出高利率的广告来吸引全国各地的存款。大部分新资金并没有投资于住房贷款，而是投资于高收益的垃圾债券、商业房地产开发项目和原始（未开发的）土地。

随着储蓄贷款机构的高管们不断分散他们的投资组合，他们开始购买自己并不擅长的资产。无良的证券交易商开始利用储蓄贷款机构经营者的天真来牟利。一家总部位于佛罗里达州的证券交易商——ESM政府证券公司向众多投资者"出售"了同一份证券，承诺以后会用更高的价格回购。总部位于辛辛那提的家乡州立储蓄贷款机构因投资ESM政府证券公司损失了1.45亿美元存款，储户闻讯后争相提款。俄亥俄州州长不得不暂时关闭该州70家由私人保险公司提供保险的储蓄贷款机构，直到用以支撑该州保险基金的紧急立法得以通过。

新一代的储蓄贷款机构所有者发现，这个放松监管、高度杠杆化的行业是有利可图的。小查尔斯·基廷在1983年花5 100万美元购买了林肯储蓄贷款机构。在接下来的6年里,基廷和他的家人从该公司抽取了3 400万美元,同时将该公司20多亿美元的储蓄资产投资于垃圾债券、未开发的土地和无担保贷款。1989年林肯储蓄贷款机构被接管后,监管机构不得不向储户支付了大约25亿美元。

在这两个案例中,审计师都要对损失承担一定的责任。负责ESM政府证券公司审计的合伙人在1978年就知道了这一欺诈行为,但在接下来的6年里,他每年都发布干净的审计报告,同时接受了公司高管给他的20万美元的"贷款"。林肯储蓄贷款机构的审计师们则轻信了基廷的主张,即该公司在凤凰城房地产市场不景气的时候,通过房地产销售获得了8 000万美元的利润。

【参考文献】

"Building and Loan Program Aims to Get More Homeowners." *Business Week*, July 30, 1930.

Eichler, Ned. *The Thrift Debacle*. Berkeley, CA: University of California Press, 1989.

Mason, David L. *From Building & Loans to Bail-Outs*. Cambridge: Cambridge University Press, 2004.

Mills, Robert H. "Accounting Alchemy: It Turns S&L Red Ink into Black." *Barron's*, May 31, 1982.

Tucker, James J., and Ahmad Salman. "Congress, Regulators, RAP, and the Savings and Loan Debacle." *CPA Journal* 64 (January 1994): 42-48.

White, Lawrence J. *The S&L Debacle*. New York: Oxford University Press, 1991.

【思考】

1. 解释"借短贷长"这一词语。为什么储蓄贷款机构容易受到利率风险的影响?

2. 在20世纪70年代末80年代初,银行和储蓄机构的亏损为什么如此严重?

3. 金融机构的财务报表为什么不能充分反映其损失的严重程度?

4. 监管会计原则是如何帮助储蓄贷款机构隐藏其资不抵债的信息的?

5. 请给出"道德风险"一词的定义。为什么将净资产要求从投保存款的5%降至3%,会鼓励储蓄贷款机构的所有者从事风险资产投资?

11　ESM 政府证券公司

「　关于 ESM 政府证券公司的事情，我在此发誓，直到 1985 年 1 月 21 日之前，我都对其财务状况有多糟糕毫不知情，我甚至从未怀疑过其可能会存在问题。在该案中，我没有做过任何坏事。我的合伙人以及马文·沃纳（Marvin Warner）也是如此。

——史蒂芬·阿基的遗书，1985 年 7 月 22 日[1]　」

1968 年，史蒂芬·阿基（Stephen Arky）在华盛顿的 SEC 开始了他的律师生涯。SEC 的前执法主任（Director of Enforcement）斯坦利·斯波金（Stanley Sporkin）称阿基是他手下"最优秀的年轻人"之一。[2] 阿基最终去了 SEC 的迈阿密办公室，在那里他负责调查和起诉无良的证券交易商，直到 1971 年他开始私人执业。

1985 年 7 月 22 日，阿基关上洗手间的门，然后向自己右侧的太阳穴开了一枪。在他"致全世界"（"To the world at large"）的遗书中，阿基发誓他完全没有意识到 ESM 政府证券公司中存在着大规模财务造假。1977—1981 年，他在与 SEC 的激烈斗争中一直为他在 ESM 政府证券公司工作的朋友辩护。阿基拦截了 SEC 的传票，阻挠 SEC 调查人员的行动，最终促使 SEC 在没有提起诉讼的情况下终止了调查。但是 1985 年 3 月，ESM 政府

---

[1] Brian Dickerson, "The Lonely Death of Stephen Arky," *Miami Herald*, December 7, 1986.
[2] Kathy Sawyer, "ESM Scandal Extinguished a Rising Star," *Washington Post*, July 28, 1985.

证券公司一起远远超出 SEC 此前怀疑范围的欺诈案东窗事发。虽然几乎没有证据证明阿基与这项欺诈案直接相关,但是谣言对他声誉的损害远远超出了他所能承受的极限。

ESM 政府证券公司概况

1975 年 11 月,罗尼·尤顿(Ronnie Ewton)、鲍勃·塞内卡(Bob Seneca)和乔治·米德(George Mead)创立了 ESM 政府证券公司。这家公司主要充当经纪人,购买美国政府发行的债券,再卖给市政当局和金融机构。塞内卡负责 ESM 政府证券公司的交易业务,尤顿和米德则是销售人员。三人雇用了纽约的投资银行家艾伦·诺维克来监督 ESM 政府证券公司的财务和会计工作。而尤顿在军队中的好朋友史蒂夫·阿基则负责提供法律建议。

美国政府证券市场是世界上最大的金融市场。在 20 世纪 70 年代以及 80 年代早期,美国国库(U. S. Treasury)每年需要出售 3 000 亿美元债券以弥补财政赤字并偿还到期债券。除此之外,准政府组织如联邦国民抵押贷款协会(Federal National Mortgage Association,FNMA 或 "Fannie Mae")也有数十亿美元发行在外的抵押担保债券。每年的政府证券交易量是纽约证券交易所全部证券交易量的 20 倍。

在 20 世纪 70 年代中期以前,财政部会将大部分的证券卖给少数大型投资公司(investment house),即 "一级交易商"(primary dealers),例如美林证券(Merril Lynch)和高盛集团(Goldman Sachs),由它们将这些证券卖给银行、保险公司和养老基金。随着流通在外的国债金额从 1970 年的 4 000 亿美元增加到 1981 年的 1 万多亿美元,财政部需要寻找新的投资者来购买这些债券,这就为 ESM 政府证券公司这种小型(二级)交易商提供了进入市场的机会。当一级交易商把 1 亿美元的债券打包卖给大都会人寿保险公司(Metropolitan Life)、化学银行(Chimical Bank)等大客户的时候,罗尼·尤顿和乔治·米德则忙着出席城市经理大会(city manager conventions),以及在肯塔基赛马会上招待小城镇的银行家们。ESM 政府证券公司的客户(受害者)包括华盛顿州的克拉勒姆县(Clallam County),以及得克萨斯州的博蒙特市(Beaummont)。

合法的赌博

除了购买政府证券用于再出售，ESM 政府证券公司也参与投机交易——购入证券并盼望它们升值。在纽约证券交易所等受监管的股票市场中，投资者必须支付大量定金才能购买公司股票。但是，在 1986 年以前的政府债券市场中，高杠杆购买是允许的。证券交易者可以用低至 1% 的价格购买政府债券。例如，一个交易者只要有 100 万美元自有资金，再加上 9 900 万美元借款，就能购买 1 亿美元的债券。如果债券增值 3% 变成 1.03 亿美元，交易者就能够卖掉债券，偿还 9 900 万美元借款，最后剩下 400 万美元——这是他初始投资的 4 倍。如果这些债券价值仅仅下降了 1%，从 1 亿美元变成了 9 900 万美元，那么就会损失全部的 100 万美元投资。

政府债券的价值与利率的变化成反比。利率下降，债券价格上升；利率上升，则债券价格下降。20 世纪 70 年代后期，联邦赤字激增，通货膨胀率变成了两位数，利率变动频繁。巨额财富可能在一夜之间获得或失去。

鲍勃·塞内卡在 1977 年 9 月以 ESM 政府证券公司的名义购买了 2 900 万美元的国债，押注利率将在近期下降。然而事与愿违，利率上升了。等到塞内卡将这些债券平仓，ESM 政府证券公司已经损失了 230 万美元。仅仅是这一项失败的交易，塞内卡就赔光了 ESM 政府证券公司全部的投入资本与留存收益。

罗尼·尤顿就 ESM 政府证券公司是否应该宣告破产的问题咨询过艾伦·诺维克的建议。诺维克回复说："如果你能辞掉塞内卡，我就能够抹掉损失。"[1] 塞内卡当时正在经历一场糟糕的离婚，遂同意卖掉他在 ESM 政府证券公司的股份然后离开。塞内卡的股份被分给了尤顿、米德、诺维克和另外两名 ESM 政府证券公司高管。

诺维克在塞内卡离开后获得了 ESM 政府证券公司交易业务的控制权。他坚信，通过巧妙的交易，他能够在几个月内弥补塞内卡带来的损失。不幸的是，诺维克的交易技巧配不上他的信心。1978 年，诺维克损失了 500 万美元，ESM 政府证券公司的负净值达 600 多万美元。而这仅仅是个

---

[1] Donald Maggin, *Bankers, Builders, Knaves and Thieves* (Chicago, IL: Contemporary Books, 1989), 82.

开始。

在1979年又损失了1 440万美元之后，诺维克提出了一个大胆的计划来消除ESM政府证券公司的赤字。1980年，他用客户价值1亿美元的债券作为抵押物，购买了10亿美元国债。之后利率意外上升，诺维克的10亿美元投资组合价值骤降。诺维克损失了8 000万美元，这些钱甚至都不属于他，因为这些用来支付定金的证券实际上属于ESM政府证券公司的客户。到1985年3月，ESM政府证券公司停止运营时，累计的损失大约为3亿美元。

ESM政府证券公司欺诈案

ESM政府证券公司能否继续经营（然后继续亏损），取决于诺维克能否隐藏亏损。诺维克通过记录与关联实体ESM金融集团公司（ESM Financial Group, Inc., ESMFG）的虚假交易来使得ESM政府证券公司维持表面上的盈利状态。事实上，ESM金融集团公司不过是一个由罗尼·尤顿控制的空壳公司。1984年12月31日，ESM政府证券公司的财务报表披露与一家"关联公司"存在16亿美元的交易。这些交易的结果是在ESM政府证券公司的资产负债表上列报了对ESM金融集团公司3亿美元的应收账款。然而，财务报表没有披露的是，ESM政府证券公司不可能收回这笔应收账款，因为ESM金融集团公司没有什么值钱的资产，而且一直处于负净值状态。

ESM金融集团公司也是尤顿、米德和诺维克转移ESM政府证券公司资金的渠道。ESM政府证券公司将资金转给ESM金融集团公司，然后ESM金融集团公司将钱"贷"给ESM政府证券公司的高级经理们。1978—1985年，ESM政府证券公司的高管从他们亏损的公司中通过薪水、奖金和贷款抽取了大约6 000万美元，然后大肆挥霍。仅仅是在1984年12月，罗尼·尤顿就花150万美元购置了一辆阿斯顿·马丁·拉贡达跑车、两匹马球比赛用马，以及一艘游艇。

在公司交易损失惨重的同时其所有者还在肆意抽取资金，所以ESM政府证券公司的现金流状况非常不乐观。为了实现正的现金流，ESM政府证券公司签订了证券回购协议，该协议通常被称为"回购"（repos）。在回购交易中，投资者从ESM政府证券公司购买证券，ESM政府证券公司则承诺将来以更高的价格买回。回购是县城和小镇投资闲置资金的一种常见方式。如果操作得当，回购会是一种非常安全的投资。因为购买者/投资者持有证券作为抵押物，以防另一方未能信守回购承诺。不幸的是，许多与ESM政府证券公司打交道的市政当局并没有实际占有他们购买的证券。事实上，ESM政府证券公司对允许其继续持有证券的客户给出了更高的利率，所以许多客户都同意了ESM政府证券公司开出的条件。他们没想到的是，这给了ESM政府证券公司可乘之机，ESM政府证券公司得以将同一份证券重复卖给多个客户。ESM政府证券公司不断签订新的回购协议，利用后续回购协议的现金流入来偿还之前回购协议的债务，就这样又在连续亏损的状态下运营了7年。

欺诈曝光

1980年，艾伦·诺维克成为ESM政府证券公司实际的领导者。ESM政府证券公司明面上的董事长罗尼·尤顿在1979年离婚后患有酒精性抑郁症。尤顿大部分时间都在南卡罗来纳州的马场度过，每个月只去ESM政府证券公司总部几次。另一位创始人乔治·米德则从始至终只是一名销售员。

1984年11月23日，诺维克坐在办公桌前突发心脏病，就再也没有醒来。尤顿和米德不知道接下去该如何是好。他们并没有能力像诺维克那样继续用复杂精巧的交易去掩盖ESM政府证券公司的损失。

1985年1月14日，尤顿向破产律师承认ESM政府证券公司大约有1.8亿美元无力偿还。而真正的累积损失要多得多，就连尤顿都不知道诺维克将全部的利润操纵到了何种程度。一周后，尤顿会见了一位刑事律师，他同意代表尤顿处理所有与诈骗案有关的诉讼。尤顿给自己发了71万美元奖金，然后在2月11日辞职，留下米德掌管公司。

米德只知道自己深陷困境，此外便一无所知，他向证券律师汤姆·图（Tom Tew）寻求帮助。图则请来会计师劳里·霍尔兹（Laurie Holtz）帮助他梳理ESM政府证券公司的真实财务状况。到达ESM政府证券公司总部不到3小时，霍尔兹就告诉图，ESM政府证券公司至少有3亿美元无法清偿。霍尔茨仅仅通过比较ESM政府证券公司公布的财务报表和它的联邦所得税申报表，就发现了这一长达7年的欺诈行为。ESM政府证券公司的利润表显示，从1978年到1984年，每一年都有健康的（虚构的）利润。

但是，诺维克不想为他没有真正赚到手的利润纳税，就把公司的实际亏损报告给了美国联邦税务局。

家乡州立储蓄贷款机构

ESM 政府证券公司的破产直接导致了辛辛那提的家乡州立储蓄贷款机构的破产。家乡州立储蓄贷款机构是马文·沃纳的公司。他在 1958 年买下了这家储蓄贷款机构。在接下来的 20 年里，家乡州立储蓄贷款机构成长为俄亥俄州南部最大的储蓄贷款机构。

到 20 世纪 70 年代中期，沃纳对政治的兴趣超过了对商业的兴趣。他是民主党全国委员会的成员，也是吉米·卡特成功竞选总统的主要筹款人。卡特总统的回报便是在 1977 年任命沃纳为驻瑞士大使。1980 年沃纳从苏黎世回国时，他重新将注意力集中在他苦苦挣扎的储蓄贷款机构上。

史蒂夫·阿基与沃纳的女儿玛林（Marlin）于 1967 年成婚。1977 年阿基将罗尼·尤顿介绍给沃纳时，还以为自己是在帮岳父和朋友的忙。沃纳被政府证券市场潜在的高收益所吸引。家乡州立储蓄贷款机构很快成为 ESM 政府证券公司最大的客户。

1985 年 1 月，阿基得知 ESM 政府证券公司糟糕的财务状况后，立即打电话给沃纳。当时，家乡州立储蓄贷款机构有 1.45 亿存款资产投入了 ESM 政府证券公司。家乡州立储蓄贷款机构的首席执行官于 3 月 1 日致电 ESM 政府证券公司，要求关闭在该机构的账户并要求 ESM 政府证券公司回购其证券，但为时已晚。ESM 政府证券公司没有足够的资产偿还家乡州立储蓄贷款机构的欠款。SEC 于 3 月 3 日关停了 ESM 政府证券公司，联邦法官任命汤姆·图担任破产接管人。

3 月 6 日星期三，《辛辛那提问询报》（Cincinnati Enquirer）在头版发表文章，披露由于 ESM 政府证券公司的破产，家乡州立储蓄贷款机构面临"未确定比例的损失"。[①] 忧心忡忡的存款人开始提取存款。截至周五，家乡州立储蓄贷款机构 5.25 亿美元存款中的 1.54 亿美元已被提走。联邦储备银行竭尽全力支持家乡州立储蓄贷款机构，向该公司的分支机构提供紧急贷款，向其运送了超过 150 辆卡车的现金。尽管采取了这些行动，俄亥

---

① "Cincinnati Savings & Loan Facing Loss," *Cincinnati Enquirer*, March 6, 1985.

俄州的监管机构最终还是不得不介入。3月9日，监管机构任命了一名监督官去关闭家乡州立储蓄贷款机构，并将其出售给了一家健康的金融机构。

俄亥俄州的恐慌

家乡州立储蓄贷款机构是俄亥俄州70家非联邦储蓄贷款保险公司的储蓄贷款机构之一。选择不参与联邦保险项目的储蓄机构通过俄亥俄州存款保证基金（Ohio Deposite Guarantee Fund，ODGF）获得私人保险。在1985年初，俄亥俄州存款保证基金有1.36亿美元资产可用于保护其成员机构的存款人。但是家乡州立储蓄贷款机构的潜在损失大约为1.45亿美元。

当存款人获悉家乡州立储蓄贷款机构的索赔可能使州存款保证基金破产时，恐慌蔓延到俄亥俄州其他的储蓄贷款机构。3月13日和14日，存款人从其他由私人担保的储蓄贷款机构中提款2亿多美元。3月14日，数百名客户在储蓄贷款机构办公室外面的帐篷和睡袋中过夜，等待第二天早上将存款全部提取出来。

不过他们的等待是徒劳的。15日早晨，就在这些储蓄贷款机构开门营业前，俄亥俄州州长理查德·塞莱斯特宣布该州70家由私人担保的储蓄贷款机构，一律休业放假。这是自1933年总统富兰克林·罗斯福关闭全国所有银行以来，美国此类行动中规模最大的。由于自动取款机停止提款，银行拒绝兑现由已关闭的储蓄贷款机构开具的支票，超过50万名俄亥俄州人无法取回自己的资产。大部分储蓄贷款机构歇业6天，在此期间监管机构加班加点地将这些储蓄贷款机构纳入联邦保险计划。俄亥俄州立法机构不得不拨款2亿美元来救助家乡州立储蓄贷款机构及其他由私人担保的储蓄贷款机构。

亚历山大·格兰特会计公司

关于ESM政府证券公司的报道，最令人不安的一点是，多数欺诈行为是在该公司的审计师完全知情并同意的情况下进行的。1976年1月，罗尼·尤顿聘请亚历山大·格兰特会计公司（Alexander Grant）执行ESM政府证券公司的第一次审计。亚历山大·格兰特会计公司当时是国内排名第十一的会计公司，仅次于八大会计公司三个位次。

亚历山大·格兰特会计公司审计失败的罪魁祸首是一个名叫何塞·戈麦兹的年轻合伙人。1961 年，戈麦兹的母亲逃离古巴，带着 13 岁的儿子在迈阿密定居。戈麦兹在当地的一家超市帮妈妈装杂货。他最终设法读完了大学，在迈阿密大学获得了会计学学位。1979 年 8 月 1 日，戈麦兹的梦想实现了，他成为亚历山大·格兰特会计公司的合伙人。

但这个月还未结束，戈麦兹的美梦就变成了一场噩梦。艾伦·诺维克在一次午餐会上坦言，ESM 政府证券公司私底下已经资不抵债了。戈麦兹负责了 ESM 政府证券公司 1977 年和 1978 年的审计，预计还将在 1979 年的审计中担任业务合伙人。诺维克解释了 ESM 政府证券公司的损失原因，以及他用来向戈麦兹的审计团队隐藏损失的分录。戈麦兹希望撤回 ESM 政府证券公司 1977 年和 1978 年的财务报表，但是诺维克不停地重复道："那成何体统？对你的影响可不太好，特别是你刚刚才升为合伙人就发生这种事。"① 诺维克概述了他弥补前些年损失的计划，宣称只要多给一点时间，他就能补上这些钱，这样就没人会知道了。最终，戈麦兹选择保持沉默，因为他不想面对承认自己在 1977 年和 1978 年未能发现 800 万美元舞弊的后果。到 1980 年，ESM 政府证券公司累计损失超过 1 亿美元时，戈麦兹已经深陷欺诈泥潭，他不可能撇清干系了。

诺维克在接下来的 5 年内还借给戈麦兹数千美元，以确保这位审计师能够合作。1984 年诺维克死后，尤顿和米德试图雇用戈麦兹来替代已故的同伴。他们知道戈麦兹是唯一能够维持这场骗局的人。戈麦兹拒绝了他们的邀请，却又从二人手中各自接受了 5 万美元的"贷款"。

亚历山大·格兰特会计公司为戈麦兹的懦弱付出了沉重的代价。汤姆·图代表 ESM 政府证券公司的客户、债权人和俄亥俄州起诉了亚历山大·格兰特会计公司。在会计公司同意向几名主要原告支付 7 200 万美元之后，图提出以 1 000 万美元就剩余的 8 500 万美元索赔达成和解。该公司愚蠢地拒绝了图的提议，选择在法庭上与这些索赔做斗争。1986 年 11 月，一个由 6 人组成的陪审团判决亚历山大·格兰特会计公司赔偿图的客户 7 090 万美元。亚历山大·格兰特会计公司及其保险公司最终支付了 1.73

---

① Martha Brannigan, "Auditor's Downfall Shows a Man Caught in Trap of His Own Making," *Wall Street Journal*, March 4, 1987.

亿美元的赔偿金和法律费用。

　　SEC 在本案中指控亚历山大·格兰特会计公司犯欺诈罪，这是很不同寻常的。尽管该公司声辩不应该因为一个流氓合伙人的行为而受到惩罚，但 SEC 的结论是戈麦兹并不是唯一玩忽职守的员工。肯尼斯·奥特纳（Kennith Ortner）是亚历山大·格兰特会计公司的税务会计师，在准备诺维克的个人所得税申报表时就获悉了诺维克对戈麦兹提供的贷款。奥特纳向戈麦兹询问过有关这些贷款的情况，但没有向戈麦兹的上级汇报这一明显违反公司政策及职业独立性准则的情况。亚历山大·格兰特会计公司的另一名税务会计师罗伯特·赫什（Robert Hersh）检查并签署了 ESM 政府证券公司的企业所得税申报表。该申报表显示，ESM 政府证券公司自 1977 年以来一直处于资不抵债的状态，但是赫什从未质疑公司对 ESM 政府证券公司财务报表出具的无保留审计意见。SEC 还发现亚历山大·格兰特会计公司的质量控制检查程序严重不足。戈麦兹作证说，一名复核合伙人在一次审计结束的时候说："我不懂这些狗屁玩意，所以请你告诉我可以了，我就签字。"[①] 除了对 5 名亚历山大·格兰特会计公司的员工进行处罚，SEC 还禁止该公司在 60 日内接受新的公众公司审计客户。

余　波

　　何塞·戈麦兹认为史蒂夫·阿基拯救了他的人生。欺诈案东窗事发后，戈麦兹陷入了严重的抑郁，也拒绝与调查人员合作。但是在 1985 年 7 月听说了阿基自杀的消息后，戈麦兹意识到他必须采取积极的措施，否则他将会陷入同样的命运。戈麦兹开始与汤姆·图和 SEC 合作。他后来声称，带领调查人员破案对他起到了"巨大的治疗效果"。[②] 戈麦兹承认了联邦指控的欺诈罪和合谋罪，并被判处在塔拉哈西监狱（Tallahassee Prison）服刑 12 年。一名俄亥俄州法官以违反州法判处戈麦兹 18 个月监禁，但为了奖励戈麦兹的合作，允许他在联邦判决服刑期间同时计算俄亥俄州的刑期。

　　罗尼·尤顿和乔治·米德就没有那么幸运了。联邦法官分别判处他们 15 年和 14 年徒刑之后，他们又前往辛辛那提接受 9 项俄亥俄州刑事指控的

[①] Maggin, *Bankers, Builders, Knaves, and Thieves*, 215.

[②] Brannigan, "Auditor's Downfall Shows a Man Caught in Trap of His Own Making."

判决。尽管汤姆·图作证说，尤顿和米德的合作已帮助政府节约了数十万美元，并且加快了对受害者的赔偿，弗雷德·卡托拉诺（Fred Cartolano）法官仍然拒绝了对其从宽处理的请求。这位法官仍然对数百名俄亥俄州人在关闭的储蓄贷款机构外颤抖着排队的场景深感愤怒，他命令尤顿先在俄亥俄州监狱服完9年刑期，之后再执行联邦的判决。米德则在俄亥俄州被判处6年徒刑。

可悲的是，史蒂夫·阿基并不是唯一一个因ESM政府证券公司丑闻而早逝的人。亨利·莱德尔（Henry E. Riddel）是ESM政府证券公司的财务主管，同时也是艾伦·诺维克的亲信，于1986年11月，也就是在他3年徒刑开始前一个月自杀了。

【参考文献】

Brannigan, Martha. "Grant Thornton and Four Accountants Settle SEC Charges Tied to ESM." *Wall Street Journal*, October 17, 1986.

Brannigan, Martha. "Auditor's Downfall Shows Man Caught in Trap of His Own Making." *Wall Street Journal*, March 4, 1987.

Cary, Peter, and Susan Sachs. "Founders of ESM Lived High." *Miami Herald*, March 31, 1985.

"Cincinnati Savings & Loan Facing Loss." *Cincinnati Enquirer*, March 6, 1985.

Dickerson, Brian. "The Lonely Death of Stephen Arky." *Miami Herald*, December 7, 1986.

Lyons, James. "How Many Hats Can Steve Arky Wear?" *The American Lawyer* 7 (May 1985): 86–93.

Maggin, Donald. *Bankers, Builders, Knaves and Thieves: The $300 Million Scam at ESM*. Chicago, IL: Contemporary Books, 1989.

Martinez, James. "Jury Holds ESM's Auditing Firm Liable for Preparing False Reports." *St. Petersburg Times*, November 7, 1986.

Rowe Jr., James. "Seventy S&Ls Are Shut in Ohio." *Washington Post*, March 16, 1985.

Sack, Robert, and Robert Tangreti. "ESM: Implications for the Profession." *Journal of Accountancy* 163 (April 1987): 94–100.

Sawyer, Kathy. "ESM Scandal Extinguished a Rising Star." *Washington Post*, July 28, 1985.

Securities and Exchange Commission. *SEC v. Thornton et al.* Litigation Release

No. 11263, October 16, 1986.

【思考】

1. 艾伦·诺维克是如何在财务报表中隐瞒 ESM 政府证券公司的损失的?

2. 什么是"回购"? ESM 政府证券公司是如何在遭受巨额交易损失的同时利用回购来维持正现金流的?

3. 会计师劳里·霍尔兹是如何发现 ESM 政府证券公司的财务报表虚增了至少 3 亿美元的?

4. ESM 政府证券公司的破产对俄亥俄州的公民和纳税人有何影响?

5. 为什么何塞·戈麦兹在发现 ESM 政府证券公司欺诈时没有立刻举报?

6. 为什么 SEC 按欺诈罪起诉了整个亚历山大·格兰特会计公司?

12　林肯储蓄贷款机构

「 为什么你只盯着你兄弟眼中的刺，却不想自己眼中有梁木呢？

——《马太福音》7：3[①] 」

小查尔斯·基廷（Charles H. Keating, Jr.）非常厌恶贩卖色情读物的拉里·弗林特（Larry Flynt）。在 30 年间，基廷一直致力于反对色情作品，而弗林特的《好色客》（*Hustler*）杂志恰恰是在基廷的家乡俄亥俄州辛辛那提市创办的，这让基廷很是难堪。基廷于 1958 年成立的正派文学公民组织（Citizens for Decent Literature, CDL）后来发展成为美国最大的反色情组织，拥有 300 个分会和 10 万名会员。仅在 1970 年，基廷就奔波 20 万英里，发表了几十次反对色情作品的演讲。基廷在国会下设的多个委员会上作证，并被理查德·尼克松总统任命为联邦淫秽和色情委员会（Federal Commission on Obscenity and Pornography）成员。

据说基廷和弗林特两人之间展开了一场漫长的、痛苦的斗争，如果传言属实，这场斗争也不乏暴力。基廷和正派文学公民组织对弗林特提起了很多次诉讼，并在 1977 年弗林特因散布淫秽内容和参与有组织犯罪而被定罪的过程中发挥了重要作用。弗林特被定罪后不久，基廷的一个女儿在辛辛那提大学校园内被强暴。基廷后来认为弗林特向施暴者提供了金钱报酬。一年后，一名身份不明的枪手向弗林特开枪，致使他腰部以下瘫痪。基廷

---

① The Holy Bible, New International Version (International Bible Society, 1973).

的同事们注意到,这一次他一反常态地对弗林特的枪击事件保持了沉默。[1]

基廷正是美国男孩的代表——海军战斗机飞行员、全国蛙泳冠军、正派卫士。他向慈善机构、收容所捐赠了数百万美元。然而基廷和他的死对头弗林特一样腐败,尽管方式不同。1984—1989年,基廷和他的家人从林肯储蓄贷款机构掠夺了3 400万美元。他们用土地交换和循环交易来夸大公司的收益,导致2万名投资者在毫无价值的证券上损失超过2.5亿美元。联邦政府对林肯储蓄贷款机构的救助耗费了美国纳税人大约25亿美元。

基廷因犯敲诈勒索罪和证券诈骗罪,被判处有期徒刑四年半。然而对于这位狂热的反色情斗士最残酷的打击恐怕发生在1992年4月,《花花公子》发表了一篇专题文章,描述基廷如何"欺骗投资者,贿赂参议员,继而让每个纳税人蒙受巨大损失"。[2]

基廷的早期职业生涯

1952年,小查尔斯·基廷和他的兄弟威廉在辛辛那提开了一家律师事务所。兄弟俩专攻公司法,很快就开始为卡尔·林德纳(Carl Lindner)的美国金融公司(American Financial Corporation,AFC)服务。林德纳原本做杂货生意,从1959年开始收购小额储蓄贷款机构。美国金融公司最终发展成了一家"金融百货商店"。这家控股公司拥有银行、储蓄贷款机构、保险公司和租赁公司。

1972年,威廉被选为国会议员后,基廷放弃了他的私人律师业务,以全职雇员的身份加入了美国金融公司。他第一次接触SEC就是在美国金融公司。SEC指控林德纳和基廷通过远见银行(Provident Bank)私下向美国金融公司的内部人员发放了1 400万美元贷款,其中最严重的违规行为是基廷先向自己发放50万美元贷款,然后下令注销贷款。1979年美国金融公司就这些指控达成和解,并将大部分责任归咎于基廷。基廷被罚款140万美元,并被禁止进入证券市场3个月。

---

[1] Michael Binstein and Charles Bowden, *Trust Me: Charles Keating and the Missing Billions* (New York: Random House, 1993), 122-123.

[2] Joe Morganstern, "Profit Without Honor," *Playboy*, April 1992, 68.

美国大陆公司

1978 年，基廷收购了美国大陆公司（American Continental Corporation，ACC），这是他的第二事业。美国大陆公司以前曾是美国金融公司的子公司，是一家房地产公司，主要经营场所在亚利桑那州、犹他州、怀俄明州和科罗拉多州。美国西南部的人口在 20 世纪 70 年代末 80 年代初急剧增长，因为退休人员纷纷逃离北方的严冬。在基廷买下了美国大陆公司的 6 年中，美国大陆公司建造了 18 000 栋房屋。

到了 1983 年，基廷已经厌倦了盖房子。他是个 60 岁的千万富翁，本应该退休回到他位于巴哈马的豪宅，或是将全部精力投入他最爱的慈善事业。然而这两条路他都没有选，而是买下了林肯储蓄贷款机构（LS&L）。

LS&L 是一家在加州注册的联邦保险机构，其 12 亿美元的总资产主要由住房抵押贷款和政府债券构成。在向联邦监管机构提交的控制权变更申请中，基廷承诺将保留 LS&L 的高层管理人员，继续发放住房贷款，而且不会利用经纪存款（brokered deposits）扩大 LS&L 的资产。

但基廷并没有践行他的诺言。在收购 LS&L 后的几周内，基廷就解雇了公司的高管，并任命其子查尔斯·基廷三世（Charles Keating III，人称"C3"）为公司的总裁。基廷三世当时是一个 24 岁的大学辍学生，在父亲的公司工作之前，他唯一的工作经验就是在一家乡村俱乐部的餐厅清理餐桌。另外，基廷的一个女儿和他的三个女婿在 LS&L 中担任了另外八个最高职位中的四个，LS&L 的董事会则完全由美国大陆公司的雇员组成。

到 1984 年底，LS&L 的总资产翻了一番多，达到 25 亿美元，大部分增长来自经纪存款。经纪存款是指经纪人在特定时间内投资于银行的一笔款项。货币经纪人（money brokers）汇集小投资者的资产，寻找能够提供最高利率的储蓄机构代为投资。如果想要获得这些存款，基廷支付的利息必须达到或超过国内其他储蓄贷款机构的利息水平。

LS&L 对经纪存款的严重依赖导致其存款的平均利率要远高于其他机构的平均利率，因此它只能寄希望于通过投资高收益、高风险的证券来获利。基廷成了迈克尔·米尔肯（Michael Milken）最大的垃圾债券客户之一。到 1988 年，LS&L 投资组合中 77% 的债券是未评级的垃圾债券。

在基廷掌权期间，LS&L 还购买了大片地皮，即未开发的房地产。埃斯特雷拉（Estrella）是一片面积为 26 平方英里的沙漠，位于凤凰城西南 20 英里处，基廷计划在这里建造一个可以容纳 20 万人的社区。不过在出售这个社区 7.3 万块土地之前，他还需要在道路、湖泊、下水道和其他开发项目上投入超过 1 亿美元。

由于 LS&L 在未创收房地产领域的大量投资，到 1987 年底，其有息负债超过有息资产 10 亿美元。LS&L 的利息收入勉强超过利息支出。因此公司能实现盈利并支付股利完全是因为取得了土地交易收益。如果没有 1986 年到 1987 年 1.53 亿美元的房地产销售收益，LS&L 的税前损失总计将达到 800 万美元。然而这一切盈利都只是假象。

林肯储蓄贷款机构欺诈案

实际上，基廷的会计诡计从收购 LS&L 的那天就开始了。他不恰当地将 5 100 万美元的购买价款中的一小部分分配给了 LS&L 的贷款组合，并夸大了分配给其他资产的金额。当 LS&L 随后按照真实价值出售贷款时，就能够将出售价格与低估的账面价值之间的差额确认为收益。

在 LS&L 的财务欺诈中，大部分涉及基于虚假房地产交易确认的不当收益。肯尼思·莱文索会计公司（Kenneth Leventhal & Company）在 LS&L 破产后对其会计实务进行了调查。肯尼思·莱文索会计公司检查了 15 宗大型房地产交易的样本，得出的结论是，没有哪一宗交易的会计处理是恰当的。肯尼思·莱文索会计公司的一位合伙人作证称："就我们的经验而言，很少有比这更恶劣的滥用公认会计原则的例子了。"[①]

隐谷（Hidden Valley）拥有 8 500 英亩未开发的土地，地处偏远，得开越野车才能到达。1985 年到 1986 年，LS&L 以平均每英亩 3 100 美元的价格收购了隐谷。1987 年到 1988 年，LS&L 公司又以每英亩高达 17 500 美元的价格出售隐谷，获得了超过 8 000 万美元的"销售"利润。

以某一宗隐谷交易为例（见图 12-1），LS&L 以 350 万美元现金和一张 1 050 万美元无追索权票据的价格，将价值 300 万美元的 1 000 英亩土地卖给了一家名为韦斯康（Wescon）的公司。票据的条款规定如果韦斯康未

[①] Michael C. Knapp, *Contemporary Auditing*, 4th ed. (Cincinnati, OH: South-Western College Publishing, 2001), 60.

能支付价款，LS&L 就会收回土地。在将土地出售给韦斯康的前一天，LS&L 借给厄尼·加西亚（Ernie Garcia）2 000 万美元。接下来，加西亚又借给韦斯康 350 万美元。在收到加西亚的借款之前，韦斯康的总资产不到10 万美元。因此，LS&L 在一笔交易中记录了 1 100 万美元的利润，尽管在这笔交易中，它只收到了 350 万美元的自己借出去的资金和一张几乎无望收回的票据。

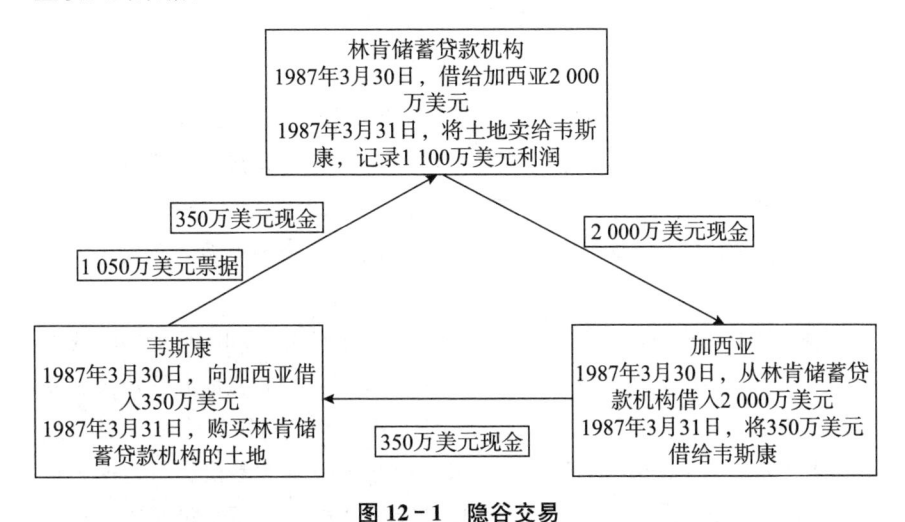

```
                    ┌─────────────────────────┐
                    │      林肯储蓄贷款机构        │
                    │ 1987年3月30日，借给加西亚2 000 │
                    │          万美元            │
                    │ 1987年3月31日，将土地卖给韦斯  │
                    │    康，记录1 100万美元利润    │
                    └─────────────────────────┘
                    ↗                         ↖
        350万美元现金                        2 000万美元现金
         1 050万美元票据
  ┌──────────────────┐                   ┌──────────────────┐
  │       韦斯康      │                    │       加西亚       │
  │ 1987年3月30日，向加 │←── 350万美元现金 ──│ 1987年3月30日，从林肯 │
  │ 西亚借入350万美元   │                   │ 储蓄贷款机构借入2 000 │
  │ 1987年3月31日，购买 │                   │ 万美元             │
  │ 林肯储蓄贷款机构的土地│                  │ 1987年3月31日，将350万│
  │                  │                   │ 美元借给韦斯康        │
  └──────────────────┘                   └──────────────────┘
```

图 12-1　隐谷交易

这种由卖方融资的交易在 1987 年的 LS&L 中很常见，大多数以虚高价格购买隐谷土地的人都从 LS&L 获得了直接或间接贷款。

一方面，LS&L 在可疑的土地销售中记录虚假利润；另一方面，美国大陆公司又从建造独栋住宅转向建造豪华酒店，基廷决定在亚利桑那州的凤凰城建造世界上最豪华的酒店——腓尼基人酒店（the Phoenician）。最初的预算是 1.5 亿美元，但该酒店最终耗费了 3 亿美元，600 个房间平均每个造价在 50 万美元左右。它的舞厅、健身俱乐部、游泳池和高尔夫设施都是首屈一指的。腓尼基人酒店的建设资金主要来自美国大陆公司的次级债券（垃圾债券）。在整个融资过程中最令人不安的一件事是，美国大陆公司的债券是通过 LS&L 的分支机构出售的。柜员对那些富有的客户说，美国大陆公司的债券会提供更为可观的收益。许多客户认为，既然这些债券是通过储蓄贷款机构来出售的，那它们应该与定期存单一样受到了联邦政府的担保。1989 年美国大陆公司宣布破产后，他们才发现，真相让人心碎。

1985—1988 年，基廷和他的家人通过工资、奖金和股票销售获得了

3 400 万美元的收入。曾经的服务生基廷三世因担任 LS&L 的总裁而获得了 100 万美元的年薪，基廷的女儿和女婿们每年的薪水也都高达 50 万美元。他们还经常周游世界，费用则由公司承担。他们从公司获得无担保贷款，并直接向美国大陆公司及其员工持股计划出售股票。

基廷五人组

联邦住房贷款银行委员会于 1989 年 4 月接管了 LS&L。当时，LS&L 公布的 53 亿美元资产中只有 2% 是住房贷款，63% 都是风险资产（即垃圾债券、未开发的土地、无担保贷款）。新上任的美国总统乔治·布什（George H. W. Bush）着手解决日益严重的储蓄与贷款危机，关闭 LS&L 是个不错的开始。

如果没有美国俄亥俄州民主党参议员约翰·格伦（John Glenn）、亚利桑那州共和党参议员约翰·麦凯恩（John McCain）、加利福尼亚州民主党参议员艾伦·克兰斯顿（Alan Cranston）、亚利桑那州民主党参议员丹尼斯·德孔西尼（Dennis DeConcini）和密歇根州民主党参议员唐纳德·里格尔（Donald Riegle）的介入，LS&L 可能早就被接管了。联邦住房贷款银行委员会旧金山办公室的调查人员在 1987 年初就建议关闭 LS&L。调查报告中描述的危险经营行为包括：投资数百万美元购买未评级的垃圾债券，未经评估擅自发放土地开发贷款，以及倒填贷款申请日期（backdating loan applications）。这些后来被称为"基廷五人组"（Keating Five）的参议员们在 4 月与联邦住房贷款银行委员会委员埃德·格雷（Ed Gray）见了两次面，敦促他不要干涉 LS&L。在接下来的 3 个月里，格雷没有对 LS&L 采取任何行动。7 月 1 日，丹尼·沃尔（Danny Wall）取代埃德·格雷成为联邦住房贷款银行委员会的负责人。9 月，沃尔将 LS&L 的审计从旧金山办公室的管辖范围剔除了，这是极不寻常的举措。这一改变多给了基廷 18 个月的时间，并让美国纳税人损失了数亿美元。

参议员的支持可能与基廷慷慨的竞选捐款有关。在几年的时间里，丹尼斯·德孔西尼从基廷和他的同事那里收到了大约 4 万美元；约翰·麦凯恩得到了 11 万美元；约翰·格伦得到了 20 万美元；艾伦·克兰斯顿接受了近 100 万美元的捐款和贷款。当基廷在记者招待会上被问及他的竞选捐款与参议员们为他说情一事是否有关时,他回答说:"我当然希望如此。"①

参议院道德委员会(Senate Ethics Committee)在 1990 年 11 月开会时,对丹尼斯·德孔西尼提出了非常严厉的批评。这位亚利桑那州资深参议员的竞选经理从 LS&L 公司获得了 4 000 万美元的无担保贷款,该议员在与格雷委员的几次会面中,始终是基廷最坚定的拥护者。这一事件对约翰·麦凯恩来说尤其尴尬,因为他是未来竞选资金改革的拥护者(champion of campaign finance reform)。除了接受基廷的大笔竞选捐款外,麦凯恩和他的家人还至少让基廷承担了 9 次旅行的费用,并时不时乘坐美国大陆公司的商务机去巴哈马的基廷宅邸度假。

基廷的政治影响力不仅限于美国参议院,他甚至能够短暂地影响监管储蓄贷款行业的联邦机构成员。1986 年,基廷向罗纳德·里根(Ronald Reagan)的幕僚长唐纳德·里根(Donald Regan)建议,任命李·汉高(Lee Henkel)填补联邦住房贷款银行委员会的一个空缺。汉高在 1986 年 11 月接受总统任命进入联邦住房贷款银行委员会,但在 4 个月后辞职,因为《华尔街日报》披露林肯储蓄贷款机构向汉高持股的公司及合伙企业发放了 6 000 多万美元的贷款。②

林肯储蓄贷款机构的审计师

安达信会计公司在基廷买下 LS&L 之后的 2 年内对公司进行了审计。1986 年 10 月,在 LS&L 接受联邦住房贷款银行委员会调查期间,安达信会计公司辞任了。安达信会计公司对调查人员表示,它对基廷的诚信没有任何疑虑,辞职只是为了降低其储蓄贷款机构审计方面的风险暴露。

尽管大多数欺诈发生在安达信会计公司辞职之后,但该会计公司也未能逃脱批评。联邦住房贷款银行委员会监管机构在国会听证会上作证称,安达信会计公司的审计师曾帮助 LS&L 的人员生成贷款文件并倒填文件日期。据称,1986 年 LS&L 接受联邦住房贷款银行委员会审计之前,曾在缺乏必要文件的情况下发放贷款,并雇用了一个"特工队"来检查和准备必

---

① David J. Jefferson, "Keating of American Continental Corp. Comes Out Fighting," *Wall Street Journal*, April 18, 1989, B2.

② David B. Hilder and John E. Yang, "Bank Board Appointee Has Close Ties to Thrift With Controversial Investment," *Wall Street Journal*, December 18, 1986.

要的文件。安达信会计公司的代表否认了这一指控，称安达信会计公司员工只是协助 LS&L 人员"整理某些文件"。①

安达信会计公司辞任后，几家会计公司参加了 LS&L 的审计业务竞标，亚瑟·扬会计公司中标。美国大陆公司和 LS&L 合计 250 万美元的审计费用占到了亚瑟·扬会计公司凤凰城办公室收入的 20%。

亚利桑那大学的研究人员梅勒·艾瑞克森（Merle Erickson）、布莱恩·梅休（Brian Mayhew）和小威廉·菲利克斯（William Felix, Jr.）检查了证词记录和亚瑟·扬会计公司 1987 年对 LS&L 的审计工作底稿。他们在《会计研究杂志》（*Journal of Accounting Research*）上发表的文章称，审计师未能充分了解 LS&L 的业务和当时的经济状况。② LS&L 报告了 8 000 万美元的房地产销售利润，然而这一年里凤凰城的建筑业就业人数和独栋住房开工数量双双下降，住宅地价持平，市场上还有数百万英亩类似的未开发土地等待出售。在这样的经济条件下，LS&L 不可能以收购成本 4.7 倍的价格出售 18 个月前才购入的隐谷土地。根据艾瑞克森、梅休和菲利克斯的说法，"假如审计师真的将 LS&L 未开发土地的批发销售收入与亚利桑那州零售住宅房地产市场的行情进行比较的话，他们一眼就会发现，报告利润率好得令人难以置信"。③ 然而，亚瑟·扬会计公司的审计负责人在她的证词中说，审计师没有考虑过亚利桑那州房地产市场的情况，她也不认为审计师有必要了解和利用这些信息。

在 1986 年和 1987 年的审计期间，杰克·艾奇森担任了 LS&L 审计业务合伙人。在监督审计的过程中，艾奇森给联邦住房贷款银行委员会写了几封信，为 LS&L 的经营行为辩护。他还写信给参议员并会见了他们，敦促他们代表 LS&L 进行干预。艾奇森用他的支持换来了丰厚的回报。1988 年春天，在上一年度审计结束后不久，艾奇森辞去了他在亚瑟·扬会计公司年薪 22.5 万美元的合伙人职务，接受了美国大陆公司的一个行政职位，年薪 93 万美元。

艾奇森的继任者就没有那么顺从了。1988 年 10 月，亚瑟·扬会计公

---

① Paulette Thomas and Brooks Jackson, "Regulators Cite Delays and Phone Bugs in Examination, Seizure of Lincoln Savings and Loan," *Wall Street Journal*, October 27, 1989.

② Merle Erickson, Brian Mayhew, and William Felix, Jr. "Why Do Audits Fail? Evidence from Lincoln Savings and Loan," *Journal of Accounting Research* 38（Spring 2000）：165-194.

③ Ibid., 168.

司的业务合伙人杰妮斯·文森特（Janice Vincent）拒绝让 LS&L 在与国际金融家詹姆斯·戈德史密斯爵士（Sir James Goldsmith）的资产交换中确认收益。在艾奇森监督审计时，基廷已经习惯按照自己想要的方式对交易进行会计处理，因此他要求换掉文森特。在激烈的争论中，基廷喊道："女士，你刚刚丢了工作。"① 事实恰恰相反，基廷失去了一家会计师事务所。一周后，亚瑟·扬会计公司放弃了该公司的审计业务。

在亚瑟·扬会计公司之后接过这块烫手山芋的是图什·罗斯会计公司。幸运的是，在图什·罗斯会计公司的审计师公布 1988 年的 LS&L 财报审计报告之前，联邦监管机构已经接管了 LS&L。尽管如此，投资者还是起诉了图什·罗斯会计公司。投资者在 1988 年 11 月和 12 月购买了 1.7 亿美元的美国大陆公司债券，他们声称，如果不是图什·罗斯会计公司承接了审计业务，他们不可能会购买这些债券。

这三家审计公司在 LS&L 投资者和债权人提起的民事诉讼中被列为共同被告。安达信会计公司以 2 300 万美元达成了和解，继任者厄恩斯特 & 扬会计公司（Ernst & Young，前身为亚瑟·扬会计公司）亦支付了 6 300 万美元，从未对 LS&L 发表过审计意见的图什·罗斯会计公司也同意支付 750 万美元。

问题的解决

1989 年 4 月 14 日，当联邦监管机构接管 LS&L 时，他们在联邦住房贷款银行委员会检查员使用的房间里发现了窃听设备。3 天后，他们向位于凤凰城与洛杉矶的检察官和联邦调查局提交了刑事诉讼案件。9 月，联邦监管机构提起诉讼，指控基廷和他的家人、美国大陆公司的高管让 LS&L 流失了超过 10 亿美元的联邦保险存款。

1991 年，基廷在加州法院被判 17 项刑事罪名成立。法官兰斯·伊托（Lance Ito）判处基廷 10 年监禁。1993 年 1 月，基廷在服刑期间，又被判犯有 73 项联邦罪名，包括敲诈勒索、证券欺诈、非法贷款等，联邦法官又额外判处基廷 12 年监禁。

---

① Eric Berg, "The Lapses by Lincoln's Auditors," *New York Times*, December 28, 1989, D6.

1996年4月，受理上诉的法院推翻了基廷1991年在加州被定罪的判决，裁定伊托法官向陪审团发出了不恰当的指示。8个月后，基廷从监狱获释。此前，美国一名地区法官推翻了对基廷的联邦判决，裁定联邦审判中的几名陪审员对基廷有偏见，因为他们知道基廷此前曾被州法院定罪。

1999年1月，联邦检察官宣布，他们将提请重审。基廷当时已经75岁，他签署了一份认罪协议书，首次承认了自己的欺诈行为。作为回报，他可以出狱了。

【参考文献】

Berg, Eric. "The Lapses by Lincoln's Auditors." *New York Times*, December 28, 1989.

Binstein, Michael, and Charles Bowden. *Trust Me: Charles Keating and the Missing Billions*. New York: Random House, 1993.

Erickson, Merle, Brian Mayhew, and William Felix, Jr. "Why Do Audits Fail? Evidence from Lincoln Savings and Loan." *Journal of Accounting Research* 38 (Spring 2000 2000): 165-194.

Hilder, David B., and John E. Yang. "Bank Board Appointee Has Close Ties to Thrift With Controversial Investment." *Wall Street Journal*, December 18, 1986.

Jefferson, David J. "Keating of American Continental Corp. Comes Out Fighting." *Wall Street Journal*, April 18, 1989.

Knapp, Michael C. *Contemporary Auditing: Real Issues and Cases*. 4th ed. Cincinnati, OH: South Western College Publishing, 2001.

Mayer, Martin. *The Greatest-Ever Bank Robbery*. New York: Charles Scribner's Sons, 1990. Morganstern, Joe. "Profit Without Honor." *Playboy*, April 1992.

Muller, Bill. "Chapter V: The Keating Five." *Arizona Republic*, October 3, 1999.

Thomas, Paulette, and Brooks Jackson. "Regulators Cite Delays and Phone Bugs in Examination, Seizure of Lincoln Savings & Loan." *Wall Street Journal*, October 27, 1989.

【思考】

1. 哪些"危险信号"能够提示亚瑟·扬会计公司，林肯储蓄贷款机构是一个高风险的客户？

2. 在买下林肯储蓄贷款机构时，基廷为什么要虚减该储蓄贷款机构贷款组合的价值？

3. 林肯储蓄贷款机构在 1986 年与 1987 年报告的房地产销售收益为 1.53 亿美元。哪些事实可能会让审计师质疑这些收益的真实性?

4. 为什么林肯储蓄贷款机构没有按照联邦住房贷款银行委员会旧金山办公室调查人员的建议在 1987 年初关停?

5. 审计师必须保持实质和形式上的独立性。哪些事件会让人怀疑杰克·艾奇森和亚瑟·扬会计公司凤凰城办公室不独立于基廷和林肯储蓄贷款机构?

13　银行劫匪

> 因为钱在那里。
>
> ——威利·萨顿解释自己为什么要抢银行[①]

1982—1989 年，一小群储蓄贷款机构经营者通过内部贷款和奢侈的薪酬方案窃取的钱比枪手威利·萨顿（Willie Sutton）梦想通过抢劫银行所能得到的钱还要多。24 岁的大学辍学生查尔斯·基廷三世每年从他父亲的林肯储蓄贷款机构获得 100 万美元的工资及福利。基廷家族的其他成员也拿着丰厚的薪水，经常公费旅游，并以低于市场利率的条件取得无担保贷款。

基廷家族并不是个例。哥伦比亚储蓄贷款协会（Columbia Savings & Loan Association）的高管们将 10 万美元储户资金用于购买枪支、入住豪华酒店和购买迈克尔·杰克逊（Michael Jackson）演唱会的门票。加州圣罗莎市的百年储蓄机构豪掷了 100 多万美元为该储蓄机构的私人酒吧添置了花饰和用小马皮制作的凳子等奢侈品。迈阿密集中信托储蓄银行（Cen-Trust Savings Bank）首席执行官的办公室不仅有镶金的天花板，还有一幅价值 1 200 万美元的鲁本斯（Rubens）油画原作。艾奥瓦州共和党国会议员吉姆·里奇（Jim Leach）抱怨，有太多的储蓄贷款机构的经营者，把他

[①] 人们普遍认为这句话是威利·萨顿说的，尽管并没有确切的证据能够证明这句话的出处。

们那些受联邦担保的机构当成了"私人存钱罐"。①

但是,因轻率的贷款和糟糕的投资而损失的资金,远远超过被贪污腐败的经理们偷走的钱。《1982年存款机构法案》通过时,储蓄贷款机构对存款支付的平均利率为11.5%,而其抵押贷款组合的收益率只有10.4%。全国2/3的储蓄贷款机构都在亏损。《1982年存款机构法案》扩大了允许投资的资产范围后,许多储蓄贷款机构抛弃了住房贷款,转向收益率更高的收购、开发和建设(acquisition, development, and construction, ADC)贷款。一些储蓄贷款机构甚至直接投资于未开发的房地产,希望从上涨的土地价格中获利。

不幸的是,储蓄贷款机构是在商业房地产市场的鼎盛时期进入的。1984年随着油价的下跌,得克萨斯州房地产市场开始崩溃。到1988年,得克萨斯州的房地产价格比1982年的峰值缩水了36%。成千上万的房地产开发商拖欠了数十亿美元的贷款。通过抵押品止赎收回的资产通常只值未偿还贷款余额的一小部分。

1988年,联邦住宅贷款银行委员会清算或出售了200多家资不抵债的储蓄贷款机构。偿付被保险储户的巨额成本使联邦储蓄贷款保险公司的净资产为-750亿美元,而此时仍有大约350家资不抵债的储蓄贷款机构等待救助。美国总审计长查尔斯·鲍舍(Charles Bowsher)建议尽快关闭破产的储蓄机构,他预计该举措的成本在840亿美元以上。

国会听证会

众议院和参议院银行委员会在1989年初举行了听证会,调查为什么这么多储蓄贷款机构需要政府收拾残局。联邦住宅贷款银行委员会主席丹尼·沃尔将多数储蓄贷款机构的倒闭归咎于油价下跌和房地产价格下降。美国审计总署会计和财务管理司司长弗雷德里克·沃尔夫(Frederick Wolf)则称,许多问题是由不健康的经营行为造成的。在描述美国审计总署对26家破产储蓄贷款机构的调查时,沃尔夫列举了大量的例子,包括向单个借款人发放过多贷款,管理人员和董事之间存在利益冲突,以及向储

---

① "San Francisco Hearings Reveal S&L Fraud Rampant," *San Francisco Chronicle*, January 14, 1989.

蓄贷款机构高管发放过高的工资和福利。沃尔夫在证词中说:"每一家破产的储蓄贷款机构都存在欺诈或内部滥用职权的现象。"①

参议员和众议员们要求知道,为什么监管机构没有采取更多措施去制止违规的贷款发放和经营行为。联邦住宅贷款银行委员会前主席埃德温·格雷回忆了1984年向里根的预算主任戴维·斯托克曼(David Stockman)申请增加检查人员的情形。当时格雷所在的机构只有700名检查员,却要负责监管全国3 300家储蓄贷款机构,人手严重不足。有些机构两次检查之间的间隔能达到3年。然而里根的白宫职员专注于削减联邦预算,其管理哲学是反对政府对企业的监管,他们自然就拒绝了格雷的要求。

调查中亦发现,有几个州的监管机构与储蓄贷款机构的经营者存在可疑的亲密关系。得克萨斯州的主要监管者卢修斯·鲍曼三世(Lucius L. Bowman III)和他本该监管的人睡到了一张床上。鲍曼三世一边与弗农储蓄贷款机构(Vernon Savings & Loan)招来的妓女们一起寻欢作乐,一边默许弗农储蓄贷款机构的高管们把储户600万美元的钱挥霍在飞机上,并将550万美元用在装饰高管办公室的艺术品上。②

加利福尼亚州的监管机构也好不到哪里去。1983—1984年,拉里·塔格特(Larry Taggart)担任加州储蓄贷款机构委员会委员,然而预算中只有一半的资金被他用于监管监督。在担任该州最高监管者21个月后,塔格特加入了基廷的林肯储蓄贷款机构的关联公司——圣地亚哥投资公司。他的新职责包括代表林肯储蓄贷款机构协同其他储蓄贷款机构游说联邦和州监管机构。1986年,积极为共和党筹款的塔格特警告白宫办公厅主任唐纳德·里根,联邦住宅贷款银行委员会限制储蓄贷款业务的行为"可能会对我们党在即将到来的选举中筹集所需竞选资金的能力产生非常不利的影响"。③

在听证会上,一些政府监管机构指责本国的审计机构对客户的问题视而不见。储蓄管理局的一名代表作证称,1986年和1987年对林肯储蓄贷款机构的审计存在缺陷,这"有力地证明了美国任何一家储蓄贷款机构哪怕

---

① "San Francisco Hearings Reveal S&L Fraud Rampant," *San Francisco Chronicle*, January 14, 1989.

② Charles McCoy, Richard Schmitt, and Jeff Bailey, "Hall of Shame: Besides S&L Owners, Host of Professionals Paved Way for Crisis," *Wall Street Journal*, November 2, 1990.

③ "San Francisco Hearings Reveal S&L Fraud Rampant."

是严重资不抵债也能获得无保留审计意见"。[1] 一位美国审计总署的代表描述了在 1985 年 1 月 1 日至 1987 年 9 月 30 日期间针对达拉斯联邦住房贷款银行区（Dallas Federal Home Loan Bank District）11 家倒闭的储蓄贷款机构的一项研究，并得出结论，"在 11 家储蓄贷款机构中，有 6 家的注册会计师没有按照执业准则实施充分的审计、报告（机构的）财务或内部控制问题"。[2]

美国审计总署的报告中提到的最常见的审计缺陷，是未能检验高风险贷款的可收回性。高风险贷款包括拖欠或逾期的贷款、修改了条款或实施了重组的贷款、未足额担保的贷款，以及向相关方或内部人提供的贷款。有一家注册会计师公司承认，它没有评估收购、开发、建设贷款的可收回性，因为这些贷款是刚刚发放的，而且"感觉应该能够收回"。[3] 另一个审计小组依据的是储蓄贷款机构管理层某位成员的口头声明，尽管这位经理也是这笔贷款的借款人之一。根据美国审计总署的报告，"大多数注册会计师没有聘请独立评估师来核实抵押品价值，也没有验证管理层关于贷款可收回性和抵押品价值的口头声明"。[4]

除了指责特定审计机构的行为，美国审计总署还批评美国注册会计师协会未能为储蓄贷款机构审计提供足够的指导。该机构的《储蓄贷款机构审计和会计指南》（Audit and Accounting Guide for Savings and Loan Associations）自 1979 年以来就没有更新过，即便 1982 年颁布了《1982 年存款机构法案》。该指南几乎没有讨论与 ADC 贷款相关的风险，也不要求审计机构向政府监管机构报告重大的内部控制缺陷。

在国会听证会上，美国注册会计师协会主席菲利普·切诺克（Philip Chenok）为会计师行业做了辩护。切诺克解释说，美国审计总署检查的 11 家储蓄贷款机构的审计样本不具有代表性，他告诫不要将该结果外推到全国 3 300 家储蓄贷款机构。他还提醒国会，财务会计准则委员会和注册会计师协会曾反对联邦住宅贷款银行委员会在 1981 年允许储蓄贷款机构推迟确认资产处置损失的决定。切诺克承诺，在不久的将来公布修订后的审计

---

[1] Ron Wyden, "The First Line of Defense," *New Accountant* (December 1990): 15.
[2] General Accounting Office, *CPA Audit Quality: Failures of CPA Audits to Identify and Report Significant Savings and Loan Problems*, AFMD—89-45, reprinted in *Journal of Accountancy* 167 (March 1989): 22.
[3] Ibid., 30.
[4] Ibid.

和会计指南。

虽然切诺克在作证时保持了和缓的语气,但是其他的会计师比较激动。皮特&马威克会计公司的鲍勃·埃利奥特(Bob Elliott)在听证会上抱怨称,注册会计师成了糟糕的法律、低效的监管和无能的管理的"替罪羊"。埃利奥特断言:"国会允许储蓄贷款机构进入高风险行业,放松了对资产负债表左侧(即资产端)的监管,但又保留了对资产负债表右侧(即负债和所有者权益端)的监管以及对存款的保险。""现在,始作俑者——立法者竟然好意思指责是会计师造成了这种混乱局面。"①

埃利奥特的最后一句话言过其实了,并没有人指责是审计师害得储蓄贷款机构亏掉了储户的钱,审计师受到指责是因为他们未能报告损失。众议院银行委员会主席、众议员亨利·冈萨雷斯在听证会结束时称,公共会计师"没有尽到责任,(储蓄贷款机构)行业大厦将倾,他们却还在粉饰太平"。②

《1989年金融机构改革、复苏和强化法》

1989年1月,刚就职的乔治·布什总统提出了一项计划,拟关闭全国350家资不抵债的储蓄贷款机构,并重组联邦监管体系。

众议院和参议院分别以412票对7票和91票对8票通过了《1989年金融机构改革、复苏和强化法》。该法成立了重组信托公司(Resolution Trust Corporation,RTC),并向该机构提供了500亿美元的初始拨款,用于处理美国成百上千的破产储蓄贷款机构。许多破产的储蓄贷款机构被接管,其资产被拍卖;有些则被并入健康的储蓄贷款机构。重组信托公司通常需要直接支付现金或承诺税收抵免来说服健康的机构接手破产的储蓄贷款机构。1989—1995年,重组信托公司处理了747家储蓄贷款机构,直接付款总额约为2 000亿美元,加上税收抵免和30年期国债的利息,纳税人的总成本接近5 000亿美元。

为了防范未来再度发生损失,《1989年金融机构改革、复苏和强化法》

---

① Lee Berton,"GAO Says Accountants Auditing Thrifts Are Hiding Behind Outdated Standards," *Wall Street Journal*, February 6, 1989.

② Mary Malloy and Walter Primoff,"The S&L Crisis—Putting Things in Perspective," *CPA Journal* 59 (December 1989):12.

废除了《1982年存款机构法案》中的许多条款，并再次要求储蓄贷款机构将至少70%的资产投资于住房贷款，商业贷款则被限制在此类机构净资产的4倍以内。该法还禁止储蓄贷款机构投资于垃圾债券。

《1989年金融机构改革、复苏和强化法》还将储蓄贷款机构的最低净资产要求提高了1倍。财政部长尼古拉斯·布雷迪（Nicholas F. Brady）说："要求储蓄贷款机构用自有资本先于纳税人的资金来承担风险，这是预防将来再度出现导致这场危机的危险经营行为的唯一方法。"[①]

该法对监管和担保储蓄贷款机构的联邦系统进行了重大改革。该法解散了联邦住房贷款银行委员会，并让储蓄管理局负责监管储蓄贷款行业。破产的联邦储蓄贷款保险公司被废除，其担保储蓄贷款机构的职能转移给了联邦存款保险公司（Federal Deposit Insurance Corporation，FDIC）的一个机构。

《1991年联邦存款保险公司改进法案》

1989年美国颁布了《1989年金融机构改革、复苏和强化法》为破产的储蓄贷款机构纾困。2年后，国会不得不处理本国银行体系中的类似危机。从1934年富兰克林·罗斯福总统成立联邦存款保险公司到1979年，只有558家银行倒闭。但在20世纪80年代，有1 085家银行倒闭，甚至仅在1988年和1989年就有427家倒闭。1990年又有169家银行倒闭。

1991年美国审计总署的一份报告《破产的银行：会计和审计改革迫在眉睫》（Failed Banks: Accounting and Auditing Reforms）指责薄弱的内部控制引发了许多银行的破产，并声称公认会计原则的缺陷使银行经理能够向监管机构隐瞒其机构的损失。

美国审计总署在调查的39家破产银行中，发现有33家银行存在内部控制问题，这些问题在很大程度上导致了它们的破产。不健全的贷款操作是最常见的控制弱点。许多银行在发放贷款前没有进行充分的信用分析，也没有保存必要的文件。在39家银行中，有21家银行的董事会存在缺陷。一名董事不顾监管部门的禁令，将2.55亿美元的银行资产转移到他所控制

[①] Jerry Knight and Sharon Warren Walsh, "Panel Votes Higher S&L Capital Rule; Owners to Put Up More of Own Money," *Washington Post*, April 28, 1989.

的一家抵押贷款公司。在39家银行中,有7家支付了超过净利润的股息,耗尽了银行的资本储备,只为让身为大股东的董事们大发横财。

政府规定要求银行提交季度未经审计的财务报表,即所谓的"情况报告"(call report)。但美国审计总署的结论是,季度情况报告没有准确反映银行的财务状况,因此未能就银行不断恶化的财务状况向监管机构发出预警。

破产银行的季度情况报告中最常见的问题是贷款损失准备金不足。一家银行对于1.47亿美元的贷款组合仅记录了21.3万美元的贷款损失准备金,而美国审计总署的调查人员估计,这些贷款的实际损失为4 200万美元。另一家银行的贷款组合价值1.9亿美元,贷款损失准备金为62.3万美元,实际损失总计约1.58亿美元。

公认会计原则要求银行在认为贷款已经发生减值损失且损失的金额可以合理估计时,为特定贷款建立损失准备金。美国审计总署注意到,许多银行经理似乎将"很可能"(probable)一词理解为"基本确定"(virtually certain),而不是"更有可能"(more likely than not)。因此,银行只要有一线希望能够收回贷款就不会确认损失。

证券投资会计是另一个问题领域。债务工具的价值与利率的变化成反比。公认会计原则允许银行按照历史成本记录投资,前提是银行有意图且有能力将该证券持有至到期。于是在利率上升期间,银行就假意要将证券持有至到期来避免报告损失。美国审计总署注意到,管理层是否有意图和能力持有一笔证券长达30年的判断是非常主观的,与之不同的是,目前大多数投资证券的市场价值是客观的,而且很容易获得。因此美国审计总署的结论是:"现行会计规则存在严重缺陷,我们倾向于对投资证券采用市值会计方法。"[①]

美国审计总署还对关联方交易不充分的会计处理和披露表示了担忧。一些控股公司控制了数十家银行、抵押贷款公司、租赁公司和保险公司。监管机构有时缺乏足够的信息来确定受保机构的收入和资本是否正在通过"虚假"交易("sham" transactions)转移到非银行实体。美国审计总署建议,有关各方之间的交易应根据其经济实质来核算和报告,财务会计准则委员会需要阐明应如何确定经济实质(economic substance)。

---

① General Accounting Office, *Failed Banks: Accounting and Auditing Reforms Urgently Needed*, AFMD-91-43, April 1991, 30.

1991年12月19日，乔治·布什总统签署了《1991年联邦存款保险公司改进法案》。该法案除了提高银行的最低资本要求，规定贷款文件的标准，并禁止向高管发放"过高"的薪酬，还加强了有关银行会计和审计的条款。

该法案要求所有银行的年度财务报表由独立的公共会计师审计。此前，联邦存款保险公司仅要求申请存款保险的银行在获得存款保险之后的3年里进行独立审计。除非一家银行因发行公开交易的证券而受到SEC的监管，否则是否接受审计的决定权就留给了银行的管理层和董事。为了确保银行审计的质量，该法案要求所有实施银行审计的公共会计公司参与一个经批准的同业审查项目，并授权银行监管机构审查公共会计师的审计工作底稿。

该法案的另外两项规定——要求审计师评估和报告每家银行内部会计控制的充分性、要求银行披露其投资组合的当前市值，引发了审计和财务报告的重大变化。

内部控制报告

20世纪70年代的水门事件调查揭露了数十起美国公司向国内政客提供不正当竞选捐款和向外国官员行贿的案例。这些款项中有许多是通过账外账户支付的，没有反映在公司的会计记录中。高管们经常声称这些款项是下属在高管不知情或未经其同意的情况下支付的，以此来逃避责任。

国会试图通过《1977年反海外腐败法》（Foreign Corrupt Practices Act of 1977，FCPA）来制止公司的不当支付行为。《1977年反海外腐败法》修订了《1934年证券交易法》，要求所有公众公司建立和维护健全的内部会计控制系统，以确保资产支付必须经管理层授权，且在必要时记录交易以便按照公认会计原则编制财务报表。于是，公众公司的内部会计控制成为法律问题。

不到2年，也就是1979年4月，SEC提议：（1）管理层应在向股东提交的年度报告中纳入对公司内部会计控制的评估；（2）公司的独立审计师应对管理层的声明进行评估和报告。

SEC的提议遭到了强烈的反对。在90天的公众评论期内，SEC收到了近 1 000 封反对强制性内部控制报告的信件。因为如果要求公共会计师对客户的内部会计控制发表意见，肯定会导致更高的审计费用，所以许多评论人士对此表示反对。一些信件质疑是否存在能够用于客观确定内部控制适当性的准则。其他信件则指出，哪怕内部控制存在弱点，财务报表依然有可能得到公允陈述。500 多名评论人士认为，SEC 的提议是在试图要求经理自行报告是否遵守了《1977 年反海外腐败法》；还有许多人认为，根据《权利法案》（Bill of Rights），强制要求发表这样的声明是违宪的。

尽管美国注册会计师协会表达了对自愿公布内部控制报告的支持，但该协会强烈反对 SEC 于 1979 年提出的强制性报告建议，称其"不必要，且只会适得其反"。① 美国注册会计师协会的领导人坚定地认为会计和报告准则应该由私立部门制定，他们强烈反对的恐怕是 SEC 对他们领域的侵犯，而不是该规定的实质内容。美国注册会计师协会下属机构审计准则委员会甚至在 1980 年公布了《审计准则公告第 30 号：内部会计控制报告》，描述了审计师在对客户内部会计控制发表意见时应遵循的程序，可谓先下手为强。财务经理协会也支持自愿公布内部控制报告，反对强制性报告。

面对会计师行业和商界的坚决反对，1980 年 6 月，SEC 撤回了自己的提议，称将对自愿性内部控制报告的做法进行监督，并在将来重新考虑强制性报告的必要性。

11 年后的《1991 年联邦存款保险公司改进法案》是第一项要求特定企业向公众报告其内部会计控制的联邦法规。该法案要求每家银行的首席执行官和首席财务官签署一份年度报告，承认管理层有责任维持恰当的内部控制结构，并评估机构内部会计控制的有效性。此外，银行的公共会计师被要求审查管理层声明并公布报告。

为了满足该法案的内部控制报告要求，银行经理和审计师需要一套标准来评估银行内部会计控制的充分性。五个与会计和财务相关的职业协会（统称为"COSO"②）成立了一个委员会以提供必要的指导。该委员会于 1992 年 9 月公布了《内部控制-整体框架》（Internal Control-Integrated Framework）。8 个月后，审计准则委员会公布了《鉴证业务准则公告第 2

---

① Leonard Savoie and David Ricchuite, "Reports by Management：Voluntary or Mandatory？" *Journal of Accountancy* 151（May 1981）：88.

② 五家构成 COSO 的协会为美国会计协会、美国注册会计师协会、财务经理协会、内部审计师协会和管理会计师协会。

号：关于实体财务报告内部控制结构的报告》(SSAE No.2, *Reporting on an Entity's Internal Control Structure over Financial Reporting*)，为审计师评估内部控制的设计有效性及测试其运行有效性提供了指导。

德保罗大学（DePaul University）会计学教授柯蒂斯·韦斯乔（Curtis Verschoor）估计，遵循《1991年联邦存款保险公司改进法案》内部控制规则的第一年成本约为1亿美元，其中包括公共会计公司收取的2 000万美元"意外之财"。① 韦斯乔认为，新的内部控制报告和鉴证要求将很快扩展到所有公众公司，并预测历史学家有一天会把该法称为《1991年审计师充分就业法》(Auditors' Full Employment Act of 1991)。②

到了1993年，美国注册会计师协会和SEC已就强制性内部控制报告的可取性交换了意见。美国注册会计师协会也许是受到了银行审计收费上涨的刺激，遂要求SEC强制所有公众公司报告其内部会计控制是否有效，并要求审计师鉴证管理层声明。审计准则委员会主席约翰·沙利文（John Sullivan）声称，如果要求对公司内部控制进行审计，"一些欺诈就不会发生"。③

自1979年以来，SEC对内部控制报告的支持有所减弱。SEC首席会计师沃尔特·舒茨（Walter Scheutze）表示："我很怀疑，当管理层能不受强制年度审计的阻碍而在审计期间隐瞒舞弊时，独立审计师对于内部控制情况的报告又将如何阻止由做假账导致的欺诈性财务报告。"舒茨对内部控制审计的成本亦感到担忧，并表示这种审计无法解决财务报告造假的根本原因——"残酷无情且缺乏诚信的管理层和主观性的会计原则的应用"。④

财务经理协会再次对强制性内部控制报告表示强烈反对，SEC也拒绝要求企业进行内部控制审计，因此内部控制审计的扩张一时陷入了停滞。直到2002年安然公司和世通公司丑闻爆发后，《1991年联邦存款保险公司改进法案》提出的内部控制报告要求才扩展到所有公众公司。

---

① "FDICIA Adds $20 Million to Accountants' Fees," *Accounting Today*, October 10, 1994.

② Curtis Verschoor, "Internal Control Reporting: It's Here and Now," *Internal Auditor* 49 (June 1992): 39-42.

③ "Internal Control Audit Proposal Draws Fire and Praise," *Journal of Accountancy* 176 (October 1993): 20.

④ Ibid.

盯市会计

在1938年之前，银行和储蓄贷款机构的投资组合都是按当前市值计价的。但为了应对20世纪30年代初发生的数百起银行倒闭事件，政府监管机构要求金融机构按照历史成本（即购买价格）来记录其投资证券。当时的监管机构认为，历史成本会计将鼓励经理人关注投资的长期"内在"价值（long-run "intrinsic" values），并阻止他们追求短期的"投机性"市场收益（"speculative" market gains）。

不幸的是，历史成本会计允许金融机构通过利得交易（gains trading，也叫"摘樱桃"）来操纵其报告的利润。换言之，银行和储蓄贷款机构可以根据自己的判断，选择性地出售已升值的证券，同时保留"已缩水"的投资（"underwater" investments），并继续以历史成本列报这些投资，从而产生收入。另一种常见的滥用是以低于市场的利率向那些前期支付了大量申请费或结算费的借款人发放贷款。放款机构可以立刻将这些收费确认为收入，同时又能按照完整面值列报其实际价值低于市价的贷款。

20世纪80年代的储贷危机暴露了金融机构历史成本会计的不足。危机的起因要追溯到20世纪70年代末，随着利率飙升，储蓄贷款机构的贷款和投资组合的市值大幅缩水。但在储蓄贷款机构向股东和监管机构提供的资产负债表中依然按照原值列报贷款和投资。根据公认会计原则，到1980年底，美国3 300家储蓄贷款机构的累计净值约为330亿美元。如果贷款和投资按市价计算，累计净赤字将达到1 180亿美元。[①] 一场危机已经悄然酝酿。

1990年，在总统乔治·布什任命理查德·布里登（Richard C. Breeden）为SEC主席后不久，SEC就开始推动财务会计准则委员会采用盯市会计。曾在起草《1989年金融机构改革、复苏和强化法》关键条款方面发挥重要作用的布里登向一个参议院委员会表示，银行和储蓄贷款机构应"尽早采用基于市场的估值方法"。[②] 布里登时代的SEC首席会计师沃尔特·舒茨亦称

[①] Dana Linden, "If Life Is Volatile, Account for It," *Forbes*, November 12 1990, 114.
[②] Ibid.

自己是"一个喜欢盯市会计的得州乡村男孩"。①

1991年11月，SEC召开了一次"市场价值会议"（Market Value Conference），来自企业、政府、学术界和公共会计师行业的代表们就历史成本会计和盯市会计的优缺点展开了辩论。大部分辩论集中在国会正在讨论的银行业改革立法上。在谈到20世纪80年代初储蓄行业资产负债表时，一名SEC代表警告说："没有什么比财务报表更能破坏财务报告过程的可信度，或打击投资者的信心，因为财务报表制造了一切都很好的印象，而实际上一切都不太好。"② 联邦住房贷款银行委员会前成员劳伦斯·怀特（Lawrence J. White）将储蓄贷款机构基于成本的财务报表斥为"欺诈"和"舞弊"。怀特表示，采用盯市会计将是"20世纪90年代最重要的银行业监管改革，相比之下，其他一切都相形见绌"。③

盯市会计的支持者抱怨称，基于成本的财务报表忽视了经济事实。在利率迅速波动的环境下，金融工具的价值可能在一夜之间发生巨大变化，而公认会计原则却要求企业报告其资产的历史成本，而不是当前价值。④ 理查德·布里登对"从前的"资产价值（"once upon a time" asset values）的相关性提出了质疑。劳伦斯·怀特认为，监管机构需要了解银行资产的当前市场价值，这样才能评估被保险机构的真实偿付能力。

然而被监管的对象——银行业——强烈反对盯市会计。理论家们抱怨说，盯市会计违反了会计的持续经营假设。他们认为，报告银行计划保留的资产的清算价值，是没有意义的。实用主义者更担心当前市场价值的可靠性。美国独立银行家协会银行业务委员会主席鲍勃·穆斯（Bob Muth）警告称，盯市会计"非常糟糕，因为报告的数字并不准确"。穆斯解释说："使用历史成本会计，你至少要有可靠的数字。"由于许多银行资产没有在二级市场上交易，这些资产的估计现值"太不精确，以至于无法进行比较"。⑤

银行家们最担心的是，他们所在机构的季度收益会出现无法控制的波

---

① Kevin G. Salwen, "SEC Is Seeking Updated Rules for Accounting," *Wall Street Journal*, January 8, 1992.

② Stephen H. Miller, "SEC Market Value Conference: Experts Urge Mark-to-Market," *Journal of Accountancy* 173 (January 1992): 13.

③ Ibid., 14.

④ Salwen, "SEC Is Seeking Updated Rules for Accounting."

⑤ Ibid.

动。如果要求银行报告其金融工具公允价值的净增加（减少）所带来的收益（损失），那么经营利润就可能会被投资组合的价值变化所淹没。全美社区银行家理事会（National Council of Community Bankers）主席雷蒙德·奥布赖恩（Raymond V. O'Brien）称，盯市会计是一个"严重的威胁"，是一个"值得反对的趋势"。[1]

总统布什于1991年12月签署的《1991年联邦存款保险公司改进法案》中包含一项条款，要求SEC和联邦银行监管机构共同制定规范银行补充披露资产和负债估计公允价值的方法。该条款是在盯市会计的倡导者和反对者之间和稀泥的结果。银行得以继续在资产负债表上按历史成本报告资产和负债，只不过需要在脚注中披露当前的市场价值。

同月，财务会计准则委员会将类似的披露要求扩展到所有美国公司。《财务会计准则公告第107号：关于金融工具公允价值的披露》要求公司在资产负债表或附注中补充披露其金融工具的公允价值。应收账款、应付账款、期权、远期合同和权益证券都属于该公告中所述的金融工具。财务会计准则委员会选择使用"公允"价值（"fair" value），而非"市场"价值（"market" value）一词，是因为信息披露的要求扩展到了可能未在二级市场交易的资产和负债。对于交易不活跃的金融工具，企业必须通过折现预计未来现金流来估算公允价值。

六大公共会计公司（由原来的"八大"合并而来）普遍支持《财务会计准则公告第107号》的披露要求，但在收到的204封评论信中，大多数都反对新准则。对合规成本和公允价值估计的主观性的担忧是最常见的批评。许多人担心《财务会计准则公告第107号》会带来千里之堤溃于蚁穴的后果（a camel's nose under the tent），最终将导致盯市会计取代历史成本会计。

《财务会计准则公告第107号》实际上是财务会计准则委员会一系列向盯市会计模式调整的公告中的第一份。1993年5月，财务会计准则委员会公布《财务会计准则公告第115号》，要求许多（但尚未扩展为全部）投资证券按当前公允/市场价值（current fair/market value）在资产负债表中列报。[2] 为了减少公司对报告收益不可控波动的担忧，《财务会计准则公告第

---

[1] Raymond V. O'Brien, "The Continuing Threat of Market Value Accounting," *Bottomline* 8 (November/December 1991): 6-7.

[2] Financial Accounting Standards Board, SFAS No. 115, *Accounting for Certain Investments in Debt and Equity Securities.*

115号》并没有要求将所有的市场价值变化都反映在损益表中。1995年颁布的《财务会计准则公告第119号》要求公司披露更多有关利率互换和期货合约等衍生金融工具价值的信息。① 最近，财务会计准则委员会还公布了《会计准则更新第2016-01号》（ASU No. 2016-01），要求股权投资以公允价值计量，公允价值的变动计入净收益。②

其他会计改革

另外两项会计公告可以直接追溯到20世纪80年代金融机构的违规行为。

1986年12月，财务会计准则委员会公布了新的贷款发放费与承诺费会计处理指南。③《财务会计准则公告第91号》规定，金融机构须将大部分贷款发放费递延确认为贷款期间的收入，而非贷款发放时的收入。如果收取贷款承诺费有可能带来贷款的发放，那么贷款承诺费也必须递延确认收入。银行和储蓄贷款机构再也不能简单地通过发放（可能永远也收不回的）贷款来增加收入了。

1993年5月，财务会计准则委员会公布《财务会计准则公告第114号》。如果贷款方可能无法按照原始贷款协议按时收取所有的贷款金额（包括利息和本金），就必须将其归入已减值贷款。在此之前，一些债权人对于有望（希望）收回本金（哪怕需要免去数年应计利息）的贷款仍然按照全部面值列报。新的公告也明确表示，"很可能"（"probable"）的意思是"可能发生的"（"likely to occur"），债权人不应等到损失几乎确定之后才计提减值准备。已减值贷款必须按预计未来现金流现值或相关抵押品的公允价值来计量（如果可能发生止赎）。《注册会计师杂志》（*CPA Journal*）上的一篇文章预测，《财务会计准则公告第114号》"可能使某些债权人，尤其

---

① Financial Accounting Standards Board, SFAS No. 119, *Disclosure about Derivative Financial Instruments and Fair Value of Financial Instruments*.

② Financial Accounting Standards Board, ASU No. 2016-01, *Financial Instruments—Overall* (*Subtoic 825-10*), *Recognition and Measurement of Financial Assets and Financial Liabilities*.

③ Financial Accounting Standards Board, SFAS No. 91, *Accounting for Nonrefundable Fees and Costs Associated with Originating or Acquiring Loans and Initial Direct Costs of Leases*.

是金融服务业的债权人，计提更高的减值准备"。①

余 波

在背负了 5 000 亿美元的债务来拯救这个国家资不抵债的储蓄贷款机构之后，愤怒的纳税人及其利益代表对不诚实的高管、串通一气的政客和疏忽大意的审计师展开了报复。美国司法部在 1988 年 10 月至 1992 年 4 月间对 1 098 名前储蓄贷款机构高管提起了刑事诉讼。在 839 名被定罪的高管中，近 80% 进了监狱。尽管平均刑期只有 22 个月，但一些臭名昭著的交易商，如弗农储蓄贷款机构的唐·迪克森（Don Dixon）和林肯储蓄贷款机构的小查尔斯·基廷，被判了 10 年或更长时间的徒刑。

对于破产储蓄贷款机构的调查致使得克萨斯州民主党人、众议院议长吉姆·赖特（Jim Wright）和加利福尼亚州民主党人、多数党党鞭托尼·科埃略（Tony Coelho）引咎辞职。这两名参议员都与弗农储蓄贷款机构过从甚密。科埃略是民主党国会竞选委员会主席，他在唐·迪克森 112 英尺长的游艇"兴高采烈号"（High Spirits）上举办了许多筹款活动。1986 年 12 月，赖特要求联邦住房贷款银行委员会主席格雷约束一下达拉斯的监管机构，因为后者曾威胁要关闭弗农储蓄贷款机构。在他们的庇佑下，当 1987 年弗农储蓄贷款机构最终被关闭时，其投资组合中 96% 的贷款都违约了。弗农储蓄贷款机构的破产让美国纳税人损失了 13 亿美元。

几家相关的会计公司为破产的银行和储蓄贷款机构付出了高昂的代价。300 多家安永会计公司的金融服务客户最终进入破产清算程序。联邦住房贷款银行委员会最初向安永会计公司寻求 10 亿美元的索赔，理由是安永会计公司对 12 家机构的审计存在缺陷，其中包括林肯储蓄贷款机构、达拉斯的弗农储蓄贷款机构、凤凰城的西部储蓄机构（Western Savings Association of Phoenix）、西尔维拉多银行（丹佛的储蓄贷款机构）等。在联邦住房贷款银行委员会确信安永会计公司无力支付 10 亿美元之后，委员会接受了安永会计公司提出的 4 亿美元的和解协议。安永会计公司的 2 000 名美国合伙人各自支付了约 20 万美元，不过大部分费用都由保险公司承担。

---

① Robert A. Bartsch, William J. Read, and K. Raghunandan, "Accounting for Impaired Loans Under SFAS No. 114," *CPA Journal* 64 (July 1994): 48.

联邦住房贷款银行委员会对另外10家会计公司提出了类似的索赔。德劳伊特&图什会计公司（Deloitte & Touche）支付3.12亿美元，就18起未决诉讼达成和解，诉讼标的为14亿美元。德劳伊特&图什会计公司还承诺加强对那些负责审计金融机构的合伙人的培训和监督。毕马威会计公司和安达信会计公司分别支付了1.86亿美元和8 200万美元的和解金。

硬币的另一面

不幸的是，在20世纪80年代公布欺骗性财务报表的组织并不仅仅是金融机构。事实上，许多银行自身也成了受害者，它们的借款人在申请贷款时提交了虚假的报表。诸如巴里·明科和"疯狂的"艾迪·安塔等肆无忌惮的诈骗犯，从不知情的银行家手里骗取了数千万美元。

【参考文献】

Bartsch, Robert A., William J. Read, and K. Raghunandan. "Accounting for Impaired Loans Under SFAS No. 114." *CPA Journal* 64 (July 1994): 48–51.

Berton, Lee. "GAO Says Accountants Auditing Thrifts Are Hiding Behind Outdated Standards." *Wall Street Journal*, February 6, 1989.

Calavita, Kitty, Henry N. Pontell, and Robert H. Tillman. *Big Money Crime: Fraud and Politics in the Savings and Loan Crisis*. Berkeley, CA: University of California Press, 1997.

Cook, J. Michael, and Thomas P. Kelley. "Internal Accounting Control: A Matter of Law." *Journal of Accountancy* 147 (January 1979): 56–64.

Cushman Jr., John H. "Largest Recovery: Ernst & Young Accused of Failure to Discern Financial Troubles." *New York Times*, November 24, 1992.

Day, Kathleen. *S&L Hell: The People and the Politics Behind the $1 Trillion Savings & Loan Scandal*. New York: W. W. Norton & Company, 1993.

Eichler, Ned. *The Thrift Debacle*. Berkeley, CA: University of California Press, 1989.

"FDICIA Adds $20 Million to Accountants' Fees." *Accounting Today*, October 10, 1994.

General Accounting Office. *CPA Audit Quality: Failures of CPA Audits to Identify and Report Significant Savings and Loan Problems*, AFMD-89-45, February 1989, reprinted in the *Journal of Accountancy* 167 (March 1989): 21–32.

General Accounting Office. *Failed Banks: Accounting and Auditing Reforms Urgently Needed*, AFMD-91-43, April 1991.

General Accounting Office. *Thrift Failures: Costly Failures Resulted From Regulatory Violations and Unsafe Practices*, AFMD-89-62, June 1989.

"Internal Control Audit Proposal Draws Fire and Praise." *Journal of Accountancy* 176 (October 1993): 20.

Knight, Jerry, and Sharon Warren Walsh, "Panel Votes Higher S&L Capital Rule; Owners to Put Up More of Own Money." *Washington Post*, April 28, 1989.

Linden, Dana Wechsler. "If Life Is Volatile, Account for It." *Forbes*, November 12, 1990.

Malloy, Mary B., and Walter M. Primoff. "The S&L Crisis—Putting Things in Perspective." *CPA Journal* 59 (December 1989): 12-21.

Mason, David L. *From Buildings & Loans to Bail-Outs*. Cambridge: Cambridge University Press, 2004.

McCoy, Charles, Richard Schmitt, and Jeff Bailey. "Hall of Shame: Besides S&L Owners, Host of Professionals Paved Way for Crisis." *Wall Street Journal*, November 2, 1990.

Miller, Stephen H. "SEC Market Value Conference: Experts Urge Mark-to-Market." *Journal of Accountancy* 173 (January 1992): 13-16.

Moraglio, Joseph F., and James F. Green. "The FDIC Improvement Act: A Precedent for Expanded CPA Reporting?" *Journal of Accountancy* 173 (April 1992): 63-71.

Nash, Nathaniel C. "Saving-Unit Quarantine Is Proposed." *New York Times*, February 3, 1989.

O'Brien, Raymond V. "The Continuing Threat of Market Value Accounting." *Bottomline* 8 (November/December 1991): 6-7.

Parks, James T. "FASB 115: It's Back to the Future for Market Value Accounting." *Journal of Accountancy* 176 (September 1993): 128-143.

Rosenblatt, Robert A. "GAO: Fraud May Have Had Big Role in S&L Failures." *Washington Post*, January 14, 1989.

Rosenblatt, Robert A. "GAO Estimates Final Cost of S&L Bailout at $480.9 Billion." *Los Angeles Times*, July 13, 1996.

Salwen, Kevin G. "SEC Is Seeking Updated Rules for Accounting." *Wall Street Journal*, January 8, 1992.

"San Francisco Hearings Reveal S&L Fraud Rampant." *San Francisco Chronicle*,

January 14, 1989.

Savoie, Leonard M., and David N. Ricchiute. "Reports by Management: Voluntary or Mandatory?" *Journal of Accountancy* 151 (May 1981): 84-94.

Schmitt, Richard B., and Lee Berton. "Deloitte to Pay $312 Million to Settle U.S. Claims Related to S&L Failures." *Wall Street Journal*, March 15, 1994.

Swenson, Dan W., and Thomas E. Buttross. "A Return to the Past: Disclosing Market Values of Financial Instruments." *Journal of Accountancy* 175 (January 1993): 71-77.

Thomas, Paulette, and Thomas Ricks. "Tracing the Billions: Just What Happened to All That Money S&Ls Lost?" *Wall Street Journal*, November 5, 1990.

Thompson, James H., L. Murphy Smith, and Mary B. Throneberry. "SFAS 91 Changes Accounting Rules for Loan Fees and Costs." *CPA Journal* 58 (September 1988): 68-69.

Verschoor, Curtis. "Internal Control Reporting: It's Here and Now." *Internal Auditor* 49 (June 1992): 39-42.

Wallace, Wanda A. "Internal Control Reporting—950 Negative Responses." *CPA Journal* 51 (January 1981): 33-38.

Wayne, Leslie. "Where Were the Accountants?" *New York Times*, March 12, 1989.

White, Lawrence J. "Mark-to-Market Accounting: A (Not So) Modest Proposal." *Financial Mangers'Statement* 12 (January-February 1990): 27-32.

White, Lawrence J. *The S&L Debacle.* New York: Oxford University Press, 1991.

Wyden, Ron. "The First Line of Defense." *New Accountant*, December 1990.

【思考】

1. 在美国审计总署1989年关于储蓄贷款机构破产的报告中提到的最常见的审计缺陷是什么?

2. 美国审计总署在1991年的调查中发现各起银行破产案的共同决定性因素是什么?

3. 为什么美国审计总署在1991年建议银行对投资证券采用盯市会计?

4. 1979年,人们为什么反对强制性内部控制报告?

5. 1979年,美国注册会计师协会是否支持强制性内部控制报告?到了1993年情况如何呢?

6. 解释"利得交易"一词。历史成本会计是如何纵容金融机构操纵其报告收益的?

7. 银行高管们提出了哪些反对盯市会计的理由？

8. 描述财务会计准则委员会在储蓄贷款机构危机之后为改善金融机构会计而公布的两份公告。

第四部分
期望差距

14　审计师与舞弊

「　对于独立审计师来说，没有什么比侦察舞弊的责任问题给他们带来的困难更大了。

——审计师责任委员会[①]　」

"审计"（audit）一词来源于拉丁语"audire"，意思是"倾听"或者"听到"。罗马帝国需要建立一个复杂的检查和控制系统，以确保遥远土地上的官员无法瞒报税收或滥用公共工程的资金。罗马人将收税、授权付款、保管现金和记录财务交易等职责分开。一个受过特殊训练的财务官员队伍负责监督书记员，并监督被征服省份的财务事务。财务官必须定期向罗马报告，并让一名检查员查看他们的记录。这种做法后来便演变成了"审计"。

尽管"审计"一词来自拉丁语，但检验或核实财务记录的做法至少比罗马文明早3 000年，在许多古文明中都能找到类似的做法。公元前3200年，苏美尔人就在泥板上列出了国王国库支付的款项，在这些数字的旁边用小标记、圆点和圆圈表示已经进行了检查。在古埃及时期，法老向每个皇家粮仓都派出了抄写员。由两名抄写员分别记录收入和支出，而第三名

---

① Commission on Auditors' Responsibilities, *Report, Conclusions, and Recommendations* (New York: American Institute of Certified Public Accountants, 1978), 31.

抄写员（审计师）负责比较这两份记录。公元前 521—486 年统治波斯帝国的大流士一世，则授权了一批被称为"国王的眼睛和耳朵"（the kings eyes and ears）的特别抄写员对各省省长进行突击审计（surprise audits）。

公共会计师

在有历史记载的最初 5 000 年里，大多数审计师都是为政府工作的。除了君主，很少有人能够拥有超过他们个人管理能力的资产。只有大庄园或大领地的统治者才需要依赖管家或指定的官员来保管他们的资产，并代表他们进行交易。从古代到中世纪，审计师协助皇帝、法老和国王来保持对领土的控制。审计师负责确保那些受托管理统治者资产的人保存了恰当的记录，不将资产挪为己用。制止和发现盗窃是审计师的首要职责。

第一次对私营企业审计的广泛需求出现在 19 世纪的工业革命时期。英国的铁路、纺织厂和轮船公司需要大量的资金，只有通过成立股份公司才能筹集到足够的资金。董事们代表缺席的股东（absentee stockholders）[1]监督这些大型企业。为了保护投资者不受董事的无能或渎职的影响，英国《1844 年公司法》要求公司保留详细的会计记录，并接受股东委员会的年度审计。会计史学家塞西尔·莫耶（Cecil A. Moyer）将英国法定审计的目的描述为："审计的主要功能是审查公司董事的管理报告，而审计师最重要的职责是侦察舞弊。"[2]

尽管英国早期的审计是由股东进行的，但许多审计委员会最终还是要向训练有素的会计师寻求建议。英格兰和苏格兰的会计师成立了"公共会计师"公司（firms of "public accountants"）来提供审计服务。经过了不到 70 年，一个新的职业便诞生了。到了 1870 年，伦敦城市名录（the London city directory）列出了 467 名会计师，而在 1799 年还只有 11 名。那个时代人们耳熟能详的名字包括塞缪尔·普莱斯、埃德温·华特豪斯、威廉·德劳伊特（William W. Deloitte）和乔治·图什（George A. Touche）。到 1881 年，大多数英国新证券的招股说明书都会经过专业会计师的审计。

---

[1] 指不参与日常运营的股东。——译者

[2] C. A. Moyer, "Early Developments in American Auditing," *Accounting Review* 26 (January 1951): 3.

美国的公共会计师行业的发展落后英国大约 50 年。股东委员会早在 19 世纪 40 年代就开始对美国的铁路行业进行审计,但独立的公共会计师审计直到 20 世纪初才变得普遍起来。1895 年,查尔斯·哈斯金斯和伊利亚·塞尔斯(Elijah W. Sells)在纽约创建了第一家美国本土的会计公司,该公司发展为美国八大会计公司之一。1903 年,阿尔文·厄恩斯特(Alwin C. Ernst)和西奥多·厄恩斯特(Theodore C. Ernst)兄弟俩在克利夫兰创建了厄恩斯特 & 厄恩斯特(Ernst & Ernst)会计公司。1913 年,安达信离开施利茨酿酒公司(Schlitz Brewing Company),成立了八大会计公司中的最后一家——安达信会计公司,在芝加哥开始了他的公共执业生涯。

拒绝承担侦察舞弊的责任

从古代到 19 世纪末,审计的重点都是侦察舞弊。审计师会详细审查开支,以了解管理人员、政府官员和公司董事如何使用委托给他们的资金。在目标和方法上,英国在 19 世纪进行的审计与其他国家在数千年前进行的审计非常相似。劳伦斯·迪克西(Lawrence Dicksee)在 1892 年首次出版的开创性教科书《审计:审计师的实用手册》(Auditing: A Practical Manual for Auditors)中,将公司审计的三重目标描述为:侦察舞弊(detection of fraud)、发现技术性错误(detection of technical errors)和发现原则性错误(detection of errors in principle)。[①]

审计的重点在 20 世纪早期开始转变,至少在美国是这样。第一本真正意义上的美国审计教材,是罗伯特·蒙哥马利于 1912 年出版的《审计理论与实践》(Auditing Theory and Practice),其中对审计目标的变化作了如下解释:

> 在所谓的审计形成期,学生们学到的审计的主要目标是:(1)发现和预防舞弊;(2)发现和预防错误。但近年来,在需求和服务方面发生了明显的变化。现在审计的目的是:(1)确定企业的实际财务状

[①] Lawrence R. Dicksee's book *Auditing: A Practical Manual for Auditors* (London: Gee & Co., 1898) is described in Commission on Auditors' Responsibilities, *Report, Conclusions, and Recommendations*, 33.

况和利润；(2) 发现欺诈和错误，但这是一个次要的目标。[1]

蒙哥马利的这部教材的后续版本对于侦察舞弊的强调越来越少。1934年该书第五版将侦察舞弊描述为审计的一个"偶然为之，但仍然重要的"目标。[2] 1940年，该书的第六版表示："控制和发现违规行为的主要责任……必须由管理层承担。"[3] 1957年该书的第八版称，侦察舞弊不属于审计师的责任。[4]

D. D. 雷·史密斯（D. D. Rae Smith）在1960年解释了公共会计师不重视侦察舞弊的原因：

> 在遥远的过去，审计无疑起源于一个人对另一个人在处理涉及金钱或其他贵重物品等事项时天然的不信任。审计师当时的职责是了解一个人的管理情况，并确认没有发生挪用资金的情况。随着时间的推移，企业发展和成长为复杂的组织，这种最初的审计职能的概念变得不切实际和过时了。然而，直到最近几年，人们才开始接受，资产负债表（balance sheet）和损益表（profit and loss account）是管理层对事务状况（state of affairs）和交易结果（results of transactions）的陈述，而审计师的职责就是对这些陈述发表意见……
>
> 因此，侦察舞弊不应被视为审计的主要目的，甚至不应被视为审计的主要目的之一。当然，这并不意味着审计师对舞弊和挪用公款的探查毫不关心或不感兴趣。如果恰当应用必要的审计程序就能够让他在对所检查的账目发表意见的同时，也能侦察舞弊或挪用公款的情况，那么，审计师若未能发现上述问题，就将承担风险。但这不应掩盖这样一个事实，即这种探查只是审计师工作的副产品，而不是主要目的。

---

[1] Robert H. Montgomery, *Auditing Theory and Practice* (New York: Ronald Press, 1912), quoted in R. Gene Brown, "Changing Audit Objectives and Techniques," *Accounting Review* 37 (October 1962): 699.

[2] Robert H. Montgomery, *Auditing Theory and Practice*, 5th ed. (New York: Ronald Press, 1934), quoted in R. Gene Brown, "Changing Audit Objectives and Techniques," 700.

[3] Robert H. Montgomery, *Auditing Theory and Practice*, 6th ed. (New York: Ronald Press, 1940), quoted in Brown, "Changing Audit Objectives and Techniques," 700.

[4] Robert H. Montgomery, *Auditing Theory and Practice*, 8th ed. (New York: Ronald Press, 1957) quoted in Commission on Auditors' Responsibilities, *Report, Conclusions, and Recommendations*, 34.

保护企业资产的责任完全落在管理层的肩上。管理层的这一职责并不因实施了独立审计而消解。①

从一开始，美国证券市场上（由美国注册会计师协会公布的）的审计准则公告就强调管理层有责任防止舞弊，而不是审计师有责任防止舞弊。美国会计师协会在 1929 年编写的《财务报表的验证》中提出，其推荐的审计程序"不一定能够发现挪用公款的行为，也不一定能够揭露通过经营交易或操纵账目来低估资产的情形"。② 同样，美国注册会计师协会在 1951 年的《审计公告汇编》（Codification of Statements on Auditing）中指出：

> 为了对财务报表发表意见而实施的常规检查，并非针对揭露贪污及其他类似的违规行为而设计，也不应依赖此类检查达成上述目的，哪怕在此过程中经常能发现违规行为。在组织良好的企业中，侦察此类违规行为主要依赖于维持恰当的会计记录系统和适当的内部控制。如果审计师试图发现挪用公款和类似的不正当行为，他就必须把工作扩展到成本高得令人望而却步的程度。人们普遍认为，良好的内部控制和履约保证作为保护措施的成本更低。根据对内部控制系统的审查和测试，在测试和核对等检查的基础上，审计师将依赖于客户组织的诚信正直，除非存在可疑情况……③

1960 年 9 月，美国注册会计师协会公布的《审计程序声明第 30 号》（Statement on Auditing Procedure No. 30）用更积极的措辞描述了审计师对舞弊的责任，但保留了许多限制性语言：

> 在进行常规检查时，独立审计师知道可能存在舞弊。财务报表可能存在由贪污和类似的违规行为或是管理层故意的虚假陈述而导致的

---

① D. D. Rae Smith, "Auditing: The Purpose and its Attainment," *The Accountant* (October 22, 1960): 525-529, quoted in Philip L. Defliese, "The 'New Look' at the Auditor's Responsibility for Fraud Detection," *Journal of Accountancy* 114 (October 1962): 37; emphasis added.

② American Institute of Accountants, *Verification of Financial Statements*, reprinted in the *Journal of Accountancy* 47 (May 1929): 324.

③ American Institute of Accountants, *Codification of Statements on Auditing Procedure* (New York: American Institute of Accountants, 1951), 12-13; emphasis added.

失实陈述,有时候这两种因素会同时存在。审计师认识到如果舞弊的情况足够严重,可能会影响他对财务报表的意见,而他根据公认审计原则实施检查时,会考虑到这种可能性。但是,为了对财务报表发表意见而实施的检查,并非针对揭露贪污及其他类似的违规行为而设计,也不应依赖此类检查达成上述目的,尽管在此过程中可能会发现违规行为。同样地,虽然发现管理层故意的虚假陈述通常与常规检查的目标联系更密切,但是不能依靠这种检查来确保发现虚假陈述。独立审计师只有在其明显未遵循公认审计准则的情形下,才对未能侦察舞弊承担责任(但对于客户承担的责任与对于他人的责任不尽相同)。①

大论战

在20世纪60年代末70年代初,大陆自动售货机公司、四季疗养院、美国金融公司、耶鲁快递、巨人百货(Giant Department Stores)和全美学生营销公司等一系列的财务丑闻,引发了人们对审计师在打击金融犯罪方面是否尽责的质疑。

1973年的权益基金公司事件让人们对美国的财务报告体系产生了新的怀疑。《华尔街日报》报道称:"许多人认为,如果审计系统发现不了权益基金公司的欺诈,那么这个系统就是一个糟糕的系统。"在权益基金公司案件之后,会计师们很难再辩称,涉及数千名受害者的大规模欺诈不属于常规审计的范围。② SEC主席小雷·加勒特(Ray Garrett, Jr.)在权益基金公司丑闻曝光后美国注册会计师协会举办的第一场会议上宣布,他希望审计师在侦察管理层舞弊方面承担更多的责任。

为了应对批评、推卸责任,公共会计师指出在《审计程序声明第30号》中明确否定了审计师要对欺诈承担责任。此外,审计师还公开了他们的业务约定书,其中显示在每次审计开始之前审计师都会告知客户管理层他们不会查找舞弊。许多会计师抱怨说:"审计的目的是侦察舞弊,这真是

---

① SAP No. 30, *Responsibilities and Functions of the Independent Auditor in the Examination of Financial Statements*, paragraph 5; emphasis added.

② Frederick Andrews, "SEC Jolting Auditors Into a Broader Role in Fraud Detection," *Wall Street Journal*, July 12, 1974.

无知。"①

在接下来的几年里,关于审计师对于侦察财务报表舞弊应该承担多少责任的问题,发生了激烈的争论。审计师为了限制他们对舞弊的责任找了很多借口。他们声称,舞弊极其罕见,要求审计师在每项审计业务中查找舞弊,将不必要地增加数以千计的清白客户的审计成本。此外,审计师在执行审计时,依赖于管理层提供的文件和信息。如果审计师不得不以怀疑的态度去对待每一份管理层陈述,就会造成一种敌对关系。最后,审计师根本就没有接受过侦察舞弊的培训。审计师是确认交易记录是否符合公认会计原则的专家,而识别造假和识破谎言则不在他们的专业能力范围之内。

安达信会计公司的合伙人乔治·卡特莱特(George R. Catlett)用以下类比来解释为什么指望审计师保证财务报表不存在未被发现的欺诈是不合理的:

> 在我看来,那些认为审计师与管理层对财务报表负有连带责任,甚至是平等责任的人,并不理解管理层和审计师的相对角色。审计师没有理由成为担保人,就像律师没有理由保证他会打赢官司,医生也没有理由保证手术会成功一样。律师对当事人的道德不负连带责任,医生对病人的健康习惯也不承担连带责任。②

卡特莱特告诫审计师不要对舞弊承担更多责任,他说:"公共会计师行业万万不能因为承担责任或接受一个无法成功履行的职责而自寻死路。"③

约翰·威林厄姆(John J. Willingham)教授在回应卡特莱特的文章时,敦促审计师不要抵制公众对改革的要求。威林厄姆说,要求审计师在侦察舞弊方面承担更多责任应该被视为"服务社会的机会和特权"。他以自己的告诫回应了卡特莱特的告诫:"公共会计师行业万万不能因为拒绝为社会提供所需的服务而自取灭亡。在后一种情况下,毁灭的速度虽然缓慢,但是终将来临。"④

---

① Arlene Hershman, "The War Over Corporate Fraud," *Dun's Review*, November 1974, 52.
② George R. Catlett, "Relationship of Auditing Standards to Detection of Fraud," *CPA Journal* 45 (April 1975): 16.
③ Ibid., 17.
④ John J. Willingham, "Discussant's Response to Relationship of Auditing Standards to Detection of Fraud," *CPA Journal* 45 (April 1975): 20.

有大量证据表明，投资者希望审计师能够对舞弊提供更大程度的防范。1974年，安达信会计公司委托进行的一项调查发现，66%的投资公众认为，"公共会计公司在公司审计中最重要的作用是侦察舞弊"。① 亚瑟·莫里森（Arthur M. C. Morison）在描述当时流行的公众意见时写道："审计的第一个目标是说明账目是可以信赖的，也就是说它们'没问题'；然而如果先宣布它们都是正确的，后又补充说，当然尚未发现的舞弊也有可能会导致它们都是错的，那就太荒谬了。"②

1977年，审计准则执行委员会试图通过公布《审计准则公告第16号》来结束这场争论。新准则规定："独立审计师在审计程序的固有局限（inherent limitations）范围内，有责任制订检查计划，来查找可能对财务报表产生实质性影响的错误和违规行为……"该准则确定的固有局限包括：审计师只检查交易记录中的一部分有代表性的样本；管理层可能凌驾于审计师所依赖的内部控制之上；发现通过伪造和串通来精心隐瞒的欺诈行为，具有相当的难度。

《审计准则公告第17号》规定了审计师对于侦察客户违反法律法规的行为的责任。在水门事件听证会上，审计师因没有发现和报告数百家美国公司的非法竞选捐款而受到严厉批评。因此，《审计准则公告第17号》要求审计师考虑客户是否遵守了税法等会直接影响财务报表金额的法律法规。但该准则提出，不能指望按照公认审计准则执行的审计能够保证发现所有的违法行为。判断许多行为的合法与否超出了审计师的专业能力范围。

不幸的是，《审计准则公告第16号》和《审计准则公告第17号》并没有解决关于审计师侦察舞弊和非法行为的责任的争议。仅一年后，（科恩）审计师责任委员会就敦促审计师在《审计准则公告第16号》的基础上更进一步，同意为财务报表没有因欺诈而出现重大错报提供"合理保证"（reasonable assurance）。该委员会表示："财务报表使用者应有权认为，经审计的财务信息没有因为舞弊而变得不可靠……"③

---

① Commission on Auditors' Responsibilities, *Report, Conclusions, and Recommendations*, 31.

② A. M. C. Morison, "The Role of the Reporting Accountant Today—II," *Accountancy* 82 (March 1971): 122.

③ Commission on Auditors' Responsibilities, *Report, Conclusions, and Recommendations*, 36.

约翰·丁格尔和罗恩·怀登

1985年,密歇根州民主党众议员约翰·丁格尔和俄勒冈州民主党众议员罗恩·怀登赓续了1978年参议员李·梅特卡夫和众议员约翰·莫斯未竟的事业。丁格尔兼任众议院能源和商务委员会（House Energy and Commerce Committee）及其监督与调查小组委员会（Subcommittee on Oversight and Investigations）的主席。怀登则是丁格尔的高级副官。由于对大陆伊利诺伊银行和佩恩广场银行（Penn Square Bank）代价高昂的破产深感愤怒,丁格尔于1985年2月宣布,计划举行七到八场听证会,"以了解公共会计师行业作为联邦监管体系的一部分是如何运作的"。① 他指出,在过去7年中,非审计服务和竞争压力显著增加,他对审计师屈服于客户的压力表示担忧。小组委员会成员想知道,为什么这么多银行明明收到的是标准的无保留意见的审计报告,却还是倒闭了。

对注册会计师们来说,听证会从一开始就不顺利。丁格尔在他的开场白中攻击了《审计准则公告第16号》,称:"公众期望独立审计师做出合理的努力,以确保发现和报告公司舞弊行为。"② 第一批证人建议对公共会计师行业进行彻底的改革。梅特卡夫/莫斯听证会的资深参与者——会计学教授亚伯拉罕·布里洛夫敦促国会禁止公共会计公司向其审计客户提供管理咨询服务。罗伯特·查托夫（Robert Chatov）教授认为,SEC应该接管撰写会计和审计准则的公共职能。查托夫还希望SEC向公众公司分配审计师并定期轮换审计师。

众议院民主党人指责SEC主席约翰·沙德（John Shad）未能充分监督美国的公共会计公司。小组委员会成员批评SEC将自身职责过多地委托给了受行业控制的私立组织,如财务会计准则委员会,以及美国注册会计师协会的公共监督委员会（Public Oversight Board）。怀登指责SEC对小型会计公司的处理过于严厉,而被富兰克林国家银行（Franklin National Bank）、美国联合银行（United American Bank）和大陆伊利诺伊银行指控

---

① Lee Berton and Bruce Ingersoll, "Dingell to Take Aim at Accountants, SEC in Hearings on Profession's Role as Watchdog," *Wall Street Journal*, February 19, 1985.

② Douglas R. Carmichael, "Fraud and Illegal Acts—A New Look," *CPA Journal* 57 (February 1987): 95.

审计失败的厄恩斯特＆维尼会计公司（Ernst ＆ Whinney），这样一个丁格尔口中"彻底的失败者"竟然逃脱了惩罚。怀登警告称，SEC 以往的作为实际上就是在"盛情邀请"国会"介入并制定一套全新的规则"。①

沙德为 SEC 的表现进行了辩护，声称他的机构正在"穿着钉靴回到凡间，严肃处理审计失败问题"。② 他作证称，SEC 在 1984 年对会计师和审计师提起了 18 起强制执行案件，而在 1982 年和 1983 年分别只有 3 起和 11 起。沙德还反驳了众议院民主党人对美国证券市场财务报告体系的悲观看法。他指出，在美国 1 万家公众公司中，被控审计失败的比例不到 1％。丁格尔回应称，他不知道"我们究竟应该因为只有少数审计失败而心安理得，还是应该因为这些失败都太严重而被吓死"。③

1986 年 5 月，怀登提出了一项法案，要求审计师向 SEC 报告其怀疑存在的舞弊行为。现有的审计准则只要求审计师向公司经理和董事报告舞弊行为，如果公司没有做出令人满意的回应，审计师就可以辞职。该法案如若生效，将迫使审计机构在对任何违法行为产生"合理"怀疑（"reasonable" suspicions）时，立即通知 SEC。怀登声称，该法案的条款将有助于防范类似 ESM 政府证券公司和德赖斯代尔政府证券公司（Drysdale Government Securities）的破产所造成的损失。他问道："鉴于最近券商和银行业的丑闻，谁会反对揭露舞弊呢？"④

但许多人反对怀登提出的法案。例如普华会计公司的董事长约瑟夫·康纳（Joseph E. Connor）表示，该提议"将把独立审计机构转变为警察的角色"。⑤ 安达信会计公司的杜安·库尔伯格（Duane Kullberg）表示，该法案将"让审计师取代政府调查人员"，并将迫使审计师"在不给客户辩护机会的情况下得出结论"。⑥ 就连 SEC 也反对怀登提出的法案，认为这会给公众公司带来不必要的成本。

---

① Bruce Ingersoll, "House Democrats Question SEC's Role in Guarding Against Audit Failures," *Wall Street Journal*, March 7, 1985.

② Ibid.

③ Ibid.

④ Lee Berton, "Bill to Force Firms' Outside Auditors to Report Fraud to Public Is Introduced," *Wall Street Journal*, May 23, 1986.

⑤ Gary Klott, "House Unit Bill Would Expand Role of Auditors," *New York Times*, May 23, 1986.

⑥ Berton, "Bill to Force Firms'Outside Auditors to Report Fraud to Public Is Introduced."

怀登后来放宽了舞弊通报的条款，但他的法案从未获得足够多的两党支持，所以未能通过国会的投票；即便能够在国会上获得通过，也很难躲过亲商、反监管的里根政府依照宪法行使的否决权。公众对财务丑闻的愤怒尚未达到促使政府采取行动的程度。

持续的争论

尽管众议员丁格尔和怀登在1986年未能通过新的立法，但他们的一番作为仍然对公共会计师行业具有重要意义。20世纪80年代末，又有几起臭名昭著的财务欺诈案件曝光。每一桩新的丑闻都让老问题重新浮出水面：审计师在保护公众免受虚假财务报告欺骗方面是否尽责？

1987年7月，22岁的"奇迹男孩"巴里·明科辞去了ZZZZ Best地毯清洁公司的首席执行官一职，原因是《洛杉矶时报》（Los Angeles Times）的一名记者揭露了ZZZZ Best 72 000美元的信用卡欺诈账单。进一步的调查显示，该公司一半以上的收入完全是虚构的。尽管ZZZZ Best的审计师在揭穿巴里·明科的一些谎言后，于6月份辞去了审计业务，但直到1个月后，也就是ZZZZ Best申请破产保护后，他们才向SEC报告了他们的怀疑。众议员丁格尔说，ZZZZ Best丑闻提供了"生动的证据，证明了现有的要求独立审计师报告欺诈行为的制度不起作用"。[①]

不到3年，纽约大都会圈最知名的人物之一——艾迪·安塔，在被SEC指控欺诈和内幕交易后逃离了美国。艾迪夸大了其Crazy Eddie公司6 500万美元的存货，同时夸大了收入，低估了负债。1990年夏天，当怀登重新提出他的《财务欺诈侦察与披露法案》（Financial Fraud Detection & Disclosure Act）时，他满脑子想的都是Crazy Eddie。

【参考文献】

Adelberg, Arthur H. "Auditing on the March: Ancient Times to the Twentieth Century." *Internal Auditor* 32 (November/December 1975): 35-47.

Andrews, Frederick. "SEC Jolting Auditors Into a Broader Role in Fraud Detection."

---

① Lee Berton and Daniel Akst, "CPAs May Soon Have to Report Fraud Earlier," *Wall Street Journal*, January 22, 1988.

Wall Street Journal, July 12, 1974.

Berton, Lee. "Bill to Force Firms' Outside Auditors to Report Fraud to Public Is Introduced." *Wall Street Journal*, May 23, 1986.

Berton, Lee, and Daniel Akst. "CPAs May Soon Have to Report Fraud Earlier." *Wall Street Journal*, January 22, 1988.

Berton, Lee, and Bruce Ingersoll. "Rep. Dingell to Take Aim at Accountants, SEC in Hearings on Profession's Role as Watchdog." *Wall Street Journal*, February 19, 1985.

Broockholdt, James L. "A Historical Perspective on the Auditor's Role: The Early Experience of the American Railroads." *Accounting Historians Journal* 10 (Spring 1983): 69-85.

Brown, R. Gene. "Changing Audit Objectives and Techniques." *Accounting Review* 37 (October 1962): 696-703.

Carmichael, Douglas R. "What Is the Independent Auditor's Responsibility for the Detection of Fraud?" *Journal of Accountancy* 140 (November 1975): 76-79.

Carmichael, Douglas R. "Fraud and Illegal Acts—A New Look." *CPA Journal* 57 (February 1987): 94-96.

Catlett, George R. "Relationship of Auditing Standards to Detection of Fraud." *CPA Journal* 45 (April 1975): 13-18.

Commission on Auditors'Responsibilities. *Report, Conclusions, and Recommendations*. New York: American Institute of Certified Public Accountants, 1978.

Defliese, Philip L. "The 'New Look' at the Auditor's Responsibility For Fraud Detection." *Journal of Accountancy* 114 (October 1962): 36-44.

Dicksee, Lawrence R. *Auditing: A Practical Manual for Auditors*. London: Gee & Co., 1898.

"Dingell Rebukes SEC on Its Disciplining of Accounting Firms." *Wall Street Journal*, February 21, 1985.

Grisdela, Cynthia S. "SEC to Oppose Bill That Forces Auditors to Report Possible Fraud by Their Clients." *Wall Street Journal*, June 20, 1986.

Hershman, Arlene. "The War Over Corporate Fraud." *Dun's Review*, November 1974.

Ingersoll, Bruce. "House Democrats Question SEC's Role in Guarding Against Audit Failures." *Wall Street Journal*, March 7, 1985.

Klott, Gary. "Auditors Face U. S. Scrutiny." *New York Times*, February 18, 1985.

Klott, Gary. "House Unit Bill Would Expand Role of Auditors." *New York Times*, May 23, 1986.

Montgomery, Robert H. *Auditing Theory and Practice*. New York: Ronald Press, 1912 (5th ed. 1934; 6th ed. 1940; 8th ed. 1957).

Morison, A. M. C. "The Role of the Reporting Accountant Today—Ⅱ." Accountancy 82 (March 1971): 120-130.

Moyer, C. A. "Early Developments in American Auditing." Accounting Review 26 (January 1951): 3-8.

Smith, D. D. Rae. "Auditing: The Purpose and its Attainment." The Accountant (October 22, 1960).

Stone, Williard E. "Antecedents of the Accounting Profession." Accounting Review 44 (April 1969): 284-291.

Willingham, John J. "Discussant's Response to Relationship of Auditing Standards to Detection of Fraud." CPA Journal 45 (April 1975): 18-21.

Young, Joni J. "Defining Auditors' Responsibilities." Accounting Historians Journal 24 (December 1997): 25-63.

【思考】

1. 从古代到20世纪初，审计的主要目的是什么？

2. 在20世纪，审计师对于侦察财务报表舞弊的责任发生了怎样的演变？

3. 审计师为什么希望限制其侦察和报告财务报表舞弊的责任？

4. 根据安达信会计公司在1974年委托进行的一项调查，66%的投资者认为审计师最重要的职能是什么？

5. 审计师和SEC对于众议员罗恩·怀登在1986年提出的要求审计师向SEC报告舞弊嫌疑的法案提出了哪些反对理由？

15　ZZZZ Best 公司

「　生活是一部电影。你是演员,是导演,也是编剧。如果你不喜欢你的生活方式,你最好放心大胆地修改你的剧本,因为这是你的生活,你完全可以掌控它。

——巴里·明科① 」

巴里·明科 19 岁时就出版了自传《赢在美国》(*Making It in America*)。这本书描述了巴里如何在他父母的车库里创建了 ZZZZ Best（发音为 Zee Best）地毯清洁公司（ZZZZ Best Carpet Cleaning Company），用不到 3 年的时间将其打造成一家成功的企业,拥有多个办公室及数百名员工。巴里鼓励年轻人远离毒品,追寻自己的梦想。

9 年后,巴里写了第二本书,名为《大获全胜》(*Clean Sweep*),这本书描述了巴里在联邦监狱服刑期间皈依基督教的过程。书的封面上写着,作者从该书的销售中获得的收益将用来补偿 ZZZZ Best 财务欺诈的受害者。全额赔偿似乎不太可能,因为巴里除了被判处 25 年徒刑以外,还被勒令支付 2 600 万美元赔偿金,巴里需要卖出几乎和 J.K. 罗琳②一样多的书,才能凑齐赔偿金。

---

① Daniel Akst, *Wonder Boy*: *Barry Minkow—The Kid Who Swindled Wall Street* (New York: Charles Scriber's Sons, 1990), 13.

② J.K. 罗琳是《哈利·波特》系列的作者。——译者

15 ZZZZ Best 公司

奇迹男孩

巴里·明科聪明、风趣、外向。但和许多14岁的孩子一样，他对自己的外表缺乏信心，对自己的经济状况也不满意。巴里的大鼻头在他瘦削的脸上显得更大。他也不像他的大多数高中同学那么有钱。巴里父亲的工作薪水一直很低，母亲的工作则是通过电话推销地毯清洁服务。

巴里开始在当地的一家健身房练习举重来改善自己的形象，而会员费则通过在周末打扫男更衣室来抵销。为了获得微薄的零用钱，他开始为母亲的雇主推销产品。青春期前的巴里有点像数以百计从事电话销售的家庭主妇。

1982年10月，16岁的巴里向他在健身房认识的一个人借了2 000美元，买了地毯清洁设备。他的母亲打电话安排工作，巴里则在放学后和周末清洗地毯。这家小公司以令人难以置信的速度发展起来。在短短5年内，ZZZZ Best 在加利福尼亚州、亚利桑那州和内华达州开设了21个营业部，员工人数达到了1 400名。

1986年12月，巴里通过首次公开发行股票筹集了1 100多万美元。他的招股说明书称，在1984—1986财年，公司收入分别为57.5万、120万和490万美元。ZZZZ Best 在纳斯达克股票交易所上市，巴里成为美国最年轻的上市公司首席执行官。

1987年4月6日，ZZZZ Best 的股价达到18.375美元的峰值，公司总市值超过2亿美元。当月晚些时候，受人尊敬的投资银行德崇证券（Drexel Burnham Lambert）同意帮助巴里筹集4 000万美元，以便他收购旗舰清洁服务公司（Flagship Cleaning Services, Inc.），这家公司拥有通过西尔斯＆罗巴克公司（Sears, Roebuck & Co.）全国连锁店提供地毯清洁服务的特许经营权。

在21岁生日的时候，巴里·明科的大部分梦想都实现了。他持有的590万股 ZZZZ Best 股票价值约1亿美元。他曾做客奥普拉·温弗瑞（Oprah Winfrey）的收视率最高的电视脱口秀节目，并获得了洛杉矶市长汤姆·布拉德利（Tom Bradley）的两项嘉奖——一项是因为他的企业家精神，另一项是因为他参加了禁毒运动。巴里和他的女朋友住在一个封闭社区的一栋价值70万美元的房子里。他的红色法拉利敞篷车的牌号是"ZZZZBST"。

ZZZZ Best 公司的骗局

可悲的事实是，ZZZZ Best 在其"光辉岁月"中的任何一年都不曾获得过合法的利润。地毯清洁行业的竞争十分激烈，利润极其微薄。巴里的电话营销团队招揽到的生意根本无力承担公司的地毯清洁车队、21 家营业部及公司日常花销等开支。

在 ZZZZ Best 存在的大部分时间里，仅仅挣到足够发工资的钱都是每周需要面对的挑战。巴里为了筹钱不择手段。在第一家营业部开张后不久，巴里踢坏了自己的大门，向保险公司提出索赔，声称有几千美元的设备被偷了。这个骗局非常成功，所以 6 个月后他在另一家营业部故技重施，上演了第二场"贼喊捉贼"。

信用卡恶意收费是另一个非法的现金来源。几乎在 ZZZZ Best 刚开始接受客户刷信用卡的时候，巴里就开始了恶意收费。他会窜改信用卡收据上的金额，或重复提交同一项服务的收据。尽管 ZZZZ Best 最终不得不退还大部分多收的费用，但银行通常需要 90 天以上的时间来处理客户投诉并调整公司的账户。在这段时间内，巴里就得到了一笔无息贷款。

造成 ZZZZ Best 现金流问题的一个因素是偿还公司债务需要大量现金。早年，银行拒绝与巴里打交道，因为他年纪太小，不能签署具有法律约束力的合同，这迫使巴里不得不通过"非传统"来源来寻求资金。最初给巴里 2 000 美元创办 ZZZZ Best 的那个"朋友"实际上是一个放高利贷的，他要求获得 ZZZZ Best 一半的利润。其他的早期融资则来自私人投资者，他们要求支付每周 1% 的利息。

巴里想要偿还最初的贷款、摆脱高利贷的利息负担，唯一的希望就是从银行获得融资。为此，他需要向银行家们证明自己的盈利能力。所以巴里编造了一个故事，说除了清理地毯，ZZZZ Best 还经营修复因火灾或水灾而损坏的建筑物。这个故事从两个方面帮助了巴里。他声称从修复合同中获得的"收入"增加了 ZZZZ Best 的净收入，公司看起来收入增长得非常迅速。这些虚假的修复项目又为他想要借这么多钱提供了一个合理的解释。巴里声称他需要短期贷款来购买物资和支付分包商款项。他答应项目完成后就会偿还贷款。

ZZZZ Best 的欺诈手法只不过是隐瞒贷款流入和还款情况。当巴里从银行或私人投资者那里借钱时,他把这些现金流入当作来自客户的收入入账。当他偿还贷款时,他把现金流出记作支付工资和物料的支出。大量的现金流入和流出其银行账户,给人的印象是 ZZZZ Best 正在赚大钱,并产生了大笔的费用。只要巴里能继续借到更多的钱,他就能偿还之前的贷款,让这个计划继续进行下去。

巴里的团伙

ZZZZ Best 骗局的实施者,是有史以来最奇怪的合谋团伙之一。巴里的团伙包括退役橄榄球中后卫兼博士肄业生——转入会计行业的会计师马克·莫兹(Mark Morze)、爱好枪支的白人分离主义者汤姆·帕吉特(Tom Padgett),以及体重达 300 磅的业余哲学家马克·罗迪(Mark Roddy),他之前曾因长期服用可卡因而被定罪。

马克·莫兹提供了巴里所缺乏的会计知识。莫兹身材高大,在加州大学洛杉矶分校橄榄球队担任过后卫和中后卫,其球队的四分卫是后来的电影明星马克·哈蒙(Mark Harmon)。后来,莫兹完成了科学史博士研究生的大部分课程,却辍学并开始提供记账服务。到 20 世纪 80 年代初,莫兹每年为小企业编制纳税申报单和损益表的年收入达到了 10 万美元。

巴里声称自己高二的会计课没有及格,他在 1985 年 9 月雇用莫兹帮他准备财务报表和 ZZZZ Best 的贷款申请所需的其他文件。巴里承诺向莫兹支付他所筹集到的贷款入账金额的 10%。莫兹立即着手编制能给银行家留下深刻印象的财务报表。在接下来的一年半时间里,莫兹伪造了数百份文件并编写了分录,竟使得巴里的亏损公司看起来前途一片光明。

1980 年,当 30 岁的汤姆·帕吉特在山谷体育馆(Valley Gym)遇到巴里·明科时,他还是一名保险理算员(insurance adjuster)。帕吉特戴着一枚纳粹党卫军戒指,他是奥丁教协会(Odinist Fellowship)成员,该协会是一个以挪威神奥丁命名的白人分离主义组织。他还订阅了《雇佣兵》(*Soldier of Fortune*)杂志,自称曾是一名雇佣兵。年轻的巴里很欣赏帕吉特的举重能力,并开始在帕吉特训练时四处转悠。帕吉特因为巴里的关注感到很有面子。他给巴里提供了健身建议,还带巴里去他的公寓以炫耀自己的枪支收藏。

作为好事达保险公司(Allstate Insurance)的保险理算员,帕吉特经常向房屋遭受水损或火灾的投保人（保单持有者）推荐工程承包商。巴里创办 ZZZZ Best 公司后，帕吉特开始将地毯清洁生意介绍给他这位年轻的朋友。作为回报，巴里会请帕吉特吃午餐，并给他一些回扣。后来，当帕吉特换到旅行者保险公司（Travelers Insurance）工作时，他帮助巴里让银行家们相信，巴里的建筑修复业务是合法的。帕吉特通过电话向询问情况的银行家确认了伪造的合同，并把一叠印有旅行者保险公司抬头的信纸交给了巴里，后者在信纸上伪造了关于建筑修复工作的信件。最后，巴里任命帕吉特为州际评估服务公司（Interstate Appraisal Services，IAS）的总裁，这家假的承包公司主要负责营造其雇用 ZZZZ Best 来修复受损建筑物的假象。

马克·罗迪是个壮汉，胃口很大——对食物、啤酒、女人和可卡因都有极大的欲望。他是帕吉特在州际评估服务公司的主要帮手，在说服 ZZZZ Best 的审计师相信这些伪造的建筑修复合同的合法性方面发挥了重要作用。

巴里的审计师

巴里决定向公众发行 ZZZZ Best 的股票，此时他需要一名审计师来为他的虚假财务报表开路。1986 年 1 月，马克·莫兹联系了乔治·格林斯潘（George Greenspan），请他审计 ZZZZ Best 1986 年 4 月 30 日的财务报表。莫兹选中格林斯潘主要是因为他远在新泽西州，与 ZZZZ Best 在南加州的公司相隔近 3 000 英里。因为莫兹担心如果聘请一位当地审计师的话，审计师免不了会好奇，为什么自己从来没有在报纸上看到过关于那些 ZZZZ Best 所宣称的不断为其带来巨额修复合同的灾难性火灾的报道，到时候纸就包不住火了。地理上的分隔降低了格林斯潘突然造访 ZZZZ Best 营业部的概率。

格林斯潘依靠文件和函证来检验建筑修复合同，这些合同大约占 ZZZZ Best 所报告的收入的一半。这时就轮到巴里的两家空壳公司发挥作用了。1985 年 11 月，巴里成立了一家假的保险理算公司——州际评估服务公司。巴里告诉格林斯潘，州际评估服务公司聘请 ZZZZ Best 公司来帮助修复被保险客户所遭受的损害。汤姆·帕吉特以州际评估服务公司的名义，假装与 ZZZZ Best 签署了数百万美元的建筑修复项目合同。帕吉特"尽职尽责地"确认了格林斯潘问及的任何合同条款。在支出方面，ZZZZ Best 将大部分款项支付给了马比尔营销公司（Marbil Marketing），表面上是用于购买物资和支付分包商款项，实际上马比尔营销公司由马克·莫兹控制，它收到的钱最终会转回 ZZZZ Best 的银行账户。莫兹伪造了发票和其他文件来合理化马比尔营销公司从 ZZZZ Best 的收款。

1986 年 4 月 30 日，在格林斯潘发表了对 ZZZZ Best 财务报表的审计报告后不久，他就被厄恩斯特 & 维尼会计公司取代了。承销 ZZZZ Best 股票发行的投资银行坚持要巴里聘请一家闻名全国的审计公司。厄恩斯特 & 维尼会计公司在业务约定书中表示，他们将审查 ZZZZ Best 截至 1986 年 7 月 31 日的季度财务报表，协助编制其向 SEC 提交的注册声明（registration statement），并执行 1987 年 4 月 30 日的年度审计。

ZZZZ Best 在提交给 SEC 的注册声明中称，该公司在 1987 财年第一季度获得了 540 万美元的收入，比上一年全年报告的总收入还要多。实际上，大约有 100 万美元的收入来自 ZZZZ Best 的合法地毯清洁业务，另外 440 万美元的收入来自该公司虚构的建筑修复分公司。

值得赞扬的是，厄恩斯特 & 维尼会计公司的审计合伙人拉里·格雷（Larry D. Gray）坚持要求只有检查了 ZZZZ Best 最大的修复项目，才能向承销商出具资信函。巴里撒谎并试图拖延，声称外人是不允许参观工地的，但格雷态度坚决。

1986 年 11 月，汤姆·帕吉特和马克·罗迪来到了萨克拉门托，试图创建一个看起来价值数百万美元的修复项目。他们告诉萨克拉门托最大的建筑——300 凯德大厦（300 Capital Mall）的经理，他们有意租赁大量办公室。于是大楼的经理将一些空置办公室的钥匙借给了帕吉特和罗迪，以便他们在未来向"商业伙伴"展示场地。后来，帕吉特和罗迪在邻近的一栋大楼里租了一间小办公室，里面摆满租来的家具，并在门上贴上了"放心物业管理公司"（Assured Property Management，APM）的标牌。据称，APM 负责监督那些为保险索赔项目施工的承包商。

11 月 23 日（星期日），马克·莫兹陪同审计师拉里·格雷和律师马克·莫斯科维茨（Mark Moskowitz）乘早班飞机前往萨克拉门托。莫兹开车把格雷和莫斯科维茨送到放心物业管理公司的办公室，马克·罗迪则假扮成公司的经理等在那里。罗迪给他们看了一幅墙上的地图，上面用图钉标记着放心物业管理公司所谓的项目的位置。午饭后，四个人去检查了 ZZZZ Best 最大的项目的进展情况。

莫兹和罗迪告诉审计师格雷和律师莫斯科维茨，300 凯德大厦的屋顶上有个储水罐破裂了，水淹了这座18层大厦的最上面3层，造成的破坏一直延伸到5层。四人组参观了原模原样的第17层，莫兹和罗迪声称这里已经完全修复了。他们还参观了几层较低的楼层，巧合的是，那里正在进行一些实际的重新装修工作。更"妙"的是，罗迪前一天晚上在那里贴了几个ZZZZ Best的标志，让人觉得就是巴里的公司在这里搞装修。拉里·格雷在审计工作底稿的备忘录中写道："ZZZZ Best的工作基本上已经完成，并通过了最终检查。预计最终验收（final sign-off）将很快完成，最终款项将在12月初支付给ZZZZ Best。"[1]

1986年12月ZZZZ Best成功上市后，厄恩斯特&维尼会计公司着手对截至1987年4月30日的财年进行审计。拉里·格雷这次又要求参观圣地亚哥的一个据说价值820万美元的修复项目的工地现场。

1987年2月，帕吉特和罗迪租下了一个仓库作为放心物业管理公司在圣地亚哥的分公司，并在仓库里摆满了他们所能找到的最便宜的地毯，价值16.8万美元。然后，他们租借了一幢空置的八层办公楼，声称他们想把这座大楼展示给周末会来这里的潜在投资者。2月7日，星期六一大早，帕吉特和罗迪来到这栋大楼，挂上了ZZZZ Best的招牌和伪造的承包商许可证。当天晚些时候，马克·莫兹陪同审计师拉里·格雷来到放心物业管理公司的仓库，格雷见到了整卷整卷的地毯，还看到外面停着一辆ZZZZ Best的卡车。他们参观了办公大楼，格雷在那里看到了许多未完工的楼层空间，并被告知，由于火灾及其导致的水损，大楼管理者进行了人员的疏散。在格雷看来，如果说这座空空荡荡的巨大建筑需要820万美元进行修复，似乎是相当合理的。

2个月后，格雷无意间做实了巴里的虚张声势。格雷说他想回到圣地亚哥看看完工的项目。巴里找了各种各样的借口，但格雷表示如果不能检查现场就无法批准4月30日的财务报表。帕吉特和罗迪回到了圣地亚哥，租下了这栋仍然空置的大楼。别无选择的他们不得不签署了一份为期7年的租约，租下了一栋他们根本用不着的大楼。

ZZZZ Best于5月1日取得了这栋大楼的控制权。拉里·格雷的参观安排在5月11日。其间10天发生的事情，是有史以来最大胆的掩盖行动之一。巴里向一家大型建筑公司承诺，如果他们能在格雷检查之前完成6层

---

[1] Daniel Akst, *Wonder Boy：Barry Minkow—The Kid Who Swindled Wall Street*（New York：Charles Scriber's Sons, 1990），153.

楼的布线、干墙、刷漆和地毯铺设，他将按照每天 20 万美元外加其他费用的价格与之结算。工作人员夜以继日地工作，而马克·罗迪则拍下了穿着带有 ZZZZ Best 字样的 T 恤的工人们的照片。第一个月的房租、押金和大楼翻修总计约耗费 400 万美元。但是这个计划奏效了。5 月 11 日，格雷参观了大楼后，在他的文件中写道："工地看起来很好。"①

ZZZZ Best 骗局败露

1987 年 5 月 22 日，《洛杉矶时报》发表了一篇文章，记录了 ZZZZ Best 提交的至少 72 000 美元的虚假信用卡收费。② 《洛杉矶时报》记者丹尼尔·阿科斯特（Daniel Akst）之所以开始调查信用卡恶意收费，也是因为之前接到了无数投诉，投诉者是伯班克的一位因地毯清洁收费过高而不满的秘书。文章发表当天，ZZZZ Best 的股价下跌了 28%，跌至每股 11.125 美元。巴里对信用卡问题的解释缺乏说服力，股价依然在下跌。在阿科斯特的曝光发布 1 周后，股价接近于每股 6 美元，于是 ZZZZ Best 的董事会聘请了一家外部律师事务所，来调查这起所谓的信用卡欺诈案。

同样是在 5 月，一位名叫马克·罗斯伯格（Mark Rothberg）的会计师打电话给在厄恩斯特 & 维尼会计公司的一位熟人，说他掌握了 ZZZZ Best 的重要信息。罗斯伯格最近刚开始在州际评估服务公司工作，他无意中听到汤姆·帕吉特和马克·罗迪在讨论这起诈骗案。虽然厄恩斯特 & 维尼会计公司从未发现这些修复项目是虚构的，但是他们确实发现了巴里在与罗斯伯格的关系上撒谎的证据。1987 年 6 月 2 日，审计师终止 ZZZZ Best 的审计业务，没有对 4 月 30 日的财务报表出具审计报告。

7 月 2 日，律师们向 ZZZZ Best 的董事会报告称，找不到所谓的房屋修复项目的地址，基本可以确定这些工程是虚构的。ZZZZ Best 的首席财务官布鲁斯·安达信（Bruce Andersen）报告称，尽管该公司在前几周获得了数百万美元的贷款和投资，但其银行存款余额不足 10 万美元。巴里当天就以健康问题为由递交了辞呈。

---

① Daniel Akst, *Wonder Boy: Barry Minkow—The Kid Who Swindled Wall Street* (New York: Charles Scriber's Sons, 1990), 177.

② Daniel Akst, "Behind 'Whiz Kid' Is a Trail of False Credit Card Billings," *Los Angeles Times*, May 22, 1987.

联邦和州机构花了几个月的时间来收集必要的证据。1988年1月14日，巴里·明科、汤姆·帕吉特、马克·莫兹、马克·罗迪和其他7人被指控犯有与 ZZZZ Best 有关的各项刑事犯罪。帕吉特、莫兹和罗迪认罪，并同意与当局合作。

巴里的审判于1988年8月开庭。10个星期后，控方在提出大量巴里参与欺诈的证据后，停止了对该案的调查。由于法官迪克兰·特维里兹安（Dickran Tevrizian）急于处理其他案件，所以他提出，如果巴里放弃辩护并认罪，最多只会被判处12年徒刑。巴里拒绝了这个提议。在如此成功地撒了5年谎之后，他决定再试一次。巴里走上证人席，声称他被迫充当了帕吉特和莫兹的傀儡。陪审团并不相信他的话，他们判定巴里犯有57项罪名，包括股票欺诈、银行欺诈、邮政欺诈和逃税罪。特维里兹安法官被巴里的固执和缺乏悔意所激怒，遂判处他25年监禁，并要求他支付2 600万美元的赔偿金。

一扫而净

由于对 ZZZZ Best 的审计不力，SEC 永久禁止乔治·格林斯潘从事公共会计师的证券审计工作。[①] 当格林斯潘同意审计 ZZZZ Best 截至1986年4月30日的财务报表时，马克·莫兹给了他一份 ZZZZ Best 截至1985年4月30日的财务报表的审计报告，上面有"理查德·埃文斯"（Richard Evans）的签名。SEC 批评格林斯潘在没有联系埃文斯或审查他的审计工作底稿的情况下就相信了这份审计报告。事实上，"理查德·埃文斯"并不存在。莫兹自行撰写并签署了该审计报告。SEC 还认定，格林斯潘未能收集到有关 ZZZZ Best 收入的充分证据。尽管保险修复工作几乎占了该公司所称收入的一半，格林斯潘却从未要求造访15个所谓工作地点中的任何一个。最后，SEC 裁定，格林斯潘甚至不独立于 ZZZZ Best，因为他在1985年作为该公司的法律顾问参与了两次贷款结清。

加利福尼亚州的一家大型银行起诉厄恩斯特 & 维尼会计公司，要求该公司赔偿其发放给 ZZZZ Best 的几百万美元贷款。但上诉法官拒绝让厄恩

[①] Securites and Exchange Commission, Accounting and Auditing Enforcement Release No. 312, *In the Matter of Samuel George Greenspan*, CPA, August 26, 1991.

斯特＆维尼会计公司为银行的损失承担责任，因为会计师的审核报告清楚地表明，他们没有对 ZZZZ Best 截至 1986 年 7 月 31 日的财务报表发表意见。后来，一群股东对厄恩斯特＆维尼会计公司、ZZZZ Best 的前任律师以及 ZZZZ Best 的前承销商提起了诉讼。据报道，该诉讼以 3 500 万美元私下和解，但每位被告所分摊的金额不得而知。

一朝当过骗子……

在监狱里，巴里开始改写他人生故事的剧本。在一位基督教顾问和一位虔诚的狱友的鼓励下，巴里决定从事牧师工作。他通过观看杰瑞·福尔韦尔（Jerry Falwell）在自由大学（Liberty University）的教学录像，获得了文学学士学位和神学硕士学位。巴里的"模范"行为给假释委员会留下了深刻的印象，在他 25 年刑期中仅服刑了 7 年，于 1995 年获得假释。

获释后，巴里在加州查兹沃斯（Chatsworth）的洛基峰教会（Rocky Peak）担任了 2 年的副牧师。1997 年 2 月，他接受邀请成为圣地亚哥社区圣经教会（Community Bible Church）的高级牧师。看来监狱生活并没有磨灭巴里的口才，在他领导的头 7 年里，他的会众从 140 人增至 1 200 人。

尽管巴里在传道方面很成功，但他并不满足于当一个简单的教区牧师。巴里在 2001 年成立了欺诈发现研究所（Fraud Discovery Institute），并开始调查与他曾经犯下的欺诈相同类型的犯罪。在接下来的 8 年里，巴里凭借他在金融犯罪方面的独特专长，帮助 SEC 和联邦调查局起诉了 20 多起庞氏骗局。

2009 年，巴里确信年收入 100 亿美元的迈阿密房屋建筑商伦纳公司（Lennar Corp.）公布了虚假的财务报表。巴里买入了 2 万美元的股票期权，押注伦纳公司股价会下跌，然后通过新闻稿、媒体采访和专门的网站公开了他的指控。伦纳公司的股价从每股 11.57 美元跌至 6.55 美元，公司市值蒸发了 5.83 亿美元。

伦纳公司遂以诽谤罪和敲诈勒索罪起诉巴里。巴里无法证实自己的说法，调查人员也找不到伦纳公司违法的证据，所以当局逮捕了巴里，并以证券欺诈和内幕交易的罪名起诉他。2011 年 3 月，巴里承认了一项合谋诈骗的指控，被判处 5 年徒刑。"你知道我什么时候表现最好吗？"巴里在返回监狱之前不久问一位记者，"被拘留的时候。我在被管束的时候做得很好。跟我过不去的是自由。监狱管理局挽救了我的人生，我真不想再麻烦他们了，不过看样子他们还得再来一次。"①

【参考文献】

Akst, Daniel. "Behind 'Whiz Kid' Is a Trail of False Credit Card Billings." *Los Angeles Times*, May 22, 1987.

Akst, Daniel. *Wonder Boy: Barry Minkow—The Kid Who Swindled Wall Street*. New York: Charles Scribner's Sons, 1990.

Domanick, Joe. *Faking It in America: Barry Minkow and the Great ZZZZ Best Scam*. Chicago, IL: Contemporary Books, 1989.

"Ernst & Young Not Liable in ZZZZ Best Case." *Journal of Accountancy* 172 (July 1991): 22.

Minkow, Barry. *Clean Sweep: The Inside Story of the ZZZZ Best Scam*. Nashville, TN: Thomas Nelson Publishers, 1995.

Minkow, Barry. *Making It in America*. Self-published.

Moll, Rob. "The Fraud Buster." *Christianity Today*, January 2005.

Parloff, Roger. ": All-American Con Man." *Fortune*, January 5, 2012.

Rebello, Kathy. "Rise and Fall of ZZZZ Best." *USA Today*, July 13, 1987.

Reckard, Scott E. "Barry Minkow Is Sentenced to Five Years in Prison." *Los Angeles Times*, July 22, 2011.

Savitz, Eric. "Born-Again Barry." *Barron's*, May 19, 1997.

Securities and Exchange Commission. *In the Matter of Samuel George Greenspan, CPA. Accounting and Auditing Enforcement Release No. 312*, August 26, 1991.

【思考】

1. 巴里·明科是如何通过记录获取和偿还贷款的业务来虚增ZZZZ Best盈利的？

2. 州际评估服务公司和马比尔营销公司在ZZZZ Best诈骗案中扮演了什么角色？

3. 请描述厄恩斯特&维尼会计公司的合伙人拉里·格雷为验证ZZZZ Best的修复项目的真实性所执行的审计程序。这些审计程序是否充分？

---

① Roger Parloff, "Barry Minkow: All-American Con Man," *Fortune. CNN. com*, January 5, 2012.

4. 什么事件导致了 ZZZZ Best 破产？

5. 根据 SEC 的说法，审计师乔治·格林斯潘在审计 ZZZZ Best 1986 年 4 月 30 日的财务报表时犯了哪些错误？

16　Crazy Eddie 公司

「　艾迪对我来说就像神一样。我们都视他为领袖。他做举重运动；他的举止就像个王子似的；他可太有魅力了。

——萨米·安塔[①]　」

艾迪·安塔本可以成为一名富有的企业家。1968 年，第一家 Crazy Eddie 公司电子产品零售商店开业，可以说他赶上了风口，在正确的时间进入了正确的行业。在接下来的 20 年里，随着微波炉、录像机（VCRs）、CD 播放机以及个人电脑等新产品成为美国家庭生活的必备品，消费类电子产品市场呈现指数级增长。

在 20 世纪 70 年代初，电子产品主要由百货公司或者那些只得到一两个品牌授权的小型零售商销售。艾迪·安塔的想法是创建一个电子产品"超级商店"，"一网打尽"所有主流制造商的数百种货物产品，让产品从地上一直堆到天花板。艾迪·安塔的商店比其他零售商提供了更多的选择。Crazy Eddie 公司的大批量采购让他有足够的底气与供应商讨价还价，因此能够以低于竞争对手的价格出售商品。在 Crazy Eddie 公司倒闭后，百思买（Best Buy）和电路城（Circuit City）沿用艾迪的商业模式，创造了价值数十亿美元的全国连锁店。如果艾迪是一个更诚实的商人和更忠诚的丈夫，

[①] Joseph Wells, *Frankensteins of Fraud* (Austin, TX: Obsidian Publishing Company, 2000), 221.

那么这一切本该属于他。

Crazy Eddie 公司概况

艾迪·安塔的第一家店，是布鲁克林区国王高速公路上一个 12 平方英尺①的小隔间，店名为"风景与声音"（Sights and Sounds）。一年半之后，艾迪把他的店搬到了一个交通更便利的地方，并用他在高中的外号将店名改为"Crazy Eddie 的超线性声音体验店"。店里出售晶体管收音机、唱片、扬声器以及其他类似的产品。

艾迪是个"凶猛"的推销员。如果有顾客试图不买东西就离开，他就会大幅削减客户一直在看的商品的价格，直至客户同意购买为止。如果所有招数都无效，据说艾迪还会将门锁上，不让顾客离开。他的家人回忆说，有一回艾迪不知怎么的，竟然说服一名客户脱下了鞋子，他将鞋子藏在柜台后面，讥讽地说："如果你还想要回你的鞋子，我们得先做笔买卖。"②

艾迪的生意发展很快。1973 年，他在长岛开了第二家店，2 年后他又在曼哈顿开了第三家。Crazy Eddie 公司成功的关键，就在于围绕那条口号"Crazy Eddie 公司的商品价格简直是疯了！"展开的广告宣传。在几十个广播和电视广告中大声喊出这句广告语的人叫作杰瑞·卡罗尔（Jerry Carroll），又名"杰瑞博士"（Dr. Jerry），他以前是个电台主持人。该公司的广告语本身也成了流行文化的一部分。在大热电影《美人鱼》（Splash）中，Crazy Eddie 公司的广告吓到了由达丽尔·汉纳（Daryl Hannah）饰演的角色。丹·阿克罗伊德（Dan Akroyd）还在《星期六夜现场》（Saturday Night Live）中恶搞过这个广告。经过 15 年的不间断宣传，一项调查发现，杰瑞博士在纽约人中的知名度比长期担任市长的埃德·科克（Ed Koch）还要高。

Crazy Eddie 公司于 1984 年上市。在之后的 3 年里，该公司通过多次增发股票筹集了 1.34 亿美元，并从 13 家门店扩大到了 43 家。在 1987 年，它的市值达到了 6 亿美元的峰值。在那一年，Crazy Eddie 公司通过销售电视机、音响设备、电脑和小家电，创造了 3.5 亿美元的收入。

---

① 12 平方英尺约为 1.1 平方米。——译者
② Joseph Wells, *Frankensteins of Fraud* (Austin, TX: Obsidian Publishing Company, 2000), 221.

安塔家族

艾迪·安塔出生于1947年，在纽约市布鲁克林区的本森赫斯特（Bensonhurst）地区长大。他16岁就辍学了，很快就在克劳福德（Crawford）百货公司销售电子产品，每周能赚到700美元。也正是在克劳福德百货公司的日子里，一些十几岁的女孩看到他使出浑身解数以极度令人抓狂的营销手法试图将一个油炸锅卖给一位并不想买的客户后，给他起了"Crazy Eddie"的绰号。尽管有许多年轻人可能已经满足于有规律的工作时间和稳定的收入，但是艾迪却一直梦想拥有自己的商店。

后来，作为他自己的电子产品连锁商店的首席执行官，他又给自己树立了硬汉的形象。他来上班的时候，会戴上墨镜，穿黑色皮夹克，身边还要跟着一条100磅重的德国牧羊犬。虽然个子不高，但是浓密的黑胡子和健硕的身材令他看起来很是威武。他在办公室里放了一张卧推凳，经常一边谈生意一边撸铁。

虽然艾迪是Crazy Eddie公司的创始人和首席执行官，但是该公司实际上是个家族企业。艾迪的父母、叔叔、姐姐（妹妹）、两个兄弟和许多表兄弟都在公司工作，他们也都曾经或至少参与欺诈并获利。

艾迪的父亲萨姆·安塔（Sam M. Antar），或称萨姆·M.（"Sam M."），是整个安塔家族的大家长。萨姆的父母从叙利亚移民到了美国。虽然萨姆是一个虔诚的沙拉里锡兰教会（Shar'aree Zion Congregation）的教徒，每天早上都去犹太教堂祈祷，在安息日连电灯都不开，但是他的道德观很奇怪。关于他在Crazy Eddie公司欺诈案中扮演的角色，萨姆说："我确实截留了数百万的美元。但我从不说谎，我没骗过任何人。我可能骗过政府，但没骗过任何人。"[1]

Crazy Eddie公司欺诈案的主谋是艾迪的堂弟萨米·安塔（Sammy E. Antar）。1971年，只有14岁的萨米开始在Crazy Eddie公司工作。他每天的工资是10美元，从不走账，萨米负责开门备货、扫地、清理卫生间，以及艾迪要求他做的其他任何事情。

---

[1] Joseph Wells, *Frankensteins of Fraud*（Austin, TX：Obsidian Publishing Company, 2000），218.

萨米高中毕业后，艾迪把他送到大学里学习会计。也正是在大学里，胆小、肥胖的萨米发现了自己的特长。他以优异的成绩从巴鲁克城市学院（Baruch City College）毕业，在1980年的注册会计师考试中名列前1%。毕业后，萨米在潘&哈伍德（Penn & Harwood）会计公司积累了审计经验，而这正是Crazy Eddie公司的会计公司。后来，他回到Crazy Eddie公司，成为公司的财务总监，并主导了后来的欺诈活动。

Crazy Eddie公司欺诈案

第一家店一开张，艾迪·安塔和他的家人就开始从事违法勾当了。起初，他们是为了避税。萨姆·安塔的哥哥埃迪·安塔（Eddy M. Antar），也就是萨米的父亲，担任公司的财务主管。每天晚上打烊后，门店经理会开车把当天的收据送到埃迪家，每家门店每日的收据包括支票、信用卡签单以及2 000到3 000美元不等的现金。第二天早上，支票、信用卡签单和一小部分现金会存入银行，其余的现金由家人保管，从未上报。

有一部分截留的现金被用来作为账外工资支付给员工。根据美国国税局的报税记录，许多安塔家族的人从Crazy Eddie公司中获得的工资很少，但其实他们会收到大笔未报税的现金补贴（supplement）。比如艾迪的兄弟艾伦（Allen）就声称，作为一名门店经理，他每周只有300美元的工资，但他住的是豪宅，开的是捷豹，还把他的两个孩子送进了昂贵的私立学校。另一个安塔家族成员在他儿子的成年礼上邀请了"库尔伙伴合唱团"（Kool and the Gang）为在场的1 000名宾客演出。

其他现金则用于向独立的批发商采购存货。因为公司在账上隐藏了一部分销售收入，所以为了防止收入和费用比例失衡使人生疑，它还需要隐藏一部分采购成本。

安塔家族会将剩余的截留现金收起来。起初，埃迪和萨姆将这些现金藏在家中的床下、文件柜里或者地板下面。后来，到了1979年，家族成员开始频繁前往以色列，他们会携带几十万美金的现金，存入以色列国民银行（Bank Leumi）。仅在1980—1983年，安塔家族就在编号为31332的账户中存入了600多万美元。此外他们还有多少匿名或有编号的账户，就不得而知了。

在20世纪80年代早期，艾迪开始筹备公司股票的首次公开发行。正是在这个时候，欺诈的目的变了。在此之前，安塔家族的撇账行为低估了Crazy Eddie 公司的销售收入，让公司看起来几乎不可能实现收支平衡。而现在艾迪需要报告更多的利润来吸引投资者。

解决方案是通过每年少捞钱来"提高"公司的实际销售增长。艾迪和他的家人有条不紊地将他们的瞒报金额从1980年的300万美元减至1981年的250万美元、1982年的150万美元以及1983年的75万美元。尽管Crazy Eddie 公司的真实收入从1980年至1983年只增长了60万美元，但由于瞒报行为的减少，该公司报告的净利润从170万美元升至460万美元。这一惊人的增长纪录，使得该公司的股票在1984年首次公开发行时获得了超额认购。

1986年，萨米在操纵Crazy Eddie 公司的报告收入方面又更进一步。金融分析师用来评估零售行业的一个关键指标是"可比店面销售额"（comparable store sales）。萨米想出了一个"聪明"的主意，将安塔家族存在以色列银行中的钱转到Crazy Eddie 公司的账户，作为销售收入。萨米安排了150万美元从以色列国民银行转到国民银行的巴拿马分行（Leumi bank in Panama）。随后，他又让巴拿马分行向Crazy Eddie 公司开出金额从7.5万美元到15万美元不等的银行汇票，这些汇票被记入销售收入。

萨米设计的另一个虚增Crazy Eddie 公司可比店面销售额的诡计，是将批发交易错误地归类为零售交易。Crazy Eddie 公司的巨大销量使得该公司能够从制造商那里获得大幅折扣。有时，Crazy Eddie 公司也会充当批发商，把商品卖给其他零售商，价格高于Crazy Eddie 公司的买入价，但低于小公司可以与制造商协商的价格。萨米将这些批发业务销售额算在他们公司的零售收入中，以夸大其实际表现。

除了虚增收入，艾迪和萨米还虚增了公司的存货。和大多数零售商一样，Crazy Eddie 公司在每个财年结束时都会进行实地盘存，以确定期末存货金额。1985年，艾迪让仓库经理多报了200万美元的存货，次年，又多报了600万美元。

为了骗过审计师，萨米让仓库员工将箱子堆成中空的矩形，制造出比实际存在的盒子更多的假象。他还说服了2家供应商在年底前不久，将价值数百万美元的存货运到Crazy Eddie 公司的仓库，但将商品账单保留到年底之后。这些"借来"的存货虚增了Crazy Eddie 公司的年末资产。

最后一个欺诈的手段是低估Crazy Eddie 公司的债务。在萨米的指示下，公司应付账款主管伪造了来自供应商的虚假借项通知单（debit memos），假装存在退货和批量折扣。在截至 1987 年 3 月 1 日的财年中，Crazy Eddie 公司利用虚假借项通知单从公司真实应付账款中减去了 2 000 万美元。

Crazy Eddie 公司的审计师

早年，Crazy Eddie 公司由纽约一家名为潘 & 哈伍德的会计公司审计。这家会计公司规模很小，从 Crazy Eddie 公司那里收取的费用占到了该公司收入的 1/3 以上。尽管没有证据表明潘 & 哈伍德会计公司中有人知晓或参与了 Crazy Eddie 公司欺诈案，但这家小小的会计公司显然没有足够的能力去监督比自身更大、更强的客户。

在筹备公司股票的首次公开发行时，承销商建议聘请一家更知名的会计公司来提高投资者对公司财务报表的信心。1984 年，当时全美排名第九的曼恩·赫德曼（Main Hurdman）会计公司接下了 Crazy Eddie 公司的审计工作。毕马威会计公司在并购了曼恩·赫德曼会计公司之后，接手了 Crazy Eddie 公司 1987 和 1988 年的审计。

欺诈案败露后，萨米·安塔曾多次发表演讲和接受采访，描述他和他的表兄弟们用来欺骗审计师的诡计。其中一个关键是，审计师从来不会在同一年检查 Crazy Eddie 公司的所有门店，而且他们会提前告诉萨米他们选择了哪些门店来进行审计。萨米就会把其他门店的存货搬到选定的门店以填补缺口，同时将未被选中的门店的库存虚增 300%。

萨米还设法规避了审计师的许多程序。1986 年，在完成一项存货实地盘存时，审计师让一个仓库管理员帮忙复印一张纸，上面写着他们的测试计数。这位机智的仓库管理员多复印了一份然后偷偷给了萨米，让他知道审计师后续将会对哪些存货做进一步测试。后来，萨米找到了审计师放置工作底稿箱钥匙的地方。从那时起，萨米每天晚上都会阅读审计师的工作底稿，从而为他们发现的任何可疑交易提前准备好解释的说辞。

发现欺诈行为

艾迪·安塔事业的崩溃，始于他婚姻的破裂。1969 年，艾迪与他的高中恋人黛博拉·罗森（Deborah Rosen，昵称为黛比（Debbie））成婚。黛比待在家里照顾他们的 5 个女儿，艾迪每天工作 14 个小时，晚上去上城区的俱乐部通宵"谈生意"。

艾迪的酗酒和语言虐待使他的婚姻关系变得紧张起来。他的不忠则彻底毁了他们的婚姻。1983 年，黛比得知她的丈夫为 Crazy Eddie 公司里一个年轻迷人的女员工在外面租了房子。1983 年 12 月 31 日，黛比和她的两位妯娌与艾迪对峙，当时艾迪正坐在女友公寓外的豪华轿车里。四人的大声争吵迫使门卫报了警。

黛比提出离婚时，艾迪的许多亲戚都站在她一边。父亲萨姆痛骂艾迪让他的 5 个女儿蒙羞。12 月 31 日，艾迪的姐姐（妹妹）艾伦在和艾迪发生争吵时支持黛比。艾迪威胁要开除他的兄弟米切尔（Mitchell），因为米切尔的妻子支持黛比。

当艾迪因个人问题分心时，他的公司也陷入了困境。20 世纪 70 年代公司经历的快速增长是不可能长期维持的。事实证明，大部分因"忠诚"而非才干被聘用的高管团队，并不适合管理一家大型公众公司。新的竞争对手抢占了市场份额，挤占了公司的利润空间。

1986 年 12 月 22 日，艾迪忽然宣布卸任 Crazy Eddie 公司董事长一职，公司高层出现了空缺。米切尔、萨米和另一个人被董事会选中接管"董事长办公室"。第二年春天，Crazy Eddie 公司的股价从最高时的 20 美元跌至 6 美元。

股价的下跌引来了企业掠夺者（corporate raiders）的关注，他们认为 Crazy Eddie 公司属于经营不善的健康企业。来自得克萨斯州的电子产品零售商伊利亚·辛（Elias Zinn），以及企业重整专家维克多·帕尔米耶里（Victor Palmieri）共同买入了 Crazy Eddie 公司 17％的股份。1987 年 11 月，辛和帕尔米耶里刚刚通过代理权之争（proxy contest）获得了 Crazy Eddie 公司的控制权，就解雇了安塔家族剩下的成员，组建了自己的管理团队。鲍勃·马蒙（Bob Marmon），一位经历过宾州中央铁路公司转型的资深人士，取代萨米·安塔成为 Crazy Eddie 公司的首席财务官。马蒙下令在全公司范围内进行实物盘点。初步报告估计，与资产负债表上记录的数额相比，存货短缺 4 500 万美元。后来确定的实际差额为近 6 500 万美元。

逃亡的艾迪

艾迪几乎在首次公开发行股票刚结束，就开始变现他的股票了。从1984年到1987年，他通过出售手中的Crazy Eddie公司股票赚了6 000多万美元。他把大部分的钱都转移到了以色列、意大利、瑞士、利比里亚和直布罗陀的银行账户里。但1990年1月，在SEC以欺诈和内幕交易的罪名起诉艾迪之后，一名联邦法院法官命令他将所有资金转回美国。

然而艾迪不仅没有上交他的资产，还利用在巴西购得的黑市护照逃往了以色列。随后的2年里，艾迪使用了不下6个假名来掩盖身份，四处逃亡。Crazy Eddie公司股东委托的首席律师霍华德·西罗塔（Howard Sirota）下决心一定要找到艾迪并追回他客户的钱。考虑到艾迪对意大利北部菜肴的热爱，西罗塔将艾迪的照片发给了欧洲和中东的意式餐厅的领班，悬赏1万美元寻找艾迪的行踪。

最后还是艾迪自己走进瑞士首都伯尔尼的一家警察局，暴露了自己的身份。艾迪有3 200万美元以大卫·雅各布·利维·科恩（David Jacob Levi Cohen）的名义存在一个瑞士银行账户里。在美国当局说服该银行冻结该账户后，艾迪聘请了一名瑞士律师试图帮助自己提取资金。当律师失败后，艾迪选择亲自前往伯尔尼，请求瑞士警方帮助自己取走这笔钱。警察一路追踪艾迪到以色列。1992年6月24日，艾迪在特拉维夫市郊的豪华公寓中被捕。

公平、正义？

与萨米·安塔在这起金额高达8 000万美元的诈骗中扮演的关键角色相比，法官对萨米的判决可谓极其仁慈。当辛和帕尔米耶里赢得了代理权之争并得到Crazy Eddie公司控制权的时候，萨米就知道麻烦来了。在被辞退之前的9天里，他销毁了大量的文件。文件的销毁使得萨米对于政府而言变得不可或缺。由于缺乏书面证据，检察官们需要萨米的证词来支持他们对艾迪的指控。作为对萨米配合调查的回报，联邦检察官只要求将他软禁6个月，并要求他提供1 200小时的社区服务。

1993年7月，陪审团裁定艾迪·安塔犯有17项罪，包括合谋、诈骗和敲诈勒索罪等。一名法官判处他12年监禁和1.21亿美元赔偿。艾迪的律师团提出上诉，声称法官尼古拉·波利坦（Nicholas Politan）从最开始就对艾迪抱有偏见。他们援引了波利坦法官在一场判决听证会中的发言，波利坦当时说，从"第一天"起他的目标就是追回由于被告的欺诈而被拿走的钱。① 他们还抱怨在审判的第一个星期，艾迪的一个小女儿死于癌症，法官却对艾迪毫无同情心。1995年4月，美国联邦第三上诉法院认为，被告方辩护律师的控告具有实质价值，推翻了艾迪的有罪判决。

一年后，在美国检察官办公室准备重审艾迪时，他只承认了一项敲诈勒索罪。美国联邦法院新泽西州地区法官判处艾迪在联邦监狱服刑6年10个月。

【参考文献】

Belsky, Gary, and Phyllis Furman. "Calculated Madness: The Rise and Fall of Crazy Eddie Antar." *Crain's New York Business*, June 5, 1989.

Bryant, Adam. "Crazy Eddie's Chief Is Arrested in Israel." *New York Times*, June 25, 1992. Cheney, Glenn. "How Crazy Was Crazy Eddie?" *Accounting Today*, October 26, 1998.

Lambert, Wade. "Crazy Eddie's Founder's Conviction in Stock Fraud Case Is Reversed." *Wall Street Journal*, April 13, 1995.

McMorris, Frances. "Crazy Eddie Inc.'s Antar Admits Guilt in Racketeering Conspiracy." *Wall Street Journal*, May 9, 1996.

Meier, Barry. "Crazy Eddie's Insane Odyssey." *New York Times*, July 19, 1992.

Pinder, Jeanne B. "Crazy Eddie Founder Guilty of Fraud." *New York Times*, July 21, 1993.

Queenan, Joe. "Positively Insane—The Absolutely Incredible Saga of Crazy Eddie." *Barron's*, June 13, 1988.

Securities and Exchange Commission. *Securities and Exchange Commission v. Antar et al*. Accounting and Auditing Enforcement Release No. 247, September 6, 1989.

Tannenbaum, Jeffrey. "Short Circuit: How Mounting Woes at Crazy Eddie Sank a Turnaround Effort." *Wall Street Journal*, July 10, 1989.

---

① Joseph Wells, *Frankensteins of Fraud* (Austin, TX: Obsidian Publishing Company, 2000), 253.

Wells, Joseph. *Frankensteins of Fraud*. Austin, TX: Obsidian Publishing Company, 2000.

【思考】

1. 为什么安塔家族最初要少报公司的销售收入？

2. 从1980年开始，艾迪·安塔和萨米·安塔用什么方法虚增了Crazy Eddie公司的销售收入？

3. 艾迪·安塔和萨米·安塔是如何隐瞒虚增Crazy Eddie公司6 500万美元库存余额这一事实的？

4. Crazy Eddie公司的舞弊是怎样被发现的？

5. 为什么Crazy Eddie公司欺诈行为的幕后黑手萨米·安塔没有被判入狱？

17　缩小差距

> 我不是被雇来侦察舞弊的。我是来做审计的。
> ——乔治·格林斯潘①

乔治·格林斯潘对 ZZZZ Best1986 年的财务报表出具了无保留意见的审计报告，他从未怀疑过公司有近 50％的报告收入完全是虚构的。在格林斯潘看来，通过对 ZZZZ Best 与州际评估服务公司的汤姆·帕吉特签署的建筑修复合同进行确认，以及查看了许多 ZZZZ Best 向马比尔营销公司付款的证明文件，他已经履行了自己的职业责任。他怎么可能知道州际评估服务公司和马比尔营销公司都是由巴里·明科的同伙控制的空壳公司呢？格林斯潘认为，他的职责是核实修复工作得到正确的会计处理，本就不该由他去核实修复工作是否真的进行过。

ZZZZ Best 和 Crazy Eddie 公司不过是 20 世纪 80 年代曝光的诸多令人发指的财务欺诈案中的两个。1985 年 3 月被发现的 ESM 政府证券公司诈骗案，因其对俄亥俄州储蓄行业的影响而得到了广泛的新闻报道。2 年后，曾被里根总统誉为"八十年代英雄"的威泰克公司（Wedtech）创始人约翰·马里奥塔（John Mariotta），也被曝出他的价值 1 亿美元的公司是用贿

---

① David Hilzenrath, "Auditors Face Scant Discipline," *Washington Post*, December 6, 2001.

赂和虚假财务报表"造"出来的。① 随着一个个新的丑闻曝光,投资者和债权人越来越希望知道为什么审计师没有发现这些违规行为。审计师试图推卸侦察舞弊的责任的做法,只会激怒他们的批评者。要求审计师在防止欺诈性财务报告方面发挥更积极的作用的呼声越来越高。

特雷德韦委员会

1985年秋,在众议员约翰·丁格尔领导的商务委员会第一轮听证会召开后不久,美国注册会计师协会和另外四个会计职业协会决定发起民间组织"虚假财务报告全国委员会"(National Commission on Fraudulent Financial Reporting)。SEC前委员小詹姆斯·特雷德韦(James C. Treadway, Jr)是这个六人委员会的主席,其任务是找出导致虚假财务报告的原因,并提出降低其发生率的措施。

该民间组织在1987年10月公布的报告提出,预防虚假财务报告的主要责任在于公司的管理层。② 该报告建议公司管理人员为他们的组织建立和推行一套行为准则,还建议公司维持一个有效的内部审计部门,任命一个完全由独立董事组成的审计委员会,并要求公司高级管理人员在年度报告中增加一份书面声明,明确承认他们对公司财务报表的准确性负有责任。

该报告提出,独立的公共会计师在发现和阻止虚假财务报告方面起着"次要"但"关键"的作用(a "secondary" but "crucial" role)。③ 由于审计师、投资者和监管机构之间存在分歧,该委员会建议修改审计准则,以明确审计师在发现财务舞弊方面的责任。报告称,"该准则应该重申这一责任,要求独立的公共会计师采取积极措施,评估财务报告舞弊的可能性,并设计测试,以便为发现舞弊提供合理保证"。④ 该委员会还建议审计师更多地使用分析性复核程序(analytical review procedures)来识别可疑的账户余额,并在季度财务报表公布之前实施检查。

---

① James Traub, *Too Good to Be True: The Outlandish Story of Wedtech* (New York: Doubleday, 1990).

② National Commission on Fraudulent Financial Reporting, *Report of the National Commission on Fraudulent Financial Reporting* (1987), 31–48.

③ Ibid., 49–62.

④ Ibid., 13.

作为他们工作的一部分，特雷德韦委员会（Treadway Commission）的成员还回顾了 SEC 在 1981 年至 1986 年间对公众公司提起的 119 项执法行动。该委员会的结论是，当既存在诱发舞弊的环境压力，又存在使得舞弊更容易发生或更难发现的制度机会时，最有可能发生虚假财务报告。可能增加舞弊风险的环境压力，包括收入的突然下降、不切实际的预算压力，以及与短期会计数字挂钩的薪酬计划等。薄弱的内部控制、无效的内部审计部门，以及疏忽大意的董事，则为经理们实施舞弊提供了可乘之机。该委员会建议审计师在评估财务报告舞弊风险时考虑这些因素。

该委员会还提出，在 SEC 调查的欺诈案件中，"绝大多数"是由公司首席执行官或首席财务官犯下的。该报告建议，审计师不应假定管理层是诚信正直的，而应在确定管理层的可信度时采用职业怀疑态度（professional skepticism）。

与"期望差距"有关的审计准则

1988 年 4 月，审计准则委员会公布了 9 份新的《审计准则公告》，旨在缩小财务报表使用者认为审计师应承担的责任，与审计师认为自己应承担的责任之间的"期望差距"（expectation gap）。在公布新准则时，审计准则委员会承认，财务报表使用者希望审计师能够更明确地表达意见，能对潜在的业务失败提供早期预警，并在发现欺诈和违法行为方面承担更多的责任。美国注册会计师协会分管审计事务的副会长丹·盖（Dan M. Guy）和审计准则委员会主席杰瑞·沙利文（Jerry D. Sullivan）对新准则的必要性作出了如下解释：

> 由于注册会计师长期以来都承担着对其所审计的财务信息的编制者和使用者的责任，因此该行业有责任按照他人的期望、关注和批评来持续评估审计准则是否适当。当评估结果表明需要修改准则时，就应该进行修改。基于这样的评估，通过应循程序，并经过深思熟虑和认真研究之后，审计准则委员会批准了这 9 项新的《审计准则公告》。新准则将使审计师的责任和表现更接近于公众的期望。[1]

---

[1] Dan M. Guy and Jerry D. Sullivan, "The Expectation Gap Auditing Standards," *Journal of Accountancy* 165 (April 1988): 8.

《审计准则公告第 53 号》是新准则中最受热切期待的一份。鉴于《审计准则公告第 16 号》已经要求审计师查找重大错误和违规行为,《审计准则公告第 53 号》进一步要求审计师设计审计程序,以期为"发现对财务报告有重大影响的错误和违规行为提供合理的保证"。[1] 尽管措辞上的变化是很微妙的,但《审计准则公告第 53 号》是第一份以肯定的方式陈述审计师对舞弊行为的责任的准则。审计师不仅要高度关注舞弊行为并在发现时予以报告,还要对及时发现重大舞弊提供合理保证。当然,这份新准则也承认,如果是因为伪造或合谋导致审计师未能发现财务报表舞弊,就不应该认为审计师存在过失。

多数审计人员认为,《审计准则公告第 16 号》允许他们假定管理层是诚实的,除非他们发现了相反的证据。但《审计准则公告第 53 号》要求审计师对管理层的陈述保持职业怀疑——不事先对其诚信与否作出假定。新准则要求审计师寻找常常与舞弊相关联的客户特征。带有"危险信号"(red flags)的客户特征的例子,包括一人全权掌控公司的经营和财务决策、分散且缺乏监督的组织结构、有争议或比较复杂的会计问题等。当客户特征表明重大错报风险可能高于正常水平时,审计师应当指派更有经验的人员,收集更有说服力的审计证据,并在关键审计领域提高职业怀疑程度。

《审计准则公告第 53 号》要求审计师向高级管理人员、董事会或审计委员会报告重大违规行为(material irregularities)。然而,在大多数情况下,审计师不需要向外界报告舞弊行为,除非是出具非无保留意见的审计报告(a modified audit report)。

《审计准则公告第 54 号》取代了《审计准则公告第 17 号》。由于美国企业受到大量法律法规,如职业安全、环境保护、平等就业和知识产权等法律法规的约束,因此,审计准则委员会认为,要求审计师提供合理的保证,以发现所有可能对财务报表产生重大影响的违法行为,是不可行的。因此,《审计准则公告第 54 号》只要求审计师对那些会对财务报表的列报金额产生直接和重大影响的违法行为负责。比如,审计师应该对发现企业所得税逃税行为提供合理保证,因为测试税务合规性是评估客户的税费支出和应交税费账户的必要步骤。但是,审计师没有责任评估客户的废弃物处理政策,因为这些法律不在审计师的专门知识范围以内,而且由于违规

---

[1] SAS No. 53, *The Auditor's Responsibility to Detect and Report Errors and Irregularities*, paragraph 5; emphasis added.

所引起的或有负债只对财务报表具有间接影响。虽然审计师不必对很多违法行为进行搜查，但《审计准则公告第54号》规定，如果发现了违法行为的证据，审计师就有义务通知高级管理人员和董事会。

与此同时，审计准则委员会为明确审计师对错误（errors）、违规行为（irregularities）和违法行为（illegal acts）的责任，出台了三份旨在提高审计有效性的新准则。《审计准则公告第55号》要求审计师在所有审计中了解和记录客户的控制环境（control environment）、会计系统（accounting system）和控制程序（control procedures）。审计师对客户的内部控制的了解，必须足以查明可能的错报类型并设计恰当的实质性测试（substantive tests）。《审计准则公告第56号》取代了《审计准则公告第23号》，要求审计师在所有审计的计划阶段和最终复核（final review）阶段使用分析性程序。审计准则委员会认为，如果审计师能够运用比率分析、行业比较和趋势分析来评估客户财务报表的整体合理性，他们会更有希望发现其中的重大错报。《审计准则公告第57号》指导审计师通过检查管理层作出会计估计的过程来对会计估计设定独立的期望值，或通过审查在现场工作完成之前发生的后续事件等方式，来评估重要的会计估计。

《审计准则公告第58号》是自1948年以来首次对标准审计报告进行的实质性修订。该准则扩充了引言段，增加了两句话，从而区分了管理层编制财务报表的责任与审计师对财务报表发表意见的责任。修订后的审计报告还包括一个审计范围段（scope paragraph），简要说明审计涉及的内容，并明确说明审计只能对财务报表不存在"重大错报"（material misstatement）提供合理保证（reasonable assurance）。审计准则委员会希望，新的报告明确提及合理保证和重要性概念，能有助于读者理解审计过程的内在局限性。

《审计准则公告第59号》试图从另一个重要维度来解决期望差距的问题。财务报表使用者希望审计师能够针对客户可能被迫停止业务的情形提供早期预警。《审计准则公告第59号》要求，如果对客户在一段合理的时间内（从资产负债表日起不超过一年）的偿债能力存在"重大疑问"（substantial doubt），那么审计师应当出具非无保留意见的审计报告。许多审计师反对这项准则，因为该准则是在要求他们预测未来。但国会和投资界坚持要求审计师承担更多责任，向投资者和债权人发出客户即将破产的警告。

最后两份《审计准则公告》致力于改善审计师和客户之间的沟通。《审计准则公告第60号》要求审计师将其在审计过程中发现的所有重大内部控制缺陷（material internal control weaknesses），通知高级管理人员和审计委员会。《审计准则公告第 61 号》要求审计师向客户的审计委员会通报所有重大的审计调整、与管理层的意见分歧，或在执行审计中遇到的严重困难。

这 9 项关于"期望差距"的审计准则加在一起，几乎影响了整个审计程序从最初的计划到最终的审计报告的每一个阶段。《审计准则公告第 53 号》《审计准则公告第 54 号》和《审计准则公告第 59 号》明确了审计师在发现错误、违规行为和违法行为以及评估客户的持续经营能力方面的责任。《审计准则公告第 55 号》《审计准则公告第 56 号》《审计准则公告第 57 号》力图通过改进审计师评价内部控制、执行分析性程序和评估会计估计的程序，来提高审计质量。《审计准则公告第 58 号》、《审计准则公告第 60 号》和《审计准则公告第 61 号》旨在改善审计师与客户和财务报表读者的沟通。审计准则委员会希望新准则能在未来几年让批评者满意。

欺诈性财务报告：1987—1997 年

"特雷德韦"报告公布 10 年后，同样的 5 家发起组织又委托了 3 名研究人员分析了 1987—1997 年 SEC 发布的《会计和审计执行执法公告》（Accounting and Auditing Enforcement Releases，AAER）中所描述的虚假财务报告案例。研究人员从其中提到的近 300 起财务报表舞弊案件中随机抽取了 200 起。

他们的报告《财务报告舞弊 1987—1997：对美国公司的分析》（Fraudulent Financial Reporting：1987—1997，An Analysis of U. S. Companies）总结了涉嫌财务报表舞弊的案例的主要公司特征和管理特征。研究人员观察到，在 83％的案例中，要么是首席执行官，要么是首席财务官，要么是两者共同参与了舞弊。而且，这些公司中似乎很少有运作良好的审计委员会。大约一半的欺诈行为涉及过早确认或者虚构收入。高估资产价值是另一种常见的欺诈手段。总体而言，该报告突出了有效和独立的审计委员会的重要性，也强调了组织的控制环境的重要性。

研究人员还调查了 SEC 指控审计师的执业行为存在缺陷的 45 起案件中的一部分。错误地应用公认会计原则、过度依赖管理层陈述、没有获得充分证据来评估重大估计、未能确认关联方交易、过度依赖于薄弱的内部控制，这些都是 SEC 对审计师们最常见的批评。

后续的审计准则

对于审计师在财务报表造假问题上的责任，《审计准则公告第 53 号》当然不是最后定论。1997 年，《审计准则公告第 82 号》取代了《审计准则公告第 53 号》。新准则对审计师的责任作了如下解释：

> 审计师有责任制订审计计划、执行审计工作，以获得财务报表是否不存在因错误（error）或舞弊（fraud）所造成的重大错报的合理保证。由于审计证据（audit evidence）的性质和舞弊的特征，审计师对于发现重大错报，只能获得合理保证而非绝对保证（absolute assurance）。至于那些对财务报表不重要的错报，无论其是错误还是舞弊所导致的，审计师都没有责任去制订审计计划、执行审计工作进而获取合理保证。①

美国注册会计师协会有关人士坚持认为，《审计准则公告第 82 号》仅仅是明确了审计师在舞弊问题上的责任，没有扩大责任范围。审计师的责任界定仍然限于"合理保证"和"重要性"的边界以内。

《审计准则公告第 82 号》的主要贡献是，它为审计师评估舞弊风险提供了更详细的指导。该准则第 16 段和第 17 段明确指出了 30 多个通常与虚假财务报告有关的风险因素，并指导审计师寻找"危险信号"，比如高管人员频繁变更、与前任审计师存在纠纷、管理层刚愎自用、产业状况恶化以及业务高度复杂等。第 18 段指明了与挪用资产有关的风险因素，比如，缺乏适当的内部控制，拥有大量高价值、易变现资产（如珠宝或电脑芯片）的客户，风险最高。《审计准则公告第 82 号》要求审计师将风险评估情况记录在工作底稿中，并调整审计程序，以期为发现潜在的重大舞弊提供合理保证。对于发现的舞弊行为，《审计准则公告第 82 号》的报告要求与《审计准则公告第 53 号》相似。

仅仅 5 年后，就在安然公司和世通公司财务丑闻发生后不久，审计准

---

① SAS No. 82, *Consideration of Fraud in a Financial Statement Audit*; emphasis added.

则委员会又以《审计准则公告第 99 号》取代了《审计准则公告第 82 号》。本书第 25 章阐述了这一提高审计师欺诈检测能力的最新尝试。

【参考文献】

Beasley, Mark S., Joseph V. Carcello, and Dana R. Hermanson. "Top 10 Audit Deficiencies." *Journal of Accountancy* 191 (April 2001): 63-66.

Carmichael, Douglas R. "The Auditor's New Guide to Errors, Irregularities and Illegal Acts." *Journal of Accountancy* 166 (September 1988): 40-46.

Committee of Sponsoring Organizations of the Treadway Commission (COSO). *Fraudulent Financial Reporting*: 1987-1997, *An Analysis of U.S. Companies* (1999).

Guy, Dan M., and Jerry D. Sullivan. "The Expectation Gap Auditing Standards." *Journal of Accountancy* 165 (April 1988): 36-43.

Hilzenrath, David. "Auditors Face Scant Discipline." *Washington Post*, December 6, 2001.

Mancino, Jane. "The Auditor and Fraud." *Journal of Accountancy* 183 (April 1997): 32-36.

National Commission on Fraudulent Financial Reporting. *Report of the National Commission on Fraudulent Financial Reporting* (1987).

Traub, James. *Too Good to Be True*: *The Outlandish Story of Wedtech*. New York: Doubleday, 1990.

【思考】

1. 虚假财务报告全国委员会建议如何打击财务报表舞弊？

2. 《审计准则公告第 53 号》与《审计准则公告第 16 号》有何区别？

3. 为了提高审计效率而采用的《审计准则公告第 55 号》《审计准则公告第 56 号》《审计准则公告第 57 号》提出了哪些要求？

4. 《审计准则公告第 58 号》在哪些方面修改了标准审计报告？

5. 据 SEC 所述，从 1987 年到 1997 年，最常见的审计缺陷有哪些？

6. 《审计准则公告第 82 号》在《审计准则公告第 53 号》的基础上增加了哪些内容？

第五部分
终结的开端

18　审计师独立性

> 公众对于公司财务报表可靠性的信任,取决于他们对于作为独立专业人士的外部审计师的看法。如果投资者认为审计师已经沦为企业客户的代言人,那么审计就失去其价值了。
>
> ——美国最高法院大法官沃伦·伯格[①]

独立性是审计的基石。投资者和债权人之所以要求由一个客观的第三方来检查公司的财务报表,是因为他们(有理由)担心公司管理层编制的财务报告可能存在偏见。独立的审计师为自利的公司经理所提供的信息增加了可信度。像橡皮图章那样未经审查便对公司经理的主张予以肯定的审计师,就像不会游泳的救生员一样没用。

审计师的独立性

独立是一种精神状态。美国注册会计师协会的第二份公认审计准则(general standard of auditing)要求:"在执行所有业务时,审计师都应当保

---

① *United States v. Arthur Young & Co.*, 465 U. S. 805 (1984).

持独立的精神态度。"① 审计师的判断必须客观、公正、无偏见，不受自身利益的影响。

但由于不可能衡量（更不用说规范）审计师的精神态度，因此美国注册会计师协会和 SEC 的规则都侧重于遏制审计师有明显动机且不恰当地为客户提供有利的审计报告的情景。SEC 主席亚瑟·莱维特非常简洁地总结了 SEC 的要求，"独立性意味着审计师不应该与被审计公司的经理们同床共枕"。②

SEC 最早的执法行动之一——1936 年的丰饶角金矿公司案（In the Matter of Cornucopia Gold Mines），生动地说明了早期审计师与他们的客户有时是多么紧密地交织在一起。丰饶角金矿公司在会计公司的办公室租了一个地方，并且其支付的审计费用有一部分更是与其每年的黄金销售额挂钩。此外，负责丰饶角金矿公司审计业务的审计师手中持有该公司的普通股股份，同时还担任了该公司的主计长。

在接下来的 70 年里，美国注册会计师协会和 SEC 对审计师与其客户的关系做出了越来越严格的规定。美国注册会计师协会《职业行为准则》第 101 条规定，目前禁止审计师与审计客户有直接经济利益或重要的间接经济利益关系、担任客户公司的高管或董事、借钱给审计客户或接受审计客户的贷款，或者对近亲属负责编制财务报表的公司进行审计。③ 美国注册会计师协会职业道德执行委员会（AICPA Professional Ethics Executive Committee）制定了一百多条详细的规定，涉及的问题包括审计师是否可以接受审计客户的礼物，审计师是否可以在客户的金融机构中开立活期存款账户，甚至包括审计师是否可以与审计客户共享度假别墅。

美国注册会计师协会《职业行为准则》要求审计师保持形式上和实质上的独立性④，即审计师必须避免出现可能导致理性的人怀疑其独立性的情况。因为审计师的主要作用是增强投资者与债权人对经审计的财务报表的信任，美国注册会计师协会秘书长约翰·凯瑞（John L. Carey）在 1946 年

---

① American Institute of Certified Public Accountants, *U.S. Auditing Standards*, AU Section 220.01.

② Arthur Levitt, *Take on the Street* (New York: Pantheon Books, 2002), 118.

③ American Institute of Certified Public Accountants, *Code of Professional Conduct*, Section II, Rule 101.

④ American Institute of Certified Public Accountants, *Code of Professional Conduct*, Section II, Article IV.

写道："公共会计师行业必须像凯撒的妻子一样。被怀疑几乎和被定罪一样糟糕。"①

尽管 SEC 和美国注册会计师协会编写了许多规定来维护审计师在公众眼中的独立性，但对审计师独立性的怀疑在 20 世纪的后半叶中持续存在。相当数量的投资者质疑下列行为是否适当：(1) 客户自行选聘并支付审计师报酬；(2) 审计师在前客户的公司供职；(3) 会计公司为其审计客户提供管理咨询服务；(4) 公共会计师与其审计客户合办企业。

审计师由客户雇用和支付报酬

公共会计师行业最大的讽刺之一是，尽管人们期望审计师给出公正的意见，但他们却是由被审计单位所雇用和支付报酬的。持怀疑态度的人们将这种安排比作让打主场的棒球队来雇用裁判，或者让图书的作者来选择自己的书评人。(科恩) 审计师责任委员会也承认存在上述利益冲突，它表示，"独立审计师是由受其工作影响的人来选聘和支付报酬的。因此，完全独立在实践上是不可能的"。②

支付了上百万美元审计费的公司对其审计师拥有巨大的经济权力。大型会计公司的合伙人声称，他们永远不会屈服于客户的不正当要求，因为单个客户只占整个公司总收入的极少的一部分。然而，这一论调忽视了单个客户对于某个成员公司或某个合伙人的重要程度。例如，亚瑟·扬会计公司凤凰城办公室收入的 20% 来自林肯储蓄贷款机构。沃尔弗森公司洛杉矶办公室收入的 60% 都来自权益基金公司。潘&哈伍德会计公司纽约办公室 1/3 的收入来自 Crazy Eddie 公司。上述办公室的合伙人及其审计师自然会有强烈的动机与这些利润丰厚的客户保持友好的关系。

公众监督委员会审计独立性咨询小组（The Public Oversight Board's Advisory Panel on Auditor Independence）(1994 年) 建议加强公司审计委员会，以保护审计师免受企业管理层的影响。其他保障措施，诸如合伙人轮换以及由第二名合伙人复核等，也有助于保证审计业务合伙人不会过于接近企

---

① John L. Carey, *Professional Ethics of Public Accounting* (New York: American Institute of Accountants, 1946), 7.

② Commission on Auditors' Responsibilities, *Report, Conclusions, and Recommendations* (New York: American Institute of Certified Public Accountants, 1978), 93.

业管理层，或屈服于管理层的压力。

为了减少客户对于其审计师的经济影响力，经常有人提议实行强制性轮换审计公司的办法。消费者权益倡导者拉尔夫·纳德（Ralph Nader）在1976年建议，应该限定企业聘用审计师的期限为5年，不得取消，也不得续期。这样，审计师的判断就不会再因为担心被解雇或希望延长审计期限而受影响。另外，如果知道来自对手会计公司的审计师在不久的将来会检查其客户的账目，审计师就会更有动力提高审计质量。

1991年，美国总审计长曾考虑要求美国前50家大银行，每5到7年轮换一次审计公司。该建议与加拿大银行业当时实行的审计师轮换政策类似。六大会计公司的领导人称，该建议将使年度审计成本至少增加10%。此外，他们还警告称，在审计师/客户关系的最初几年，因为此时审计师还不熟悉客户的业务，审计失败的风险是最高的。总审计长最终判定，强制轮换会计公司的成本将会超过其潜在收益，于是否决了这一提议。尽管这一提议从未被采纳，但在整个20世纪90年代，每当国会或SEC开始担忧公司经理对审计师的影响时，强制轮换又会时不时地被人们想起。

旋转门

在公共会计师行业中，只有一小部分年轻审计师愿意在这一行工作超过5年。审计客户经常从会计公司中挖角，把那些已经了解其运作模式且经验丰富的公共会计师转成它的会计师。会计公司也经常鼓励离职的审计师加入客户的公司，他们认为这样有利于增强公司与客户之间的联系。

会计公司与其客户之间的"旋转门"对于审计师的独立性构成了多重威胁。有意跳槽的审计师可能会花更多的时间试图给客户留下深刻印象，而不去严格地检查财务报告是否公允。即便是在最好的情况下，审计师可能也会觉得难以客观地评价客户员工的诚信正直程度。在最差的情况下，客户甚至可能会利用酬劳丰厚的工作机会换取审计师出具正面的审计报告。

在审计师加入客户的公司之后，潜在的问题会继续存在。那就是，这些前审计师凭借其对审计公司测试技术的了解，可能会帮助客户以最不可能被发现的方式操纵财务报表。另外，仍在会计公司供职的审计师们在询问自己的朋友和前同事时，也可能会放松对他们的怀疑态度。

杰克·艾奇森原本是亚瑟·扬会计公司负责审计林肯储蓄贷款机构的合伙人，他后来成了"旋转门"的典型代表人物。在接受林肯储蓄贷款机构的母公司年薪93万美元的职位前，艾奇森在亚瑟·扬会计公司的年薪是22.5万美元。国会议员理查德·莱曼（加州民主党）就艾奇森的角色转换问题向亚瑟·扬会计公司的董事长威廉·格拉斯顿（William Gladstone）提出了质疑。

莱曼：在艾奇森先生辞职去林肯储蓄贷款机构任职之后，亚瑟·扬会计公司的人和他还有联系吗？

格拉斯顿：是的，先生。

莱曼：在审计过程中？

格拉斯顿：是的。

莱曼：所以说他从桌子的一边走到另一边就多挣了70万美元？

格拉斯顿：事情就是这样。

莱曼：那他在那边的工作需要与审计师对接吗？

格拉斯顿：在某种程度上，是的。

莱曼："在某种程度上"是什么意思？

格拉斯顿：关于8-K表格中涉及的重要会计问题，我们确实与杰克·艾奇森有过交流。

莱曼：所以说基廷先生让他与您在重要（会计）决策上对接？

格拉斯顿：他，还有其他美国大陆公司的高管。[1]

不幸的是，艾奇森并不是唯一一个因为投奔甲方而引发外界对其独立性质疑的审计师。《纽约时报》在1992年10月报道称，加利福尼亚州会计委员会（California State Board of Accountancy）正在调查六家公司，这些公司被指控在招揽前审计师担任关键财务职位后实施了财务欺诈。[2] 在这样的案例中，德劳伊特 & 图什会计公司向破产的博纳维尔太平洋公司（Bonneville Pacific Corporation）的投资者和债权人支付了6 500万美元，以

---

[1] The dialogue between Representative Lehman and Mr. Gladstone is quoted in Michael C. Knapp, *Contemporary Auditing: Real Issues & Cases*. 5th ed. (Cincinnati, OH: South-Western College Publishing, 2005), 102–103.

[2] Alison Leigh Cowan, "When Auditors Change Sides," *New York Times*, October 11, 1992.

了结一桩诉讼。该诉讼的原告指控，由于博纳维尔太平洋公司的董事长、主计长和其他4名财务职员都曾供职于德劳伊特&图什会计公司，德劳伊特&图什会计公司的独立性受到了损害。

1993年6月，美国注册会计师协会向SEC提出，希望能禁止公众公司在其审计完成后的1年内雇用负责其审计业务的会计公司合伙人。这样的规定类似于联邦法律禁止前政府官员游说其原供职机构的规则。但是SEC拒绝了美国注册会计师协会的提议，理由是这样的规定执行起来难度太大。SEC倒是建议美国注册会计师协会修改其《职业行为准则》，在其中规定1年的冷静期（one-year cooling-off period）。但美国注册会计师协会不愿意落下限制其会员的职业发展的骂名，于是放弃了这一提案。

非审计服务

在20世纪的大部分时间里，审计师与其监管者一直在争论公共会计公司向其客户提供管理咨询服务的正当性。《会计杂志》的编辑A. P. 理查德森（A. P. Richardson）在1925年评论道：

> 会计界正在分成两大流派……新异派（eccentric school）与初心派（concentric school）。新异派更有进取心，他们随时准备涉足新的、尚且无人踏足的领域，简而言之，做客户似乎需要做的一切事情，无论这些事情是会计方面的还是其他方面的。而初心派的座右铭则是，"各守各业"（Sutor ne supre crepidam judicaret）。[1]

普华会计公司的领袖乔治·梅属于更为保守的"初心派"。1925年9月，《会计杂志》刊发了他的一封信，信中警告说，无节制的服务扩张"充满了危险"。[2] 安达信会计公司的创始人亚瑟·安达信（Arthur E. Andersen）则属于更具扩张性的"新异派"。1925年11月，安达信在芝加哥作了一场演讲，

---

[1] A. P. Richardson, "The Accountant's True Sphere," *Journal of Accountancy* 40 (September 1925): 190–191.

[2] George O. May, "Letter," *Journal of Accountancy* 40 (September 1925): 191.

鼓励会计师去追求"更新、更广阔的企业管理服务领域"。①

安达信激进的"新异派"观点主导了二战后的公共会计师行业。但公共会计师向管理咨询服务领域的扩张，引发了人们对潜在利益冲突的担忧。SEC 在 1957 年的年度报告中称，一些公共会计师未能明确在"向管理层提供建议"与"为他们做商业决策"之间作出区分。1961 年，罗伯特·莫茨（Robert Mautz）与胡森·沙拉夫（Hussein Sharaf）在《审计哲学》（*The Philosophy of Auditing*）中告诫说，审计师在管理咨询服务方面的表现可能会损害他们在人们心中的独立性。② 20 世纪 60 年代、70 年代和 80 年代的几项民意调查显示，大量财务报表使用者认为，咨询服务会损害审计师的独立性。

对公共会计师进军管理咨询领域持批评态度的人认为，利润丰厚的咨询业务增加了客户对会计公司的财务影响力。会计公司向客户提供的咨询服务越多，审计合伙人就越会觉得必须服从客户的意愿，因为他们担心会失去这些咨询业务。

在会计公司同时为客户提供审计服务和特定服务（如信息系统设计）的情形下，审计师常常面临着要对本公司设计的信息系统的有效性作出评价的困境。审计师显然需要具备非凡的勇气才能向其客户报告说，他在会计公司咨询部门所设计的信息系统中，发现了一些控制缺陷。

咨询和审计需要不同的思维模式。咨询师（consultant）是公司管理层的同盟（ally）与代言人，而审计师则对公众负责，必须保持职业怀疑态度。纽约州立大学巴鲁克学院的会计学教授亚伯拉罕·布里洛夫阐述道：

> 显然……一个承担管理咨询职责的公司实际上已经将自己与公司管理层绑定，成了公司管理层的组成部分。假如这样一家公司还能披上独立审计师的外衣，那无疑是在行骗作恶。③

主要会计公司的负责人强烈否认会计师向其审计客户提供咨询服务有任何不当之处。八大会计公司的代表声称，咨询服务实际上提高了审计质

---

① Arthur E. Andersen, "The Accountant's Function as Business Advisor," *Journal of Accountancy* 41 (January 1926): 18-19.

② Robert K. Mautz and Hussein A. Sharaf, *The Philosophy of Auditing* (Sarasota, FL: American Accounting Association, 1961), 223.

③ Abraham Briloff, "Our Profession's Jurassic Park," *CPA Journal* 64 (1994.08): 28.

量，因为咨询服务能够让会计师更加了解其客户的运营情况。

美国注册会计师协会非常支持其成员扩大服务范围。该协会的独立性特设委员会（1969年）报告称，在调查的44个州会计委员会（state board of accountancy）中，没有一个曾以缺乏独立性为由而处罚那些提供了咨询服务的审计师。1969年，美国注册会计师协会的一项决议称，"提供管理服务是注册会计师的一项正当职能，是协会的目标之一，是鼓励所有注册会计师充分发挥潜力，全面提供与其专业能力、道德标准和职责相配的所有类型的管理服务"。[1]

第一次严格控制会计师提供非审计业务的尝试，发生在20世纪70年代中期。参议员李·梅特卡夫1976年的工作报告《会计运行机制》建议禁止会计公司为其审计客户提供管理咨询服务。

但SEC并没有禁止咨询服务，而是在1978年发布了《会计系列公告第250号》，要求公司在委托投票说明书中披露支付给会计公司的非审计服务费用的金额。第一批委托投票说明书显示，公众公司支付的咨询费用平均只占总审计费用的8%。不到12%的公众公司支付的咨询费用超过了审计费用的50%。这一信息在一定程度上使得SEC相信，非审计费用在当时尚未对审计师的独立性构成严重威胁。1982年，SEC废除了对信息披露的要求。[2]

与客户建立合资企业

联合承包（co-contracting）是一种常见的商业做法，通过这种方式，两家或两家以上的公司能够汇集各自的专长，来提供比任何一家公司所提供的更为优质的服务。例如，一家受雇改进客户的管理信息系统的咨询公司，通常会发现，如果能与计算机硬件制造商和软件设计商开展合作，则会更为有利。

尽管美国注册会计师协会允许会计师与他们的审计客户开展联合承包业务，只要相关收入对审计师来说不足以影响其独立性，但SEC颁布的《财务报告政策汇编》（Codification of Financial Reporting Policies）第602.02g条禁止公共会计公司与其上市公司审计客户之间建立直接业务关

---

[1] Gary Previts, *The Scope of CPA Services* (New York: John Wiley & Sons, 1985), 94.

[2] Securities and Exchange Commission, Accounting Series Release No. 304, *Relationships Between Registrants and Independent Accountants*, January 28, 1982.

系。SEC 的规定使得 IBM 和微软等公司的审计机构无法与这些理想的潜在业务伙伴合作承接联合咨询业务。

1988 年,八大会计公司中的三家向 SEC 请愿,要求放宽对会计师与其审计客户联合承包的禁令。这些会计公司称,SEC 的规则是对生意的限制,致使公众无法获得最经济有效的服务,从而损害了公众的利益。但 SEC 驳回了这一请求,理由是会计师和审计客户之间的直接业务关系会损害会计师在人们心目中的独立性。

一年后,会计公司提出,如果 SEC 批准它们与审计客户共同承包咨询业务,那么它们愿意接受四项保障措施。拟议的保障措施包括:(1)会计公司和审计客户不得存在持续性的共同承包关系(即它们可以在个别的项目上开展合作,但不得联合出资成立持续的合资企业)。(2)参与咨询业务的会计公司人员不得参与审计业务。(3)会计公司与其客户之间不得存在与共同承包业务相关的诉讼。(4)同行评审小组将定期检查会计公司的共同承包关系。但 SEC 这一次仍然拒绝修改第 602.02g 条,因为 SEC 最终还是认为这些防范措施不足以维持形式上的独立性。SEC 的决定惹恼了会计公司的咨询业务合伙人,他们依然认为,SEC 对于独立性的要求使得他们在与独立咨询公司的竞争中处于劣势。

独立性准则委员会

20 世纪 90 年代初发生的一系列事件引发了人们对审计师的独立性的质疑。人们发现,有几位参与审计共和国银行(RepublicBank)的厄恩斯特 & 扬会计公司合伙人,接受了客户数百万美元的贷款。SEC 迫使毕马威会计公司放弃了两家客户的审计业务,原因是这两家客户与毕马威会计公司旗下的投资银行的交易产生了利益冲突。SEC 首席会计师沃尔特·舒茨指责,公共会计师在对财务会计准则委员会的征求意见稿发表意见时充当了"客户的啦啦队"(cheerleaders for their clients)。[①]

公共会计公司的咨询业务还在持续增长。截至 20 世纪 90 年代中期,六大会计公司超过 40% 甚至更高比例的收入都来自管理咨询服务。大型会

---

① Walter P. Schuetze, "A Mountain or a Molehill?" *Accounting Horizons* 8(March 1994): 74.

计公司提供的服务范围涵盖税务筹划、可行性研究、市场分析，甚至是室内设计（interior design）。在咨询业务的收入激增的同时，审计的收入却停滞不前，因为会计公司为了争夺客户打起了激烈的价格战。SEC 主席亚瑟·莱维特警告会计师把审计当成"为了获取高收费的咨询业务而不得不做的亏本买卖（loss leaders）"。[1]

1997 年，莱维特向美国注册会计师协会领导层施压，要求他们成立一个新的独立性准则委员会（Independence Standards Board，ISB），以期为负责审计公众公司的会计师制定规矩。特拉华州衡平法院（Delaware Court of Chancery）的威廉·艾伦（William Allen）同意担任 ISB 主席，成员包括 4 名执业会计师和 4 名公众代表。

尽管 SEC 首席会计师迈克尔·萨顿（Michael Sutton）指出，为审计客户提供的非审计服务的日益多样化，是促使成立 ISB 的主要因素之一，但改革并不容易。4 位会计公司的代表——普华会计公司董事长詹姆斯·斯奇罗（James J. Schiro）、毕马威会计公司董事长史蒂芬·巴特勒（Stephen G. Butler）、厄恩斯特 & 扬会计公司董事长菲利普·拉斯卡维（Philip A. Laskawy）以及美国注册会计师协会会长巴里·梅兰肯（Barry Melancon）——都坚定地致力于捍卫和扩大他们公司的咨询业务。

ISB 的前三份准则回避了非审计服务这个有争议的话题。第一份准则要求审计师向客户的审计委员会披露其与客户之间的所有关系。第二份准则放宽了审计师向会计公司所审计的共同基金投资的限制。第三份准则为审计师接受审计客户的业务要约提供了指导。

ISB 在成立的头 3 年花了很多时间，试图为审计师独立性制定一个概念框架。它在 2000 年 2 月公布了一份讨论备忘录，拟就如何界定独立性、准则是否应基于公众对独立性的看法，以及如何衡量审计师独立性的成本和效益等问题征求意见。

结　论

亚瑟·莱维特希望 ISB 能重塑公众对审计师独立性的信心。但在 ISB

---

[1] Michael Schroeder and Elizabeth MacDonald, "SEC Plans New Board to Regulate Auditors," *Wall Street Journal*, May 21, 1997.

成立的第一年，两起胆大包天的会计造假案件进一步削弱了投资者对审计师推行适当的会计规则的能力的信心。美国最大的垃圾处理公司——废弃物管理公司于1998年2月宣布，它将1992年至1997年的收益夸大了14亿美元。8个月后，Sunbeam公司撤回了其1996年和1997年的财务报表，称其存在重大错报。

这两起案件最令人不安的地方是，审计师发现了许多会计违规行为，但都没有报告。审计师在结束废弃物管理公司1993年末的审计工作时，提出需要调整1.28亿元的错报，在该公司管理层承诺整改之后，审计师竟然放弃了调整。负责Sunbeam公司审计业务的合伙人明知存在相当于公司1997年报告收入16%的错报，却视而不见。SEC最终处罚了五名审计师，原因是他们对这两家公司的审计存在缺陷。

Sunbeam公司和废弃物管理公司的审计失败是缺乏独立性造成的吗？这没有人能知道，因为独立性是一种无法观测的精神状态。但审计师批准了有缺陷的财务报表，这引发了人们对他们抵抗客户管理层的能力或意愿的严重怀疑。

【参考文献】

American Institute of Certified Public Accountants. *Final Report of the Ad Hoc Committee on Independence*, reprinted in *Journal of Accountancy* 128 (December 1969): 51-56.

Andersen, Arthur E. "The Accountant's Function as Business Advisor." *Journal of Accountancy* 41 (January 1926): 17-21.

Berton, Lee. "GAO Weighs Auditing Plan for Big Banks." *Wall Street Journal*, March 27, 1991.

Berton, Lee. "Accountants Expand Scope of Audit Work." *Wall Street Journal*, June 17, 1996.

Briloff, Abraham. "Our Profession's 'Jurassic Park.'" *CPA Journal* 64 (August 1994): 26-31.

Carey, John L. *Professional Ethics of Public Accounting*. New York: American Institute of Accountants, 1946.

Chenok, Philip B., with Adam Snyder. *Foundations for the Future: The AICPA from 1980 to 1995*. Stamford, CT: JAI Press, 2000.

Commission on Auditors' Responsibilities. *Report, Conclusions, and Recommenda-

tions. New York: American Institute of Certified Public Accountants, 1978.

Cowan, Alison Leigh. "When Auditors Change Sides." *New York Times*, October 11, 1992.

Cowan, Alison Leigh. "Seeking to Curb Auditor Job Hopping." *New York Times*, June 9, 1993.

Hayes, Thomas C. "Accountants Under Scrutiny: Consulting Jobs Called Risk to Independence." *New York Times*, June 25, 1979.

"Independence Standards Board Progress Report." *CPA Journal* 70 (May 2000): 8.

Knapp, Michael C. *Contemporary Auditing: Real Issues & Cases*. 5th ed. Cincinnati, OH: South-Western College Publishing, 2005.

Levitt, Arthur. *Take on the Street*. New York: Pantheon Books, 2002.

Lowe, D. Jordan, and Kurt Pany. "Auditor Independence: The Performance of Consulting Engage-ments with Audit Clients." *Journal of Applied Business Research* 10 (Winter 1994): 6-13.

MacDonald, Elizabeth. "Auditing Standards Board is Named Amid Concern by Business Execu-tives." *Wall Street Journal*, June 18, 1997.

Mautz, Robert K., and Hussein A. Sharaf. *The Philosphy of Auditing*. Sarasota, FL: American Accounting Association, 1961.

May, George O. "Letter." *Journal of Accountancy* 40 (September 1925): 191.

Petersen, Melody. "SEC Staff Accuses KPMG Peat Marwick of Securities Violations." *New York Times*, December 5, 1997.

Previts, Gary John. *The Scope of CPA Services*. New York: John Wiley & Sons, 1985.

Richards, Bill. "Deloitte to Pay \$65 Million in Bonneville Scandal." *Wall Street Journal*, April 24, 1996.

Richardson, A. P. "The Accountant's True Sphere." *Journal of Accountancy* 40 (September 1925): 190-191.

Salwen, Kevin G. "Ernst & Young Faces Lawsuit From the SEC." *Wall Street Journal*, June 14, 1991.

Schroeder, Michael, and Elizabeth MacDonald. "SEC Plans a New Board to Regulate Auditors." *Wall Street Journal*, May 21, 1997.

Schuetze, Walter P. "A Mountain or a Molehill?" *Accounting Horizons* 8 (March 1994): 69-75.

"SEC Affirms Independence Rules." *Accounting Today*, June 6, 1994.

Securities and Exchange Commission. *Disclosure of Relationships with Independent*

Public Accountants. Accounting Series Release No. 250, June 29, 1978.

Securities and Exchange Commission. *Relationships Between Registrants and Independent Accountants*. Accounting Series Release No. 264, January 28, 1982.

Securities and Exchange Commission. *Staff Report on Auditor Independence*. Washington, D. C.：Government Printing Office, March 1994.

【思考】

1. 为什么审计师要保持形式上和实质上的独立性？

2. 强制轮换审计师可以从哪些方面提高审计师独立性并改善审计质量？六大会计公司的领导人为什么反对强制轮换会计公司？

3. 当审计师接受前审计客户提供的就业机会时，其独立性会受到怎样的威胁？

4. 审计人员提供管理咨询服务会如何削弱他们在公众心目中的独立性？管理咨询服务何以有可能提高审计的质量和效率？

5. 为什么SEC《财务报告政策汇编》中的第602.02g条禁止公共会计公司与其上市审计客户建立直接的业务关系？

6. 哪些事件促成了独立性准则委员会的成立？

19　废弃物管理公司

> 一个人的垃圾可能是另一个人的财富。
>
> ——法国谚语

1956 年，迪恩·邦特罗克（Dean Buntrock）接管了其岳父母的小型垃圾收集公司，当时整个公司拥有 15 辆卡车，年收入 75 万美元。40 年后，WMX 科技公司，或称废弃物管理公司成为世界上最大的废物处理公司，业务遍及 21 个国家和地区，年收入接近 100 亿美元。

邦特罗克靠捡垃圾赚的钱比他之前卖保险赚的钱多得多。据《商业周刊》杂志报道[①]，他 1990 年的薪酬总额为 1 230 万美元，这在全美首席执行官中排名第四。他的薪酬再加上 1.5 亿美元的股票，足以支持他从事艺术品收藏、大型狩猎等各种兴趣爱好。他曾担任芝加哥著名的泰拉美国艺术博物馆（Terra Museum of American Art）的馆长。一头阿拉斯加棕熊的标本和一头加拿大灰熊的标本守卫在通往 WMX 科技公司高管办公室的走廊上，它们是邦特罗克多次狩猎远征的战利品。

1997 年 2 月，邦特罗克向圣奥拉夫学院（St. Olaf College）捐赠了 2 600 万美元，用于建设集书店、剧院、游戏室、餐厅和 3 个舞厅等先进设施于一体的邦特罗克中心（Buntrock Commons），他因此赢得了慈善家的美誉。

---

① "The Flap Over Executive Pay," *Business Week*, May 6, 1991.

然而就在12个月后，WMX科技公司宣布了一笔高达35亿美元的税前支出，并召回了1992年至1996年的财务报表，邦特罗克沦为过街老鼠。这在当时可以说是美国历史上最大的一起盈余重述。

废弃物管理公司概况

休伊曾加（Huizenga）家族自1894年起开始从事垃圾收集业务。邦特罗克的妻子伊丽莎白·休伊曾加（Elizabeth Huizenga）在她父亲1956年去世后继承了王牌清道夫服务公司（Ace Scavenger Service）。伊丽莎白的表亲韦恩·休伊曾加（Wayne Huizenga）在佛罗里达州也经营着一家小型垃圾运输公司。当时的垃圾收集行业由数百家家族企业组成，每家公司都是几辆老旧卡车服务三四个城市。当时，行业整合的时机已经成熟，需要有人来整合这个行业，以减少导致行业利润率长期在低位徘徊的残酷竞争。

1968年，邦特罗克、韦恩·休伊曾加和Acme废物处理公司（Acme Disposal Company）的所有者——劳伦斯·贝克（Lawrence Beck）将他们名下的三家公司合并，命名为废弃物管理公司。废弃物管理公司利用1971年首次公开发行筹得的资金，开始收购其他垃圾运输公司。邦特罗克和他的合伙人在1956年到1993年间收购了1 500家垃圾处理公司，仅在1988年就吞并了168家公司。

1984年，韦恩·休伊曾加离开了废弃物管理公司，并将并购导向的增长策略运用到了视频租赁行业。在接下来的10年里，韦恩·休伊曾加将百视达娱乐公司（Blockbuster Entertainment）从拥有19家门店发展到年收入超过10亿美元。他又将业务扩展到了酒店、有线电视、职业体育特许经营和二手车销售等行业，最终成为南佛罗里达最富有的人之一。

在休伊曾加离开后，废弃物管理公司进入了加速增长时期，年收入从1984年的13亿美元增至1993年的近100亿美元。公司经拆股调整后的股价由1984年的每股3.41美元涨到了1992年的峰值46.63美元。

1993年，邦特罗克将这家巨头公司更名为WMX科技公司。WMX科技公司实际上是一家控股公司，持有4家上市子公司的多数股权。一是国际废弃物管理公司（Waste Management International plc.），其通过传统的固体垃圾收集和处置业务获取的收入占WMX科技公司年营业收入的一半。二是化学废弃物管理公司（Chem-Waste），专门运输和焚烧有害物质，如致癌的多氯联苯（PCBs，一种有害化学品）。三是抛丸机技术公司（Wheelebrator Technologies），制造用于减少空气污染物的洗涤器和静电除尘器。四是拉斯特国际公司（Rust International），是一家环境工程和咨询公司，能够评估客户的废弃物问题并制定解决方案，也能从事必要的清理工作。

20世纪70年代，废弃物管理公司的增长受到了操纵价格（price fixing）和非法贸易行为等指控的影响。为此，该公司支付了罚款，并就该公司与其他垃圾运输公司合谋瓜分地盘、约定不招揽彼此的客户、在市政合同投标中舞弊等诉讼达成和解。伊利诺伊州的一名总经理因为贿赂市长和受托人以获取小镇的垃圾收集合同而被定罪。SEC调查人员还发现，废弃物管理公司将3.6万美元的公款用于非法竞选捐款。

20世纪80年代，该公司又因环境违法行为招致罚款和其他制裁。其位于俄亥俄州的一家大型垃圾处理厂因四名雇员被控非法处置有害化学品而暂时关闭。阿拉巴马州总检察长因公司在一家填埋场中非法储存多氯联苯而对其处以60万美元罚款。芝加哥的管理人员承认，污染监测设备在1986年和1987年曾四次关闭，其间有大量有毒废弃物以骇人的速度被送进了焚烧炉。

邦特罗克和其他高管为逃避法律对公司违规行为的制裁，声称这些不法行为是运营人员在高层管理人员并不知情或同意的情况下实施的。废弃物管理公司的分散化组织结构可能也助长了这些激进的冒险行为。该公司的数百个业务部门都作为独立利润中心在运作。雇员们有时抱怨说，总部的工作人员为了提高利润简直是不择手段。

20世纪90年代初，废弃物管理公司的增长明显放缓。一方面，在过去30年并购了1 500多家废弃物处理公司后，已经鲜有可供继续扩张的并购标的公司。另一方面，该公司在最近的海外并购中支付了过高的价格，以至于后来难以获得足够的回报。由于运营成本高于预期，回收和化学废物处理业务的利润大幅下降。股价从1992年的每股46美元跌至1993年底的23美元。创造更高利润的压力比以往任何时候都要大。

旋转的首席执行官

内尔·米诺（Nell Minow）集公司掠夺者、扭亏专家、股东权益倡导者和公司治理改革者于一身。她的透镜公司不断寻找美国经营最差的公司。在收购了一家陷入困境的公司的股份之后，米诺和她的合作伙伴鲍勃·蒙克斯（Bob Monks）就会利用新闻界的负面报道羞辱公司董事会，迫使其撤换高级管理人员。透镜公司瞄准的前10家公司中，有9家更换了首席执行官，其中包括美国运通（American Express）、柯达（Kodak）和西屋电气（Westinghouse）。1995年，米诺又盯上了废弃物管理公司。

WMX科技公司是管理层大权在握的一个典型例子。通过亲自挑选废弃物管理公司的董事会成员，邦特罗克得以保持对公司近乎绝对的控制权，使其从一家小型家族企业发展成一家大型上市公司。米诺若想获得对公司的控制权，就得换掉邦特罗克。恰好，在1996年，金融家乔治·索罗斯（George Soros）斥资10亿美元收购了WMX科技公司6%的流通股。米诺找到了一个强大的盟友。

1996年6月，邦特罗克从CEO的职位上退了下来，但暂时保留了董事会主席的职位。长期担任WMX科技公司首席运营官的菲利普·鲁尼（Phillip Rooney）接任了邦特罗克CEO的职位。鲁尼接下来花了6个月时间，制订了一份旨在改善公司盈利能力的重组计划。尽管该计划要求裁员3 000人，米诺还是认为这只不过是"令人失望的表面文章"而否决了该计划。① 她要的是重组WMX科技公司董事会，并出售更多的亏损业务。1997年2月，鲁尼迫于米诺和索罗斯的压力而辞职。

邦特罗克在鲁尼辞职后复出，担任临时CEO。3月，米诺和索罗斯雇用了罗伯特·S."史蒂夫"·米勒（Robert S. "Steve" Miller）担任WMX科技公司的董事。米勒是克莱斯勒公司的前副总裁，也是曾主导联邦大亨公司（Federal Mogul）以及莫里森·克努森公司（Morrison Knudsen）扭亏为盈的老手。他领导了WMX科技公司董事会的重组，并找到了一个常任CEO来接邦特罗克的班。

1997年7月，罗纳德·勒梅（Ronald T. LeMay）辞去了斯普林特公司总裁的职务，成为WMX科技公司的新任CEO。一些观察人士质疑，雇用一个在废弃物处理领域毫无经验的CEO是否明智，但米勒就是想要一个基本不受邦特罗克影响的局外人。

10月30日，勒梅入职仅3个月后就提交了辞呈，这让米勒、米诺和索罗斯大为震惊。他在简短的新闻稿中只是说，WMX科技公司面临的挑战

---

① "Rooney Resigns Under Fire," *Associated Press*, February 18, 1997.

远远超出了他上任时的预期。在 WMX 科技公司的高管中，现任和前任首席财务官约翰·桑福德（John D. Sanford）和詹姆斯·柯尼希（James E. Koenig）同时辞职，这引发了人们的猜测，人们认为勒梅也许发现了一些他不想处理的会计问题。

勒梅突然离职后，米勒于 1997 年成为 WMX 科技公司的第四位 CEO。米勒明确表示，他只是临时担任 CEO，他的首要任务是招聘一位常任 CEO。米勒向几位候选人抛出了橄榄枝，其中一位便是 Sunbeam 公司的艾尔·邓拉普（Al Dunlap）。然而邓拉普对这份工作毫无兴趣，还称米勒是一个"妄自尊大的职业导演，妄图扮演一名执行官"。[1]

米勒一直未能成功招聘到新的 CEO。米勒引入 WMX 科技公司的外部董事之一是 SEC 前主席罗德里克（罗德）·希尔斯（Roderick/Rod Hills）。希尔斯和 WMX 科技公司审计委员会的其他成员在厄恩斯特&扬会计公司的帮助下，对该公司的会计实务进行了彻底调查。1998 年 2 月 25 日，WMX 科技公司宣告了 35.4 亿美元的特别费用，并重述了 1992 年以来的利润。在这一惊人的消息公布后，米勒、米诺和索罗斯认为出售 WMX 科技公司，比试图解决它的所有问题更有意义。他们在 3 月 11 日宣布了一项协议，要将 WMX 科技公司卖给其竞争对手美国废物服务公司（USA Waste Services）。

废弃物管理公司的会计

废弃物管理公司激进的会计做法是个近乎公开的秘密。1990 年，亚伯拉罕·布里洛夫曾为《巴伦周刊》写了一篇文章，质疑该公司的并购会计处理。[2] 废弃物管理公司在过去的 3 年中在并购上花费了 7.32 亿美元，而其中的 5.66 亿美元都计入了商誉。布里洛夫质疑，在这样一个技术和监管变化迅速的行业，将商誉分 40 年进行摊销的做法是否合适。他还揭露了废弃物管理公司在 1989 年用 7 000 万美元的一次性利得（one-time gain）来抵销经营费用的做法。2 年后，《商业周刊》发表了一篇文章，描述废弃物

---

[1] "No Doubt About It, Sunbeam's Dunlap Doesn't Want This Job," *Dow Jones Online News*, December 19, 1997.

[2] Abraham Briloff, "Recycled Accounting: It Enhances Waste Management's Earnings," *Barron's*, August 6, 1990.

管理公司如何通过三家子公司的一次性利得交易，将其1991年的净利润提高了5 000多万美元。①

不幸的是，这些文章只触及了废弃物管理公司会计问题的表面。从1993年到1996年，废弃物管理公司欺诈性地虚增了税前利润14亿美元。舞弊主要包括将当期的经营费用推迟到未来期间确认。具体做法是，废弃物管理公司低估了折旧费用、不当地将利息支出予以资本化、推迟确认资产减值，并且操纵了环境修复储备金。

废弃物处理行业是资本密集型行业。每辆垃圾车的成本约为15万美元。标准的行业惯例是将残值设定为0，并在8至10年的时间内对垃圾车计提折旧。20世纪90年代初，废弃物管理公司开始使其卡车贬值超过12年，并设定了2.5万美元的残值。鉴于其车队拥有近2万辆车，这种做法显著降低了折旧费用。废弃物管理公司还对其150万个钢制垃圾箱采用15至20年的折旧年限（行业惯例是12年），进一步调减了费用。

废弃物管理公司名下的137家垃圾填埋场所违反的公认会计原则的数量，几乎就和填埋场中的废轮胎一样多。例如，该公司夸大了许多垃圾填埋场的容量，以便延长前期成本（如建造成本、法律费用、检查费用和申请许可费等）的摊销期。在垃圾填埋场投入使用之后，公司还会继续将某些开发项目的利息作资本化处理。废弃物管理公司很少对危险废物处置场和闲置回收设施等非生产性资产计提减值损失。

废弃物管理公司还利用并购会计处理虚增收益。该公司对被收购公司未来的环境清理费用作了非常"慷慨"的估计。在购买法下，资产负债表负债部分较高的环境修复储备金，被资产部分在购买中形成的较高商誉所抵销。商誉摊销超过40年，对利润的影响被降到了最低。当期的经营成本也没有计入费用，而是冲减了那些原本就是虚增的负债。

废弃物管理公司创纪录的超过14亿美元利润重述包括更正的折旧费用5.09亿美元、资本化利息1.92亿美元、环境负债1.73亿美元、环境修复储备金1.28亿美元、资产减值损失2.14亿美元以及其他错误2.16亿美元。②

---

① Julia Flynn, "Burying Trash in Big Holes—On the Balance Sheet," *Business Week*, May 11, 1992.

② Securities and Exchange Commission, Accounting and Auditing Enforcement Release No. 1405, *In the Matter of Arthur Andersen, LLP*, June 19, 2001.

共 犯

对于废弃物管理公司的会计操纵问题，审计师几乎无人不晓。安达信会计公司的审计团队早在1988年就意识到，废弃物管理公司会习惯性地在第四季度对从年初开始累积的车辆和集装箱的折旧进行调减。审计师还发现并记录了废弃物管理公司采用非公认会计原则的方法，包括将建造填埋场的利息支出作资本化处理，虚增并购产生的环境负债，不恰当地收取当前经营费用作为环境修复储备金等做法。

1993年的（审计）计划文件将废弃物管理公司确定为"高风险客户"，因为该公司"积极地'管理'报告结果"，"有第四季度进行重大调整的历史传统"，而且它所处的行业需要进行"高度主观判断的会计估计或计量"。[1]

审计师随后在废弃物管理公司1993年的财务报表中查出了1.28亿美元的当期和上期错报。但是邦特罗克和他的财务人员拒绝记录审计师提出的调整，因为这些调整将使废弃物管理公司扣除特殊项目后的净利润降低12%。审计业务合伙人罗伯特·奥尔盖尔（Robert E. Allgyer）在公布审计报告前咨询了安达信会计公司芝加哥办公室的业务总监（practice director）和审计部门主管。安达信会计公司的合伙人认定，由于许多错报发生在前几年，因此对废弃物管理公司1993年的利润表影响不大。

1994年2月初，奥尔盖尔通知废弃物管理公司，如果该公司同意在未来改变其违背公认会计原则的会计政策并逐步减少累积的错报金额，他将会出具一份无保留意见的审计报告。奥尔盖尔起草了一份"行动步骤"清单，以便最终能够使废弃物管理公司的财务报告符合公认会计原则。这份清单要求该公司改变其对折旧、利息资本化和环境修复储备金的会计处理，还要求废弃物管理公司在未来的5至7年内注销虚增的资产。邦特罗克同意了这份"行动步骤"清单，公司的首席财务官和首席会计师也表示赞同并签署了承诺函。

然而，审计师第二年审计时发现，废弃物管理公司几乎没把"行动步

---

[1] Securities and Exchange Commission, Accounting and Auditing Enforcement Release No.1405, *In the Matter of Arthur Andersen, LLP*, June 19, 2001.

骤"清单当回事。审计师在废弃物管理公司1994年的财务报告中发现其当期和以前年度形成的错报总计达到了1.63亿美元，占税前收入的11.7%。奥尔盖尔再次与安达信会计公司芝加哥办公室业务总监和审计部门主管会面，讨论他的调查结果。尽管合伙人们对废弃物管理公司尚未纠正其累计错误表示失望，但他们依然授权奥尔盖尔出具了另一份无保留审计意见。

1995年，废弃物管理公司用服务大师公司（Service Master）的非上市子公司股权，换取了服务大师公司本身的股权，并确认了1.6亿美元的利得。废弃物管理公司借此机会，减记了一些减值的资产，并增记了必要的负债。在公司的利润表中，废弃物管理公司在"杂项收入"（sundry income）项目下，将1.6亿美元不相关的经营费用及前期调整费用，与这笔一次性利得进行了抵销。但废弃物管理公司没有披露服务大师公司此项利得的金额或用于抵减该利得的项目。

由于在1995年记录了1.6亿美元的调整，审计师在1995年的报表中只识别出了6 700万美元的累计错报。奥尔盖尔声称这些错报无关紧要。尽管他后来在私人备忘录中批判废弃物管理公司利用"其他利得来掩盖资产负债表清理的费用"，但是他还是公布了无保留意见的审计报告。①

在1996年，审计师发现并记录了所谓的"第二季度全面清查"（Second Quarter Sweep）。在废弃物管理公司地方办公室（field offices）结账之后，高级管理人员指使地方财务人员重新审查其应计负债和资产估值储备，以确定可转为收入的金额。废弃物管理公司利用这种操作，最终将其第二季度的每股收益从0.41美元"提高"至0.45美元，从而达到了分析师的预期。

审计师此时已经放弃，不再继续监控废弃物管理公司是否遵守了之前达成一致的"行动步骤"清单。奥尔盖尔的团队发现，1996年报表中累积错报达1.05亿美元，相当于公司税前收入的7.2%。此外，废弃物管理公司用出售两项终止经营资产的利得的一部分，抵销了1996年的经营费用和前期调整费用。尽管存在这些问题，奥尔盖尔仍然对废弃物管理公司1996年的财务报表出具了无保留意见的审计报告。

---

① Securities and Exchange Commission, Accounting and Auditing Enforcement Release No. 1405, *In the Matter of Arthur Andersen*, LLP, June 19, 2001.

清理垃圾

废弃物管理公司 1998 年 2 月的 35 亿美元的调整，引发了 SEC 对该公司的会计处理和安达信会计公司的审计业务操作的调查。由于至少有 6 名安达信会计公司的合伙人（其中包括 1 名安达信会计公司总部的监督合伙人）批准了审计报告，因此 SEC 罕见地对整个安达信会计公司提出了欺诈指控。[1] 这是自 1985 以来，SEC 首次指控一家大型会计公司存在欺诈行为。SEC 谴责了安达信会计公司，由于该公司纵容废弃物管理公司一再违反会计准则，对其处以 700 万美元的罚款。此外，4 名安达信会计公司合伙人被处以罚款和禁止从事上市公司审计工作。

SEC 指出，审计师在审计底稿中记录了废弃物管理公司会计程序中的大部分的错误。SEC 批评审计师未能准确评估废弃物管理公司不当的会计方法所造成的误报的程度，而且为了纵容已知的错报滥用了"重要性"的概念。SEC 还谴责审计师仅仅是得到废弃物管理公司今后会改正错误的承诺，就容忍了公司当期的会计错报。SEC 员工将奥尔盖尔在 1993 年审计后所起草的"行动步骤"清单戏称为"（废弃物管理公司）与其审计师之间的协议，即通过在未来实施更多的欺诈，来掩盖过去的欺诈"。[2] SEC 严正警告审计师不要重蹈安达信会计公司的覆辙：

> 审计师在得知管理层不愿改正重要错报的第一时间，就要立即挺身而出，否则审计师终将沦落到一个站不住脚的立场上：他要么只能继续对存在重大错报的财务报表出具无保留意见的审计报告，并希望自己的行为永远不会被人发现；要么必须强制要求公司重述其报表或者出具保留意见审计报告，从而使自己因为之前审计时认可了存在重大错报的财务报表而承担相应的责任。[3]

---

[1] Securities and Exchange Commission, Litigation Release No. 17039, *SEC vs. Arthur Andersen, LLP*, June 19, 2001.

[2] Securities and Exchange Commission, Litigation Release No. 17435, *SEC vs. Dean L. Buntrock et al.*, March 26, 2002.

[3] Securities and Exchange Commission, Accounting and Auditing Enforcement Release No. 1405, *In the Matter of Arthur Andersen, LLP*, June 19, 2001.

安达信会计公司确实要为废弃物管理公司的虚假财务报表承担责任。内尔·米诺告诉《商业周刊》的一名记者:"安达信会计公司需要对股东承担赔偿责任。之所以聘请审计师,就是为了避免此类突发状况……"①安达信会计公司最终支付了 7 500 万美元,以赔偿(compensate)在 1994 年 11 月至 1998 年 2 月期间购买废弃物管理公司股票的投资者。废弃物管理公司则向投资者赔偿基金(compensation fund)追加了 1.45 亿美元的捐款。

SEC 对迪恩·邦特罗克、菲利普·鲁尼和其他 4 位废弃物管理公司的高管提起了民事诉讼,要求其赔偿金钱损失,并禁止他们担任公众公司的高管或董事。起诉书称,邦特罗克是欺诈背后的"驱动力",称他设定了盈利目标,并指使财务人员使用"顶层调整"(top-level adjustments)来使报告结果符合预定目标。② 邦特罗克和其他被告获得了与废弃物管理公司的利润挂钩的绩效奖金。邦特罗克拥有超过 300 万股废弃物管理公司的股票,他有强烈的动机来阻止该公司的股价下跌。

邦特罗克对 SEC 提起了反诉,声称某些高级官员存有偏见,因为他们接受了废弃物管理公司审计委员会支付的薪酬。SEC 首席会计师罗伯特·赫德曼(Robert Herdman)曾是厄恩斯特 & 扬会计公司的合伙人,在加入 SEC 之前,他领导了厄恩斯特 & 扬会计公司对废弃物管理公司的调查。同样,SEC 首席执法会计师(chief enforcement accountant)查尔斯·尼迈尔(Charles Niemeier)在私人执业期间曾为废弃物管理公司的审计委员会提供服务。邦特罗克又称,废弃物管理公司临时首席执行官米勒批准的 35 亿美元的减记是不必要的,这是米勒和他的同伙的致富计划的一部分。根据邦特罗克的说法,米勒的套路是:宣布"洗大澡"(big bath)以压低股价,然后以新的较低价格向自己和其他人发行期权,并在 3 个星期后宣布与美国废物服务公司合并。

最终,邦特罗克支付了 1 950 万美元,并同意被永久禁止担任公众公司的高管或董事,从而与 SEC 达成了和解。菲利普·鲁尼支付了 870 万美元的罚款和罚金。废弃物管理公司的其他高管也同意并支付了略少的金额。

---

① Richard Melcher and Gary McWilliams, "Can Waste Management Climb Out of the Muck?" *Business Week*, March 23,1998,40.

② Securities and Exchange Commission, Litigation Release No.17435, *SEC vs. Dean L. Buntrock et al.*, March 26,2002.

【参考文献】

Bailey, Jeff. "Waste Management's LeMay Quits Posts, Clouding Future of Trash-Hauling Firm." *Wall Street Journal*, October 30, 1997.

Bailey, Jeff. "Waste Management Inc. Takes Charges of $3.54 Billion, Restates Past Results." *Wall Street Journal*, February 25, 1998.

Blumenthal, Ralph. "Waste Hauler's Business Acts Faulted." *New York Times*, March 24, 1983.

Briloff, Abraham. "Recycled Accounting: It Enhances Waste Management's Earnings." *Barron's*, August 6, 1990.

Chakravarty, Subrata. "Dean Buntrock's Green Machine." *Forbes*, August 2, 1993.

Elkind, Peter. "Garbage In Garbage Out." *Fortune*, May 25, 1998.

Flynn, Julia. "Burying Trash in Big Holes—On the Balance Sheet." *Business Week*, May 11, 1992.

Melcher, Richard, and Gary McWilliams. "Can Waste Management Climb Out of the Muck?" *Business Week*, March 23, 1998.

Miller, James. "Waste Management, Andersen Agree to Settle Holder Suits for $220 Million." *Wall Street Journal*, December 10, 1998.

"No Doubt About It, Sunbeam's Dunlap Doesn't Want This Job." *Dow Jones Online News*, December 19, 1997.

"Rooney Resigns Under Fire." *Associated Press*, February 18, 1997.

Schroeder, Michael. "SEC Fines Arthur Andersen in Fraud Case." *Wall Street Journal*, June 20, 2001.

Securities and Exchange Commission. Accounting and Auditing Enforcement Release No. 1277. In the Matter of Waste Management, Inc., June 21, 2000.

Securities and Exchange Commission. Accounting and Auditing Enforcement Release No. 1405. In the Matter of Arthur Andersen, LLP, June 19, 2001.

Securities and Exchange Commission. Litigation Release No. 17039. SEC v. Arthur Andersen, LLP, June 19, 2001.

Securities and Exchange Commission. Litigation Release No. 17435. SEC v. Dean L. Buntrock et al., March 26, 2002.

Securities and Exchange Commission. Litigation Release No. 19351. SEC v. Dean L. Buntrock et al., August 29, 2005.

19　废弃物管理公司

【思考】

1. 20 世纪 70 年代和 80 年代的哪些事件表明废弃物管理公司可能存在内部控制缺陷和/或腐败的企业文化？

2. 在收购其他公司时，废弃物管理公司为什么要虚增环境清理费用预计负债？

3. 废弃物管理公司使用了哪些方法将当前营业费用推迟到未来期间确认？

4. 为什么安达信会计公司将废弃物管理公司列为"高风险客户"？

5. 安达信会计公司的合伙人罗伯特·奥尔盖尔在发现废弃物管理公司 1993 年财务报表中存在 1.28 亿美元的错报后，采取了哪些行动？根据 SEC 的说法，奥尔盖尔的行为是怎样让安达信会计公司沦落到"站不住脚的立场上"的？

6. 为什么 SEC 要对整个安达信会计公司提出欺诈指控？

20 Sunbeam 公司

「 我在我的领域里是超级巨星，就像篮球界的迈克尔·乔丹和摇滚界的布鲁斯·斯普林斯汀（Bruce Springsteen）。

——"电锯艾尔"·邓拉普[1]   」

艾尔·邓拉普（Al Dunlap）的收入绝对像个超级明星。他在斯科特纸业公司（Scott Paper Company）干了 20 个月，然后拿着 1 亿美元潇洒离场了。批评人士指责邓拉普以牺牲众多下岗员工为代价，为自己谋取了暴利。但邓拉普自豪地指出，他将斯科特纸业公司的市值从 25 亿美元提高至 90 亿美元。"我拿的 1 亿美元还不到我为斯科特纸业公司所有股东创造的财富的 2%，"邓拉普写道，"这是我应得的吗？这当然是我应得的。"[2]

邓拉普的专长是帮助陷入困境的公司扭亏为盈。在重组斯科特纸业公司之前，他曾成功帮助至少 6 家公司扭亏为盈，包括优质造纸公司（Sterling Pulp & Paper）、美国罐头公司（American Can）、百合郁金香公司（Lily‐Tulip）、皇冠-泽赖巴公司（Crown‐Zellerbach）和联合报业控股公司（Consolidated Press Holdings）等。邓拉普因为在这些公司大幅削减了成本而获得了"电锯艾尔"的绰号。在 30 年的职业生涯中，他裁掉了数万

---

[1] Al Dunlap with Bob Andelman, *Mean Business: How I Save Bad Companies and Make Good Companies Great* (New York: Random House, 1996), 21.

[2] Ibid.

名员工，其中，单单在斯科特纸业公司就解雇了 11 200 名员工。邓拉普从未为裁员道歉，他声称他面对的情形是，为了保住 65% 的员工，就必须裁员 35%。他把裁员归咎于之前的经理，是他们制造了问题，而他只是来解决问题的。

Sunbeam 公司董事会在 1996 年 7 月聘请了邓拉普，希望他能重振这家陷入困境的家电制造商。他们的决定立即产生了效果，在宣布聘用邓拉普的当天，Sunbeam 公司的股价就从 12.50 美元飙升至 18.63 美元。股价最终在 1998 年 3 月达到 53 美元的高点。但 3 个月后，也就是 1998 年 6 月，Sunbeam 公司的董事会解雇了他们的超级明星 CEO，因为邓拉普隐瞒了公司情况恶化的重要信息。邓拉普终于也亲身体验了一回被解雇的感觉。

"电锯艾尔"

艾尔·邓拉普中尉于 1960 年毕业于美国西点军校。他是家族中第一个读大学的人，也是新泽西州哈斯布鲁克高地（Hasbrouck Heights）居民中第一个被这所著名学府录取的人。在西点军校，邓拉普表现出的坚韧胜过其才华。他在 550 名学生中以排名第 537 名毕业，但他一直吹嘘自己成功通过了某个四成学员都无法完成的严苛项目。邓拉普称西点军校是世界上最好的商学院，因为它教会了他如何领导、思考和处理逆境。

邓拉普通过投身于大多数 CEO 避之不及的苦差事，开辟了自己的一番天地。三十年如一日的关闭工厂和削减工资的职业生涯，使他成为这个国家最令人讨厌的企业高管之一。可能是出于谨慎考虑，他住在一个高度安全的封闭式社区里，穿着防弹背心，并一直有全副武装的保镖保护。

报纸和商业杂志经常批评邓拉普的高压管理风格（heavy-handed management style）。从小镇镇长到劳工部长罗伯特·莱克（Robert Reich）等政府官员都对他的裁员措施表示不满。邓拉普却把这些批评视为成功的代价，并坦然接受。他在自传中写道："你从商不是为了讨人喜欢。我也不是。我们从商是为了成功。如果你想要朋友，养条狗吧。我不想冒任何风险，我有两条狗。"[①]

[①] Al Dunlap with Bob Andelman, *Mean Business: How I Save Bad Companies and Make Good Companies Great* (New York: Random House, 1996), xii.

邓拉普很爱他的两条德国牧羊犬。当他搬到费城去监督斯科特纸业公司的重组时，他在豪华的四季酒店为他的爱犬租了一间单独的套房。他还在遗嘱中指定了 200 万美元用于照顾这两条狗。虽然邓拉普喜欢狗，但是他更喜欢凶猛的食肉动物。他在家和办公室里都摆满了狮子、鹰、短吻鳄和鲨鱼的照片和雕塑。

"电锯艾尔"是邓拉普众多绰号中最有名的一个。他的对手因他拆分斯科特纸业公司的手段而称他为"碎纸机"。金融家詹姆斯·戈德史密斯（James Goldsmith）爵士称他为"穿细条纹西装的猛男"（Rambo in Pin-stripes）。邓拉普欣然接受了他的各种绰号。他甚至还拍了一张宣传照，头上系着一条黑色的大手帕，肩上挎着两个弹药带，两只手各拿一把乌兹冲锋枪。

尽管邓拉普通过企业重组为投资者带来了数十亿美元的收益，但他显然不认为其他 CEO 也能为他做同样的事情。所以邓拉普把他 2 亿美元财产中的大部分都投资于美国国债，因为他认为股市是"傻瓜的游戏"（fool's game）。[①]

Sunbeam 公司概况

Sunbeam 是 20 世纪下半叶美国最广为人知的品牌之一。几乎每个家庭都拥有 Sunbeam 公司的烤面包机、熨斗或搅拌器。Sunbeam 公司于 1960 年收购了生产搅拌机、理发剪和电热毯的奥斯特公司（Oster Company）。

不幸的是，Sunbeam 公司在 20 世纪 80 年代初的并购浪潮中陷入了困境，并于 1981 被阿勒格尼国际集团（Allegheny International）收购。在接下来的 7 年里，阿勒格尼国际集团几乎吸走了 Sunbeam 公司的全部利润，没有多少资金用于产品开发或工厂改造。

1987 年 10 月股市崩盘后，阿勒格尼国际集团申请了破产保护，投资基金经理迈克尔·普莱斯（Michael F. Price）和迈克尔·斯坦哈特（Michael H. Steinhardt）取得了 Sunbeam 公司的控制权。1992 年，普莱斯和斯坦哈特通过首次公开发行股票卖出了 Sunbeam 公司 24% 的股份，保留了剩余股份并保持了对公司董事会的控制权。

[①] John Byrne, *Chainsaw* (New York: HarperCollins Publishers, 1999), 180.

保罗·卡扎里安（Paul Kazarian）是普莱斯和斯坦哈特雇来管理Sunbeam公司的第一位CEO。在卡扎里安的领导下，Sunbeam公司1992年报告了1.2亿美元的盈利。然而，第二年年初，卡扎里安就被解雇了，因为Sunbeam公司的高级管理人员很抗拒卡扎里安"古怪"的管理风格（"eccentric" management style）。罗杰·史基克（Roger Schipke）在1993年接替了卡扎里安，但事实证明他没有能力带领公司向前发展。从1993年到1995年，Sunbeam公司生产的搅拌器、搅拌机、烤箱、燃气烤架和户外家具的市场份额都有所下降。

1996年7月，普莱斯和斯坦哈特雇用了艾尔·邓拉普。邓拉普的薪酬方案包括100万美元的年薪、250万美元的股票期权和1 220万美元的限制性股票，这既体现了邓拉普作为一位扭亏为盈"艺术家"的美名，也反映了人们寄托在他身上的厚望。令人啧啧称奇的是，普莱斯和斯坦哈特仅仅用了一天时间就收回了他们的投资。尽管"电锯艾尔"被员工们所畏惧，被经理们所鄙视，但他在华尔街却备受尊敬。在宣布聘用邓拉普的当天，Sunbeam公司的股价就大涨49%，这创下了纽约证券交易所历史上最大的单日涨幅。

4个月后的11月12日，邓拉普向Sunbeam公司董事会阐述了他的公司重组计划。邓拉普提议关闭26家工厂中的18家，并裁减12 000名雇员中的6 000人。他说，裁员将使公司每年减少2.25亿美元的成本。与此同时，他宣布了通过推出新产品和扩大出口来使公司的销售收入在3年内翻一番的计划。

邓拉普的计划似乎奏效了。1997年第一季度和第二季度的销售额比上一年同期增长了13%。邓拉普将公司营业利润的提升归功于他削减成本的举措。第三季度的销售达到了2.89亿美元，比1996年同期增长了25%。Sunbeam公司的股价随着每一季度公司的利润达到甚至超出分析师的预期而稳步上升。第三季度财报公布后，股价涨到了47美元。

Sunbeam公司破产

到了1997年末，邓拉普准备出售Sunbeam公司。他曾向他的管理团队承诺，Sunbeam公司会是一个为期12~18个月的项目——停产不挣钱的产品，关闭低效的工厂，削减不必要的成本，然后把公司出售给能长期经营它的人。Sunbeam 公司的投资银行家接洽了一大批知名公司，包括吉列（Gillette）、百得（Black & Decker）、乐柏美（Rubbermaid）、美泰格（Maytag）和惠而浦（Whirlpool）。如果 Sunbeam 公司的股票只是从每股 12.5 美元涨到 30 美元，邓拉普很可能早就将公司卖掉、行使股票期权，然后带着 1 亿美元走人了。但由于股价已经接近每股 50 美元，没有其他公司再有兴趣收购 Sunbeam 公司，邓拉普只好继续运营这家他原本想重组后就退出的公司。

Sunbeam 公司的投资银行家一看找不到接盘侠，遂建议邓拉普用公司虚高的股票来收购其他公司。1998 年 3 月 2 日，Sunbeam 公司宣布已达成收购三家公司的协议：露营和娱乐设备制造商科尔曼公司（Coleman Company）、烟雾报警器制造商第一警报公司（First Alert）以及"咖啡先生"（Mr. Coffee）牌咖啡机的制造商美国优选品牌公司（Signature Brands USA）。这三家公司的年收入合计为 15 亿美元，是 Sunbeam 公司的两倍多。在并购消息宣布两天后，Sunbeam 公司的股价达到了每股 53 美元的历史新高。

邓拉普计划发行 7 亿美元的零息债券，以帮助支付并购开支。而当承销商对债券发行进行尽职调查时，他们发现 Sunbeam 公司 1998 年第一季度的销售额远远低于预期。承销商坚持要求 Sunbeam 公司在发行债券前披露其低于预期的销售额。

3 月 19 日，Sunbeam 公司不顾邓拉普的强烈反对，公布了一份新闻稿，称其第一季度的销售额可能低于华尔街分析师所预测的 2.85 亿美元至 2.95 亿美元。新闻稿还说，第一季度的销售额仍然能够超过 1997 年同期的 2.53 亿美元。消息公布后，Sunbeam 公司的股价应声下跌 9%，跌至 45 美元。

3 月 19 日的新闻稿并没有透露出 Sunbeam 公司问题的真实严重程度。事实上，截至 3 月 17 日，Sunbeam 公司第一季度的销售额仅为 1.69 亿美元。没有合理的证据能够支撑 Sunbeam 公司第一季度收入能与去年同期持平的说法。4 月 3 日，在获得贷款的两天后，也就是完成收购第一警报公司及美国优选品牌公司一天后，Sunbeam 公司公布了一份新闻稿，称其第一季度将出现亏损。消息公布后，该公司股价暴跌 24%，跌至 34 美元。

5 月 11 日，Sunbeam 公司公布了第一季度的财务报表。报表显示，第一季度的营业收入为 2.44 亿美元，净亏损为 4 460 万美元。在一场有股票分析师和新闻记者出席的新闻发布会上，邓拉普试图通过强调他准备关闭八家最近收购的工厂,并裁掉科尔曼公司、第一警报公司和美国优选品牌公司 6 400 名员工的"好"消息,来转移人们对 Sunbeam 公司第一季度亏损的注意力。尽管采用了这一颇为独特的公关策略,Sunbeam 公司的股价还是下跌至每股 26 美元。

压倒邓拉普的声誉和 Sunbeam 公司股价的最后一根稻草,是《巴伦周刊》在 6 月 8 日发表的乔纳森·莱恩(Jonathan P. Laing)的文章《危险的游戏:Sunbeam 公司上一年的利润是由"电锯艾尔"邓拉普捏造出来的吗?》[①],文章指责 Sunbeam 公司在 1997 年虚增了收入并低估了费用(expenses)。在文章发表的第二天,Sunbeam 公司的股价跌破了每股 21 美元。

Sunbeam 公司董事会于 6 月 10 日(星期二)召开了紧急会议,来讨论《巴伦周刊》的文章。邓拉普和他的两名高级会计人员否认了莱恩的指控。安达信会计公司负责 Sunbeam 公司审计业务的合伙人菲利普·哈洛(Phillip Harlow)反复重申,他认为 Sunbeam 公司 1997 年的财务报表是公允的。

在会议接近尾声时,一位董事随口问了一句,Sunbeam 公司第二季度的经营状况如何。邓拉普不但没有回答,反而开始了他那标志性的长篇大论。他指责董事会的成员过于多疑,并威胁说如果董事们不无条件支持他,他就辞职。由于担心失去他们的超级明星 CEO,董事们竭力安抚邓拉普,并匆匆宣布休会。

第二天一早,Sunbeam 公司的法律总顾问大卫·范宁(David Fannin)给一位董事会成员打电话,揭露了邓拉普前一天下午隐瞒的事情。Sunbeam 公司第二季度面临 1 亿美元的收入缺口,并且存在重要贷款合同违约的风险。在接下来的两天里,董事们大部分时间都在与 Sunbeam 公司的员工通电话,以尽可能了解公司的糟糕状况。到了周末,"电锯"就被"砍断",邓拉普被解雇了。

Sunbeam 公司的会计

乔纳森·莱恩在《巴伦周刊》上所提的问题得到了响亮的回答:"是的。"Sunbeam 公司的的确确使用了多种会计技巧来夸大其 1997 年的收入

---

① Jonathan Laing, "Dangerous Games: Did 'Chainsaw Al' Dunlap Manufacture Sunbeam's Earnings Last Year?" *Barron's*, June 8, 1998.

和利润。Sunbeam 公司最终修正了它的财务报表，净利润从最初报告的 1.094 亿美元调整到了 3 830 万美元。

艾尔·邓拉普担任 Sunbeam 公司首席执行官后的第一个正式行动，就是聘请唐纳德·克什（Donald Kersh）来担任公司的首席财务官。克什有两个特质对于邓拉普而言是无价的。第一，他非常忠诚。自 1983 年以来，克什追随邓拉普去过 4 家公司。他是世界上为数不多的能忍受与邓拉普共事几个月以上的人。第二，他是一位创意十足的会计师。在每个季度末，邓拉普都会指示克什使用"杂物袋"[①]（"ditty bag"）中的"东西"来确保 Sunbeam 公司达到分析师的预期。克什也开玩笑称自己是 Sunbeam 公司"最大的利润中心"。[②]

1996 年第四季度，Sunbeam 公司为支付邓拉普的重组计划的费用，记录了 3.38 亿美元的重组费用，从这时起克什就开始往他的"杂物袋"里塞"东西"了。SEC 后来认定，Sunbeam 公司往这笔重组费用中掺杂了至少 3 500 万美元的提前确认的费用、过度的资产减值以及不恰当的储备金。1996 年，Sunbeam 公司确认的广告费、咨询费和产品设计费超过了 1 800 万美元，这些费用本该在 1997 年确认。克什同时还在账上注销了 210 万美元的优质存货以及过时和停产产品。当这些商品在 1997 年按照正常的价格出售时，Sunbeam 公司的利润就被人为地提高了。最后，克什以应对关于某个危险废物处理厂的诉讼的名义，建立了一笔 1 200 万美元的储备金。Sunbeam 公司在 1997 年第四季度以 300 万美元达成该诉讼的和解，然后就记录了 900 万美元的收入。

早在 1997 第一季度，Sunbeam 公司就开始了"渠道填塞"（channel stuffing）。也就是说，该公司向客户提供折扣和其他优惠政策，促使他们提前下单。1997 年初，销售额飙升，给人一种（该公司正在）快速好转的假象。然而，Sunbeam 公司早期的"成功"让该公司更难实现随后的销售目标。随着 1997 年的日子一天天过去，Sunbeam 公司不得不提供越来越慷慨的条件，来吸引客户下更多的订单。

Sunbeam 公司很快就开始通过开单留置交易（bill-and-hold transactions）记录收入。Sunbeam 公司说服客户提前下单，购买几个月后才会需要的商品。例如，Sunbeam 公司在 1997 年 11 月披露了夏季用品（包含烧

[①] "杂物袋"是军人用来装缝纫工具和洗漱用品等小件个人物品的小袋子。
[②] John Byrne, *Chainsaw*, 167.

烤架和户外家具等）的销售收入，这些产品客户要到来年春天才会真正需要。Sunbeam 公司需要持续保管货物，这样客户的货栈就不会被淡季商品所拖累。通过协议或者暗许的方式，Sunbeam 公司为客户保留了在配送前取消订单的权利。尽管存在这些不寻常的条款，但 Sunbeam 公司依然在接到订单时立刻就确认了收入。

随着年底的临近，Sunbeam 公司采取了更加激进的销售策略。该公司在 12 月份设计了一个"经销商计划"，向愿意在年前接受送货的顾客提供折扣、延长付款期限、给予退货权等优惠政策。第四季度，Sunbeam 公司在客户保留未来退货权的商品上，获得 2 470 万美元的收入。事实上，1997 年第四季度"售出"的大量存货在 1998 年被退回了。

到了 1998 年第一季度，Sunbeam 公司几乎不可能再卖出任何东西。沃尔玛（Wal-Mart）的仓库里有足够销售 20 周的搅拌器和足够销售 31 周的面包机。凯马特（K-Mart）持有的搅拌器、面包机和烤炉比过去一整年的销量还多。Sunbeam 公司将季度末从 3 月 29 日挪到了 3 月 31 日，为实现其销售目标做出了最后一搏。3 月 30 日，Sunbeam 公司完成了对科尔曼公司的收购。这一报告期间的改变使得 Sunbeam 公司的产品净销售额"增加"了 500 万美元，科尔曼公司的净销售额也增加了近 1 500 万美元，这一季度最后两天的销售额高得令人生疑。

Sunbeam 公司的审计师

菲利普·哈洛是 1994 年至 1998 年负责 Sunbeam 公司审计业务的合伙人。2001 年 5 月，SEC 发出民事禁令，指控哈洛对 Sunbeam 公司 1996 年和 1997 年财务报表发表的无保留审计意见错误且存在误导性。[①] 与哈洛签署的审计报告意见相反，Sunbeam 公司的财务报表没有公允陈述，安达信会计公司的审计也不符合专业审计准则。

SEC 指控哈洛在对 Sunbeam 公司进行审计时，没有保持适当的怀疑态度。具体来说，SEC 工作人员批评哈洛没有质疑 Sunbeam 公司在 1996 年第四季度计提的 1 200 万美元环境修复储备金。哈洛并没有独立核实该金

---

① Securities and Exchange Commission, Accounting and Auditing Enforcement Release No. 1395, *SEC v. Albert J. Dunlap et al.*, May 15, 2001.

额,而几乎是仅凭Sunbeam公司总法律顾问的一面之词,就得出了环境修复储备金金额比较适当的结论。哈洛同样未能严格审查Sunbeam公司1997年的开单留置交易的真实目的。公正的观察人士会得出这样的结论:这些交易的动机是,Sunbeam公司希望达到金融分析师的季度销售和盈利预期,而不是出于任何合理的商业目的。

更糟糕的是,SEC发现有证据表明,哈洛故意纵容Sunbeam公司虚报了数笔交易。审计师们本已查明,有1 800万美元本不应列入Sunbeam公司1996年12月记录的重组费用。哈洛提出了几笔调整分录,以便使Sunbeam公司的账目满足公认会计原则的要求。但邓拉普和克什拒绝接受调整分录,于是哈洛改口说1 800万美元的未更正错报相对于Sunbeam公司的整体财务状况而言并不重要,然后就继续对1996年的财务报表出具了无保留意见的审计报告。

1997年,哈洛发现了更多的财务欺诈行为,但最终还是默许了。在Sunbeam公司最奇怪的一次交易中,克什将零部件"卖"给了负责处理保修索赔的承包商,确认了1 100万美元的收入和800万美元的利润。但该承包商从未真正同意购买零部件,更不用说以1 100万美元的价格来购买。该承包商只是签署了一份"同意协议",同意以待定的价格购买零部件。哈洛断定这是一笔明显的虚假交易,不应报告任何利润。克什见状,便调减了300万美元的利润。哈洛并没有坚持将整笔交易从Sunbeam公司账簿中抹去,而是认为剩下的利润无关紧要,并允许其在账簿中予以保留。哈洛还提出了一个290万美元的调整分录,以纠正高估的墨西哥存货和56.3万美元的其他杂项调整,但最终遭到了管理层的拒绝。Sunbeam公司1997年披露的收入中大约有16%来自哈洛在1996年或1997年提议调整的项目,但Sunbeam公司均未予以调整。

哈洛和安达信会计公司为其容忍Sunbeam公司在会计上为所欲为付出了高昂的代价。安达信会计公司支付了1.1亿美元,就Sunbeam公司投资者提起的诉讼达成和解。哈洛被禁止以公共会计师身份参与或执行SEC辖下的证券市场审计业务。

烧焦的吐司

在SEC对Sunbeam公司及其1996—1998年的利润重述开展调查期间,

邓拉普坚持认为他对公司的会计问题没有责任。邓拉普为开单留置交易的正当性进行了辩护，声称这是为了平稳季节性产品的销售。根据邓拉普的说法，"存货的所有权、灭失风险等都已明确转移给客户，存货已被恰当地隔离，所有的收入确认都满足了公认会计原则的要求"。[1] 至于其他的会计问题，邓拉普说他相信他的会计员工、审计委员会的3名独立董事和安达信会计公司的意见。邓拉普否认曾指使他的员工去做任何不当的事情。

虽然没有Sunbeam公司的员工公开指责邓拉普下令要求乃至批准不当的会计操作，但有几名员工描述了一种充满敌意的工作环境，在这种环境中员工承受着巨大的压力，必须要"做出那些数字"。[2] 季度销售额和利润目标是不容商榷的，失败是不能容忍的。Sunbeam公司的国际销售总监回忆说，在一次会议上，邓拉普对高管们说："你们的全部身家性命都取决于能不能达到这个数字！"[3]

员工股票期权是Sunbeam公司实施激进的会计政策的另一个强大动因。邓拉普所率领的扭亏为盈巡回专家团队对Sunbeam公司没什么好感。其实他们更不喜欢邓拉普，因为邓拉普具有施虐者人格，惯于羞辱员工。Sunbeam公司的高级管理人员之所以还能坚持在该公司供职并且容忍邓拉普的虐待，只是因为他们觉得在这里可以迅速地赚到很多钱。所有高级经理都知道，如果Sunbeam公司达不到分析师的预期，他们的辛勤工作和精神痛苦都将付诸东流。

SEC指控邓拉普、克什和其他4位Sunbeam公司高管合谋以欺诈方式谎报公司的运营情况。[4] 然而，SEC并没有提起任何刑事指控，并允许邓拉普和克什在不承认或否认有罪的情况下达成民事诉讼和解，只是永久禁止他们担任公众公司的高管或董事。邓拉普支付了50万美元的罚款，克什支付了20万美元。除了名誉受损之外，邓拉普受到的唯一真正的惩罚来自私人诉讼。2002年1月，他花了1 500万美元，与提起集体诉讼的Sunbeam公司股东达成了和解。

【参考文献】

Brannigan, Martha. "Sunbeam Slashes Its 1997 Earnings in Restatement." *Wall*

---

[1] Byrne, *Chainsaw*, 361.
[2] Ibid., 153.
[3] Ibid., 157.
[4] SEC, AAER No.1395, *SEC v. Albert J. Dunlap et al.*

Street Journal, October 21, 1998.

Byrne, John. Chainsaw. New York: HarperCollins Publishers, 1999.

Canedy, Dana. "Three Acquisitions by Sunbeam in Separate Deals." New York Times, March 3, 1998.

Dunlap, Albert, with Bob Andelman. Mean Business: How I Save Bad Companies and Make Good Companies Great. New York: Random House, 1996.

Greene, Kelly. "Dunlap Agrees to Settle Suit Over Sunbeam." Wall Street Journal, January 15, 2002.

Laing, Jonathan. "Dangerous Games: Did 'Chainsaw Al' Dunlap Manufacture Sunbeam's Earnings Last Year?" Barron's, June 8, 1998.

Lavelle, Louis. "Boy Next Door to 'Rambo in Pinstripes.'" Sunday Record, November 10, 1996.

Martinez, Amy. "Auditors Settle Sunbeam Suit; Investors to Get $110 Million." Palm Beach Post, May 2, 2001.

Norris, Floyd. "They Noticed the Fraud but Figured It Was Not Important." New York Times, May 18, 2001.

Securities and Exchange Commission. Accounting and Auditing Enforcement Release No. 1393, In the Matter of Sunbeam Corporation. May 15, 2001.

Securities and Exchange Commission. Accounting and Auditing Enforcement Release No. 1395, SEC v. Albert J. Dunlap et al., May 15, 2001.

Securities and Exchange Commission. Accounting and Auditing Enforcement Release No. 1706, In the Matter of Phillip E. Harlow, CPA. January 27, 2003.

【思考】

1. 为什么艾尔·邓拉普在1997年未能卖掉Sunbeam公司？

2. 哪些事件导致邓拉普被赶下台并让人们发现了Sunbeam公司的欺诈？

3. 在1996年，艾尔·邓拉普和唐纳德·克什为什么要记录3 500万美元的超额减值以及不必要的储备金？

4. Sunbeam公司在1997年采用了哪些手段来促销？这些手段对Sunbeam公司1998年的销售造成了何种影响？

5. 根据SEC的说法，菲利普·哈洛在审计Sunbeam公司1996年和1997年财务报表时犯了哪些错误？

6. 艾尔·邓拉普的管理风格如何创造了无人报告欺诈行为的企业文化？

21　千禧年的末尾

「　关于审计师独立性我们还有最后一句话要说。在我们制定规则的过程中，许多人认为这个独立性问题只存在于我们的脑海之中，因为我们说不出在哪个审计失败的案例中审计师提供了重要的咨询或其他非审计服务。上个星期，我们针对安达信会计公司在废弃物管理公司丑闻中签署虚假的误导性审计报告的行为所提起的诉讼，终于打消了人们的这种想法。

——SEC委员劳拉·昂格尔[①]　」

安达信会计公司的芝加哥总部办公室距离位于伊利诺伊州橡树溪（Oak Brook）的废弃物管理公司总部不到10英里。这两家公司共享的可不仅仅是同一个电话区号。20世纪90年代，有14名安达信会计公司前审计师供职于废弃物管理公司，通常担任重要的财务与会计职务。1971年至1997年，废弃物管理公司历任首席财务官和首席会计官都曾在安达信会计公司工作。

安达信的合伙人罗伯特·阿尔盖尔于1991年接手了废弃物管理公司的审计工作。在阿尔盖尔上任后不久，废弃物管理公司就将安达信会计公司的审计费用锁定在了1990年的水平，同时允许安达信会计公司通过提供

[①] Laura S. Unger, "This Year's Proxy Season: Sunlight Shines on Auditor Independence and Executive Compensation" (speech, Center for Professional Education, Washington D.C., June 25, 2001).

"特殊工作"获得额外收入。在接下来的六年里,安达信会计公司获得了750万美元的审计费用和1 180万美元的其他服务费用。阿尔盖尔同时也是安达信会计公司芝加哥总部办公室的营销总监,其薪酬部分地取决于安达信会计公司从废弃物管理公司收取的费用总额。

安达信会计公司的审计师在废弃物管理公司1993—1996年的财务报表中发现了数亿美元的错报,但没有坚持要求更正这些错误。SEC委员劳拉·昂格尔(Laura S. Unger)推断,安达信会计公司之所以纵容废弃物管理公司存在问题的会计处理,可能是因为该公司支付了高额的非审计费用并聘用了安达信会计公司的前雇员。她引述了安达信会计公司在废弃物管理公司的审计业务上的缺陷,提出了更加严格的审计师独立性要求。

8 064项违规行为

Sunbeam公司和废弃物管理公司的审计情况让SEC意识到,审计师对于客户激进的会计做法已经变得何其宽容。但有一桩更为明目张胆的丑闻引发了70年以来SEC对独立性要求最为广泛的修订。

一封寄给SEC的匿名信引起了一项调查,调查发现,普华永道会计公司合伙人和员工有8 064项违反独立性要求的行为。在该会计公司的2 700名美国合伙人中,有超过一半的人(包括负责制定该会计公司的独立性政策的11名合伙人中的6名)都对该公司的客户有投资。就连普华永道会计公司董事长、独立性准则委员会的成员詹姆斯·斯奇罗(James Schiro)也存在轻微违规行为——他持有一家审计客户价值1 600美元的股票。

普华永道会计公司的发言人抗议称,这8 000多项违规行为中,有许多都是技术性的,比如一位合伙人被点名是因为他的几个孩子出于对迪士尼的喜爱,将各自手中的一股华特迪士尼公司(Walt Disney Co.)的股票镶了框挂在了卧室墙上。但近40%的违规行为是员工对客户的直接投资。调查人员确认了140项合伙人和经理持有被审计公司股票的违规行为。

普华永道会计公司的丑闻让美国注册会计师协会陷入了两难的境地。美国注册会计师协会的职业道德执行委员会负责惩戒其成员,但它应该如何处理被控违反了职业准则的1 500多名普华永道会计公司审计师呢?美国注册会计师协会会长巴·梅兰肯选择通过攻击规则来为有罪的一方开脱。就在普华永道会计公司披露其违规行为的第二天,梅兰肯公布了一篇新闻稿，敦促 SEC 放松审计师独立性要求。当《商业周刊》（2000 年 2 月 7 日）刊登的一篇社论称普华永道会计公司的违规行为证明审计师背离了自身对公众信任的承诺时，梅兰肯给编辑写信回应说，从普华永道会计公司的 8 064 项违规行为可以得出的正确结论是，现有的规则是不合理的：

> 注册会计师在保护公众利益和促进资本市场顺利运行方面，扮演着重要的角色。客观性和独立性是我们应当认真对待的职业责任。然而，执业注册会计师有权期望这些规则能够与时俱进并保持（与实践的）相关性。许多针对审计师独立性的规则是几十年前制定的，那时候还没有夫妻共事禁令和无所不在的 401（k）计划。没有人不同意审计师必须独立于他们所审计的公司，但仅仅因为养老金计划中包含某个由 3 000 英里以外的一个他们并不认识的合伙人所监管的审计客户的股票，就强迫合伙人的配偶放弃自己的养老金计划，这有违常识。是时候制定适应当今世界的独立性规则了。①

连鼎鼎有名的普华永道会计公司也普遍违反 SEC 的规定，这自然引发了人们对其他会计公司是否存在类似问题的质疑。SEC 首席会计师林恩·特纳（Lynn Turner）要求美国注册会计师协会的公共监督委员会（POB）开展对其他五大会计公司的监督调查。美国注册会计师协会致信公共监督委员会主席查尔斯·鲍舍，声明该协会将"不会批准或授权报销公共监督委员会或其代表提交的包含特别审查费用的发票"。② 此举激怒了 SEC 的主席亚瑟·莱维特。美国注册会计师协会作为公共监督委员会的资金提供者，居然断然拒绝调查会计公司的审计师是否投资于其客户的证券，这无异于公开挑战 SEC 的权威。

莱维特自 1993 年被美国总统比尔·克林顿（Bill Clinton）提名任命为 SEC 主席以来，就一直对审计师的独立性问题心存疑虑。莱维特经常批评注册会计师为其审计客户提供管理咨询服务的表现。在担任主席职务六年多、任期即将结束的时候，莱维特终于看到了争取公众支持以推行实质性改革的机遇。普华永道会计公司抱怨称，其员工都被 SEC 错综复杂的独立

---

① Barry Melancon, "Accountants Need Clear, Modern Rules to Guide Them," *Business Week*, February 28, 2000, 13.

② Arthur Levitt, *Take on the Street* (New York: Pantheon Books, 2002), 126.

性规则搞糊涂了，但这招来的更多是嘲笑，而不是同情。而美国注册会计师协会公然拒绝执行其自身的行为准则，使其失去了道德制高点。莱维特决定在任期的最后几个月，致力于对 SEC 的审计师独立性要求进行改革。这时，反对政府过多干预经济的乔治·布什，在民意调查中领先于要求政府更多地干预经济的阿尔·戈尔（Al Gore）。机不可失，时不再来。

SEC 提议对审计师独立性监管规则实施现代化改革

2000 年 6 月，莱维特推动自 1983 年以来对 SEC 的审计师独立性要求的首次重大改革。新规则基于四项原则评估审计师的独立性。SEC 指出，当发生以下情形时，审计师就不是独立的：（1）与审计客户存在共同的利益或者存在利益冲突；（2）审计他（或她）自己的工作；（3）担任审计客户的管理人员或雇员；（4）担任审计客户的利益代言人。①

SEC 在其建议中承认，有一些让普华永道会计公司员工陷入困境的规定的确过于严苛，并不必要。例如，SEC 的旧规定禁止所有合伙人及其家庭成员投资于经该公司审计的任何实体，这就导致在 1998 年普华会计公司与永道会计公司合并时，数千名员工被迫抛售了对方公司的审计客户的股票。其实，合并后普华永道会计公司拥有 3 000 多家公众公司客户，而绝大多数审计师都只负责了少数几家。但许多员工都因为出售了相当一部分投资组合而背负了巨额的税务责任。为解决类似问题，拟议规则 2 - 01（c）(1) 仅禁止参与客户审计业务的人员及其直系亲属直接投资于该审计客户。

该建议还放松了对会计师审计其家庭成员所在机构的限制。SEC 的旧规定是在双职工家庭大量出现之前出台的，不允许审计师承接其配偶和其他家庭成员所在机构的审计业务。1998 年，普华会计公司与永道会计公司合并时，几名合伙人的配偶被迫辞职，尽管他们的工作与会计毫无关系，这些合伙人也没有参与对其雇主的审计。对此，拟议的第 2 - 01（c）(2) 条规定，只有在审计师的近亲属担任被审计单位的会计或财务报告监督职务的情况下，才会认定审计师的独立性受到了损害。

美国注册会计师协会和五大会计公司对其他拟议的规则修改兴趣索然。

---

① Securities and Exchange Commission，*Proposed Rule*：*Revision of the Commission's Auditor Independence Requirement*，June，27，2000，section 2 - 01（b）.

该建议还指定了 10 类非审计服务，如果向审计客户提供了这些服务，将损害审计师的独立性。大多数指定的服务，如簿记服务和高管招聘服务，已经被 SEC 和美国注册会计师协会的规则排除在外。但是，许多注册会计师强烈反对将内部审计外包（internal audit outsourcing）和信息系统设计与实施（information systems design and implementation）列入禁止服务清单，因为这两项恰恰是公共会计师行业中利润最丰厚、增长最快的服务领域。

在亚瑟·莱维特向安达信、毕马威和德劳伊特 & 图什等会计公司的董事长当面阐释他的提议时，他们只是神情冷漠地听着，没有表现出任何谈判的意愿。莱维特见状，转而要求他们提出相反的意见方案，但他们甚至拒绝讨论将其咨询服务限定于审计客户。安达信会计公司董事长鲍勃·格拉夫顿（Bob Grafton）在会议结束时警告莱维特："如果你再这么干下去，那我们就只能开战了。"①

作为应对，美国注册会计师协会雇用了 14 名国会说客，并邮寄了数千份信件样本要求美国注册会计师协会的成员以自己的名义寄给他们的国会代表。安达信、毕马威和德勤②会计公司更是雇用了自己的说客，并发起了写信运动。2000 年，美国注册会计师协会和五大会计公司的游说总支出超过了 1 200 万美元。然而为了保住他们价值 100 亿美元的咨询业务，这点小钱根本不算什么。

游说工作取得了成效。有 46 名国会议员给莱维特写信，促请他撤回、修改或推迟关于审计师独立性的提案。莱维特了解到，阿拉巴马州的共和党参议员理查德·谢尔比（Richard Shelby）正在准备一项"拨款附加条款"（appropriations rider），以禁止 SEC 将其任何资金用于实施或执行拟议的上述规则。莱维特恳请参议院多数党领袖特伦特·洛特（密西西比州共和党人）不要让国会削减 SEC 的预算资金。他告诉洛特，《纽约时报》《华盛顿邮报》《洛杉矶时报》《商业周刊》等许多知名媒体都支持这一提案。但洛特回答说："其实吧，我对你的提议不太熟悉，但如果那些自由派的出版物支持它，那我就反对它。"③

但莱维特并不是一个人在战斗。四名 SEC 前主席均赞同修改后的审计

---

① Levitt, *Take on the Street*, 128.
② 1993 以后，德劳伊特 & 图什会计公司更名为德勤会计公司。——译者
③ Levitt, *Take on the Street*, 133.

师独立性的要求。在 SEC 的公开听证会上，一些富有影响力的专家证人亲自作证支持这项提议，其中包括知名基金经理约翰·比格斯（John H. Biggs）、货币监理署署长约翰·浩克（John D. Hawke），以及美联储前主席保罗·沃尔克（Paul A. Volcker）。

通常团结一致的五大会计公司领导人之间也出现了分歧。尽管毕马威会计公司合伙人罗伯特·埃利奥特（Robert Elliott）发誓不会让 SEC "把这个行业炸回石器时代"，但厄恩斯特&扬会计公司董事长菲利普·拉斯卡维（Philip Laskawy）支持禁止信息系统设计工作和内部审计外包的规定。① 彼时，厄恩斯特&扬会计公司正在商议将其咨询部门出售给凯捷公司（Cap Gemini），新的限制措施不会造成什么损失。普华永道会计公司没有支持莱维特的提案，但鉴于其最近有 8 064 项违反独立性要求的记录，该公司没有资格公开反对监管改革。

SEC 的五位委员原定在 2000 年 11 月 15 日的会议上对独立性提案进行投票表决。美国注册会计师协会和几位有影响力的国会委员会主席敦促推迟表决，抱怨 SEC 没有给公众足够的时间发表评论。事实上，莱维特的反对者希望将投票推迟到新总统就职并任命新的 SEC 主席之后。

在 SEC 预定投票前的最后 48 小时里，莱维特与美国注册会计师协会会长巴里·梅兰肯和几大会计公司领导人达成了妥协。莱维特希望避免诉讼，并担心报复性的预算削减，他提出允许会计公司继续为审计客户提供信息系统设计服务，条件是上市公司在其年度委托投票说明书中披露支付给会计公司的咨询服务金额，并单独列出信息系统设计服务费用。莱维特还提议允许会计公司承接其审计客户不超过 40% 的内部审计服务业务。

共和党在 11 月 7 日令人失望的表现，将梅兰肯和五大会计公司的领导人再次推到了谈判桌前。由于担心他们在国会的盟友无法阻止莱维特最初的提案，再加上也不知道谁最终会赢得总统大选，公共会计师行业的领导者们不再反对那份打了折扣的提案（diluted proposal）。SEC 委员们于 11 月 15 日通过了新的审计师独立性要求。

---

① Nanette Byrnes and Mike McNamee, "The SEC vs. CPAs: Suddenly, It's Hardball," *Business Week*, May 22, 2000, 49; Louis Lavelle, "Cozying Up to the Ref: Ernst's Role in Tough New SEC Rules Riles Rivals," *Business Week*, July 31, 2000.

SEC 新规的影响

2001年,当第一份包含强制性费用披露的委托投票说明书出现时,就连 SEC 也对一些公司支付给会计公司的税务和咨询服务费感到震惊。在 2000 年,标普 500 指数成分股公司总共支付了 12 亿美元的审计费用和 37 亿美元的非审计服务费用。例如,毕马威会计公司在为摩托罗拉公司(Motorola Inc.)提供审计服务时只赚了 400 万美元的审计费,但在计算机咨询和其他业务方面赚了 6 200 万美元。通用汽车向德勤会计公司支付了 1 700 万美元的审计费用和 7 900 万美元的其他服务费用。斯普林特公司(Sprint Corp.)向厄恩斯特 & 扬会计公司支付了 250 万美元的审计费用以及 6 400 万美元的咨询和其他服务费用。一些咨询合同的金额促使亚瑟·莱维特发表了如下评论:

> 我并不是在说这些审计公司都违背了独立性要求。但我不得不怀疑,当有可能危及公司 6 400 万美元的咨询业务收入时,审计师是否还敢在签订一份收入 250 万美元的审计合同时站出来与首席财务官对质,并质疑账上的可疑数字。再考虑到许多审计师的报酬取决于他们出售了多少非审计业务,这种情况发生的可能性似乎就更小了。[①]

一些投资者群体发起了股东决议来应对该项费用披露所暴露出的问题,他们要求企业停止从会计公司购买管理咨询服务。2002 年,华特迪士尼公司的一项这样的决议获得了该公司 42% 的股东的支持。尽管华特迪士尼公司的这项决议未能赢得大多数选票,但股东们对提案"高于预期"的支持率促使华特迪士尼公司董事会停止向普华永道会计公司购买管理咨询服务。机构投资者理事会(Council of Institutional Investors)的研究主管安·叶格(Ann Yerger)警告企业高管:"股东们已经发出一个非常强有力的信息,即他们认为(审计和非审计)职能应该分开。"[②]

---

① Levitt, *Take on the Street*, 138.
② Phyllis Plitch, "Investors Send 'Strong' Message in Disney's Auditor Vote," *Dow Jones News Service*, February 19, 2002.

随着股东和公司治理监管机构越来越直言不讳地指出审计和咨询之间的潜在利益冲突，公司董事开始阻止公司聘请会计师提供管理咨询服务。董事会成员经常在涉嫌财务欺诈的案件中被列为被告。许多董事担心，一旦公司的财务报表受到质疑，昔日带给会计公司丰厚利润的咨询业务就将被视为监督不严的证据。从董事们的角度来看，最安全的策略是向别处寻求咨询意见。2002年，苹果电脑、莎莉集团（Sara Lee）、强生（Johnson & Johnson）和其他几家知名公司决定停止从其审计师那里购买内部审计和信息技术咨询服务。

在SEC修订其审计师独立性要求的两年里，五大会计公司中的大多数都做了业务分拆。2000年5月，厄恩斯特&扬以111亿美元的价格将其信息技术部门出售给了法国咨询公司凯捷。毕马威会计公司的咨询部门分拆为一家名为毕博咨询公司（Bearing Point）的独立公众公司。普华永道会计公司与惠普（Hewlett-Packard）进行了谈判，也考虑过进行首次公开募股，最终还是将其技术服务部门出售给了IBM。只有德勤会计公司保留了咨询部门，而这并非完全出于自愿。德勤原计划在2002年初通过首次公开募股出售其咨询业务，但由于（投资者）对股票发行的兴趣不足，只得取消了计划。

这样，亚瑟·莱维特便成功地大幅削减了会计公司为其审计客户提供的咨询服务。许多公司董事会采取了限制从会计公司购买服务的政策，四大会计公司中有三家处置了大部分咨询分支机构。

关于重要性的指导

审计准则要求审计师对其客户的财务报表不存在重大错报提供合理保证。财务会计准则委员会在《财务会计概念公告第2号：会计信息的质量特征》（Financial Accounting Concepts Statement No. 2, *Qualitative Characteristics of Accounting Information*）中将重要性定义为："结合具体情况，如果某项会计信息的漏报或错报足以改变或影响一个依赖于该信息的理性人的判断，则该项会计信息就是重要的。"

财务会计准则委员会对重要性的定义的主要问题是，它很难在实践中落地。谁能预测一个"理性人"对某个特定的会计错误会有什么反应呢？因此，审计师开发出了各种各样的经验法则，以帮助他们评估错报是否重要到了需要调整的程度。一些审计师认为，如果这一数字超过了税前利润的10%，就构成重大错误。其他审计师有时也将客户总收入或总资产的1%作为衡量重要性的标准。

一些客户滥用重要性的概念，拒绝更正那些未超过审计师认定的重要性门槛的错误陈述。就审计调整展开协商，已成为审计过程中的常规环节。在审计师提交他们的调查结果清单后，首席执行官和首席财务官就会与审计合伙人讨价还价，以确定合伙人同意出具无保留意见审计报告所需的最低调整。

审计师经常会批准包含数百万美元的已知但"不重要"的错报的财务报表。安达信会计公司的合伙人菲利普·哈洛忽视了Sunbeam公司1996年财务报表中1 800万美元的已知错误陈述。罗伯特·阿尔盖尔则忽视了废弃物管理公司1993年财务报表中1.28亿美元的错误陈述，以换取邦特罗克承诺在未来纠正这些错误。安达信会计公司不是唯一一家允许客户发布"非重要性"虚假财务报表（"immaterially" false financial statements）的会计公司。格雷斯公司（W. R. Grace & Co.）操纵其1991年至1994年的利润，在好年景随意记录负债，在不好的年景则翻转其应计项目。普华永道会计公司的审计师在他们的审计工作底稿中记录了这些操纵行为，但他们得出的结论却是这些操纵对格雷斯公司年度利润的影响并不重要，然后就发布了无保留意见的审计报告。①

1998年9月，亚瑟·莱维特在纽约大学法律与商业中心的一次演讲中谈到了重要性问题。

> 但一些公司滥用了重要性的概念。它们故意将错账控制在规定的百分比上限以内。然后，它们便会竭力辩解，称其对底线数字（即净利润）的影响太小了，根本算不了什么。但如果真的是这样的话，它们何苦去千方百计地制造那些算不了什么的错误呢？也许因为这种影响很重要，尤其当它是距分析师预期所差的最后一分钱时。②

11个月后，SEC发布了《职员会计公告第99号：重要性》（Staff Ac-

---

① "Grace Case Illustrates Earnings Management," *Wall Street Journal*, April 7, 1999, C1.

② Arthur Levitt, "The Numbers Game" (speech, New York University Center for Law and Business, New York, NY, September 28, 1998).

counting Bulletin，No. 99，*Materiality*，以下简称"SAB No. 99"）。SAB No. 99 否定了那种基于财务报表项目的某些主观随意的比例，来设定明线重要性界限（a bright-line materiality cutoff）的做法。相反，SAB No. 99 要求审计师同时考虑已知错报的数量和质量特征。一个数量上很小的错误，如果将亏损变成了盈利，掩盖了非法交易，影响了公司遵守贷款协议的程度，将利润增长趋缓扭转成利润增长强劲，或使得公司刚好达到分析师的预期，那么，它就是重要的。SAB No. 99 还禁止公司为了管理或平滑拟报告的收益而故意记录任何规模的错报。

结 论

令人惊讶的是，在1998年的8个月内接连公布的Sunbeam公司和废弃物管理公司的盈余重述，对安达信会计公司的声誉几乎没有任何影响。这两起丑闻几乎被淹没在费玛超市（Pharmor）（审计公司为永道会计公司）、圣达特（Cendant）（审计公司为厄恩斯特＆扬会计公司）、来爱德（Rite-Aid）（审计公司为毕马威会计公司）、格雷斯公司（审计公司为普华会计公司）和Livent公司（审计公司为德勤会计公司）等曝光的类似会计失误之中了。

这两桩糟糕的审计也未能使安达信会计公司的审计程序得到显著改善。安达信会计公司的领导人甚至表示，尽管在Sunbeam公司和废弃物管理公司的审计中出现了错误，但这些错误都是异常现象，并不能说明安达信会计公司的文化或审计方法存在普遍的缺陷。

但失败的废弃物管理公司审计业务最终还是在安达信会计公司的垮台中发挥了重要作用。安达信会计公司在和解协议（consent decree）中承诺，以后将永不违反证券法。实际上，SEC对安达信会计公司实施了缓刑，以观后效，并警告称，一旦未来再出现审计失败，将会有更严厉的惩罚。一年后，司法部称，安达信会计公司之所以销毁了数百磅安然事件相关文件，是因为惧怕违反SEC的上述缓刑规定。

【参考文献】

Byrnes，Nanette，and Mike McNamee．"The SEC vs. CPAs：Suddenly，It's Hardball."*Business Week*，May 22，2000．

Lavelle，Louis．"Cozying Up to the Ref：Ernst's Role in Tough New SEC Rules Riles

Rivals." *Business Week*, July 31, 2000.

Levitt, Arthur. "The Numbers Game." Speech at the New York University Center for Law and Business, New York, NY, September 28, 1998. Available at http://www.sec.gov/news/speech/speecharchive/1998/spch220.txt.

Levitt, Arthur. *Take on the Street*. Chicago: Pantheon Books, 2002.

McNamee, Mike. "How Levitt Won the Accounting Wars." *Business Week*, November 27, 2000.

Melancon, Barry. "Accountants Need Clear, Modern Rules to Guide Them." *Business Week*, February 28, 2000.

Moore, Pamela L. "This Scandal Changes Everything." *Business Week*, February 28, 2000.

Norris, Floyd. "Accounting Firm Is Said to Violate Rules Routinely." *New York Times*, January 7, 2000.

Norris, Floyd. "Rules That Only an Accountant Could Fail to Understand?" *New York Times*, January 8, 2000.

Plitch, Phyllis. "Investors Send 'Strong' Message in Disney's Auditor Vote." *Dow Jones News Service*, February 19, 2002.

Securities and Exchange Commission. "Proposed Rule: Revision of the Commission's Auditor Independence Requirements." June 27, 2000. Available at www.sec.gov/rules/proposed/34-42994.htm.

Securities and Exchange Commission. "Final Rule: Revision of the Commission's Auditor Inde-pendence Requirements." February 5, 2001. Available at www.sec.gov/rules/final/33-7919.htm.

Sweeney, Paul. "Accounting for the Big Five Breakups." *Financial Executive*, October 2002.

Unger, Laura S. "This Year's Proxy Season: Sunlight Shines on Auditor Independence and Executive Compensation." Speech at the Center for Professional Education, Washington D.C., June 25, 2001. Available at www.sec.gov/news/speech/spch502.htm.

Weil, Jonathan. "SEC Chief Calls Andersen Case 'Smoking Gun.'" *Wall Street Journal*, June 26, 2001.

Weirich, Thomas R., and Robert W. Rouse. "The New SEC Materiality Guidelines: When Are the Numbers Important Enough to Matter?" *Journal of Corporate Accounting & Finance* 11 (January/February 2000): 35–40.

【思考】

  1. 普华永道会计公司 8 064 项违反独立性要求的行为的本质是什么？巴里·梅兰肯和美国注册会计师协会对普华永道会计公司的违规行为采取了哪些行动？

  2. 2000 年，SEC 主席亚瑟·莱维特提出放松审计师独立性要求的哪些方面？又在哪些方面提出加强审计师独立性要求？

  3. 美国注册会计师协会和五大会计公司的领导人是如何回应莱维特主席的独立性提案的？什么事件促使莱维特和审计师相互妥协？

  4. 莱维特是如何成功大幅减少了公共会计公司为其审计客户提供的咨询服务的？

  5. 根据 SAB No. 99，审计师在什么情况下可能会将小额错报视为重大错报？

第六部分
从职业到受管制的行业

22　公共会计师行业的职业化进程

> 注册会计师承认其所肩负的道德责任……既要为向其支付费用的客户的利益着想,也要为可能依赖其意见的陌生人的利益着想。这既是一项沉重的负担,也是一项令人自豪的荣誉。这标志着注册会计师是拥有最高诚信的个人……一名对整个社会非常有用的公仆。
>
> ——约翰·凯瑞,1941年[①]

社会学家对于职业的定义是:从业者必须掌握专业知识体系,满足正式的准入要求,遵守道德规范,并为公众服务的一种行业。

公共服务(public service)把职业(profession)和商业(business)区分开来了。社会授予职业人士提供某些服务的专有权。只有持证医生才可以开处方药。注册律师可以独立执业。注册会计师拥有签署审计报告的独家特许经营权。作为回报,社会期望职业人士能够促进公共利益。医生必须治病救人。律师应当伸张正义。注册会计师应保护公众免受错误或欺诈性财务信息的影响。

美国公共会计行业的创始人欣然承认他们有义务为公众服务。普华会计公司的领袖乔治·梅对于审计师的公共责任作过如下解释:

---

① John L. Carey, *Professional Ethics of Public Accounting* (New York, American Institute of Accountants, 1946), 13.

在这一领域执业的品格高尚的会计师承担着崇高的道德义务，正是因为承担了这种义务，才使原本可能只是一门生意（business）的行业成为一种职业（profession）。在所有与商业密切相关的职业中，没有任何一种职业的从业人员对它的直接客户以外的人（能够比公共会计师行业）负有更大的道德义务。①

会计师对公众的责任在美国注册会计师协会《职业行为准则》第二条中得到了正式确认，该准则要求会员"行事需符合公众利益；尊重公众信任，并展现职业精神"。

一仆二主

拿撒勒人耶稣嘱咐门徒说："一个人不能侍奉两个主人。否则不是恨这个爱那个，就是重这个轻那个。"② 虽然美国的公共会计师行业声称对社会负有义务，但是100多年来，他们一直在努力平衡服务公众的责任和取悦向他们支付费用的公司经理的需要。民意调查显示，投资者期望审计师成为公司的警察——执行严格的会计准则，并揭发公司的不法行为。但"监督"（"watchdog"）角色使审计师与CEO、CFO处于敌对关系。传统上，CEO和CFO对公司审计师的选择、留任和薪酬均具有重大影响。企业管理者通常更喜欢那些"合作"的、能提供最有价值商业建议的审计师。

在20世纪的前70年里，大多数审计师在履行他们对公众的义务的同时，都能过上舒适的生活。美国经济的增长和公众公司数量的增加，确保了会计公司收入的稳步增长。美国注册会计师协会禁止会员发布广告、直接招徕客户和竞争性招标，这抑制了会计公司之间的竞争，也使得客户难以更换审计师。在大多数情况下，会计公司的合伙人都能一直干到退休。他们知道，客户不太可能通过解雇审计师来实施报复，而且即便合伙人确实失去了客户，他在公司的地位也相当稳固，所以，他们有能力强制要求客户执行恰当的会计处理。

---

① Mike Brewster, *Unaccountable: How the Accounting Profession Forfeited a Public Trust* (Hoboken, NJ: John Wiley & Sons, 2003), 61.

② Matthew 6: 24, Holy Bible, New International Version.

审计师的经济安全在20世纪70年代开始受到侵蚀。在联邦贸易委员会的压力下，美国注册会计师协会取消了对发布广告、直接招徕客户和竞争性招标的限制。竞争性招标压低了审计费用，削减了会计公司的利润，因此，审计合伙人面临着越来越大的压力，需要维系客户关系并推销额外的增值服务（例如税务筹划和管理咨询服务）。

一些客户利用会计公司之间日益激烈的竞争，进行"意见购买"（opinion shopping）。也就是说，他们在挑选审计师时会预先询问未来的审计师，他们将要求客户对特定交易进行怎样的会计处理。严格遵守会计准则的审计师，可能会输给那些允许客户有更多回旋余地的审计师。当亚瑟·扬会计公司的合伙人拉里·格雷质疑 ZZZZ Best 的会计惯例时，巴里·明科斥责道："你知道的，我恰好知道永道会计公司会喜欢这种账目。"[1]

广　告

早期的公共会计师通过散发传单和购买城市名录上的广告位来宣传他们的服务。但在1922年，美国会计师协会禁止了公共会计公司的大多数自我推销形式。1966年，美国注册会计师协会秘书长约翰·凯瑞对该禁令作出如下评论："如今人们已经基本上认可了全面禁止广告的行为，没有多少问题。可以肯定的是，广告本身没有违法或不道德的地方，只不过人们普遍认为打广告有失体统。"[2]

其他的职业协会，如代表医生、律师和验光师的协会，也禁止其会员做广告。尽管这些限制已经施行了几十年，但联邦贸易委员会在20世纪70年代称，禁止做广告的规定属于非法的贸易限制。在美国司法部反垄断部门的帮助下，联邦贸易委员会向所有大型职业协会施压，要求它们取消广告禁令。1978年，美国注册会计师协会成员极不情愿地修改了《职业行为准则》第502条，开始允许非"虚假、误导性或欺骗性"的广告活动。

几乎没有会计公司迅即开展大型广告活动。这或许是因为，会计师的复杂服务很难在一页广告或者30秒的广告里解释清楚。而且，通过大众媒

---

[1] ACFE, *Cooking the Books: What Every Accountant Should Know About Fraud*, VHS video (Austin, TX: Association of Certified Fraud Examiners, 2005).

[2] John L. Carey and William O. Doherty, *Ethical Standards of the Accounting Profession* (New York: American Institute of Certified Public Accountants, 1966), 47.

体来接触公共会计师非常狭窄的细分市场目标受众——公司的 CEO 和 CFO——似乎不易奏效。

但到了 20 世纪 90 年代中期，五大会计公司已经愿意在广告上花费数百万美元了。1999 年 3 月，普华永道会计公司发起了一场耗资 6 000 万美元的广告宣传活动，口号是"加入我们，一起改变世界"。几个月后，安永会计公司发起了一场耗资 5 000 万美元的广告活动，宣传该公司有能力解决客户的问题。这类广告直接针对企业高层管理人员，加剧了人们对会计师是否将客户服务（client service）置于公共服务（public service）之上的担忧。国会议员约翰·丁格尔（密歇根州民主党）看到报纸上的一则广告写着，"请将我们视为合伙人，德勤与您"。他评论道："我觉得，这听起来不太独立。"①

某些广告旨在强化个别公司的利益，却产生了副作用——拉低了整个职业的格调。1998 年初，德勤会计公司在《今日美国》（USA Today）、《华尔街日报》和《金融时报》（Financial Times）上刊登整版广告，嘲讽其最大的竞争对手：

安达信咨询：因内斗而分心
德勤咨询：专注于我们的客户

尽管永道会计公司的发言人称这些广告"不得体"，但德勤会计公司的管理合伙人小詹姆斯·科普兰德（James E. Copeland, Jr.）对其公司的恶意中伤行为展露出了顽童般的自豪。科普兰德回应说："如果我们的竞争对手不批评我们的营销效能，我会非常失望的。"②

直接招徕客户

直到 20 世纪 70 年代末，美国注册会计师协会《职业行为准则》的第 502 条规定不仅禁止广告，还禁止直接招徕客户（direct solicitation），即主

---

① Philip B. Chenok with Adam Snyder, *Foundations for the Future*: *The AICPA from 1980—1995* (Stamford, CT: JAI Press, 2000), 58.

② Sally Goll Beatty, "Deloitte Stops Pulling Punches in Assault on Consulting Rivals," *Wall Street Journal*, February 26, 1988.

动拜访潜在客户、与潜在客户交谈或进行电话沟通。尽管美国注册会计师协会在 1979 年废除了禁止直接招徕客户的规定,但仍有大约 12 个州保留了禁止直接招徕客户的法规或会计委员会规则。

1985 年,斯科特·费恩(Scott Fane)从新泽西州搬到迈阿密郊区,他尝试在公共会计师行业执业,但受到了佛罗里达州禁止直接招徕客户的法规的限制。由于无法通过电话向潜在客户推销服务,费恩感到很沮丧,于是他对佛罗里达州会计委员会(Florida State Board of Accountancy, FS-BoA)提起诉讼,称该委员会的禁令侵犯了美国联邦宪法第一修正案(First Amendment)赋予他的言论自由权。

代表佛罗里达州会计委员会的律师认为,要想保护消费者免受"手伸得太长的"(overreaching)注册会计师的影响,该禁令是必不可少的。一位州会计委员会前任主席作证说,招徕客户的注册会计师"显然需要做这门生意,所以可能会在规则问题上向客户妥协"。① 然而,法官的结论是,佛罗里达州会计委员会没有提供充分的证据来证明亲自招徕客户与会计上的不当行为之间的因果关系。

在美国地方法院和联邦上诉法院作出对费恩有利的判决后,佛罗里达州会计委员会向美国联邦最高法院提出了上诉。联邦最高法院维持原判,以 8 比 1 的投票结果推翻了佛罗里达州对直接招徕客户的限制。联邦最高法院大法官安东尼·肯尼迪(Anthony Kennedy)指出,禁止直接招徕客户既可能帮助消费者,也可能损害他们的利益。

> 佛罗里达州的法律没有充分认识到招徕客户的行为在商业情境下所具有的巨大的信息传递价值,剥夺了注册会计师及其客户依照联邦宪法第一修正案原本应该享有的广泛获取完整、准确的商业信息的权利,从而对社会利益构成了威胁。②

大法官桑德拉·戴·奥康纳(Sandra Day O'Connor)则投了反对票。她担心随着放开招徕客户的限制,会计师很快就会堕落到律师的层次:"商

---

① Michael C. Knapp, *Contemporary Auditing: Real Issues & Cases*, 5th ed. (Cincinnati, OH: South-Western College Publishing, 2004), 398.

② Ibid., 400.

业化对职业文化有一种渐进、间接但深刻的影响，律师们对此再清楚不过了。"①

竞争性招标

1934 年，美国会计师协会理事会通过了一项决议，谴责竞争性招标：

> 决议指出，美国会计师协会理事会认为，职业会计业务的竞争性招标（competitive bidding）违背了协会会员的客户和社会公众的最佳利益，协会会员应尽力消除竞争性招标的做法。②

在接下来的 40 年里，各类职业性规则和州法律限制了公共会计师之间的价格竞争。

1972 年，美国注册会计师协会取消了对竞争性投标的禁令后，许多大公司采取了在任命审计师之前先行向几家会计公司招标的做法。例如，惠普公司收到了 10 家会计公司的标书，希望能执行其 1978 年的审计工作。

审计师往往等不及收到邀请就开始推销他们的服务了。1985 年，德劳伊特 & 图什会计公司董事长杰·迈克尔·库克（Jay Michael Cook）表示："五年前，如果另一家会计公司的客户来找我抱怨该公司的服务，我会立即通知那家会计公司的 CEO。放在今天，我会努力抢走他的客户。"③

竞争引发了价格战。会计公司竞相压低报价以争取新的业务，而现任审计师则不得不冻结甚至降低收费以留住现有客户。1985 年，奥本海姆、阿佩尔 & 迪克森会计公司（Oppenheim, Appel & Dixon）的审计合伙人尤金·贝尔托雷利（Eugene Bertorelli）抱怨说，他的许多客户"把审计当作一种商品，就像在挑选哪个加油站的汽油更便宜一样"。④

---

① Michael C. Knapp, *Contemporary Auditing: Real Issues & Cases*, 5th ed. (Cincinnati, OH: South-Western College Publishing, 2004), 401.

② Carey, *Professional Ethics of Public Accounting*, 107.

③ Lee Berton, "Total War: CPA Firms Diversity, Cut Fees, Steal Clients in Battle for Business," *Wall Street Journal*, September 20, 1985.

④ Lee Berton, "Audit Fees Fall as CPA Firms Jockey for Bids," *Wall Street Journal*, January 28, 1985.

随着审计费用的下降，会计公司不得不削减成本，以维持利润。而审计成本的主要决定因素是所进行的测试的数量。更低的审计费用导致了更严苛的时间预算和更小的样本量。1987年，（特雷德韦）虚假财务报告全国委员会曾警告说："会计公司之间的激烈竞争对审计费用造成巨大的压力，往往还会相应地引发削减参与审计的员工、压缩时间预算和减少合伙人参与度等一系列问题。"[1] 纽约的斯派塞＆奥本海姆会计公司（Spicer & Oppenheim）的一位高级合伙人对这种情况的描述更为直白：

> 如今八大会计公司的掌门人都以底线数字（即净利润）为目标。他们就是这样找到工作的。他们会不择手段地从业务合同中获利。但他们已是进退维谷。因为客户的管理层开价很低，所以在工作中赚钱是不可能的——不可能，也就意味着，要想挣到钱，会计公司就只能在审计上偷工减料，将审计范围限制在审慎的水平以下，并祈祷一切都会顺利。由于管事的人更关心利润而不是质量，因此，出现严重错误和疏忽的可能性必然居高不下。[2]

不幸的是，越来越多的证据表明，削减费用确实影响了审计质量。（科恩）审计师责任委员会引用了一项对审计师的调查，其中58%的受访者承认，曾经在没有完成工作的情况下签字确认审计项目中的某项必要步骤已经完成。[3] 时间预算压力是不能按要求完成工作的最常见原因。蒂姆·凯利（Tim Kelley）教授和洛伦·玛尔海姆（Loren Margheim）教授在随后对审计师的调查中发现，超过一半的受访者有过一次或多次"降低审计质量的行为"，例如过早地签字确认审计程序的某一步骤已经完成，走马观花地审查客户的文件，或接受客户缺乏逻辑的解释。[4]

---

[1] National Commission on Fraudulent Financial Reporting, *Report of the National Commission on Fraudulent Financial Reporting* (1987), 56.

[2] Mark Stevens, "No More White Shoes," *Business Month*, April 1988, 42.

[3] Commission on Auditors' Responsibilities, *Report, Conclusions, and Recommendations* (New York: Commission on Auditors' Responsibilities, 1978), 179.

[4] Tim Kelley and Loren Margheim, "The Impact of Time Budget Pressure, Personality, and Leadership Variables on Dysfunctional Auditor Behavior," *Auditing: A Journal of Practice & Theory* 9 (Spring 1990): 21–42.

鉴证服务

由于公司并购（导致审计客户数量下降）和审计业务的竞争性投标（导致审计收费持续下降），从 1987 年到 1992 年，60 家最大的会计公司经通货膨胀调整后的会计和审计收入水平一直没有增长。1993 年，六大会计公司雇用的审计师比 1988 年要少。

美国注册会计师协会对其会员的会计和审计服务市场的停滞现象越来越感到担忧，于是就在 1994 年委托了一个鉴证服务特别委员会（Special Committee on Assurance Services），探索如何将"类似于审计"的服务（"auditlike" services）扩展到新的领域。

经过几个月的研究，鉴证服务特别委员会主席罗伯特·埃利奥特报告称，该职业的标志性产品——财务报表审计——面临着黯淡的未来。由于所有的审计都必须遵守职业守则和政府法规，审计师很难引进创新的改进方法。客户认为所有的审计都是一样的，所以只会选择价格最低的。随着技术的进步，投资者和债权人可能很快就能够自己监督自己的公司，从而减少对审计师的服务需求：

> 在过去的几年中，供应商和客户之间的电子数据交换（electronic data interchange, EDI）的概念已经成为现实。资本提供者（银行和投资者）只是另一类供应商。它们也可以通过 EDI 连接起来。一旦资本提供者能够做到实时地访问一家企业的数据库，他们也就不会再对企业每每拖到财年结束之后很久才公布的年度财务报表感兴趣，更不会对审计师针对那些过于滞后的财务报表所发表的审计意见感兴趣。他们可能更感兴趣的是，审计师实时地保证企业数据库中的信息是可靠的，或者实时地保证系统生成可靠的数据。①

鉴证服务特别委员会建议注册会计师从会计业务扩展到信息业务。这个行业最宝贵的资产（至少在当时）是其成员诚实和正直的声誉。鉴证服

---

① Robert K. Elliott, "The Future of Audits," *Journal of Accountancy* 178 (September 1994): 75-76.

务特别委员会成员唐·帕莱斯（Don Pallais）指出，"人们信任注册会计师"，他敦促会计师们"利用他们的声誉和技能，进入新的领域"。①

鉴证服务特别委员会为公共会计师们识别出了 200 多个潜在的服务机会，并为 6 项前景最好的服务制订了业务计划。其中一项是网络可信度（WebTrust）鉴证服务，涉及审查商业网站的安全控制，以增强顾客的信任。还有一项拟议的服务是系统可信度（SysTrust），即对信息技术系统的设计和运作是否适当进行鉴证。关怀长者服务（ElderCare）涉及管理年长客户的财务事务，并确保医护人员和其他护理人员能有效地提供服务。其他拟议的鉴证服务包括帮助客户评价业绩和评估风险。

由于这些服务据称是基于消费者需求而非监管要求设计的，该特别委员会估计，这些新服务有可能会使公共会计公司的收入增加一到两倍。在 20 世纪 90 年代末和 21 世纪初，美国注册会计师协会投入了大量资源来推广这些新的服务，并培训其会员来提供这些服务。

一群狂热的认知者

随着公共会计师们开始考虑进一步远离传统的审计和税务服务，一些人对往昔所珍视的注册会计师头衔越来越感到不满。美国注册会计师协会聘请的咨询师报告说，注册会计师这个头衔"不再是加分项"，部分原因是注册会计师已经被刻板地看作狭隘的历史学家，而不是前卫的思想家。②另一位咨询师说："如果我走进一个房间，自我介绍是注册会计师，人们就会问我会计或税务方面的问题。但这些都不能为会计师赚钱。"③

因此，在 2000 年 4 月，美国注册会计师协会开始努力引进一种全新的职业认证。拥有新头衔的人将有资格帮助"个人或组织通过战略性地使用知识或知识管理系统来实现他们的目标"。④

---

① Don M. Pallais and Sandra A. Suran, "Change or Die: The Need for Evolution in Auditing Practice," *Line Items* (June/July 1995): 12.

② Michael Rosedale, "Is the AICPA's Vision Prehistoric?" *Practical Accountant* 33 (December 2000): 80.

③ Chris Quick, "The Rise and Fall of Cognitor," *The Times* (London), October 12, 2000.

④ Clar Rosso, "Reaching Critical Mass," *California CPA* 69 (June 2001): 24-30.

新的证书是跨学科的认证。该认证考试将涵盖经济学、法律、市场营销、组织行为学、商业战略和信息系统设计等科目。与注册会计师证书显示了在财务事务方面的专业技能相比,新的证书将标志着持有者在多个商业领域拥有广泛的知识。与注册会计师头衔仅在美国有效的情形不同,新的认证将是国际性的。美国注册会计师协会谋得了其他六个国家的公共会计师行业协会的合作,试图创造一种能在全球范围内得到认可的商业证书。新的头衔将不受政府监管。各州立法机构规定了各州注册会计师执照的要求,但美国注册会计师协会及其国际合作伙伴将会自行规定新证书持有人的要求,因为这是纯粹的私立机构的证书。美国注册会计师协会的领导人声称,新的头衔将会吸引更多的年轻人从事这一职业,也将更准确地反映其大多数会员所拥有的广泛能力。

该提议在2000年10月搁浅了,当时英格兰特许会计师协会、爱尔兰特许会计师协会和苏格兰特许会计师协会撤回了它们对提议的支持,因为它们担心遭到包括纽约州和伊利诺伊州在内的一些州注册会计师协会的强烈反对,并因此感到担忧。这些州注册会计师协会反对的理由中,最重要的一条是,它们认为拟议的新的职业资格证书意味着现有的注册会计师资格证书在某种程度上存在缺陷。许多注册会计师反对美国注册会计师协会允许非注册会计师获得新证书的计划。

也许这个新头衔的拟议名称——"认知者"(cognitor),早已注定了其失败的结局。该词源于拉丁语,意为"知识"。一位著名的会计记者说,这个名字让他想起了一种"从山顶猛扑而下的翼手龙"。[1] 一位会计公司的合伙人迷惑不解地评论道:"认知者——听起来要想当个'认知者',你得戴个头盔才行。"[2] 另一位注册会计师抱怨说,"认知者"听起来像拉丁语里的"万事通"[3][4]。

美国注册会计师协会承认,拟议的名称是一次公共关系上的惨败,于是它撤回了"认知者"这个名字,并开始用"XYZ"来指代新的证书,这意味着它的实际命名将留待日后确定。然而,后来并没有采用新的名字。

---

[1] Jonathan D. Glater, "Risking Ridicule, Some Accountants Talk of Becoming Cognitors," *New York Times*, April 5, 2001.

[2] Patricia V. Rivera, "Some CPAs Seek to Return Accounting Profession to Its Traditional Roles," *Knight Ridder*, May 20, 2001.

[3] "万事通"这个词在西方文化中含贬义。——译者

[4] Chris Quick, "The Rise and Fall of Cognitor."

在 2001 年底举行的全员投票中，美国注册会计师协会会员以 63% 对 37% 的投票结果否决了关于"认知者/XYZ"的提议。

非审计服务的增长

在美国，长期以来，公共会计师所从事的业务不只是执行审计。在 20 世纪初，会计公司提供了各式各样的服务，包括工厂成本系统的架设、组织效率的研究，以及潜在收购目标的尽职调查。1913 年开始征收的联邦所得税，又为税务合规（tax compliance）和税务筹划（tax planning）服务创造了市场。20 世纪 50 年代计算机数据处理的出现为信息系统咨询创造了新的机会。

1980 年，管理咨询服务（management advisory services，MAS）收入约占八大会计公司总收入的 13%。在 20 世纪 80 年代和 90 年代，管理咨询服务费用增长速度远远高于审计费用。到了 1998 年，管理咨询服务提供了大型会计公司总收入的一半以上，而会计和审计只占 30%。五大会计公司甚至不再称自己为"会计公司"。1998 年，安达信会计公司的一位发言人解释称："如果称我们为会计公司，就像称华特迪士尼公司为卡通片制造商，或者是称通用电气公司为家电制造商一样。虽然我们的业务是以会计为基础的，就像华特迪士尼公司的基础业务是制作卡通片，通用电气公司的基础业务是家电，但我们早已经超越了会计。"他说，安达信会计公司是一家"跨学科专业服务公司"（multidisciplinary professional services firm）。[1]

审计市场持续的价格竞争迫使审计合伙人扮演起销售员的新角色。尽管他们已经采取了积极措施控制成本，但许多审计的利润仍然相对微薄。在通过低报审计费用获得业务后，要想获取满意的利润，唯一的方法就是说服客户购买利润率更高的税务和咨询服务。许多公共会计公司调整了合伙人薪酬方案，以激励交叉销售税务和咨询服务的审计师。而未能完成年度销售指标的合伙人将被开除。

审计合伙人推销非审计服务的压力增大，这对于审计质量至少构成了双重风险。首先，审计师的注意力从仔细检查客户的财务报表，转向了寻

---

[1] Melody Peterson, "How the Andersens Turned Into the Bickersons," *New York Times*, March 15, 1998.

找潜在的服务机会。其次，审计师发现，越来越难以就可疑的会计处理方法与企业高管对质。那些被迫做出重大审计调整的首席财务官很少会乐意接受审计师的推销。

安达信会计公司

一部安达信会计公司的历史，基本上也就是一部美国公共会计师行业的历史。

1885年，亚瑟·安达信出生于一个挪威移民家庭。他16岁时成了孤儿，白天当邮差，晚上上学，就这样读完了高中，又上了大学。1908年，年仅23岁的安达信成为伊利诺伊州最年轻的注册会计师。他在普华会计公司的芝加哥办公室工作了3年，曾短暂地担任过密尔沃基的施利茨酿酒公司的财务总监，也曾被任命为西北大学新成立的商学院的会计系主任，后于1913年开设了自己的会计公司。

据大多数人说，安达信具有很高的道德标准，且拥有巨大的勇气。在安达信会计公司开展业务的第二年，一家大客户的总裁要求安达信认可一项不合常规的会计处理方法，该处理方法将夸大该客户报告的利润。据报道，安达信告诉这位总裁，"芝加哥城所有的钱都不足以"让他认可这种不恰当的会计处理。① 安达信失去了这位客户。但一年后，那位客户就宣告破产。安达信终究笑到了最后。

安达信用毕生的心血，一举将安达信会计公司打造成了一家著名的全国性公司，拥有从波士顿到洛杉矶的十几家办公室。该公司专门审计公用事业公司，并在避免塞缪尔·因苏尔（Samuel Insull）的两家庞大的控制着数百家电力公司的投资信托基金破产方面发挥了重要作用。

1947年12月，安达信去世后，剩下的合伙人原本决定要解散该公司。但一位名叫莱奥纳多·斯派切克的年轻合伙人说服其他合伙人改变了主意。在接下来的26年里，斯派切克一直领导着安达信会计公司继续发展壮大。

斯派切克最重要的贡献之一是他决定支持约瑟夫·格利考夫（Joseph Glickauf）在电子数据处理方面的实验。1953年，在格利考夫成功地为通

---

① Barbara Ley Toffler with Jennifer Reingold, *Final Accounting* (New York: Broadway Books), 12.

用电气公司的一家工厂设计并安装了世界上第一个自动化工资系统后，斯派切克成立了一个新的行政服务部门来处理类似的项目。持怀疑态度的审计合伙人将新部门称作"斯派切克的蠢行"（Spacek's Folly），并抱怨该部门早期的收入甚至不足以覆盖其成本。但正是由于格利考夫的愿景和斯派切克早期的资金支持，安达信会计公司才成为信息技术咨询行业的领导者。

到1988年，安达信会计公司的咨询部门创造了公司总收入的40%。当时的合伙协议要求所有合伙人，无论他们从事的是审计、税务还是咨询工作，都共享整个公司的利润池。咨询师的平均年收入为每位合伙人230万美元，他们开始憎恶与公司里那些会计师和审计师分享他们的战果，因为后者的人均年收入仅为140万美元。咨询师们也希望在公司级别的委员会中拥有更多的话语权，但这些委员会仍然由审计师主导，咨询师们自然感到很不服气。

1989年，咨询师们成立了一个独立的业务部门，名为"安达信咨询"（"Andersen Consulting"）。而审计师和税务会计师则继续以"安达信会计公司"的名义执业。这两个实体通过国际伞形组织（an international umbrella organization）——安达信全球（Andersen Worldwide）联系在一起。每一组合伙人从不同的利润池中提取分红，条件是获得更高利润的那组要与另一组分享不超过15%的利润。

到20世纪90年代末，安达信咨询每年向安达信会计公司转移支付的金额接近2亿美元。安达信咨询的1 100名合伙人平均每人每年要负担15万美元，才能满足向安达信会计公司1 700名审计和税务合伙人提供每人每年10万美元补贴的资金需求。

安达信咨询的合伙人想要保留更多的利润，1997年12月17日，他们一致投票决定退出安达信全球。审计师援引合作协议中的一项条款，要求退出的咨询业务部门合伙人支付相当于该部门年收入1.5倍的赔偿，即140亿美元。咨询师们拒绝付款。相反，他们依照有约束力的仲裁协议，向国际商会（International Chamber of Commerce）申请仲裁，称安达信会计公司违反了1989年的分离协议，维持了自己的信息技术咨询部门，该部门曾非法地争夺安达信咨询的客户。

哈佛大学毕业的哥伦比亚律师协会会员圭莱尔莫·甘姆巴（Guillermo Gamba）被选中裁决这起纠纷。经过近2年的事实调查和审议，甘姆巴在2000年8月得出结论，安达信全球违反了它对安达信咨询的义务。这些咨询师可以与前合伙人分道扬镳，只需支付10亿美元，并停止使用安达信的名字。咨询师们大喜过望,用上了新的公司名——埃森哲(Accenture)。

甘姆巴的决定让安达信会计公司极度震惊。在过去的2年里,许多审计合伙人一直在幻想着购买游艇、度假别墅和提前退休。如果能够达成140亿美元的和解协议,安达信会计公司的每一位合伙人将获得近800万美元的收益。现在,他们只能得到那笔钱的很小一部分。而安达信会计公司也不能再如从前那样从安达信咨询收钱,给每位合伙人发放每年10万美元的补贴了。安达信咨询的退出使得安达信会计公司在五大会计公司总收入的排名中下降至末位。由于利润和合伙人薪酬均落后于规模更大的竞争对手,所以安达信会计公司的审计合伙人在留住现有客户、削减审计成本和销售额外服务方面面临着更大的压力。

重商主义

20世纪80年代,会计师和会计学者开始警告称,逐渐蔓延的重商主义(commercialism)威胁到了审计质量。1983年,全国各州会计委员会联盟(National Association of State Boards of Accountancy,NASBA)主席罗伯特·布洛克(Robert Block)曾抱怨"目前这种抢夺别人客户的混乱运动",并警告说,"重商主义的氛围"会破坏会计师的职业精神。[1] 美国注册会计师协会的注册会计师职业行为准则特别委员会(Special Committee on Standards of Professional Conduct for CPAs)在1986年报告称:"竞争环境对公共会计师行业实践中传统的职业精神忠诚度造成了很大压力。"[2] 1988年,当阿瑟·怀亚特从财务会计准则委员会辞职时,他批评八大会计公司更为注重的是商业,而不是职业。[3]

20世纪90年代,竞争压力愈发沉重。1992年,安达信会计公司解雇了10%的审计合伙人——那批最有经验,也最致力于保护公众利益的年长的合伙人,而那些"呼风唤雨者"(rainmakers)则留了下来。毕马威会计公司和致同会计公司(Grant Thornton)也发生了类似的清洗,会计公司纷

---

[1] Chenok with Snyder, *Foundations for the Future: The AICPA from 1980-1995*, 91.
[2] Stephen A. Zeff, "How the U. S. Accounting Profession Got Where It Is Today: Part II," *Accounting Horizons* 17 (December 2003): 268.
[3] Floyd Norris, "Users and Abusers: Here's the Bottom Line on the Accounting Profession," *Barron's*, September 14, 1987.

纷裁减未能完成销售指标的合伙人。

20世纪90年代末，大坝终于决堤，情况一发不可收拾。在1997年1月至2002年6月这五年半的时间里，美国公众公司宣布了919项盈余重述。在此期间，约10%的公众公司至少宣布了一次重述。相比之下，从1977年到1989年的13年间，只有292次重述。许多人认为，公共会计师行业中重商主义的兴起与财务报告问题频发不无关系。

两起最为臭名昭著的盈余重述是安然公司和世通公司作出的。2001年11月8日，安然公司对其1997年至2001年的盈余重述金额高达5.86亿美元。1个月后，这家美国第七大公司宣告破产。2002年6月25日，世通公司宣布了一个更令人震惊的消息——将先前公布的净利润调减了38亿美元。几个月后，世通公司宣布了最后一次重述，总额为110亿美元。安然公司和世通公司的重述拖垮了安达信会计公司，并引发了自《1933年证券法》和《1934年证券交易法》等美国联邦证券法出台以来最大规模的联邦证券法修订。

【参考文献】

ACFE. *Cooking the Books: What Every Accountant Should Know About Fraud*. VHS video. Austin, TX: The Association of Certified Fraud Examiners, 2005.

Andreder, Steven S. "Profit or Loss? Price-Cutting Is Hitting Accountants in the Bottom Line." *Barron's*, March 2, 1979.

Beatty, Sally Goll. "Deloitte Stops Pulling Punches in Assault on Consulting Rivals." *Wall Street Journal*, February 26, 1998.

Berton, Lee. "Audit Fees Fall as CPA Firms Jockey for Bids." *Wall Street Journal*, January 28, 1985.

Berton, Lee. "Total War: CPA Firms Diversity, Cut Fees, Steal Clients in Battle." *Wall Street Journal*, September 20, 1985.

Bialkin, Kenneth J. "Government Antitrust Enforcement and the Rules of Conduct." *Journal of Accountancy* 163 (May 1987): 105-109.

Brewster, Mike. *Unaccountable: How the Accounting Profession Forfeited a Public Trust*. Hoboken, NJ: John Wiley & Sons, 2003.

Carey, John L. *Professional Ethics of Public Accounting*. New York: American Institute of Accountants, 1946.

Carey, John L., and William O. Doherty. *Ethical Standards of the Accounting Profession*. New York: American Institute of Certified Public Accountants, 1966.

Chenok, Philip B., and Adam Snyder, *Foundations for the Future: The AICPA from 1980-1995*. Stamford, CT: JAI Press, 2000.

Commission on Auditors' Responsibilities. *Report, Conclusions, and Recommendations*. New York: Commission on Auditors' Responsibilities, 1978.

Elliott, Robert K. "The Future of Audits." *Journal of Accountancy* 178 (September 1994): 74-82.

Elliott, Robert K., and Don M. Pallais. "Are You Ready for New Assurance Services?" *Journal of Accountancy* 183 (June 1997): 47-51.

Glater, Jonathan D. "Risking Ridicule, Some Accountants Talk of Becoming Cognitors." *New York Times*, April 5, 2001.

Kelley, Tim, and Loren Margheim. "The Impact of Time Budget Pressure, Personality, and Leadership Variables on Dysfunctional Auditor Behavior." *Auditing: A Journal of Practice & Theory* 9 (Spring 1990 1990): 21-42.

Knapp, Michael C. *Contemporary Auditing: Real Issues & Cases*. 5th ed. Cincinnati, OH: South-Western College Publishing, 2004.

Lantry, Terry. "Supreme Court Allows In-Person Solicitations by CPAs." *CPA Journal* 63 (October 1993): 72-74.

Norris, Floyd. "Users and Abusers: Here's the Bottom Line on the Accounting Profession." *Barron's*, September 14, 1987.

Pallais, Don M., and Sandra A. Suran. "Change or Die: The Need for Evolution in Auditing Practice." *Line Items*, June/July 1995.

Peterson, Melody. "How the Andersens Turned Into the Bickersons." *New York Times*, March 15, 1998.

Quick, Chris. "The Rise and Fall of Cognitor." *The Times* (London), October 12, 2000.

Rivera, Patricia V. "Some CPAs Seek to Return Accounting Profession to Its Traditional Roles." *Knight Ridder*, May 20, 2001.

Rosedale, Michael. "Is the AICPA's Vision Prehistoric?" *Practical Accountant* 33 (December 2000).

Rosso, Clar. "Reaching Critical Mass." *California CPA* 69 (June 2001).

Squires, Susan E., Cynthia J. Smith, Lorna McDougall, and William R. Yeack. *Inside Arthur Andersen: Shifting Values, Unexpected Consequences*. Upper Saddle River, NJ: FT Prentice Hall, 2003.

Stevens, Mark. "No More White Shoes." *Business Month*, April 1988.

Thomas, Tony. "Cognitor Drive Loses Backers." *Business Review Weekly*, October

20, 2000.

Toffler, Barbara Ley, with Jennifer Reingold. *Final Accounting: Ambition, Greed, and the Fall of Arthur Andersen*. New York: Broadway Books, 2003.

Trabert, Michael. "New Services in a Changing Environment." *Ohio CPA Journal* 58 (January 1999): 46-48.

Zeff, Stephen A. "How the U. S. Accounting Profession Got Where It Is Today: Part I." *Accounting Horizons* 17 (September 2003): 189-206.

Zeff, Stephen A. "How the U. S. Accounting Profession Got Where It Is Today: Part II." *Accounting Horizons* 17 (December 2003): 267-286.

【思考】

1. 职业与商业之间的区别是什么？

2. 为什么美国注册会计师协会在1978年修改其《职业行为准则》，允许公共会计师做广告？

3. 审计业务的竞争性投标是怎样损害审计质量的？

4. 为什么美国最高法院推翻了佛罗里达州对直接招揽客户的限制？

5. 根据美国注册会计师协会鉴证服务特别委员会的说法，为什么20世纪90年代初审计行业前景暗淡？该委员会提出了哪些建议？

6. 拟议的"认知者"头衔预期将带来何种好处？

7. 激励审计合伙人向审计客户销售税务服务和咨询服务为什么会损害审计质量？

8. 安达信会计公司和安信达咨询的分拆对安达信会计公司的审计质量有何影响？

23 安然公司

「 我们就是天使。我们正在挑战根深蒂固的垄断企业。在我们所进入的每一个行业,我们都是好人。

——安然公司总裁杰弗里·斯基林[①] 」

《财富》杂志连续6年将安然公司评为美国"最具创新精神"的公司。[②] 安然公司从传统的天然气经销商一举转型为雄心勃勃的大宗商品经纪商,这让行业观察人士惊叹不已。1996年8月,安然公司CEO肯尼斯·莱(Kenneth Lay)在一次采访中吹嘘称,安然公司1995年的收入中有40%来自1985年尚不存在的业务。肯尼斯·莱预计这一趋势将继续下去:"我们预计,5年后我们超过40%的收入将来自5年前尚不存在的业务。这是重建我们公司以及我们所处行业的最佳时机。"[③]

安然公司的创新带来了惊人的增长。其收入从1996年的133亿美元,增至4年后的1 008亿美元。安然公司2000财年的收入在美国公司中排名第七。当股价在2000年8月达到90美元的峰值时,安然公司的市值接近800亿美元。

但2001年12月2日,在其入选"世界上最受尊敬的25家公司"后不到10个月,安然公司就根据《破产法》第11章申请了破产保护。应该说

[①] Wendy Zellner, "Power Play," *Business Week*, February 12, 2001, 70.
[②] *Fortune*, 1996–2001.
[③] Harry Hunt III, "Power Players," *Fortune*, August 5, 1996, 95.

安然公司对其能源合同和特殊目的实体（special purpose entities，SPEs）的会计处理方式无疑是"创新性"的，但这一点也不令人钦佩。破产受托人指责安然公司董事会未能恰当地监督公司的财务状况。20多名安然公司高管被控合谋、欺诈和内幕交易罪。

肯尼斯·莱与安然公司的建立

肯尼斯·莱在密苏里州的农村出生和长大。他的父亲是一名浸信会牧师，也是一个失败的小商店店主，靠着出售农具和在饲料店打工养家糊口。肯尼斯·莱年少时常常会坐在拖拉机上，梦想成为下一个约翰·洛克菲勒（John D. Rockefeller）。

1965年，肯尼斯·莱在密苏里大学获得了经济学硕士学位。他在汉布尔石油公司（Humble Oil）工作过很短的一段时间，主要负责给总裁撰写演讲稿。之后应征加入了海军，并被派去研究美国从越南撤军对经济的影响。他的研究让他获得了休斯敦大学的经济学博士学位。

肯尼斯·莱从海军退伍后不久就进入了天然气行业。他开始在佛罗里达天然气公司（Florida Gas）工作，之后又去特朗斯科能源公司（Transco Energy）工作了几年，直到1981年休斯敦天然气公司（Houston Natural Gas，HNG）聘请他担任董事长兼CEO。

1985年，休斯敦天然气公司被竞争对手北方内陆天然气公司（InterNorth）收购。虽然北方内陆天然气公司更大，也是合并中占主导地位的一方，但是肯尼斯·莱却成为合并后公司的董事长兼CEO。合并后不久，肯尼斯·莱高调宣布，公司将更名为"安特龙"（Enteron）。几天后，肯尼斯·莱懊恼地得知，"enteron"是一个医学术语，指从肠道到肛门的消化道，这对一家天然气公司来说是一个格外糟糕的名字。于是，他将公司的新名字改为了"安然"（Enron）。

休斯敦天然气公司和北方内陆天然气公司的合并缔造了北美最大的天然气管道系统。安然公司4万英里长的管道从加拿大延伸到墨西哥，从大西洋延伸到太平洋。得益于此管道系统，安然公司能够在价格最低的地方购买天然气，在价格最高的地方销售天然气，在天然气市场放松管制的政策背景下，安然公司占据了得天独厚的优势。

杰弗里·斯基林和安然公司的转型

杰弗里·斯基林（Jeffrey K. Skilling）1953年出生于匹兹堡。年仅13岁时，他曾短暂担任一家社区有线电视台的生产经理，此前前任经理突然辞职，而斯基林是唯一一个知道如何操作设备的人。他在达拉斯的南卫理公会大学（Southern Methodist University）获得了商学学士学位，之后进入哈佛大学的MBA项目，并以全班前5%的成绩毕业。斯基林对《商业周刊》的记者说："我在商业或工作上从未失败。"[①]

斯基林从哈佛毕业后的第一份工作，是在麦肯锡公司的能源和化学行业咨询部。在进行安然公司的咨询项目期间，斯基林向肯尼斯·莱兜售了创建"天然气银行"的好点子。通过这种业务模式，天然气的消费者和生产者可以签订长期合同，以稳定的价格购买或出售固定数量的天然气。天然气消耗量大的公司抓住了这个机会，来对冲未来天然气价格上涨的风险。天然气生产商最终也认识到，这是一种防范未来价格下跌的明智之举。

1990年，斯基林全职加入了安然公司。10年后，安然公司变成了一个截然不同的公司。该公司只有3%的收入来自安然公司向客户输送天然气的管道网络。超过90%的收入来自安然公司的批发部门（wholesale division），该部门负责买卖与能源相关的衍生品合同。

安然公司在引进新型合同方面确实很富有创新精神。该公司甚至设计了与天气变化有关的合同。事实证明，许多公司对保护自己免受不利天气因素的影响很感兴趣。例如，如果气候温暖，那些销售大量冬季外套的邮购商的销售额就会下降。安然公司设计了一种衍生品合同，根据合同，安然公司同意在一定的时间段内，气温每超过正常温度一度，就向邮购商支付一定的金额。而该邮购商则承诺，气温每低于正常温度一度，就向安然公司支付一定的金额。安然公司随后又与一家担心异常寒冷天气的软饮料（即不含酒精的饮料）制造商签订一份互补合同（complementary contract），以对冲高温的风险。到了20世纪末，安然公司的大部分收入都来自出售"风险头寸"（risk positions），而不是出售天然气或电力等有形动产。

[①] Wendy Zellner and Stephanie Anderson Forest，"The Fall of Enron," *Business Week*，December 17, 2001, 33.

安然公司也是电子商务的创新者。1999年10月，安然公司推出了基于互联网的交易平台"安然在线"（Enron Online，EOL），交易者可以在上面买卖纸张、塑料和金属等商品。一年内，EOL已成为全球最大的电子商务网站，支持13种结算货币，提供35类、1 150种商品。

安迪·法斯托和安然公司的会计处理

安迪·法斯托（Andy Fastow）从西北大学凯洛格商学院获得MBA学位后不久就加入了大陆伊利诺伊银行。他长期从事杠杆收购和资产证券化工作，直到1990年杰弗里·斯基林聘请他加入安然公司。两人成了亲密的朋友。1998年，年仅36岁的法斯托被任命为安然公司的首席财务官。

20世纪90年代末，安然公司开始进入新行业和新的地域市场。1997年，这家总部设在休斯敦的天然气公司以32亿美元的价格收购了波特兰（俄勒冈州）的通用电气公司（Portland (Oregon) General Electric）。一年后，安然公司又用24亿美元收购了英格兰的一家水处理公司，并斥资13亿美元收购了巴西圣保罗的一家电力分销商。1999年，安然公司开始建设耗资12亿美元的全国光纤网络，计划在白天向公司用户出售高速网络接入服务，晚上向家庭用户出售点播电影。

安然公司庞大的资本支出预算造成了财务困境。法斯托向《首席财务官》（CFO）杂志的一名记者解释说："一方面，我们不能只是短时地发行股票，那会稀释股东权益；另一方面，我们也不能让发行债券威胁到我们的（债务）评级，否则会提高资本成本，阻碍我们的交易业务。"[1]

法斯托的解决方案是通过3 000多家特殊目的实体（SPE）筹集资金。SPE是筹集资金和隔离风险的流行工具。比如说，安然公司想要建造一座新的发电厂，它会成立一个专门负责完成该项目的SPE。SPE将借入必要的资金，建造发电厂，然后将发电厂租给安然公司运营。会计规则允许安然公司将SPE的资产和负债排除在合并财务报表之外，只要SPE至少有3%的股权由外部投资者拥有。在上面的例子中，安然公司没有将该发电厂列入其资产，但也没有报告为建造该发电厂所举之债。假如没有SPE，安然公司就得自行举债修建发电厂，其资产负债率就会上升。

---

[1] *CFO：The Magazine for Senior Financial Executives*, October 1, 1999, 65.

尽管 SPE 是一种符合会计规则且较为普遍的操作工具，但安然公司还是滥用了会计规则。安然公司的许多 SPE 并非独立实体，因为它们受关联方控制，而且安然公司承诺为 SPE 的亏损兜底。因此，安然公司（而非 SPE 名义上的所有者）承担了大部分风险。但安然公司的财务报表没有充分披露安然公司的承诺范围以及安然公司应承担的或有负债的金额。

安然公司的第二个重大会计问题是该公司在每个季度末都将能源合同按照"市场价值"计量（即采用盯市会计处理）。1991 年，安然公司向 SEC 申请采用盯市会计。具有讽刺意味的是，在安然公司提出这一请求的同时，美国的银行业正在强烈抵制 SEC 让它们按照市场价值记录金融工具的立场。在公允价值的倡导者理查德·布里登的主导下，SEC 批准了安然公司的请求。

盯市会计使得安然公司能够在本年度记录未来的预期利润。例如，一份典型的能源合同要求安然公司在未来 10 年内以每千立方英尺 3 美元的价格向客户供应固定数量的天然气。通常情况下，天然气供应商会随着天然气交付给客户的进度按年记录收入。而按照盯市会计，安然公司可以简单地"假定"，它供应天然气的平均成本是每千立方英尺 2.8 美元，如此，便可立即按照每千立方英尺的未来利润的现值（即 0.2 美元的预期利润）确认收入。如果第二年天然气价格下跌，安然公司还可以根据合同增加的价值相应地调高收入。

在市场价格易于观察的情况下，盯市会计显得问题没那么大。但是，安然公司签订的许多合同其实并没有成熟的市场。安然公司评估每季度的合同时需要对未来的商品价格、运输成本和贴现率进行估计和假设。而财务会计准则委员会没有针对如何计算这些价值提供详细的指导。财务会计准则委员会的研究主任说："有太多的模型和太多不同类型的工具，我们不可能制定一个一刀切的模型。"[1] 因此，安然公司在如何评估其合同价值以及何时确认持有收益方面，拥有广泛的自由裁量权。

安然公司采用盯市会计的做法，并不是什么秘密。安然公司的年度报告中对此进行了披露。2000 年 9 月，《华尔街日报》记者乔纳森·威尔

---

[1] Jonathan Weil, "Energy Traders Cite Gains, But Some Math Is Missing," *Wall Street Journal*, September 20, 2000.

(Jonathan Weil)曾警告读者,安然公司公布的大部分利润都是未实现的。[①]事实上,衍生品合约的未实现收益占安然公司1999年净利润的1/3,约占2000年净利润的一半。如果没有估计的持有利得,安然公司在2000年第二季度就会报告亏损。

安然公司的倒闭

  安然公司的困境始于2000年。英国的监管机构调低了允许安然的水厂收取的费率,大幅削减了该公司的利润。而安然公司位于印度达博尔耗资30亿美元的发电厂的最大客户也停止支付服务费。多年来一直抱怨安然公司费率过高的印度政客,在这场纠纷中站在了消费者这边。安然公司当时在南美的许多收购也被证明是无利可图的。

  安然公司的股价在2000年夏天达到了90美元,之后便随着每一个坏消息的公布而节节下跌。2001年3月,百视达娱乐公司退出了通过安然公司的光纤网络分销点播电影的协议,导致后者股价跌破了60美元。

  加州2000—2001年的能源危机,对于安然公司来说可谓喜忧参半。安然公司以比前一年高出900%的价格批发电力供应,获得了巨大的利润,但也因此树大招风。圣地亚哥公用事业消费者行动网(Utility Consumers' Action Network)的执行董事抱怨道:"全国的每一家贸易公司都在加州大赚特赚,而安然公司是其中最精明的一家。它就像疯狂进食的鲨鱼。"[②] 旧金山市与其他原告共同提起民事诉讼,指控安然公司涉嫌非法操纵市场。为平息舆论,州长格雷·戴维斯(Gray Davis)指示其总检察长对安然公司非法操纵价格指控展开调查。

  斯基林从1997年开始担任安然公司的总裁和首席运营官,2001年2月接替肯尼斯·莱成为公司的CEO。尽管斯基林的睿智和创造力获得了最严厉的批评者的认可,但他缺乏必要的外交手腕和策略,无法在困难时期领导一家负有盛名的公司。2001年4月,在一次与华尔街分析师的电话会议上,斯基林称基金经理理查德·格鲁曼(Richard Grubman)是个"混蛋",

---

  ① Jonathan Weil, "Energy Traders Cite Gains, But Some Math Is Missing," *Wall Street Journal*, September 20, 2000.

  ② Zellner, "Power Play," 72.

因为格鲁曼质问安然公司为何迟迟不公布第一季度的资产负债表和现金流量表。这对于一家公众公司的 CEO 而言是相当幼稚而且危险的言论,因为公司的股价往往取决于分析师和机构投资者的态度。

2 个月后,斯基林在拉斯维加斯的一次技术会议上问观众是否知道加州和泰坦尼克号的区别。斯基林开玩笑说:"至少泰坦尼克号沉没时,船上的灯还亮着。"① 数以百万计的加州人并不觉得好笑。加州总检察长的回应是,他愿护送斯基林到一个 8 英尺×10 英尺的监狱牢房,让有文身的斯派克(知名监狱性暴力者)好好教他做人。②

斯基林 2001 年 8 月 14 日从安然公司辞职,此举震惊了华尔街。他的解释是,他想去旅行,想学一门外语,还想学会骑越野摩托车,此举引发广泛质疑。安然公司的股价在一个星期内从每股 43 美元跌至 37 美元,跌幅达 14%。外界猜测是未披露的内部问题导致了斯基林的离职。

肯尼斯·莱只得重新出任安然公司 CEO。不久,他就收到了分管公司发展的副总裁谢隆·沃特金斯(Sherron Watkins)的一封令人不安的信。沃特金斯写道:"我非常紧张,因为我们将在一波财务丑闻中崩溃。斯基林的突然离开将引发人们对会计不当行为和估值问题的怀疑……"③ 沃特金斯接着抱怨说,安然公司就未充分披露的关联方交易,确认了不应记录的利润。

肯尼斯·莱要求安达信会计公司和安然公司的律师文森和埃尔金斯就沃特金斯的指控开展调查。他们的调查显示,安然公司有两家 SPE 不符合独立实体的标准,因为它们没有充足的资本。会计师们还认为,安然公司对于一家 SPE 为换取安然公司股票而发行的 12 亿美元应收票据处理不当。安然公司将这些票据列作了资产,而这些票据本应作为股东权益的减项列报。

2001 年 10 月 16 日,安然公司宣布在截至 9 月 30 日的季度中亏损 6.38 亿美元。损失源于 10.1 亿美元的非经常性费用,包括:1.8 亿美元的遣散费和安然公司宽带部门的重组费用;对位于英国的水处理设施计提的 2.87

---

① C. Bryson Hull, "Skilling Briefly Trades CEO Hat for Comedian Role," *Reuters News*, June 12, 2001.
② Ibid.
③ William C. Powers, Raymond S. Troubh, and Herbert S. Winokur, *Report of the Special Investigative Committee of the Board of Directors of Enron Corporation*, February 1, 2002, 172.

亿美元的资产减值；将两家资本不足的 SPE 纳入合并造成了 5.44 亿美元的投资损失。肯尼斯·莱对这些损失轻描淡写，认为若不考虑这些特别费用，安然公司第三季度的利润会比去年高出 35%。肯尼斯·莱告诉分析师："这些数字表明，安然公司的核心能源业务的基本面非常好。"①

当分析师和记者们仔细审视安然公司令人惊讶的盈利报告时，他们的注意力很快就集中到首席财务官安迪·法斯托在 1999 年成立的两家合伙企业上。LJM1 和 LJM2 这两家合伙企业的资本中包括法斯托出资的几百万美元，以及从与安然公司有业务往来的金融机构中筹集的 4 亿多美元。从 1999 年至 2001 年，LJM 合伙企业从安然公司购买了数千万美元的资产。这些交易对于法斯托而言存在明显的利益冲突。作为安然公司的首席财务官，他对公司股东负有在协商中尽可能提高销售价格的信托责任。但是，作为 LJM 合伙企业的投资者，他的做法是以尽可能低的价格购买这些资产而获利。

10 月 19 日，《华尔街日报》报道称，法斯托个人从区区 300 万美元的投资中赚取了 700 多万美元的管理费和 400 万美元的资本利得，这加剧了人们对金融欺诈的担忧。② 10 月 24 日，法斯托从安然公司辞职，而就在 2 天前，SEC 刚刚要求安然公司提供其与法斯托经营的合伙企业之间的交易信息。随后的调查显示，法斯托在这两家合伙企业存续的 2 年时间里从中渔利 3 000 多万美元。

10 月 16 日公布第三季度亏损后不久，安然公司股价涨到了 34 美元。10 天后，它的交易价格是 16 美元。11 月 8 日，安然公司重述了其 1997—2001 年的利润，调减了 20%，即 5.86 亿美元，之后股价跌破了 9 美元。这次重述纠正了安然公司在处理与安迪·法斯托及其手下迈克尔·科普（Michael Kopper）领导的合伙企业之间交易的不当会计记录。这些调整还使 2000 年底安然公司的负债增加了 6.28 亿美元。

肯尼斯·莱在 11 月的大部分时间里都在拼命与同城的竞争对手戴纳基公司（Dynegy）进行合并谈判。当戴纳基公司从这家深陷困境的公司中抽身时，安然公司便不得不宣告破产。

---

① Laura Goldberg, "Enron Posts Loss After Writedowns," *Houston Chronicle*, October 17, 2001.

② Rebecca Smith and John R. Emshwiller, "Enron's CFO's Partnership Had Millions in Profit," *Wall Street Journal*, October 19, 2001.

安然公司和安达信会计公司

安然公司是安达信会计公司在 21 世纪初的第二大客户。安达信会计公司的休斯敦办公室在 2000 年向安然公司开出了 5 200 万美元的巨额账单,其中 2 500 万美元是安然公司财务报表的审计费用,另外 2 700 万美元是非审计服务收费。安达信会计公司的员工中许多人常年被派驻到安然公司工作,他们几乎占据了安然公司 50 层的总部大楼中的整整一层。很多安达信会计公司的员工接受了安然公司的工作邀约,以至于安然公司会计部门的人戏称安达信会计公司为"安然公司预备队"。

安然公司的首席会计师理查德·考西(Richard Causey)是公司中近 90 名前安达信会计公司雇员之一。考西在安达信会计公司工作时最亲密的朋友之一是一位名叫戴维·邓肯(David Duncan)的审计师。即便是在考西离职后成为安然公司的首席会计师而邓肯又接手了安然公司审计业务的情况下,二人还是一直维持着友谊。每年春天,两人都会带领一群安达信会计公司和安然公司的"同事",游历美国各地的高档高尔夫球场。

安达信会计公司的独立性很快受到了质疑,因为安然公司披露的 1997 年盈余重述中,有很大一部分是审计师在 1997 年审计结束时提出的调整。国会调查人员想知道,为什么安达信会计公司在安然公司当年的报告净收入仅为 1.05 亿美元的情况下,纵容其高达 5 100 万美元的已知错报。安达信 CEO 约瑟夫·贝拉尔迪诺(Joseph F. Berardino)辩称,安然公司 1997 年的收益是被人为压低的,因为存在数亿美元的非经常性费用和减值。贝拉尔迪诺作证说,拟议的调整并不重要,因为它们在"正常"收入中所占比例不到 8%。其他会计专家则反对贝拉尔迪诺的"5 100 万美元错报并不重要"的论断。贝拉尔迪诺的证词起到的主要作用,反而是让人们想起了在过去的 Sunbeam 公司和废弃物管理公司案件中,安达信会计公司审计师发现了数千万美元的会计差错,但由于管理层拒绝记录拟议的调整,他们就妥协了。

安达信会计公司内部备忘录显示,早在 1999 年,该公司的专业标准小组(Professional Standards Group,PSG)成员就对安然公司的会计处理提出了质疑。PSG 是一个由会计专家组成的精英团队,他们为安达信会计公司的审计师就客户最复杂的会计问题提供咨询服务。PSG 成员卡尔·巴斯

(Carl Bass)在 1999 年 12 月写了一份备忘录，反对安然公司对百视达娱乐公司交易的会计处理。2 个月后，巴斯又质疑了安然公司的一家合伙企业的合法性。巴斯在给安达信会计公司芝加哥总部 PSG 成员们的一封电子邮件中写道："整个交易看起来不具有实质内容。"①

巴斯持续抵制安然公司激进的会计惯例，直到 2001 年 3 月，安然公司管理层说服安达信会计公司的高管将巴斯从审计团队中除名。戴维·邓肯本来就不太听从巴斯的建议，他把安然公司对巴斯的抱怨转达给了巴斯在安达信会计公司芝加哥办公室的上级。邓肯不希望其最赚钱的客户关系因为一位被安然公司经理形容为"既刻薄又愤世嫉俗的"（caustic and cynical）审计师而破坏。

肯尼斯·莱和斯基林遭到起诉

联邦检察官指控肯尼斯·莱犯有 6 项电信诈骗及合谋证券欺诈罪。大多数指控是因为肯尼斯·莱对雇员、信用评级机构和分析师撒谎，称安然公司经营良好，但他知道事实并非如此。斯基林被控 28 项罪名，包括合谋、证券欺诈、内幕交易和向审计师作虚假陈述。检察官指控斯基林在 2000 年和 2001 年向 SEC 提交了虚假的季报和年报，并在知道股价被虚假信息推高的时点出售了 6 200 万美元的安然公司股票。

肯尼斯·莱和斯基林的审判于 2006 年 1 月 30 日在休斯敦美国地方法院开庭，由法官西蒙·莱克（Simeon Lake）主持。莱克法官仅用了 1 天时间就安排好了陪审团的全部席位，从而展示了他对这场示范性审判的严肃态度。尽管肯尼斯·莱和斯基林的律师代理团队都是 6 000 万美元所能聘用到的最好的法律人才，但莱克已下定决心不让强大的辩护团队将诉讼不必要地复杂化。

政府的主要证人是安迪·法斯托。这位前首席财务官详细描述了安然公司如何利用与合伙企业 LJM 的关联交易来操纵其报告的净利润。1999 年，斯基林曾在一个季度末找到法斯托，提出向 LJM 出售安然公司在巴西的一个发电厂项目的权益。"那个发电厂就是一坨屎，"法斯托回应道，"没

---

① Robert Manor, "Andersen Auditor Questioned Enron Account as Early as 1999," *Chicago Tribune*, April 3, 2002.

人会买它。"①

在斯基林承诺不会让 LJM 承担交易损失后,法斯托改变了主意。安然公司在 1999 年确认了销售发电厂的净利润,从而实现了季度盈利目标。一年多后,安然公司以更高的价格从 LJM 手中回购了发电厂的股权,尽管该发电厂仍在亏损。

巴西发电厂的交易并非仅此一例。1999 年至 2001 年,安然公司通过以虚高的价格向 SPE 出售资产,报告了数百万美元的不当收益。安然公司又将亏损的资产抛给表外实体,避免了报告数百万美元的亏损。

辩护律师试图挽回法斯托证词的影响,声称他这是在承认了两项合谋诈骗罪后,编造谎言为自己争取更宽大的判决。斯基林的律师则说,法斯托和安然公司其他前雇员"被剥夺了自由意志",为了让检方满意,他们"捏造了关于莱和斯基林的虚假言论"。"这些证人并没有说实话,"肯尼斯·莱的律师抱怨道,"他们被打了个措手不及。"②

谢隆·沃特金斯的证词就显得更加难以反驳。她是安然公司前副总裁,因揭发安然公司的会计行为而赢得了国际声誉。她作证称,肯尼斯·莱没有做足够的工作,来调查她的指控。她还说,肯尼斯·莱在 2001 年秋天发表的一些公开言论具有误导性。

肯尼斯·莱和斯基林各自为自己辩护。肯尼斯·莱说自己是一个极端的乐观主义者,他自始至终都相信,安然公司是美国"最强大的公司之一"。③斯基林坚称,无论是在 2001 年 8 月他辞职时,还是在 1 个月后出售 1 500 万美元的安然公司股票时,他都认为,安然公司是一家经营良好的公司。两人都把公司的倒闭归咎于卖空者在纽约和华盛顿"9·11"恐怖袭击后的熊市中的"操纵性"交易行为,以及《华尔街日报》"不负责任的"新闻报道所造成的恐慌。④

在他们的结案陈词中,辩护律师只承认了安迪·法斯托犯下的那些罪行,否认了此外的安然公司的任何犯罪行为。律师们声称,SPE"像草一

---

① John R. Emshwiller and Gary McWilliams,"Enron's Fastow Testifies Skilling Approved Fraud," *Wall Street Journal*, March 8, 2006.

② John R. Emshwiller and Gary McWilliams,"As Enron Trial Heads Toward Jury, Defense Attacks 'Fictional' Case," *Wall Street Journal*, May 17, 2006.

③ Jesse Eisinger,"Lay's Defense Leans on His Optimism to Convince Jury He Was Truthful," *Wall Street Journal*, April 26, 2006.

④ John R. Emshwiller and Gary McWilliams,"Skilling Defends Enron, Himself," *Wall Street Journal*, April 11, 2006.

样常见"。安然公司的每一笔交易都得到了独立审计师和律师的认可。斯基林的律师说："没有什么罪恶。"他还说，如果他的当事人所做的是非法的，"我们还不如把所有的 CEO 都关进监狱"。①

检方坚持认为，声称安然公司没有犯罪是"荒谬的"。政府声称，肯尼斯·莱和斯基林在抛售数百万股股票的同时，合谋掩盖了安然公司不断恶化的财务状况。首席检察官凯瑟琳·雷姆勒（Kathryn Ruemmler）促请陪审团，"要让（肯尼斯·莱和斯基林）对他们的选择和谎言负责"。②

在审议的第 6 天，陪审员决定完全按照雷姆勒的要求行事。他们判定肯尼斯·莱犯有 6 项合谋和欺诈罪。斯基林逃脱了 9 项内幕交易罪，但被判 19 项其他重罪。陪审团不相信斯基林关于其在辞职时并不知道安然公司有问题的说法。一名陪审员说："到处都是危险信号。"陪审员们也不相信肯尼斯·莱和斯基林是法斯托诈骗的无辜受害者。他们是"控制欲很强的人"，另一位陪审员如此描述安然公司的两位高管。在判决公布后的新闻发布会上，一名陪审员表示，她希望其他公司的 CEO 能够意识到，"主管者要负责。（欺诈的）伤害太严重了。如果最后能恶有恶报，公司（管理层）就会意识到他们必须尽职尽责"。③

在听取安然公司投资者和员工含泪描述安然公司破产给他们带来的伤害后，莱克法官判处斯基林 24 年零 4 个月监禁。莱克在解释这一严厉判决时表示，斯基林让许多投资者和员工"被判处终身贫困"。④ 斯基林必须服满至少 85% 的刑期才有资格获得假释。他剩余的大约 4 500 万美元的资产被转入了一个基金，用于补偿安然公司的受害者。

安迪·法斯托最初被控犯有 98 项重罪，但只被判了 6 年监禁，然后是 2 年的社区服务。2004 年，在法斯托承认 2 项合谋罪并同意指证肯尼斯·莱和斯基林之后，政府撤销了对他的 98 项指控。检察官赞扬了法斯托的合作，称他的证词对安然公司两名高管的定罪"至关重要"。

肯尼斯·莱从未被判刑。他在庭审结束 6 个星期后死于心力衰竭。他

---

① Emshwiller and McWilliams, "As Enron Trial Heads Toward Jury, Defense Attacks 'Fictional' Case."

② Gary McWilliams and John R. Emshwiller, "Enron Prosecutor Presses Jury for Convictions on All Counts," *Wall Street Journal*, May 16, 2006.

③ John R. Emshwiller, Gary McWilliams, and Ann Davis, "Lay, Skilling Are Convicted of Fraud," *Wall Street Journal*, May 26, 2006.

④ John R. Emshwiller, "Skilling Gets 24 Years in Prison," *Wall Street Journal*, October 24, 2006.

的定罪后来被撤销，因为法律规定在上诉过程中死亡的被告将不被视为有罪。虽然肯尼斯·莱的犯罪记录被抹去了，但他的遗产却被永远地玷污了。安然公司的标志——斜体字母 E（Crooked E）将永远被视为公司贪婪和腐败的象征。

【参考文献】

Eichenwald, Kurt. *Conspiracy of Fools: A True Story*. New York: Broadway Books, 2005.

Eisinger, Jesse. "Lay's Defense Leans on His Optimism to Convince Jury He Was Truthful." *Wall Street Journal*, April 26, 2006.

Emshwiller, John R. "Skilling Gets 24 Years in Prison." *Wall Street Journal*, October 24, 2006.

Emshwiller, John R., and Ann Davis. "Untainted Enron Witness Watkins Helps Put Focus on Lay's Conduct." *Wall Street Journal*, March 16, 2006.

Emshwiller, John R., and Gary McWilliams. "Enron's Fastow Testifies Skilling Approved Fraud." *Wall Street Journal*, March 8, 2006.

Emshwiller, John R., and Gary McWilliams. "Skilling Defends Enron, Himself." *Wall Street Journal*, April 11, 2006.

Emshwiller, John R., and Gary McWilliams. "As Enron Trial Heads Toward Jury, Defense Attacks 'Fictional' Case." *Wall Street Journal*, May 17, 2006.

Emshwiller, John R., Gary McWilliams, and Ann Davis. "Lay, Skilling Are Convicted of Fraud." *Wall Street Journal*, May 26, 2006.

Emshwiller, John R., and Rebecca Smith. "Enron Slashes Profits Since 1997 by 20%." *Wall Street Journal*, November 9, 2001.

Emshwiller, John R., and Rebecca Smith. "Murky Waters: A Primer on Enron Partnerships." *Wall Street Journal*, January 21, 2002.

Goldberg, Laura. "Enron Posts Loss After Writedowns." *Houston Chronicle*, October 17, 2001.

Hilzenrath, David S. "Early Warnings of Trouble at Enron: Accounting Firm Found $51 Million in Problems, but Still Signed Off on Books." *Washington Post*, December 30, 2001.

Hull, C. Bryson. "Skilling Briefly Trades CEO Hat for Comedian Role." *Reuters News*, June 12, 2001.

Hunt III, Harry, "Power Players." *Fortune*, August 5, 1996.

Manor, Robert. "Enron Troubles Flagged in' 99; Andersen Auditor Criticized Practices." *Chicago Tribune*, April 3, 2002.

McWilliams, Gary, and John E. Emshwiller. "Enron Prosecutor Presses Jury for Convictions on All Counts." *Wall Street Journal*, May 16, 2006.

Powers, William C., Raymond S. Troubh, and Herbert S. Winokur. *Report of the Special Investigative Committee of the Board of Directors of Enron Corporation*, February 1, 2002.

Preston, Robert, and Mike Koller. "Enron Surges into E-Markets." *Information Week*, November 6, 2000.

Rapoport, Nancy B., and Bala G. Dharan, eds. *Enron: Corporate Fiascos and Their Implications*. New York: Foundation Press, 2004.

Smith, Rebecca, and John R. Emshwiller. "Enron's CFO's Partnership Had Millions in Profit." *Wall Street Journal*, October 19, 2001.

Thomas, C. William. "The Rise and Fall of Enron." *Journal of Accountancy* 193 (April 2002): 41–48.

Weil, Jonathan. "Energy Traders Cite Gains, But Some Math Is Missing." *Wall Street Journal*, September 20, 2000.

Weil, Jonathan. "After Enron, Mark-to-Market Accounting Gets Scrutiny." *Wall Street Journal*, December 4, 2001.

Zellner, Wendy. "Power Play; Enron, the Nation's Largest Energy Merchant, Won't Let California Stand in its Way." *Business Week*, February 12, 2001.

Zellner, Wendy, and Stephanie Anderson Forest. "The Fall of Enron." *Business Week*, December 17, 200.

【思考】

1. 安然公司在哪些方面违反了特殊目的实体的会计规则？

2. 安然公司是如何通过盯市会计方法赋予高管们操纵季度盈利的能力的？

3. 哪些事件造成了安然公司的轰然倒塌？

4. 安达信会计公司判断安然公司1997年财务报表中有5 100万美元的已知错报并不重要的依据是什么？

5. 根据法斯托的证词，安然公司是如何通过与LJM合伙公司的交易来操纵其报告收益的？

24　世通公司

> 正确的道路只有一条，我愿意再走一次。
>
> ——辛西娅·库珀[1]

贝蒂·文森（Betty Vinson）和辛西娅·库珀有很多共同点。两人都在密西西比州长大，并在州立大学学习会计。两人最终都搬到了密西西比州的克林顿市，加入了电信巨头世界通信公司（以下简称"世通公司"），并向首席财务官斯科特·沙利文（Scott Sullivan）汇报工作。文森在总会计部（general accounting department）担任管理报告主任，库珀则是世通公司的内部审计主管。两人都有强烈的宗教信仰。文森在她女儿的主日学校上课，库珀在压力大的时候会背诵第23篇赞美诗。

2002年，她们却走上了两条完全不同的人生道路。6月24日，文森向联邦调查局（FBI）特工承认，她帮助编制了总额超过37亿美元的失当会计分录。她后来承认了两项合谋和证券欺诈罪的刑事指控。库珀牵头的内部调查则发现了文森的虚假会计分录。《时代》杂志将库珀评为2002年"年度人物"之一，因为她揭露了当时美国历史上最大的一起财务欺诈案。[2]

---

[1] Michael Barrier, "One Right Path," *Internal Auditor* 60（December 2003）：53.
[2] *Time*，December 30，2002.

世通公司概况

伯纳德("伯尼")·埃伯斯(Bernard ("Bernie") Ebbers)1941年出生于加拿大阿尔伯塔省(Alberta)。埃伯斯一家先是搬到美国加利福尼亚州,后又搬到新墨西哥州,他在那里上了寄宿学校,并在纳瓦霍保留地(Navajo reservation)的一个维修部工作。接连从两所大学退学之后,埃伯斯为了谋生,做了几年的送奶工和保镖,直到一位前高中篮球教练帮助他获得了密西西比学院的奖学金,他才终于得以读完大学。埃伯斯毕业后的第一份工作是中学科学课老师兼篮球教练。后来他还担任过一家服装厂的仓库管理员。

埃伯斯在1974年开始管理酒店,因为他认为这很符合他的能力特长。埃伯斯说:"它不需要任何技术技能,主要是和人打交道,我觉得我能做好。"① 到了20世纪80年代初,埃伯斯已拥有8家汽车旅馆,其中还包括几家希尔顿旗下的欢朋酒店(Hampton Inn)和万豪连锁酒店旗下的万怡酒店(Courtyard)。

1983年,埃伯斯和另外三名企业家在一家咖啡店碰了头,他们计划创办自己的电话公司。该公司最初名为长途话费优惠服务公司(Long Distance Discount Service, LDDS),向密西西比州及周边各州的零售客户销售长途电话服务。建立长途电话公司并不需要在电缆或传输设备上进行巨额的初始投资。LDDS只是从大型的长途电话运营商(long-distance carriers)那里购买过剩的容量,然后将其转售给零售客户。埃伯斯在1985年被任命为LDDS的首席执行官。

1991年,LDDS开始了一系列合并,公司从一家鲜为人知的区域性长途电话运营商成为电信行业的主要参与者。到1993年底,LDDS的年收入约为15亿美元,是美国第四大长途电话公司,仅次于美国电话电报公司(AT&T)、MCI和斯普林特。1995年,LDDS更名为世通公司,以反映其全球化抱负。

到1997年,越来越多的收购将世通公司的收入推升至74亿美元。大

---

① Almar Latour and Shawn Young, "Ebbers Denies He Knew About WorldCom's Fraud," *Wall Street Journal*, March 1, 2005.

多数收购都是换股交易。华尔街用稳定增长的股价回报了该公司的快速增长。埃伯斯继而用估值极高的股票作为对价收购了更多的公司，维持了世通公司的增长。

1998年，埃伯斯开始与MCI展开合并谈判。尽管MCI的年营业收入为200亿美元，几乎是世通公司的3倍，但是埃伯斯还是成功以70亿美元现金和11亿股价值320亿美元的股票，收购了这家规模更大的竞争对手。这桩总价390亿美元的交易是迄今为止规模最大的企业合并交易。

MCI的交易使世通公司超过斯普林特，跃升至电信行业的第二位。该公司的6万名员工为2 000多万客户提供本地、长途和无线电话服务。世通公司也是世界上最大的互联网运营商，为六大洲的100多个国家提供服务，合并收入每年超过300亿美元。

埃伯斯从世通公司的发展中获利颇丰。他在1999年和2000年分别获得了3 600万美元和3 100万美元的薪酬。1999年底，他持有的股票价值更是超过11亿美元。埃伯斯以他的世通公司股票作为抵押，获得了近10亿美元的个人和商业贷款。他用这笔钱购买了各式各样的企业，包括一家水稻农场、一个木材加工厂、一个乡村俱乐部、一个货运公司、一支小型曲棍球队和一个码头。他的个人资产中还有一艘"水族号"（Aquasition）豪华游艇。

对不起，您的电话无法接通……

在1985年至1999年完成了60多起并购后，埃伯斯将目光投向了斯普林特。1999年10月，世通公司宣布了与这家竞争对手合并的计划。但两家公司的合并计划在2000年7月搁浅了，因为美国司法部不允许美国第二大电信公司与第三大电信公司合并。

并购斯普林特的失败标志着埃伯斯和世通公司困境的开始。15年来，世通公司一直利用并购来推动其增长。由于可供收购的小型电信公司越来越少，而且司法部越来越关注行业整合，通过并购实现快速增长的可能性已不复存在。雪上加霜的是，全行业产能过剩已经导致电话和互联网服务价格大幅下调。

2000年初，世通公司的利润开始停滞不前，埃伯斯也开始热衷于削减公司的成本。他甚至取消了世通公司总部员工的免费咖啡供应，并命令一名夜班警卫给瓶装饮水机装满自来水。

但对于这家市值 300 亿美元的公司而言,这些成本的节约微不足道。世通公司最大的支出是"线路成本"(line costs)。"线路成本"是指支付给其他电话公司的费用,它们为世通公司的客户提供了电话服务。例如,世通公司在波士顿的客户给巴黎的朋友打了个电话,信号通过波士顿本地公司的电话线转到世通公司的跨大西洋电缆,最后转到法国电话公司的网络。世通公司需要向波士顿和法国的电话公司支付转接世通公司客户电话的费用。在 20 世纪 90 年代,世通公司每年要将 40% 到 50% 的收入用于线路成本。

拨错号码

1992 年,高级电信公司(Advanced Telecommunications Corp.,ATC)被世通公司收购时,沙利文是 ATC 的主计长。沙利文的父亲曾是一名铁路会计,在加入 ATC 之前,沙利文曾在一家大型公共会计公司担任审计师。沙利文在世通公司内部迅速晋升,并于 1994 年被提拔为首席财务官。

接下来的 8 年里,沙利文和埃伯斯展开了密切的合作。埃伯斯从来没有上过会计课程,所以他非常依赖沙利文来组织世通公司的收购,并为公司的发展筹集资金。《首席财务官》杂志称沙利文为"神童",并于 1998 年授予他"卓越首席财务官奖"(CFO Excellence Award)。[1] 虽然沙利文在世通公司工作的大部分时间里,都低调地住在租来的联排别墅里,但这并不妨碍他在 2000 年 8 月出售了 1 800 万美元的世通公司股票,并着手在佛罗里达州的博卡拉顿建造一座占地 28 000 平方英尺的住宅。

埃伯斯则专注于世通公司的收入增长。在与股票分析师召开的季度电话会议上,他大肆宣扬了世通公司的收入增长,并亲自对(有些人会说是口授)该公司的收入进行了预测。在与斯普林特的交易告吹后,沙利文督促埃伯斯调低他激进的收入目标。埃伯斯却继续向华尔街承诺,公司将实现令人瞩目的增长,因为他担心如果世通公司不能保持其 20 世纪 90 年代创下的惊人增长速度,股价将会下跌。

埃伯斯对他的下属(尤其是沙利文)施加了巨大的压力,以实现他激

---

[1] CFO: The Magazine for Senior Financial Executives, September 1998, 67–68.

进的收入目标。他命令会计部编制特别月报，方便他监控收入。高管奖金与每个季度能否达成两位数的收入增长直接挂钩。一位前高管报告称，对收入的关注"存在于每一栋建筑的每块砖上"，收入亦是管理层经常讨论的话题。①

1999年第一季度，沙利文开始使用各种手段缩小世通公司的实际收入与埃伯斯的预测之间的差距。在接下来的3年里，世通公司的会计人员定期利用调整分录来保证每个季度的报告收入与之前公布的预测一致。每个季度结束后的数周内，都会记录收入调整（四舍五入至1美元），从1999年第一季度至2002年第一季度，收入调整总计达到9.58亿美元。虽然在这3年中，这些调整相对于世通公司报告的1 100亿美元收入而言并不大，但这些调整使得世通公司连续11个季度"实现"了两位数的收入增长。如果没有这些调整，在11个季度中有5个季度的收入增幅将降至个位数。

除了收入增长，埃伯斯担心的第二个数字是线路成本费用与收入的比率（the ratio of line cost expense to revenue），也就是所谓的"线路成本收入比"（line cost E/R ratio）。一家电话公司的线路成本收入比如果上升，就会提示分析师该公司要么租入了超过所需通话数量的通话容量，要么为租赁通话容量支付了过高的费用。

每个月，世通公司都必须估算因为用了其他公司的电话网络而最终需要向本地和地区性电话公司支付的费用。该公司的应计负债金额相当大，因为一些公司在用户打完电话几个月后才会向世通公司开出账单，而且金额（特别是国际服务的金额）可能很难估计。有时世通公司在外国公司（或相关政府机构）甚至还没有告知其线路的每分钟费率之前，就要记录线路成本的应计负债。

1999年，世通公司的会计师在沙利文的指导下开始操纵公司的应计线路成本。从1999年第二季度到2000年第四季度，他们通过调低未来可能支付的应计金额，将世通公司的线路成本少报了33亿美元。世通公司线路成本应计项目的调减是在每个季度结束后记录的，且缺乏同期的分析或文件支持。沙利文利用线路成本调整来平滑世通公司的季度收益。

到2000年底，世通公司的线路成本应计负债已经被严重低估。沙利文

---

① Dennis Beresford, Nicholas Katzenbach, and C. B. Rogers, Jr., *Report of Investigation by the Special Investigative Committee of the Board of Directors of WorldCom Inc*, March 31, 2003, 13.

和会计人员再也不能简单地调低每个季度的应计线路成本。这迫使沙利文想出了一个降低世通公司报告的线路成本收入比的新方案。

从 2001 年第一季度开始，世通公司的会计人员开始将线路成本资本化，即作为世通公司的新增财产和设备入账，而不是按照常规将其报告为经营费用。这一会计处理违反了公认会计原则，因为线路成本是持续的经营性费用，应该在发生时立即确认为费用。世通公司的会计师在 2001 年第一季度到 2002 年第一季度期间不恰当地将 38 亿美元的线路成本作了资本化处理。

勉为其难的参与者

贝蒂·文森是世通公司众多不情愿参与欺诈的员工之一。戴维·迈尔斯（David Myers）是直接在斯科特·沙利文手下工作的世通公司主计长。迈尔斯的朋友巴福德（"巴迪"）·耶茨（Buford（"Buddy"）Yates）曾担任世通公司的总会计师。而文森和负责监督世通公司财产和设备会计工作的特洛伊·诺曼德（Troy Normand）都要向耶茨汇报工作。

2000 年 10 月，耶茨告诉文森和诺曼德，迈尔斯和沙利文希望会计人员将公司的应计线路成本削减 8.28 亿美元。文森和诺曼德原本反对结账后再调账，但耶茨转达了迈尔斯的承诺，称这是最后一次，于是他们妥协了。

文森在记录这些调整之后感到一阵愧疚。她于 10 月 26 日告诉耶茨，她打算从世通公司辞职。诺曼德也表达了类似的疑虑。几天后，斯科特·沙利文与文森和诺曼德会面，并承诺将对世通公司的会计问题承担全部责任。文森的薪水比她丈夫高，她其实也不想离开这里，再找一份类似的工作不容易，于是，她被说服留在了世通公司。诺曼德也留下了。

文森的境况在 2001 年第一季度进一步恶化，当时耶茨指示她将 7.71 亿美元的线路成本资本化。迈尔斯此前拒绝过将线路成本资本化的提议，因为他认为公认会计原则不支持这种做法。但这次，在沙利文的压力下，他还是批准了新的会计处理方法。耶茨也反对将线路成本资本化，但最终还是对文森下了指令。文森感到自己陷入了困境。在诺曼德的协助下，她做出了将线路成本从世通公司的经营费用转移到 5 个固定资产账户的会计分录。这些会计分录是在 4 月份入账的，但是通过更改计算机时间，她将入账时间调成了 2 月。在接下来的四个季度里，文森都记录了类似的分录，金额总计约为 30 亿美元。

文森和诺曼德在世通公司总部所做的调整分录，让位于奥克拉何马州塔尔萨（Tulsa）的资产会计小组陷入了两难境地，后者负责保存世通公司固定资产的详细记录。由于存在资本化的线路成本，世通公司资产负债表上报告的固定资产金额，超过了财产分类账上列出的单个项目的总和。资产会计小组的几名成员在得知了被资本化的成本的性质后，拒绝调整财产分类账以"匹配"公司总部的会计记录。一些人威胁要辞职，但没有人向世通公司的审计师或董事报告他们的反对意见。

夜间侦探

辛西娅·库珀于 1994 年加入 LDDS。埃伯斯任命这位 30 岁的会计师负责公司的内部审计部门。这位身材娇小的前舞会公主并没有吓到多少人，当然她的工作也不是威慑别人。世通公司的内部审计师更像是内部顾问，而不是公司的警察。他们专注于运营审计，寻找削减不必要的成本和提高效率的方法。库珀很自豪的是，她的 24 名成员组成的部门提出的建议所节约的成本是本部门总薪酬的数倍。

世通公司的内部审计师很少调查公司的财务会计操作。但在 2002 年初，世通公司无线业务部门的负责人向库珀抱怨说，公司会计人员将该部门的坏账储备金调减了 4 亿美元。在库珀看来，这种会计调整似乎没有正当理由。尽管沙利文支持这项调整，但库珀在世通公司审计委员会之后的会议上提出了这个话题，沙利文还是作出了让步。

第二天，库珀在美发店接到了沙利文的电话，沙利文警告她不要再干涉他的计划。他的愤怒激起了库珀的兴趣。库珀说："当有人对我怀有敌意时，我本能地就想要找出原因。"[①]

2002 年 3 月 7 日，世通公司收到了 SEC 的"资料索取通知"（request for information）。监管机构对世通公司为何能够在 AT&T 等大多数其他电信公司都在报告亏损的时候取得创纪录的利润感到疑惑。具体而言，SEC 要求世通公司提供有关收入确认政策、坏账储备金、商誉估值以及向高管提供的贷款等信息。

[①] Amanda Ripley, "The Night Detective," *Time*, December 30, 2002, 47.

大约在同一时间,情势所迫,世通公司不得不换掉长期以来的审计机构——安达信会计公司。安达信会计公司自1990年就开始审计世通公司的财务报表,但该公司现在陷入了安然事件的泥潭。库珀越来越担心,如果存在任何会计问题,在新审计师接手的过程中,这些问题可能会被忽略。她决定不报上级批准,私下开始调查世通公司的会计记录。

几周后,协助追踪世通公司财产和设备的会计师马克·阿柏德(Mark Abide)向内部审计部门提交了《沃斯堡周刊》(*Fort Worth Weekly*)上的一篇文章,文中描述了世通公司的一名前会计师在质疑世通公司的资本支出账目后被非法解雇的情况。阿柏德表示:"这值得从审计的角度深究。"①

库珀指示她的两位高级经理吉恩·莫尔斯(Gene Morse)和格林·史密斯(Glyn Smith)调查世通公司的固定资产账户。他们很快发现,2001年资本化支出的金额远远超过了世通公司董事会批准的资本支出。

莫尔斯是内部审计部门的常驻电脑专家,他说服一位高级信息技术经理授权他查看世通公司的电子账本。为了避免被人发现,莫尔斯选择在夜间工作,编写程序扫描了数百万笔交易记录。到6月初,他已经识别出20亿美元的可疑会计分录。

当库珀意识到莫尔斯的调查结果的重要性时,她开始担心犯罪嫌疑人可能会试图销毁证据。于是莫尔斯自掏腰包购买设备,将证据复制到了光盘上。

尽管库珀竭力保密,但沙利文还是从下属那里得知,内部审计师正在质疑世通公司的资本支出账户。6月11日,他把库珀和史密斯叫到自己的办公室,问他们在研究什么。史密斯描述了审计的内容,但没有透露他们已经发现的不当之处。沙利文冷静地请他们将审计推迟几个月,称有一些问题他打算在第三季度着手解决。

库珀担心沙利文可能会破坏他们的调查,于是打电话给世通公司审计委员会的负责人麦克斯·博比特(Max Bobbit)。博比特在6月14日会见了库珀和史密斯。在听到他们的担忧后,他指示他们向毕马威会计公司派出的新审计师介绍情况。但在第二天的董事会上,博比特没有报告他们的怀疑。

6月17日,库珀觉得不能再拖下去了,问题现在必须得到解决。她和

---

① Susan Pulliam and Deborah Solomon, "Uncooking the Books: How Three Unlikely Sleuths Discovered Fraud at WorldCom," *Wall Street Journal*, October 30, 2002.

史密斯去找了贝蒂·文森，要求她提供支持可疑调整分录的证据。文森承认这些分录是她做的，但她拿不出任何文件去解释这些分录。巴福德·耶茨带着审计师见了戴维·迈尔斯。在被质问时，迈尔斯承认这些会计处理是错误的。

在取得迈尔斯的供词后，麦克斯·博比特安排了6月20日的审计委员会特别会议。库珀解释了她的发现，而毕马威会计公司派给世通公司的合伙人法雷尔·马龙（Farrell Malone）也表达了他的观点，认为线路成本不应该资本化。沙利文要求给他4天时间来为他的会计处理准备辩词。

6月24日，当审计委员会再次召开会议时，沙利文试图用一种被称为"配比原则"（matching principle）的概念来为他的会计处理方法辩护。沙利文认为，世通公司签订了长期租赁协议，以获得足够的容量来满足预期的未来需求。因此，世通公司有理由将线路成本资本化为"预付容量"（pre-paid capacity），并将费用推迟到将来的期间，届时该容量将用于产生收入。

这充其量是一个不堪细究的论点。但是，即便会计规则可以引申解释为容许对线路成本进行资本化，沙利文也无法说明资本化金额是如何计算的，无法解释为什么它们被分配给了与未充分利用的网络容量无关的器具和装置等账户，或是证明资本化金额折旧方式的合理性。

审计委员会接受了毕马威会计公司的判断，也认为会计处理是错误的。迈尔斯遵照审计委员会的要求辞职了；沙利文当时拒绝辞职，但第二天就被解雇了。在6月25日召开的董事会全体会议之后，世通公司宣布将重述其2001年和2002年的利润，合计38亿美元。经过持续几个月的彻底调查，重述的总额达到了110亿美元。

调查的压力给库珀造成了严重的伤害。在这场磨难期间和之后，她瘦了足足30磅。她母亲还注意到，她说话变得语调低沉，颇为异常，而且觉得她看起来异常疲倦。库珀后来承认，"有好多次我都哭得停不下来"。[①]

世通公司的外部审计师

安达信会计公司负责技术、媒体和通信的管理合伙人梅尔文·迪克（Melvin Dick）于2001年开始负责世通公司的审计工作。迪克拥有超过25

[①] Ripley, "The Night Detective," 45.

年的审计经验，曾经监督美国西部通信公司（U.S. West）和第三级通信公司（Level 3 Communications）的审计工作。

世通公司是安达信会计公司最赚钱的 20 家客户之一。1999 年至 2001 年，世通公司向安达信会计公司支付了约 6 400 万美元。其中约 5 000 万美元用于咨询、诉讼支持和税务服务。安达信会计公司的代表在 2000 年告诉世通公司的审计委员会，安达信会计公司执行世通公司审计的成本超过了开出账单的金额，安达信会计公司认为未开出账单的成本是对世通公司的"持续投资"。[①] 因此，安达信会计公司的处境比较危险。该公司迫切希望能保留世通公司的审计业务，以便继续提供有利可图的非审计服务，但同时还需要削减审计成本，以弥补过去的损失。

迪克的审计团队依靠分析性程序（analytical procedures）和内部控制测试（tests of internal controls）来减少对世通公司会计记录的细节测试（detailed tests）。也就是说，审计师将每个季度的账户余额与前几个季度的余额进行比较，并着重测试那些波动最大的账户。审计师还详细记录了世通公司记录交易的程序，对于他们认为会计程序足以防止重大差错的账户仅进行了最低限度的测试。

审计师严重依赖于分析性程序和内部控制测试，而事实证明这种操作无力发现世通公司的欺诈。审计师将世通公司各季度的线路成本收入比维持不变，看成其所报告的线路成本比较可靠的证据。而沙利文的员工蓄意操纵了记录的线路成本，使线路成本收入比维持在 42% 左右。审计师没有考虑到管理层操纵财务报表以消除季度间差异的可能性。事实上，在高度不确定的商业环境中，世通公司 2000—2002 年的季度财务报表展现出了惊人的稳定性。

关于世通公司的资本支出（capital expenditures），审计师在检查了一小部分购买的设备后得出结论，认为世通公司的内部控制是充分的。不幸的是，将线路成本重新分类为固定资产的分录的记录是在记录资本增加的正常流程之外的。沙利文在总部的工作人员能够利用"最高权限"分录（"top-side" journal entries），大幅修改世通公司正常会计系统产生的数字。

世通公司的会计人员采取了一些措施，向审计师隐瞒了欺诈行为。尽管公司声称提交给审计师的月度收入报告与埃伯斯和沙利文用来监控公司

[①] Beresford et al., *Report of Investigation by the Special Investigative Committee of the Board of Directors of WorldCom Inc.*, 226.

销售的报告相同，但其实前者经过了修改，使在结账后实施的收入调整变得更加难以分辨。沙利文和迈尔斯还拒绝了安达信会计公司多次提出的查看电算化总账的要求。在无法查阅账簿的情况下，审计师只能相信管理层的说法，即会计记录没有重大调整。梅尔文·迪克在国会委员会作证时表示，审计师的审计计划"通常依赖于公司管理层的诚实和正直"。[①] 事后看来，这种信赖真是大错特错。

余 波

在 2000 年春天收购斯普林特的计划告吹后，世通公司的股价开始了长期的下跌，从 1999 年 6 月的 61 美元跌至 2001 年 12 月的 15 美元。世通公司的股价下跌对埃伯斯而言无异于一场金融危机。他持有的大部分股票已被抵押以获取近 10 亿美元的个人和商业贷款。随着股价下跌，不安的债权人纷纷要求埃伯斯偿还贷款或提供额外的担保。

2000 年 9 月，埃伯斯向世通公司的薪酬委员会申请用公司资金向他发放 5 000 万美元的贷款，这样他就可以满足外部债权人的要求，而不必出售世通公司的股票。薪酬委员会并未规定利率或偿还日期，就将款项预支给了埃伯斯。在接下来的 18 个月中，世通公司又发放了更多的直接贷款，并在 2002 年 4 月之前提供了总计超过 4 亿美元的贷款担保。

世通公司的董事会最终因为埃伯斯不愿意为贷款提供抵押，并发现埃伯斯还在利用贷款资金补贴几家亏损企业而倍感苦恼。4 月 26 日，世通公司的外部董事开会讨论换掉埃伯斯的问题。几位董事对埃伯斯在斯普林特合并失败后未能制定可持续增长战略感到不满。其他人则担心华尔街已经对他失去了信心。3 天后，埃伯斯递交了辞呈，作为交换，他得到了每年 150 万美元的遣散费。

2002 年 6 月，世通公司董事会获悉公司存在重大欺诈后，委托由财务会计准则委员会前主席丹尼斯·贝雷斯福德（Dennis Beresford）担任主席的特别委员会来调查这起欺诈事件。该特别委员会未发现任何证据表明埃伯斯与不当的线路成本会计处理有直接关系。但他们的报告指责埃伯斯创

[①] Melvin Dick, "Remarks of Melvin Dick," Testimony before the House Committee on Financial Services, July 8, 2002.

造了一种不鼓励异议的企业文化,强调"达成目标数字"高于一切。该特别委员会指出,世通公司的企业文化助长了有史以来发现的最大的财务欺诈行为。

> 这种文化源自高层。埃伯斯制造了会引发欺诈的压力。他要求达成他所承诺的结果,而且他似乎对那些本应负责检查错报的程序(和人员)不屑一顾。据报道,在人们尝试建立一套公司行为准则时,埃伯斯却将其描述为"巨大的时间浪费"。他几乎不尊重律师在内部公司治理事务中的作用。我们听到了许多关于埃伯斯要求达成结果的叙述,有时是情绪化的、侮辱性的,并明确提到如果股票价格下跌,他将面临个人的经济损失,而我们没有听到过他要求或奖励合乎道德的商业行为。①

联邦检察官花了近2年时间才对埃伯斯提起刑事诉讼。但由于缺乏书面证据,他们的进展并不顺利。埃伯斯从不使用电子邮件,也很少发出书面指示。最终,在2004年3月,斯科特·沙利文同意指证他的前雇主。第二天,埃伯斯被控9项罪名,包括合谋、证券欺诈和向SEC提交虚假陈述等。

2005年1月审判开始时,沙利文作证说,他曾多次警告埃伯斯,世通公司的会计操作不当。"我告诉他,我们做的调整是不对的,是为了达成每股收益目标。我告诉他,我们甚至没有恰当的名称来称呼这些调整。"据说埃伯斯的回答是:"我们必须达成我们的目标金额。"②

埃伯斯的辩护团队由里德·温加顿(Reid Weingarten)率领,他们试图通过提出沙利文的众所周知的通奸和吸食可卡因的事实,来让人们对沙利文的可信度产生怀疑。温加顿认为,沙利文的证词不应该被重视,因为他这么做是在为自己在欺诈中扮演的角色争取减刑。

埃伯斯采取了一项颇具争议和风险的举动,他走上证人席,坚决否认对欺诈行为知情。埃伯斯称:"斯科特·沙利文并没有告诉我有哪里出错了。他从来没有告诉过我,他做了一个错误的会计分录。如果他曾告诉过

---

① Beresford et al., *Report of Investigation by the Special Investigative Committee of the Board of Directors of WorldCom Inc.*, 19.

② Almar Latour and Shawn Young, "WorldCom's Sullivan Says He Told CEO of Problems," *Wall Street Journal*, February 9, 2005.

我，我们今天就不会在这里了。"① 埃伯斯声称，是沙利文和会计部门，在他不知情或未经他同意的情况下，伪造了世通公司的报告。

陪审团审议了8天，才判定针对埃伯斯的指控全部成立。虽然陪审团对沙利文证词的真实性表示怀疑，但最终驳回了埃伯斯的说法，即他根本不知道71亿美元的线路成本是如何入账的。一位陪审员表示："他是负责人，我坐在这里（听了这一切），很难相信他不知道发生了什么。"②

美国地方法官芭芭拉·琼斯（Barbara S. Jones）判处埃伯斯在联邦监狱服刑25年。法官对63岁的埃伯斯说："我知道这个判决很可能意味着终身监禁。但我认为，任何其他的判决都无法反映罪行的严重性。"③

斯科特·沙利文因指证埃伯斯而获得了丰厚的回报。尽管他承认了3项刑事指控，原本可能会被判27年监禁，但琼斯法官只判处沙利文5年监禁，称"如果没有他提供的信息，埃伯斯就不可能被定罪"。④ 埃伯斯的律师里德·温加顿对沙利文的好运气表示不满，称对告密者的宽大判决"给告密者创造了极大的动机，让他们去伪造不利于其上级的证据，这正是在本案中所发生的事情"。⑤

戴维·迈尔斯和巴迪·耶茨各自被判处1年零1天的监禁，而特洛伊·诺曼德则获得了3年的缓刑。

贝蒂·文森在监狱里待了5个月，之后又被软禁了5个月。

【参考文献】

Barrier, Michael. "One Right Path." *Internal Auditor* 60 (December 2003).

Beresford, Dennis, Nicholas Katzenbach, and C. B. Rogers, Jr. *Report of the Investigation by the Special Investigative Committee of the Board of Directors of WorldCom*, March 31, 2003.

Bryan-Low, Cassell. "WorldCom's Auditors Took Shortcuts." *Wall Street Journal*, July 23, 2003.

Cooper, Cynthia. *Extraordinary Circumstances*. Hoboken, NJ: John Wiley & Sons, 2008.

---

① Latour and Young, "Ebbers Denies He Knew About WorldCom's Fraud."

② Almar Latour, Shawn Young, and Li Yuan, "Ebbers Is Convicted in Massive Fraud," *Wall Street Journal*, March 16, 2005.

③ Dionne Searcey, "Ebbers Is Sentenced to 25 Years for $11 Billion WorldCom Fraud," *Wall Street Journal*, July 14, 2005.

④ Greg Farrell, "Sullivan Gets 5-Year Prison Sentence," *USA Today*, August 12, 2005.

⑤ Ibid.

Dick, Melvin. "Remarks of Melvin Dick." Testimony before the House Committee on Financial Services, July 8, 2002.

Farrell, Greg. "Sullivan Gets 5-Year Prison Sentence." *USA Today*, August 12, 2005.

Feder, Barnaby. "Team Leader for Andersen Had Years of Experience." *New York Times*, June 29, 2002.

Jeter, Lynne W. *Disconnected: Deceit and Betrayal at WorldCom*. Hoboken, NJ: John Wiley & Sons, 2003.

Latour, Almar. "Sullivan Calls Ebbers 'Hands On.'" *Wall Street Journal*, February 8, 2005.

Latour, Almar, and Shawn Young. "Ebbers Denies He Knew About WorldCom's Fraud." *Wall Street Journal*, March 1, 2005.

Latour, Almar, and Shawn Young. "WorldCom's Sullivan Says He Told CEO of Problems." *Wall Street Journal*, February 9, 2005.

Latour, Almar, Shawn Young, and Li Yuan. "Ebbers Is Convicted in Massive Fraud." *Wall Street Journal*, March 16, 2005.

Pulliam, Susan. "Over the Line: A Staffer Ordered to Commit Fraud Balked, Then Caved." *Wall Street Journal*, June 23, 2003.

Pulliam, Susan, and Deborah Solomon. "Uncooking the Books: How Three Unlikely Sleuths Discovered Fraud at WorldCom." *Wall Street Journal*, October 30, 2002.

Ripley, Amanda. "The Night Detective." *Time*, December 30, 2002.

Searcey, Dionne. "Ebbers Is Sentenced to 25 Years For $11 Billion WorldCom Fraud." *Wall Street Journal*, July 14, 2005.

Thornburgh, Dick. *First Interim Report of the Bankruptcy Court Examiner*. In Re: WorldCom, November 4, 2002.

Thornburgh, Dick. *Second Interim Report of the Bankruptcy Court Examiner*. In Re: WorldCom, June 9, 2003.

Zekany, Kay, Lucas Braun, and Zachary Warder. "Behind Closed Doors at WorldCom: 2001." *Issues in Accounting Education* 19 (February 2004).

【思考】

1. 从1999年第一季度到2002年第一季度，世通公司是如何实现连续11个季度报告营业收入两位数增长的？

2. 世通公司是如何在1999年第二季度到2000年第四季度将线路成本

费用虚减33亿美元的?

3. 世通公司是如何在2001第一季度到2002年第一季度将其线路成本费用虚减38亿美元的?

4. 是什么原因促使辛西娅·库珀开始检查世通公司的资本支出和固定资产账目?

5. 斯科特·沙利文试图用什么理由来证明世通公司的线路成本支出是合理的?

6. 安达信会计公司执行了哪些审计程序来测试世通公司的线路成本和资本支出?为什么这些程序没有起到效果?

7. 贝雷斯福德主持的特别委员会对埃伯斯提出了哪些批评?

25　完美风暴

> 安达信会计公司失去公众信任之时，就是我们失业之日。
>
> ——史蒂夫·萨梅克[①]

安达信会计公司负责美国审计业务的管理合伙人史蒂夫·萨梅克（Steve Samek）一生中从未说过比这更真实的话。审计师最宝贵的资产是其信誉。如果人们不再相信审计师的书面意见，就没有客户会为审计师的签字支付一分钱。

萨梅克是"新"安达信的缩影。与莱奥纳多·斯派切克刻板的技术人员形象不同，萨梅克是一位积极进取的推销员，也是一个性格外向的表演家。萨梅克因为在老客户波士顿鸡肉公司（Boston Chicken）上取得的突破而在安达信会计公司声誉鹊起。在一次年度业绩评估中，萨梅克因为成功说服波士顿鸡肉公司将5万美元的审计工作转变为300万美元的全方位服务项目而受到了表彰。

1998年，萨梅克被任命为安达信会计公司美国业务主管，接下来4年中的大部分时间他都在美国各地游说，敦促审计合伙人销售更多服务。萨梅克时常劝诫审计合伙人要将自己视为由审计师、税务专家和咨询师组成的多元化"管弦乐队"的指挥，有时还会有（真正的）小提琴手在一旁奏

[①] Barbara Ley Toffler with Jennifer Reingold, *Final Accounting* (New York: Broadway Books, 2003), 1.

乐。客户服务比以往任何时候都更受重视。萨梅克甚至编写了一本80页的手册，其中包括如何与客户共情的建议。

萨梅克实施了一种"两倍式"业绩考核制度，鼓励审计合伙人至少创造两倍于审计收入的非审计收入。例如，一个合伙人的客户每年支付300万美元审计费，就按照600万美元的标准来考核他的客户所购买的税务和咨询服务。年轻的合伙人深知，在公司内部获得晋升的唯一途径是销售更多的服务。即使是资深合伙人也必须创造新的收入，否则就会面临被迫提前退休的风险。

安达信会计公司的堕落

安然公司的破产威胁到了安达信会计公司的利润，但没有人认为这会威胁到安达信会计公司的生存。自1997年以来，安达信会计公司的合伙人已经支付了5亿多美元，以解决Sunbeam公司、废弃物管理公司、麦克森HBOC公司（McKesson HBOC）①、群体地产公司（Colonial Realty）、德罗宁汽车公司（DeLorean Motors）和亚利桑那浸信教徒基金会（Baptist Foundation of Arizona）等审计失败引发的诉讼。安达信会计公司的律师们开始了一项不太愉快但又十分熟悉的任务——与安然公司的债权人和股东就和解金额进行谈判。

2002年1月，当安达信会计公司的内部律师抵达休斯敦时，他们惊愕地发现，审计师电脑中数百封与安然公司有关的电子邮件已被删除。进一步调查显示，是安达信会计公司合伙人戴维·邓肯下令销毁了20箱安然公司相关文件。

1月10日，安达信会计公司CEO约瑟夫·贝拉尔迪诺通知SEC，该公司员工销毁了"数量可观但具体数量不详的安然公司相关文件"。② 4天后，贝拉尔迪诺解雇了邓肯，说他"需要对外传递一个信号……即公司文化无法容忍此类行为"。③

在接下来的1个月中，贝拉尔迪诺一直在试图安抚焦虑的客户，并努

---

① 其前身是麦克森 & 罗宾斯公司。——译者
② Kurt Eichenwald, "Miscues, Missteps and the Fall of Andersen," *New York Times*, May 8, 2002.
③ Marc Shaffer, director, *Bigger Than Enron* (Boston: WGBH, 2002).

力说服政府监管机构相信，安达信会计公司会认真实施有意义的改革。贝拉尔迪诺聘请了圣公会牧师、美国退休参议员约翰·丹福斯（John C. Danforth）来担任公司的代理律师。在亚瑟·莱维特拒绝加入特别顾问委员会之后，贝拉尔迪诺说服了美联储前主席保罗·沃尔克来领导该委员会。沃尔克加入安达信会计公司的条件是，安达信会计公司必须让他来将该公司的审计业务和咨询业务分开。

3月2日，安达信会计公司的法律总顾问通知贝拉尔迪诺，司法部正在考虑对整个安达信会计公司提起刑事诉讼。然而就在2周前，达维律师事务所（Davis Polk & Wardwell）的律师还告知安达信会计公司董事会，起诉的可能性不大。因为安达信会计公司已经主动通知SEC文件已被销毁，并协助政府调查人员尽可能多地恢复信息，律师们预期政府会对该公司宽大处理。

安达信会计公司的律师请求司法部不要起诉该公司。一封致助理总检察长迈克尔·切尔托夫（Michael Chertoff）的信概述了如若起诉将对该公司2.8万名美国雇员、数百名退休合伙人和数千名客户产生的负面影响。但是，在一个联邦陪审团认定安达信会计公司存在"广泛的犯罪行为"，涉及"销毁大量的文件"之后，切尔托夫还是以妨碍司法公正罪起诉了安达信会计公司。① 这一决定受到了安达信会计公司最近在Sunbeam公司和废弃物管理公司上审计失败的影响，这使切尔托夫相信安达信会计公司是个惯犯，不值得宽大处理。

安达信会计公司合伙人抱怨称，这项起诉其实是出于政治动机。更具体地说，国会民主党人要为在安然公司欺诈案中受到伤害的数千名股东和雇员讨回公道，而与安然公司几位高管和董事会成员关系密切的布什政府又急于展现其对公司违规行为的强硬态度。为此，安达信会计公司的数千名员工走上街头示威，抗议政府检察官正在摧毁一家有88年历史的公司，只为满足公众的嗜血欲望。一个标语牌上写着："我没有参与销毁文件；我还有孩子要养活。"另一个标语牌上写着："只有像杰克-阿什克罗夫特（Jack-Ashcroft）② 那样冷血的人才会让28 000人流落街头。"③

---

① Nicholas Kulish and John R. Wilke, "Called to Account: Indictment Puts Andersen's Fate on Line," *Wall Street Journal*, March 15, 2002.

② 这指的应该是约翰·阿什克罗夫特（John Ashcroft），他是布什总统的司法部长，接受了安然公司高管的大量竞选捐款，Jack是John的昵称。——译者

③ Toffler and Reingold, *Final Accounting*, 4.

安达信会计公司被起诉的消息导致安达信会计公司数十家最赚钱的客户忙不迭地与这家声名狼藉的会计公司断绝了来往。安达信会计公司曾试图与德勤会计公司和安永会计公司合并，但因为律师们无法向其他会计公司保证它们无需接手安达信会计公司的法律困境及客户和员工，所以谈判破裂了。3月12日，安达信会计公司的西班牙子公司投奔了德勤会计公司，安达信会计公司的全球网络开始分崩离析。

在等待审判期间，这家曾经傲视群雄的会计公司沦为了全国的笑柄。脱口秀主持人戴维·莱特曼（David Letterman）和杰·雷诺（Jay Leno）开了很多关于不会数数的会计师的玩笑。雷诺打趣道："我希望这不会让孩子们对会计这个令人兴奋的职业失去兴趣。"[1] 就连美国总统乔治·布什也忍不住加入了这项娱乐活动。总统告诉一群参加晚宴的客人："我有来自萨达姆·胡森（Saddam Hussein）的一个好消息和一个坏消息。好消息是，他愿意让我们检查他的生化武器设施。坏消息是，他坚持要求让安达信会计公司来检查。"[2]

当5月6日在休斯敦开始审判时，安达信会计公司将自己的命运交给了辩护律师洛斯蒂·哈丁（Rusty Hardin）。哈丁是休斯敦本地人，喜欢穿牛仔靴和芥末黄色的西装套装，以擅长左右得州陪审团的判断著称。在审判过程中，哈丁因取笑两名首席检察官来自波士顿和布鲁克林而受到了法官梅琳达·哈蒙（Melinda Harmon）的指责。

戴维·邓肯是政府的关键证人。邓肯告诉陪审团："我妨碍了司法公正，我指示业务团队人员遵循文档留存政策，而我知道这意味着文档将被销毁。"[3] SEC的一名代表表示，在对废弃物管理公司进行调查之后，安达信会计公司签署的和解协议规定，如果安达信会计公司在未来仍有不当行为，则将会被判藐视法庭罪。检察官称，邓肯是因为担心违反和解协议，所以向SEC隐瞒了定罪证据。而邓肯与安达信会计公司芝加哥总部办公室工作人员之间的电子邮件证明，邓肯并非独自作出了销毁文件的决定。

经过4个星期的举证质证和10天的商议，陪审团裁定安达信会计公司妨碍司法的罪名成立。令人惊讶的是，该判决并非基于数百磅被粉碎的文

---

[1] William Sternberg, "Accounting's Role in Enron Crash Erases Years of Trust," *USA Today*, February 22, 2002, A1.

[2] Toffler and Reingold, *Final Accounting*, 217.

[3] Alex Barrionuevo and Jonathan Weil, "Duncan Knew Enron Papers Would Be Lost," *Wall Street Journal*, May 14, 2002.

件，几位陪审员接受了哈丁的解释，即审计师只是遵守了安达信会计公司的常规文档留存政策。陪审团也没有被邓肯的证词所说服。几名陪审员认为，检察官威胁邓肯，如果他敢反抗就判处他长期监禁，如果他配合就对他宽大处理，在威逼利诱之下他才给出了虚假供词。据报道，一名陪审员说，如果邓肯受审的话，他将会被无罪释放。

相反，陪审团认为，安达信会计公司的内部律师南希·坦普尔（Nancy Temple）在一封电子邮件中建议邓肯篡改一份讨论安然公司10月15日收益公告的内部备忘录，她这是犯罪行为。原始的备忘录记录了邓肯如何警告安然公司的首席行政官理查德·考西，收益公告中某些语言可能具有误导性。然而备忘录的最终稿并没有提到这样的保留意见。陪审团主席奥斯卡·克里纳（Oscar Criner）表示："安达信会计公司没有批准（公布收益公告），安然公司仍然（公布了）该报告。""后来，安达信会计公司不得不着手修改文件，以免被 SEC 发现。"① 检察官安德鲁·韦斯曼（Andrew Weissman）认为篡改后的备忘录是"安达信会计公司'净化'记录以蒙蔽 SEC 的完美范本"。②

哈蒙法官判处安达信会计公司5年缓刑，并处罚金50万美元。但被起诉本身已经是死刑。自2002年8月31日起，安达信会计公司放弃了执业资格并停止执行审计工作。

3年后，美国最高法院一致推翻了对安达信会计公司的有罪判决，理由是哈蒙法官向陪审团发出了不恰当的指示。洛斯蒂·哈丁称政府决定不重审此案是为了"证明成千上万的员工是正确的，虽然他们的组织被摧毁了，但他们余生都将坚定地相信，他们为之奉献了毕生精力的公司没有犯罪"。③ 安达信会计公司的大多数员工认为，最高法院的裁决是一场空洞的胜利。"好心情只维持了一秒钟，然后你就意识到政府的行动摧毁了什么"，安达信的一位前税务合伙人表示，"真的无话可说了"。④

---

① Jonathan Weil, Alexei Barrionuevo, and Cassell Bryan-Low, "Auditor's Ruling: Andersen Win Lifts U. S. Enron Case," *Wall Street Journal*, June 17, 2002.

② Cathy Booth Thomas, "Called to Account," *Time*, June 24, 2002, 52.

③ John C. Roper, "Government Won't Retry Andersen Criminal Case," *Houston Chronicle*, November 23, 2005.

④ Jonathan D. Glater and Alexei Barrionuevo, "Decision Rekindles Debate Over Andersen Indictment," *New York Times*, June 1, 2005.

《2002年萨班斯-奥克斯利法案》

2002年初，11个国会委员举行了听证会，调查安然公司破产的详细情况。肯尼斯·莱和安迪·法斯托援引美国联邦宪法第五修正案（该修正案禁止自证其罪），但杰弗里·斯基林提供了详细的证词，将一切会计违规行为都归咎于安达信会计公司的错误建议。在听证会上，包括美国教师退休基金会（Teachers Insurance and Annuity Association of America-College Retirement Equities Fund, TIAA-CREF）主席约翰·比格斯（John Biggs）和SEC前主席亚瑟·莱维特在内的众多专家证人促请参议员和众议员们对财务欺诈行为采取更严厉的惩罚措施，并对公共会计师进行更严格的监督。对此，美国注册会计师协会耗资200万美元开展了一场公关活动，宣传注册会计师们还是"对正确行事充满热情"。

在国会听证会过后的几个月里，国会共起草了30多项法案。众议院最终通过的法案是由来自俄亥俄州的共和党众议员迈克尔·奥克斯利（Michael Oxley）起草的。《奥克斯利法案》要求SEC成立一个新的独立纪律委员会来监管审计师，并指示SEC限制会计师为审计客户提供的咨询服务。该法案没有处理细节问题，而是要求SEC对审计师的服务设定限制以及确定新的纪律委员会的具体职责。2002年4月24日，众议院以334票对90票通过了《奥克斯利法案》，反对者是民主党人，他们希望对公共会计公司施加更严格的限制。

参议院的行动则比较缓慢。马里兰州的民主党参议员保罗·萨班斯（Paul Sarbanes）决心颁布一项比众议院通过的法案更为严格的法律。但是，由于民主党人在参议院仅有51席比49席的微弱优势，萨班斯需要来自两党的支持以避免他的法案被共和党人的阻挠战术所拖延。经过数周的谈判，萨班斯说服了怀俄明州参议员迈克·恩兹（Mike Enzi）支持他的提案，他是一位共和党人，也是参议院唯一的会计师。除了限制审计师提供咨询服务并建立一个独立的监督委员会来监管公共会计公司之外，《萨班斯法案》还为公司吹哨人（corporate whistle-blowers）提供了更有力的保护，并延长了财务欺诈案件的诉讼时效。该法案通过了对内幕交易和向高管和董事发放贷款的新的披露要求。会计公司必须每5年轮换监督合伙人，且在审计师获准加入客户公司担任CEO、CFO或主计长之前，将有1年的

"冷静期"。

等到6月19日参议院银行委员会批准《萨班斯法案》时，参议院的夏季日程已经排满了。参议院多数党领袖汤姆·达施勒（南达科他州民主党人）将辩论安排在9月，即夏季休会之后，看起来2002年不会有任何会计改革立法了。公众对会计的兴趣正在减弱，随着11月大选的临近，参议员们的关注点纷纷转向了更具政治回报的话题。得克萨斯州的共和党参议员菲尔·格拉姆（Phil Gramm）在《萨班斯法案》进入参议院全体议员审议阶段时，扬言要挫败该法案。即使该法案（在参议院）获得通过，众议院会议委员会中的共和党人似乎也不太可能批准一项对公共会计公司实施严格政府监管的法案。6月25日，美国消费者联合会的一位代表向另一位同事哀叹道："看来唯有再来一起大型财务丑闻才能重新洗牌了。"①

无巧不成书。就在当天下午，世通公司宣布，其2000—2002年的净利润至少虚报了38亿美元。第二天早上，汤姆·达施勒决定将参议院的投票日期安排在7月。尽管美国注册会计师协会对《萨班斯法案》提出了7项修改建议，但是该协会的说客们却找不到人发起任何一项修正案。就连自1990年以来从公共会计师行业获得了50多万美元收入的康涅狄格州的民主党参议员克里斯托弗·多德（Christopher Dodd）也抛弃了昔日的朋友，转而支持拟议中的改革。7月15日，参议院以97票对0票通过了《萨班斯法案》。

迈克尔·奥克斯利试图在参众两院的会议委员会（House-Senate conference committee）中协调他自己的法案与萨班斯的法案，但在他的共和党同僚中几乎得不到支持。佛罗里达州的共和党众议员马克·弗利（Mark Foley）和密歇根州的共和党众议员迈克·罗杰斯（Mike Rogers）发布了一份请愿书，要求共和党领导人放弃奥克斯利的法案，接受参议院的版本。曾在1995年的诉讼改革辩论中支持公共会计师行业的路易斯安那州的共和党人比利·陶金（Billy Tauzin）说，现在是国会"通过严格的新法律来防止未来的滥用并恢复投资者信心"的时候了。②

尽管最终的立法被称为《2002年萨班斯-奥克斯利法案》，但该法案更接近于《萨班斯法案》，而不是奥克斯利的法案，尤其是在加强审计师独立

---

① David S. Hilzenrath, Jonathan Weisman, and Jim VandeHei, "How Congress Rode a 'Storm' to Corporate Reform," *Washington Post*, July 28, 2002.

② Tom Hamburger, Greg Hitt, and Michael Schroeder, "WorldCom Case Boosts Congress in Reform Efforts," *Wall Street Journal*, June 27, 2002.

性的条款上。该法案没有禁止向审计客户提供管理咨询服务，但禁止了 8 项被认为与审计不相容的具体服务，包括簿记、财务信息系统设计和实施、精算服务、内部审计外包、投资银行服务、法律咨询、评估服务和高管招聘服务。该法案要求审计公司每 5 年轮换首席业务合伙人。如果一家公司的 CEO、CFO、CAO（chief administration officer，首席行政官）或主计长曾受雇于会计公司，并在前一年参与了该公司的审计，则该法案禁止该会计公司参与该公司的审计。

该法案对审计委员会成员施加了新的限制，并规定了新的责任——每一位审计委员会成员都必须是独立的，这意味着其不能受雇于该公司或名下的任何子公司，也不能接受除了在审计委员会任职的薪酬以外的任何来自该公司的酬劳。该法案明确要求公司审计委员会负责独立审计师的任命、薪酬支付和监督。另外，审计委员会需要建立匿名"热线电话"等机制，以接受和调查有关会计和审计事项的投诉。

该法案要求公司高管以书面形式证明其财务报表符合证券法的规定，并在所有重要方面公允地反映公司的财务状况。在知情的情况下签署虚假财务报表的高管将会受到刑事处罚。该法案的其他杂项条款还包括禁止公司向高管和董事发放贷款，要求对表外融资进行更多披露，并提高证券诈骗、邮件诈骗和电信诈骗罪的最高刑期。

审计审计师

《2002 年萨班斯-奥克斯利法案》设立了一个五人委员会，即公众公司会计监督委员会（PCAOB），以监管公众公司的审计师。该委员会的职责包括接受会计公司注册和实施定期检查，以确保审计师遵守适用的会计和审计准则。该委员会有权调查审计失误的指控并实施制裁。《2002 年萨班斯-奥克斯利法案》赋予 PCAOB 制定审计、道德和质量控制标准的权力，这对公共会计师的职业自治（professional autonomy）造成了打击。以前，这些准则都是由美国注册会计师协会旗下的各个专门委员会制定的。

SEC 主席哈维·皮特（Harvey Pitt）一直不喜欢 PCAOB 这个主意，但他却负责提名首批 PCAOB 成员。据《纽约时报》2002 年 10 月 1 日的报道，皮特曾邀请美国最大的养老基金之一的美国教师退休基金会的 CEO 约翰·比格斯来担任 PCAOB 的首任主席。① 作为 2 650 亿美元债券和股票的托管人，比格斯对财务报告有着浓厚的兴趣。众所周知，他是金融界会计改革的积极倡导者。比格斯获得提名的消息受到保罗·沃尔克、亚瑟·莱维特、保罗·萨班斯等人的热烈欢迎。

但皮特当天下午就发布了一份新闻稿，反驳了《纽约时报》的文章，称 SEC"尚未对 PCAOB 的人选作出决定，也没有向任何人发出主席职位的邀约"。② 美国注册会计师协会、大型会计公司，以及它们在国会中为数不多的朋友，都反对提名比格斯。这或许是因为美国教师退休基金会每 5 到 7 年轮换一次审计公司，而且从不向审计师购买咨询服务。许多注册会计师担心比格斯会试图将类似的政策强加给所有的公众公司。众议员迈克尔·奥克斯利的发言人表示，议员对比格斯持"强烈反对"意见，他更倾向于选择一位持有"温和观点"的候选人。③

3 个星期后，SEC 5 名委员在党派投票中以 3 票对 2 票选举威廉·韦伯斯特（William H. Webster）为 PCAOB 主席。韦伯斯特是一位 78 岁的退休法官，曾在里根政府中担任联邦调查局及中央情报局的局长。SEC 的两名民主党人批评韦伯斯特缺乏会计经验，并在公开听证会上指责皮特屈服于来自公共会计师行业的压力。保罗·萨班斯说，皮特"错过了建立一个具有广泛公信力的监督委员会的机会"。④ 亚瑟·莱维特担任 SEC 主席时的总会计师林恩·特纳，也抨击了选择韦伯斯特而非比格斯的做法，他说："看来，会计公司、共和党以及现在的皮特主席，都在试图通过确保 PCAOB 董事会中没有任何锐意改革的人士，来架空《萨班斯法案》。"⑤

仅仅几天后，韦伯斯特的当选引发了更大的争议，因为人们发现，他曾在一家被控欺诈的公司的审计委员会任职。更恶劣的是，该公司解雇了审计师，却没有向 SEC 披露该审计师发现了该公司内部控制存在重大缺陷。韦伯斯特否认存在不当行为，而且他也没有被列为民事诉讼被告，他

---

① Stephen Labaton, "Chief of Big Pension Plan Is Choice for Accounting Board," *New York Times*, October 1, 2002.

② Stephen Labaton, "SEC Chief Hedges on Accounting Regulator," *New York Times*, October 4, 2002.

③ Ibid.

④ Stephen Labatan, "Bitter Divide as Securities Panel Picks an Accounting Watchdog," *New York Times*, October 26, 2002.

⑤ Labaton, "SEC Chief Hedges on Accounting Regulator."

在候选人访谈时将此事告诉了皮特和 SEC 的首席会计师罗伯特·赫德曼。而皮特和赫德曼并没有与国会、白宫或其他 4 名 SEC 委员分享这一信息。

皮特在国会山树敌颇多。2001 年 8 月，在被布什总统任命为 SEC 主席之前，皮特曾代表美国注册会计师协会和五大会计公司参与民事诉讼。因此，许多民主党人一直怀疑皮特是否愿意倒戈，转而监督他过去的客户。皮特在挑选一位合格的 PCAOB 主席时遇到的麻烦，更证实了他们的看法，即他不适合 SEC 主席这份工作。马萨诸塞州的民主党众议员爱德华·马基（Edward Markey）说：“当你认为皮特的判断不可能更糟的时候，他总有办法让你再次感到震惊。”① 韦伯斯特的争议甚至使皮特原本就为数不多的朋友也抛弃了他。曾经亲自为韦伯斯特的当选开展游说的白宫幕僚长安德鲁·卡德（Andrew Card），对于皮特隐瞒了可能令其名誉扫地的信息而深感愤怒。

11 月 6 日，皮特递交了辞呈，此后不久，韦伯斯特也从 PCAOB 辞职。2003 年 4 月，皮特的继任者威廉·唐纳森（William H. Donaldson）选择由威廉·麦克多诺（William J. McDonough）领导 PCAOB。麦克多诺曾任纽约联邦储备银行（New York Federal Reserve Bank）行长和芝加哥第一公司（First Chicago Corp.）首席财务官。麦克多诺的银行监管者的经历和他作为强硬谈判者的名声，使他成为一个很有吸引力的候选人。麦克多诺在提名宣布时表示：“我们面临的任务是恢复美国人民和世界各地的人们的信心，即公众公司公开的会计报表……提供了一份完整、真实、及时、可靠的报告，值得依赖。”② 后来，他补充说：“我非常喜欢会计理论。我认为这是值得人们参与的最有趣的事情之一。”③

PCAOB 的总部设在华盛顿特区安达信会计公司刚腾出的办公室里，该委员会开始聘请审计师来检查美国的公共会计公司。2003 年年底进行的第一次检查发现，四大会计公司都存在"重大审计和会计问题"。④ 这四家公司都因未能保存充分的文件资料来支持自己的判断而受到批评。然而，麦

---

① Michael Schroeder, "Regulator Under Fire: Pitt Launches SEC Probe of Himself," *Wall Street Journal*, November 1, 2002.

② Carrie Johnson, "Fed Officer Chosen to Head Audit Panel," *Washington Post*, April 16, 2003.

③ Floyd Norris, "SEC Picks a Fed Banker to Lead Panel," *New York Times*, April 16, 2003.

④ Floyd Norris, "Federal Regulators Find Problems at 4 Big Auditors," *New York Times*, August 27, 2004.

克多诺强调,"我们的全部调查结果没有动摇我们的信念,即这些公司有能力进行最高质量的审计"。① PCAOB 会持续对负责审计 100 家及以上的公众公司的会计公司进行年度检查,并对规模较小的会计公司进行 3 年一次的检查。

"404 条款"

在商界看来,《2002 年萨班斯-奥克斯利法案》中负担最为沉重的条款,当属第 404 号条款(以下简称"404 条款")。该条款要求公司高管每年评估其公司的内部会计控制,并证明其公司对财务报告有充分的内部控制。任何重大的内部控制缺陷都必须在公司年度股东报告中予以披露。审计师必须评估并报告其客户的内部会计控制的充分性。

在 SEC 制定"404 条款"的要求时,工作人员估计,每年的合规成本总额约为 12.4 亿美元,平均每家公司为 9.1 万美元。SEC 委员哈维·戈德施密德(Harvey Goldschmid)为这一成本辩护道:"强有力的内部控制在极大程度上阻止管理层实施欺诈。"②

2 年后,《华尔街日报》的一篇社论引用了一项研究,估计(该法案实施)第一年的合规总成本约为 350 亿美元,这是 SEC 当初预测值的 28 倍。③ 公司支付给审计师的数百万美元的内部控制报告费用,与公司当初为了记录内部控制状况而在咨询和软件上花费的数千万美元相比,简直是相形见绌。德勤会计公司报告称,它的一些大型跨国公司客户在遵守"404 条款"上花费了 7 万个工时(相当于 35 名全职员工的全年工作量)。一项规模更大却不易量化的成本是,企业高管被迫将大量精力用在改善内部控制而不是运营管理上所造成的人力资源的浪费。通用汽车公司的 CAO 彼得·柏伯(Peter Bible)表示:"真正的代价不是多花的美元,而是该法案迫

---

① Floyd Norris, "Federal Regulators Find Problems at 4 Big Auditors," *New York Times*, August 27, 2004.

② Deborah Solomon, "Fraud Detector: SEC Sets a New Rule Aimed at Companies' Internal Controls," *Wall Street Journal*, May 28, 2003.

③ "Sox and Stocks," *Wall Street Journal*, April 19, 2005, A20.

使本应专注于业务的人转而去专注于合规的细节。"[1] 太阳微系统公司（Sun Microsystems）CEO 斯科特·麦克尼利（Scott McNealy）将"404 条款"的影响描述为"向市场经济的齿轮间倒了一桶桶的沙子"。[2]

由于"404 条款"的合规成本对小企业而言负担过于沉重，因而 SEC 没有要求市值低于 7 500 万美元的公司聘请外部审计机构评估其内部控制。奥巴马总统的《2012 年就业法案》（2012 JOBS Act）进一步缩小了《2002 年萨班斯-奥克斯利法案》的适用范围——"新兴成长型公司"（即收入低于 10 亿美元、上市时间不到 5 年的公司）无须遵守"404 条款"。

《审计准则公告第 99 号》

安然公司和世通公司的丑闻促使美国注册会计师协会旗下的审计准则委员会公布了另一项针对财务报表欺诈的新准则。《审计准则公告第 99 号》取代了《审计准则公告第 82 号》，从 2002 年 12 月 15 日起开始施行。与 1997 年的旧准则相比，新准则要求采用更多专门用于侦察欺诈的程序。

《审计准则公告第 99 号》要求审计团队召开"头脑风暴"会议。在会议上，审计师要讨论哪些环节最有可能发生舞弊。审计师应该努力想象一个簿记员可能以何种方式挪用资金而不被发现，或者高级管理层可能试图夸大公司的收益。"头脑风暴"会议的目标有两个，一是识别存在风险的领域，二是让审计团队绷紧职业怀疑态度（professional skepticism）这根弦。

《审计准则公告第 99 号》还要求审计团队成员就被审计客户的可疑交易及用以预防、阻碍和侦破舞弊的管理程序，与高级管理人员、审计委员会成员、内部审计师、经营人员和内部法律顾问进行面谈。审计师应向多人提出相同的问题，并对答案进行比较，以确定答案中的不一致之处。

新准则要求审计师特别留意收入、存货和需要运用较多估计的账户的余额。因为在所有已知的欺诈行为中，大约有一半涉及收入错报，所以《审计准则公告第 99 号》指示审计师"假定客户存在与收入确认欺诈有关的重大误报风险"。在存在存货欺诈风险的情况下，审计师应进行突击存货

---

[1] Deborah Solomon and Cassell Bryan-Low, "Companies Complain About Cost of Corporate-Governance Rules," *Wall Street Journal*, February 10, 2004.

[2] Del Jones, "S-Ox: Dragon or White Knight?" *USA Today*, October 20, 2003.

盘点（surprise inventory counts），并仔细地检查装箱物品的内容以及货物的堆放方式。审计师必须对上一年度的会计估计进行回顾性审查（retrospective review），以识别管理层假设中的偏差。

《审计准则公告第 99 号》的另外两条规定旨在揭露最高管理层的欺诈行为。审计师必须假定存在管理层凌驾于内部控制之上的风险，并通过检查重要的日记账分录，特别是接近报告期结束时的分录，来应对这一风险。审计师每年都必须改变其审计程序，使客户更难以预测和逃避审计师的测试。

结　论

道琼斯工业平均指数在 2000 年 1 月 14 日达到 11 723 点的高点。但是，2000 年和 2001 年公布的 316 份盈余重述说明，在 20 世纪 90 年代末，许多雄心勃勃的科技公司的盈利情况，远不如它们所宣称的那样乐观。2001 年 12 月安然公司的破产彻底粉碎了投资者的信心。2002 年上半年，由于人们担心还有其他"安然公司"尚未被发现，道琼斯工业平均指数下跌了 2 000 多点。会计分析师霍华德·席利特（Howard M. Schilit）表示："这是 1929 年以来投资者遭遇的最大危机。投资者不知道他们还能相信谁。"[1] 显然，投资者不信任公共会计师。在民意调查中，曾经备受尊敬的注册会计师行业，如今的地位已经落后于政客和记者了。

世通公司是压死骆驼的最后一根稻草。《纽约时报》专栏作家弗洛伊德·诺里斯（Floyd Norris）将《2002 年萨班斯-奥克斯利法案》的通过"归功于"世通公司的 CEO 伯尼·埃伯斯。诺里斯写道："他的名字没写进法律里，但也许应该写进去，伯纳德·埃伯斯对美国证券法自大萧条以来最深远的变革的贡献，可能超过了参议员保罗·萨班斯和众议员迈克尔·奥克斯利。"[2]

《2002 年萨班斯-奥克斯利法案》给企业带来的成本是巨大的，并且很快就显现出来。作为对比，这项立法的好处也许需要更长的时间才能显现出来。自 2006 年以来发表的几项学术研究得出的结论是，《2002 年萨班斯-

---

[1] Nanette Byrnes, "Paying For the Sins of Enron," *Business Week*, February 11, 2002.
[2] Floyd Norris, "A Crime So Large It Changed the Law," *New York Times*, July 14, 2005.

奥克斯利法案》实施后，财务报告的质量得到了改善，这可以从以下几个方面得到证明：对酌定损益（discretionary gains and losses）的确认更为保守了；刚好达到或超过分析师收益预测的公司出现率降低了；会计应计项目的质量更为可靠了。①

《2002 年萨班斯-奥克斯利法案》对公共会计公司的影响喜忧参半。一方面，四大会计公司的审计收入在 2003 年、2004 年和 2005 年出现了大幅增长，原因是要求公司对其内部控制进行审计。第二梯队的会计公司也从中受益了。这是因为，四大会计公司忙于帮助其大客户遵守"404 条款"，不得不放弃许多中小型公众公司的业务。致同会计公司和德豪会计公司（BDO Seidman）等第二梯队的会计公司在 2003 年和 2004 年接手了 400 多家四大会计公司的前客户。另一方面，许多小型会计公司失去了业务。在 2002 年审计公众公司的 850 家公共会计公司中，只有约 600 家选择向 PCAOB 注册，其余 250 家公司宁愿放弃公众公司的业务，也不愿意承担 PCAOB 的成员资格所要求的高昂费用。

【参考文献】

Barrionuevo, Alexei, and Jonathan Weil. "Duncan Knew Enron Papers Would Be Lost." *Wall Street Journal*, May 14, 2002.

Barrionuevo, Alexei, and Jonathan Weil. "Andersen Defense Lawyer Is Stealing Show." *Wall Street Journal*, May 20, 2002.

Brevin, Jess. "Justices Overturn Criminal Verdict in Andersen Case." *Wall Street Journal*, June 1, 2005.

Brown, Ken, and Ianthe Jeanne Dugan. "Sad Account: Andersen's Fall From Grace Is a Tale of Greed and Miscues." *Wall Street Journal*, June 7, 2002.

Browning, E. S., and Jonathan Weil. "Burden of Doubt: Stocks Take a Beating As Accounting Worries Spread Beyond Enron." *Wall Street Journal*, January 30, 2002.

Byrnes, Nanette. "Paying for the Sins of Enron." *Business Week*, February 11, 2002.

Chakarun, Michael. "The Sarbanes-Oxley Act of 2002." *National Public Accountant* (October 2002).

---

① Dennis Chambers, Dana Hermanson, and Jeff Payne, "Did Sarbanes-Oxley Lead to Better Financial Reporting?" *CPA Journal* 80 (September 2010): 24-27.

Chambers, Dennis, Dana Hermanson, and Jeff Payne. "Did Sarbanes-Oxley Lead to Better Finan-cial Reporting?" *CPA Journal* 80 (September 2010).

Eichenwald, Kurt. "Miscues, Missteps and the Fall of Andersen." *New York Times*, May 8, 2002.

Glater, Jonathan D., and Alexei Barrionuevo. "Decision Rekindles Debate Over Andersen Indictment." *New York Times*, June 1, 2005.

Hamburger, Tom, Greg Hitt, and Michael Schroeder. "WorldCom Case Boosts Congress in Reform Efforts." *Wall Street Journal*, June 27, 2002.

Hilzenrath, David S., Jonathan Weisman, and Jim VandeHei. "How Congress Rode a 'Storm' to Corporate Reform." *Washington Post*, July 28, 2002.

Johnson, Carrie. "Fed Officer Chosen to Head Audit Panel." *Washington Post*, April 16, 2003.

Johnson, Carrie. "Small Firms Exit Auditing." *Washington Post*, August 27, 2003.

Jones, Del. "S-Ox: Dragon or White Knight?" *USA Today*, October 20, 2003.

Knowles, Francine. "Jurors Turned on Andersen: Six Initially Sided With Firm, Only to Change Their Minds." *Chicago Sun-Times*, June 17, 2002.

Kulish, Nicholas, and John R. Wilke. "Called to Account: Indictment Puts Andersen's Fate on Line." *Wall Street Journal*, March 15, 2002.

Labaton, Stephen, "Audit Overseer Cited Problems in Previous Post." *New York Times*, October 31, 2002.

Labaton, Stephen. "Bitter Divide as Securities Panel Picks an Accounting Watchdog." *New York Times*, October 26, 2002.

Labaton, Stephen. "Chief of Big Pension Plan Is Choice for Accounting Board." *New York Times*, October 1, 2002.

Labaton, Stephen. "SEC Chief Hedges on Accounting Regulator." *New York Times*, October 4, 2002.

Murray, Shailagh. "Bill Overhauling Audit Regulation Passes in Senate." *Wall Street Journal*, July 16, 2002.

Murray, Shailagh, and Michael Schroeder. "Governance Bill Has Major Consequences for Many." *Wall Street Journal*, July 26, 2002.

Norris, Floyd. "A Crime So Large It Changed the Law." *New York Times*, July 14, 2005.

Norris, Floyd. "Federal Regulators Find Problems at 4 Big Auditors." *New York Times*, August 27, 2004.

Norris, Floyd. "SEC Picks a Fed Banker to Lead Panel." *New York Times*, April 16, 2003.

Ramos, Michael. "Auditors' Responsibility for Fraud Detection." *Journal of Accountancy* 195 (January 2003).

Reilly, David. "Internal-Control Help Becomes Less Costly." *Wall Street Journal*, April 19, 2006.

Roper, John C. "Government Won't Retry Andersen Criminal Case." *Houston Chronicle*, November 23, 2005.

Schroeder, Michael. "House, in Bipartisan Vote, Backs Moderate Accounting Overhaul." *Wall Street Journal*, April 25, 2002.

Schroeder, Michael. "Regulator Under Fire: As Pitt Launches SEC Probe of Himself, Criticism Mounts." *Wall Street Journal*, November 1, 2002.

Schroeder, Michael, and Tom Hamburger. "Accounting Reform Gets Big Lift As Senate Panel Backs New Board." *Wall Street Journal*, June 19, 2002.

Shaffer, Marc, director. *Bigger Than Enron*. Documentary film. Boston, MA: WGBH, 2002.

Solomon, Deborah. "Fraud Detector: SEC Sets a New Rule Aimed at Companies' Internal Controls." *Wall Street Journal*, May 28, 2003.

Solomon, Deborah, and Cassell Bryan-Low, "Companies Complain About Cost of Corporate-Governance Rules." *Wall Street Journal*, February 10, 2004.

Solomon, Ira, and Mark E. Peecher. "S-Ox 404: A Billion Here, a Billion There." *Wall Street Journal*, November 9, 2004.

"Sox and Stocks." *Wall Street Journal*, April 19, 2005.

Spinner, Jackie. "Sullied Accounting Firms Regaining Political Clout." *Washington Post*, May 12, 2002.

Sternberg, William. "Accounting's Role in Enron Crash Erases Years of Trust." *USA Today*, February 22, 2002.

Thain, John. "S-Ox: Is the Price Too High?" *Wall Street Journal*, May 27, 2004.

Thomas, Cathy Booth. "Called to Account." *Time*, June 24, 2002.

Toffler, Barbara Ley, with Jennifer Reingold. *Final Accounting: Ambition, Greed, and the Fall of Arthur Andersen*. New York: Broadway Books, 2003.

Weil, Jonathan. "Auditing Firms Get Back to What They Do Best." *Wall Street Journal*, March 31, 2004.

Weil, Jonathan, Alexei Barrionuevo, and Cassell Bryan-Low. "Auditor's Ruling:

Andersen Win Lifts U. S. Enron Case." *Wall Street Journal*，June 17，2002.

【思考】

1. 为什么助理总检察长迈克尔·切尔托夫决定指控安达信会计公司妨害司法公正？根据检察官的表述，安达信会计公司阻挠司法的动机是什么？

2. 描述《2002年萨班斯-奥克斯利法案》中旨在提高审计师独立性的相关规定。

3. 描述公众公司会计监察委员会的职责。

4. 《2002年萨班斯-奥克斯利法案》第404号条款要求审计师和公司高管做什么？

5. 请描述《审计准则公告第99号》的主要要求。

6. 《2002年萨班斯-奥克斯利法案》对公共会计公司的审计及非审计收入有何影响？

第七部分
没有地方比得上家

26　看房时间

> 房利美（Frannie Mae）与房地美（Freddie Mac）……使得像国际金融服务公司这样的抵押贷款发放机构得以取代奄奄一息的储蓄贷款机构，成为美国主要的抵押贷款发放机构——因此，即使储蓄贷款机构纷纷倒闭，抵押贷款的水龙头也仍被打开。
>
> ——贝瑟尼·麦克林和乔·诺瑟拉[1]

美国的储蓄业一直未能从第 10~13 章所描述的储蓄贷款机构危机中恢复过来。从 1990 年到 2009 年，区域性和地方性银行和储蓄机构（banks and thrifts）的数量从 15 000 家减少至 8 000 家，区域性和地方性信用合作社（credit unions）也从 13 000 家减少至 7 500 家。[2] 机构数量不断减少的主要原因是较小的机构相互合并或被较大的机构收购了。在 20 世纪 90 年代和 21 世纪初，一些金融巨头开始主导这个行业，而这个行业此前的特点是拥有大量相对较小的独立机构。

几个因素共同导致了美国金融服务业的集中化。《1994 年里格尔-尼尔州际银行及分支机构效率法》（Riegle-Neal Interstate Banking and Branching

---

[1] Bethany McLean and Joe Nocera, *All the Devils Are Here* (New York: Penguin Books, 2013), 46.

[2] U. S. Senate Permanent Subcommittee on Investigations, *Wall Street and the Financial Crisis: Anatomy of a Financial Collapse*, 2001, 15.

Efficiency Act of 1994）废除了对州际银行的限制，允许联邦特许银行在全国各地开设分行。5 年后，《1999 年格拉姆-里奇-布里利金融服务现代化法》（Gramm-Leach-Bliley Financial Services Modernization Act of 1999）进一步废除了《1993 年格拉斯-斯蒂格尔银行法》（Glass-Steagall Banking Act of 1933）的关键条款。过去 65 年来，《1993 年格拉斯-斯蒂格尔银行法》对银行、投资银行、证券商和保险公司进行了严格的隔离。而 1999 年的金融服务现代化法允许不同类型的金融机构相互合并，从而形成了在一家机构就能满足所有客户需求的金融"超市"（financial "supermarkets"）。1999 年的这部法律还允许储蓄存款银行（depository banks）以自己的名义进行证券交易，这就模糊了储蓄存款银行和投资银行（investment banks）之间的界限。

在 20 世纪的大部分时间里，贷款买房就只是双方之间一项非常简单的交易。购房者向附近的银行或储蓄贷款机构申请一笔 30 年期固定利率的抵押贷款。贷款人将贷款持有至到期，并在抵押贷款期限内按月赚取利息。然而到了 20 世纪末，贷款的流程变得日益复杂。到 2007 年，住房融资交易可能涉及借款人（borrower）、抵押贷款经纪人（mortgage broker）、贷款发放人（loan originator）、担保人（guarantor）、证券化机构（securitizer）、投资银行、信用评级机构（credit rating agency）和众多投资者。每一个参与者都使情况变得更加复杂，并带来了新的出错风险。

房利美和房地美

美国国会分别于 1938 年和 1970 年特许成立了联邦国民抵押贷款协会（房利美）和联邦住宅贷款抵押公司（房地美）。它们的主要功能是向银行和储蓄公司购买贷款，然后为放贷者提供资金用于发放更多的贷款。

房利美和房地美经常将它们购买的贷款"证券化"。也就是说，它们将贷款集中到贷款池，然后发行抵押贷款支持证券（mortgage-backed securities，MBS）。MBS 是一种债券，以抵押贷款池中的现金流偿付。MBS 最简单的一种形式，是"过手抵押证券参与证"（pass-through participation certificate），即每月都把从抵押贷款借款人那里收取的所有利息和本金（扣除服务费），直接分发给 MBS 的投资者。更为复杂的 MBS 则将原始贷款的现金流分割成若干层级（tranches），并把不同层级的权利出售给具有不同偏好的投资者。然后，就像瀑布一样，抵押贷款产生的现金流优先满足第一层级的投资者，剩下的现金流则依次支付给下面层级的投资者。如果出现大量借款人拖欠贷款，可能就无法产生足够的现金流供给较低层级的投资者。现金流分层的机制设计吸引了具有不同偏好的广大投资者来购买MBS。保守型投资者会购买相对安全的高层级债券。对冲基金和其他激进型投资者则购买较低层级的债券，因为低层级的债券往往会支付更高的利率来补偿其较高的违约风险。

房利美和房地美在将大部分MBS出售给保险公司、养老基金和其他金融机构的同时，在自己的投资组合中保留了部分证券。20世纪90年代，房利美和房地美作出了一个战略决定，它们要更多地保留所购买的抵押贷款。这是因为，MBS的回报率高于房利美和房地美的资本成本，所以它们持有这些证券作为投资是有利可图的。房利美持有的贷款组合从1992年的1 560亿美元增至1998年的4 150亿美元。[①] 到了世纪之交，房利美一跃成为美国第三大公司（按资产规模排名），房地美紧随其后。

华尔街

投资银行的传统角色是帮助企业筹集资金。投资银行家通过为潜在的借款人和有意愿的放贷者牵线搭桥，来赚取一定的服务费。另外，投资银行也承销新发行的股票或债券。作为"承销商"，投资银行从发行客户那里购买股票或债券，然后将这些证券转售给保险公司、养老基金和其他投资者。

随着时间的推移，投资银行开始参与住房融资过程的每一步。它们把资金借给抵押贷款发放人，并购买其发放的抵押贷款，再将贷款证券化形成MBS，之后将MBS出售给全球的投资者，同时在自己的投资组合中保留了数十亿美元的MBS。1983年，华尔街的银行家仅发行了100亿美元"私人性质的"（即没有官方机构担保的）MBS，而当时房利美和房地美发行的MBS规模接近2 300亿美元。[②] 一年后，《次级抵押贷款市场促进法案》（Secondary Mortgage Market Enhancement Act，SMMEA）颁布，为私营企业在市场上出售它们自己的MBS大开方便之门。到2005年，华尔

[①] McLean and Nocera, *All the Devils Are Here*, 47.
[②] Ibid., 13.

街金融机构发行的私人性质的 MBS 金额超过了房利美。

投资银行还在证券化概念的基础上，进一步创造出了一种叫作 CDO 的新型资产支持证券。MBS 由住房抵押贷款池提供资金支持，而 CDO 则由多元化资产池提供担保，如住房抵押贷款（residential mortgages）、商业按揭贷款（commercial mortgages）、公司债券（corporate bonds）、汽车贷款（automobile loans），甚至是信用卡应收账款（credit card receivables）等。华尔街的银行收集各种资产，将它们混合形成资产池并分割成不同的层级，然后出售由此产生的 CDO，赚取巨额的承销费。事实证明，这种方式非常受欢迎，CDO 的销售额从 2000 年的 690 亿美元增至 2006 年的约 5 000 亿美元。①

在过去的几十年里，商业银行都在帮助客户筹资并将储蓄用于投资。到了 20 世纪 90 年代，这些大型银行决定将它们的金融智慧用于管理自己的投资。为了赚取利息、股息和资本收益，它们建立了大量的证券投资组合。证券交易取代承销，成为银行的主要利润中心。例如，2004 年高盛集团 75% 的利润都来自证券投资组合交易，而由承销业务产生的利润仅占 6%。②

为了扩大资产组合，银行必须扩大资产负债表右侧的融资渠道。尽管投资银行已从合伙企业改制为公众公司，但权益资本仍然十分稀缺。它们的资产几乎全都是通过债务融资购买的。由于长期公司债券的利率相对较高，银行会选择通过短期的出售和回购协议（sale and repurchase agreements）即售后回购进行融资。售后回购是指一方向另一方出售有价证券，并承诺未来以更高的价格回购这些证券。其交易实质是担保贷款。卖方（seller）即借款人（borrower）今天收到现金，将来在某一固定的日期偿还更高的金额。而原始售价和之后的回购价格之间的差额就是贷款利息。有价证券则作为贷款的抵押物暂时从卖方（即借款人）手中转移到了买方（即贷款人）手中。如果借款人最后无法偿还贷款，贷款人就可以保留这些证券。在售后回购协议中，贷款人面临的违约风险很小，因为贷款全部由可交易的资产作为抵押。利率风险也很低，这是因为回购期限通常短至隔夜。由于其风险很低，所以回购利率也非常低。售后回购为投资银行提供了较低的资本成本，但也要求银行几乎每天都要获取数十亿美元的新融资。

---

① McLean and Nocera, *All the Devils Are Here*, 123.
② Ibid., 156.

街区里新来的孩子

传统抵押贷款机构大部分的资金来源于客户的存款。银行和储蓄贷款机构接受支票存款和储蓄存款,并以适当的利率向客户支付利息。银行和储蓄贷款机构向借款人收取的利率往往高于向储户支付的利率,它们从息差中赚取利润。

证券化催生了一批新型的抵押贷款公司。这些非银行贷款机构只需要少量资本就能运作,它们向购房者发放抵押贷款,之后迅速将抵押贷款卖给房利美或私人证券化机构。贷款人出售的每一笔抵押贷款都为发放新贷款提供了资金。传统的抵押贷款机构在30年的贷款期内逐月赚取利润,而这些新型公司的利润主要来源于在发放贷款时向借款人收取的发起费用。随着社区贷款机构的合并和证券化的普及,非银行抵押贷款公司的市场份额从1989年的19%增至2003年的52%。[1]

证券化改变了放贷人员的思维方式。出售贷款的抵押贷款公司并没有什么动力去确保借款人偿还债务,因为承担违约风险的是贷款的购买方。对于那些通过收取贷款发起费用来挣钱的贷款人来说,比起贷款的可收回性,贷款的规模才是最重要的。由于急于扩大潜在客户的数量,同时又不太担心违约,抵押贷款公司开始向收入和信用评分较低的客户发放贷款。贷款机构也开始免除大额首付的要求。次级抵押贷款(即向低收入和/或有不良信用记录的借款人发放的贷款)通常只要求支付3%或5%的首付,而传统抵押贷款需支付20%的首付。随着贷款机构不断"开发"新客户,次级抵押贷款的发放量从1994年的350亿美元(占全部贷款发放量的5%)增至2005年的6 250亿美元(占全部贷款发放量的20%)。[2]

尽管次级贷款的风险更高,但是这些房贷的出售仍然无比顺利,这是因为,美国国会为了提高住房拥有率,在20世纪90年代和21世纪初不断向房利美和房地美施压,要求它们更多地购买发放给低收入和少数族裔群体的购房贷款。1999年7月,房利美和房地美同意更改它们的承销标准,这样一来,到2001年,由它们担保的抵押贷款中的50%都发放给了中低收

---

[1] McLean and Nocera, *All the Devils Are Here*, 23.
[2] Alan Blinder, *After the Music Stopped* (New York: Penguin Books, 2013), 70.

入借款者。① 华尔街的私人证券化机构则为了获取较高利息而购买次级抵押贷款，将数十亿美元的次级贷款纳入了它们的 MBS 和 CDO 中。

信用评级机构

信用评级机构对债券进行评估，并给出反映其违约可能性的字母等级。信用等级上至违约风险最低的 AAA 级，下至违约风险最高的 D 级。尽管共有 10 家公司被 SEC 指定为国家公认统计评级机构（Nationally Recognized Statistical Rating Organizations，NRSROs），但实际上市场是由三家公司主导的。穆迪投资者服务股份有限公司（Moody's Investor Services, Inc.）、标准普尔金融服务有限责任公司（Standard & Poor's Financial Services LLC，S&P）和惠誉评级有限公司（Fitch Ratings Ltd.）三家合计出具了市场上 98% 的信用评级，并取得了 90% 的美国信用评级收入。②

信用评级机构在 MBS 和 CDO 市场上扮演着关键角色。对于公司债券或地方政府债券，投资者可以通过查看发行实体的财务报表，来自行判断利息和本金是否可能按时支付。但 MBS 可能由成千上万的个人住房抵押贷款支持。在不了解每个借款人的收入、首付和信用记录的情况下，投资者根本不可能自行完成尽职调查（due diligence）。因此，信用评级机构事实上是 MBS 的适销性（marketability）和价值的唯一决定因素。

在行业初创期，信用评级机构通过客户订阅获得收入。投资者向信用评级机构支付一定费用，以获得该机构评级的出版物。但这样做有一个明显的缺点，即一个订阅者在收到出版物后，便可以与无数未付费用户共享评级信息。

在 20 世纪 70 年代，信用评级机构开始向债券发行人收费，并向投资者免费公布评级信息。通常，信用评级机构对 MBS 收取的评级费用在 4 万至 13.5 万美元，而更复杂的 CDO 的评级费更是高达 75 万美元。③ 除了收取证券评级的初始费用，只要证券尚未清偿，信用评级机构还可能向发行

---

① McLean and Nocera, *All the Devils Are Here*, 49.
② U. S. Senate Permanent Subcommittee on Investigations, *Wall Street and the Financial Crisis*, 27.
③ Ibid., 30.

人收取每年 5 000 至 50 000 美元的监督审核费。

新的"发行人付费"(issuer pays)的商业模式产生了内在的利益冲突。债券发行人为了将资本成本降至最低，自然希望信用评级越高越好，但负责确定信用评级的机构却是由他们自己挑选并支付报酬的。为了吸引更多的客户，各家信用评级机构都面临着提供让客户满意的信用评级的压力。穆迪在 2000 年占据了 MBS 评级市场 35% 的份额，2001 年其市场份额增至 59%，竞争对手指控其（市场份额上升是因为）降低了评价标准。[1] 作为反击，穆迪的 CEO 雷蒙德·麦克丹尼尔（Raymond McDaniel）指责惠誉和标准普尔对高风险证券给出投资级评级，简直是在"发疯"。[2]

房地产泡沫

在 20 世纪，美国的长期房价几乎没有增长。经过 20 世纪 30 年代的下跌和 50 年代的短暂飙升后，1997 年经通货膨胀调整后的房价与 100 年前几乎持平。根据按照消费者价格变动调整过的凯斯-席勒房价指数（Case-Shiller Home Price Index），在 1890 年至 1997 年，相对房价年均涨幅仅为 0.09%。[3]

在经历了一个世纪的相对稳定之后，实际房价从 1997 年到 2006 年上涨了 85%，其中大部分上涨发生在 2000 年 1 月至 2006 年 1 月，当时凯斯-席勒房价指数上涨了 72%。[4] 低利率和宽松的信贷政策助推了房价的飙升。2002 年初至 2004 年初，美联储将联邦基金利率维持在 2% 或以下，以帮助经济从 2001 年 9 月 11 日的恐怖袭击和安然公司与世通公司引发的股市暴跌的双重打击中复苏。低利率降低了借款人的月供，使他们能够支付更高的价格来购买心仪的房子。次级贷款的普及使得更多低收入家庭也加入了购房者的队伍。2004 年，拥有自有住房的美国家庭比例达到了 69% 的历史最高水平。[5] 与此同时，由于建造房屋所需时间较长，可供出售的房屋数

---

[1] McLean and Nocera, *All the Devils Are Here*, 117.
[2] U. S. Senate Permanent Subcommittee on Investigations, *Wall Street and the Financial Crisis*, 31.
[3] Blinder, *After the Music Stopped*, 32.
[4] Ibid., 34.
[5] Ibid., 18.

量增长较为缓慢。由于宽松的货币政策刺激了住房需求，并且货币供应相对固定，因此，房价呈一路攀升之势。

坐拥炸药桶

让我们再回顾一下 2006 年的情境。非银行抵押贷款公司的收入主要依赖于贷款发起费用，它们向没有资格申请传统抵押贷款的低收入借款人提供次级贷款。放贷人员之所以批准这种高风险贷款，是因为承担违约成本的是贷款购买者，而不是贷款发放者。MBS 和 CDO 的购买者依赖信用评级机构来判断每种证券的违约风险，但"发行人付费"的商业模式促使评级机构给出慷慨的信用评级。投资银行在其交易组合中持有数十亿美元的 MBS 和 CDO。由于银行的资产与资本比率为 30∶1，这意味着即使资产价格只下跌 5%，也足以完全抹去它们的所有者权益。投资银行所大量持有的 MBS 和 CDO 的价值取决于房产的价值，但美国经通胀调整后的房价已经处于历史高位，除了下跌别无选择。2007 年一场史诗般的经济崩溃也许并非不可避免，但高杠杆金融机构普遍持有由溢价房产担保的高风险证券，为灾难的发生埋下了隐患。

泰勒、比恩 & 惠特克公司（TBW）是最大、最激进的非银行抵押贷款机构之一。从 2004 年到 2007 年，TBW 每月发放逾 1.2 万笔住房贷款，其中 3/4 卖给了房地美，其余大部分卖给了私人证券化机构。2009 年 8 月，联邦调查局突击搜查了 TBW 公司总部，发现该公司向为其提供融资的贷款人出售了数千笔虚构的抵押贷款。TBW 创始人兼董事长李·法卡斯（Lee Farkas）因参与欺诈，被判了 20 年监禁。

雷曼兄弟（Lehman Brothers）于 2000 年庆祝了其成立 150 周年，是华尔街规模最大、最受尊敬的投资银行之一。2007 年，雷曼兄弟通过短期售后回购融资，持有了 7 000 亿美元的投资组合。该投资组合包含大量 MBS 和 CDO。2006 年房价的下跌导致抵押贷款不断出现违约和止赎，致使 2007 年 MBS 和 CDO 的价值持续缩水。雷曼兄弟的贷款人决定不再接受 MBS 作为新贷款的抵押品，这使雷曼兄弟陷入了流动性短缺。2008 年 9 月 15 日，雷曼兄弟宣告破产，当日道琼斯工业平均指数下挫了 500 点。

从 2007 年到 2009 年，倒闭或需要政府援助的美国和国际金融机构多达数百家，TBW 和雷曼兄弟只是其中的两家。这场为期 3 年的全球金融危机，是自20世纪30年代的大萧条以来最为严峻的经济时期。这些代价高昂的金融失败导致美国国会于2010年颁布了《多德-弗兰克华尔街改革和金融保护法》(Dodd-Frank Wall Street Reform and Financial Protection Act)。英国和欧盟任命了专家小组，去调查会计师和审计师是否存在过失，以至于未能帮助避免金融危机。

【参考文献】

Blinder, Alan. *After the Music Stopped*. New York：Penguin Books，2013.

McLean, Bethany, and Joe Nocera. *All the Devils Are Here*. New York：Penguin Books，2010.

National Commission on the Causes of the Financial and Economic Crisis in the United States. *The Financial Crisis：Inquiry Report*. Washington，DC：Government Printing Office，2011.

U. S. Senate Permanent Subcommittee on Investigations. *Wall Street and the Financial Crisis：Anatomy of a Financial Collapse*. Washington，DC：U. S. Senate，2011.

【思考】

1. 抵押贷款证券化如何改变了放贷人员的心态？

2. "发行人付费"的商业模式如何给穆迪和标准普尔等信用评级机构带来内在的利益冲突？

3. 描述2006年有哪些可能会造成经济崩溃的因素。

27　泰勒、比恩 & 惠特克公司

> 他就像个邪教教主。他有一种盖茨比式的个人魅力。
> ——TBW高管杰森·摩尔这样描述李·法卡斯[①]

李·法卡斯热爱汽车。小时候，他住在新墨西哥州的阿尔伯克基，电动轨道模型车陪伴他度过了一个又一个夏天。40年后，法卡斯的"玩具"包括一辆1929年的福特A型车、1937年的帕卡德、1954年的凯迪拉克埃尔多拉多敞篷车、1958年的奔驰敞篷车、1963年的劳斯莱斯和1973年的凯旋TR6等。

法卡斯从一名准赛车手转型为一名古董汽车收藏家的道路并非一帆风顺。1974年，他的父亲意外去世，法卡斯为了帮助母亲和妹妹维持生计，便从新墨西哥州立大学退学，接手了父亲的保险公司，可惜经营不善，6年后他卖掉了公司，靠打零工度日，最后来到了一个位于佛罗里达州奥卡拉市（Ocala Florida）的退休社区。法卡斯和合伙人科达·罗伯逊（Coda Roberson）创立了黄金年代建筑公司（Golden Years Construction），计划为富裕的退休人员建造高档牧场住宅。在取得初步成功后，该公司于1989年因"不正当商业行为"的指控而倒闭。[②]

[①] Deborah W. Gregory, *Unmasking Financial Psychopaths* (New York: Palgrave Macmillan, 2014), 142.

[②] Ibid., 137.

法卡斯没有因在建筑行业的失利而气馁。他下定决心，若是不能通过建造房屋发家，不妨通过为房屋提供融资致富。1991年，他向罗伯逊的母亲借了7.5万美元，买下了位于奥卡拉市的小型抵押贷款公司泰勒、比恩＆惠特克公司（TBW）。

抵押贷款巨头

在法卡斯收购TBW的时候，公司只有几个员工，挤在一间办公室里工作，每个月大约处理40份贷款申请。17年后，TBW旗下员工达2 000名，分散在5个州的12个办公室，每月合计要发放14 000笔贷款。TBW价值2 800万美元的总部大楼就位于奥卡拉市中心，法卡斯和他的亲信们时常在大楼顶层的高级职员餐厅享用鱼子酱、小牛肉和其他美食。

TBW的成功很大程度上要归功于法卡斯早早地引入了互联网技术。2001年，TBW与软件提供商德士马（Dexma）合作创建了一个在线服务平台，借款人可以通过该平台完成贷款申请并提交各种支持文件。与填写其他抵押贷款公司的纸质表格相比，许多借款人更倾向于走TBW的电子申请流程。后来电子应用程序开始流行，TBW便将其软件授权给了那些缺乏技术资源的小型社区银行去开发它们自己的在线贷款门户网站。

然而TBW的资金毕竟有限，无法一直持有已经发放的贷款，因为每笔贷款都会占用TBW的现金储备。因此，TBW选择出售这些贷款来补充现金，以便能够发放新的贷款。从1995年到2002年4月，TBW将大约85%的贷款出售给了房利美。从2003年起，TBW的大部分贷款都出售给了房地美。TBW也会将贷款池证券化，打包成由美国政府全国抵押贷款协会（即吉利美）担保的MBS，卖给华尔街的投资者。当然，卖给房地美或打包成由吉利美担保的MBS必须符合一定的承销标准，否则TBW可能需要回购不合格的贷款。

虽然TBW出售了大部分贷款，但它通常会保留服务权（servicing rights）。也就是说，TBW每月从借款人那里收取还款，先抽取一定比例的服务费，然后将剩余的部分支付给购买贷款的投资者。截至2009年8月，TBW正在为超过50万笔贷款提供服务，总计未收回本金余额超过800亿美元。TBW有两个主要的收入来源，一是在发放贷款时向借款人收取的费用，二是在每笔贷款的整个生命周期中收取的服务费。利息收入只占总收入的一小部分，因为每笔贷款TBW通常持有不到3个月就出售了。

作为奥卡拉市最大雇主的所有者和董事长，法卡斯被授予了"奥卡拉市最杰出公民"称号。他从刚挣来的钱中抽出2 000万美元投资于当地的企业，如洗车场、健身房和几家餐馆。他还慷慨地向奥卡拉市的慈善机构捐赠了120万美元，用于翻修该市历史悠久的马里恩剧院。除了收藏古董车外，法卡斯的个人资产还包括几处度假别墅和一架私人飞机。2009年，法卡斯可谓美梦成真了。

借"不良资产救助计划"掩盖问题

TBW的商业模式依赖于短期融资。作为一家私人公司，TBW可以用于发放房贷的资产是有限的。公司主要通过借钱放贷，然后出售抵押贷款来偿还债务。TBW的大部分资金来自殖民银行（Colonial Bank）。殖民银行的总部位于阿拉巴马州，坐拥180亿美元存款和230亿美元总资产，是美国第26大银行。殖民银行的抵押存仓贷款部门（Mortgage Warehouse Lending Division，MWLD）购买并短期持有TBW等贷款机构发放的住宅抵押贷款中99%的所有者权益。当这些抵押贷款被转售给房利美或房地美等最终买家时，抵押存仓贷款部门就能收回资金和利息。

2003年初，TBW开始出现经营亏损，这导致公司在殖民银行的主要支票账户透支。就在这时，法卡斯请他的老朋友凯瑟琳·基西克（Catherine Kissick）伸出援手。基西克是殖民银行负责抵押存仓贷款部门的高级副总裁。考虑到TBW是抵押存仓贷款部门最大的客户，而且基西克认为TBW的现金流问题只是暂时的，所以她同意帮助法卡斯掩盖公司的透支情况。在接下来的10个月里，每天营业结束时，基西克都会在不同的账户之间转账，以掩盖TBW主运营账户的负余额。法卡斯和基西克把每天的转账称为"清"账（"sweeping" the accounts）。不幸的是，TBW的现金流问题并不是暂时的。到2003年12月，TBW在殖民银行的现金赤字已高达1.2亿美元。

自那时起，欺诈进一步升级。2003年12月11日，法卡斯和基西克安排殖民银行的抵押存仓贷款部门从TBW"购买"了1.5亿美元的虚构贷款。这笔交易使TBW在殖民银行的现金账户恢复为正余额。在随后的几个月里，TBW出售了更多的虚构贷款，等到2005年年中，殖民银行抵押存仓贷款部门的投资组合中已包含了 2.5 亿美元虚构的 TBW 抵押贷款。

2005 年夏天，基西克将不良的 TBW 抵押贷款转移到了抵押存仓贷款部门的交易转让（Assignment of Trade，AOT）账户。交易转让账户是一项仅针对 TBW 的特殊安排，在这项安排中，殖民银行购买贷款池而非个别贷款的所有者权益。将虚构的抵押贷款放在交易转让账户的好处是，殖民银行的会计记录不跟踪交易转让账户资产的个人贷款水平数据（individual loan-level data）。TBW 得以继续向殖民银行出售不良贷款，到了 2009 年，交易转让账户已持有 TBW 超过 5 亿美元的虚构或不良抵押贷款。

由于担心殖民银行最终会发现其投资组合中持有的 TBW 不良抵押贷款，法卡斯开始寻找别的融资来源。他指示 TBW 成立一家名为奥卡拉基金（Ocala Funding, LLC）的全资子公司。该子公司表面上是从外部投资者那里筹集资金，以便从 TBW 购买抵押贷款，然后将这些抵押贷款转售给房利美或房地美，并用所得款项偿付投资者。从 2007 年到 2009 年，奥卡拉基金公司通过向欧洲巨头德意志银行和法国巴黎银行出售商业票据筹集了 17 亿美元。理论上讲，奥卡拉基金公司的商业票据在任何时候都应该得到全额担保。也就是说，公司的现金余额加上其投资组合中抵押贷款的价值之和不得低于未偿还商业票据的价值。然而，法卡斯挪用了奥卡拉基金公司的资产支付了 TBW 的运营费用。他之后伪造了奥卡拉基金公司持有的抵押贷款清单，使得这些商业票据看起来仍然得到了全额抵押担保。

到 2008 年底，殖民银行由于存在（与 TBW 交易无关的）经营亏损和资产价值下滑，财务状况很不乐观。2008 年 10 月，殖民银行根据联邦政府不良资产救助计划（Troubled Asset Relief Program，TARP），向美国财政部申请拨款 5.7 亿美元。2 个月后，财政部有条件地批准向殖民银行提供 5.53 亿美元的 TARP 资金，条件是该行先从外部投资者那里筹集到 3 亿美元的私人资本。

法卡斯担心，如果殖民银行倒闭或被合并到另一家银行，他对殖民银行实施的各项欺诈可能就会暴露，于是他决定帮助殖民银行寻找维持生存和保持独立性所需的外部资金。2009 年 2 月，他提出组建一个投资集团，向殖民银行提供 3 亿美元。根据 3 月份宣布的计划，TBW 将向殖民银行投资 1.5 亿美元，另外两家私人公司各投资 5 000 万美元，一家由（殖民银行）抵押存仓贷款部门的客户组成的投资集团将贡献剩下的 5 000 万美元。为了证明融资计划的合法性，每个投资者都需要将承诺金额的 10% 存入一个托管账户。法卡斯将 2 500 万美元从奥卡拉基金公司的银行账户转到了第三方托管账户，并表示这笔款项包括 TBW 承诺的 1.5 亿美元投资以及两家私人公司各自承诺的 5 000 万美元投资的 10%。但事实上，TBW 的资金不足以支持出资 1.5 亿美元，也并不存在其他投资者。

联邦监管机构想知道为什么殖民银行最大的借款人之一要帮助它筹集 3 亿美元。他们开始调查这笔所谓的投资是否是一项"往返交易"（round trip transaction），即殖民银行向 TBW 提供了 3 亿美元贷款，TBW 再将这笔钱作为"投资"返还给殖民银行。在接受质询时，TBW 的几名员工揭露了各种舞弊活动，范围之广大大出乎监管机构的意料。

李·法卡斯的舞弊案有一长串受害者。事实证明，德意志银行和法国巴黎银行对奥卡拉基金公司超过 15 亿美元的投资最后竟然一文不值。房地美声称，从 TBW 购买的虚假或不良抵押贷款造成了 17.8 亿美元的损失。吉利美增加了 7.2 亿美元的储备金，用于偿还其担保的 MBS 中的 TBW 的不良贷款。殖民银行停止营业，致使 5 个州的 346 个办公室关闭，数千人失业。殖民银行的破产使联邦存款保险公司的存款保险基金损失了 38 亿美元。

审计师付出代价

德勤会计公司从 2002 年起开始审计 TBW 的财务报表，一直到 2009 年辞任。TBW 的会计年度截止于 3 月 31 日，需要在 6 月 30 日前向为其许多 MBS 提供担保的联邦机构吉利美提供经审计的财务报表。2009 年 6 月中旬，德勤会计公司合伙人爱德华·科里斯坦（Edward Corristan）质疑了 TBW 对止赎房产的会计处理。[1] 德勤会计公司暂停了审计。与此同时，TBW 聘请了一家外部律师事务所针对科里斯坦的疑虑进行调查。在错过了 6 月 30 日的报告截止日期后，TBW 致信吉利美，称尽管未能如期完成审计，但 TBW 和德勤会计公司之间不存在未决的问题。吉利美的代表后来会见了德勤会计公司的相关负责人，了解了科里斯坦的疑虑，得出的结论是 TBW 的信是一派胡言。联邦监管机构因此暂停了 TBW 发放或服务于联邦住房管理局（FHA）担保贷款的权力。德勤会计公司随后辞任，并未对

---

[1] James R. Hagerty and Nick Timiraos, "For Lender, a Fast Fall from Audit to Collapse," *Wall Street Journal*, August 27, 2009, C1.

TBW 2009 年 3 月 31 日的财务报表发表意见。

德勤会计公司 2009 年的辞任并没有使自己免受诉讼，原告指控审计师未能更早地发现欺诈行为。TBW 的破产受托人尼尔·卢里亚（Neil Luria）在诉讼中提出了 76 亿美元的损害赔偿。诉讼称，若不是德勤会计公司在出现欺诈的最初几年对明显的示警信号"故意视而不见"，TBW 的损失不可能像现在这样严重。德勤会计公司对被已经倒闭的 TBW 的代表起诉感到愤慨。德勤会计公司的一名发言人表示："非常奇怪的是，竟然有人认为（法卡斯）盗窃案的始作俑者有权控诉自己的罪行所造成的伤害，并有权起诉遭受其欺骗的外部审计师，这不仅有违常识，更有违法律。"[1] 尽管如此，德勤会计公司还是在 2013 年同意支付一笔数额不详的损害赔偿来达成和解。

卢里亚只是起诉德勤会计公司的几名原告中的第一个。曾大举投资于奥卡拉基金商业票据的德意志银行，以及购入了大量 TBW 虚假抵押贷款的房地美也都提起了诉讼，指责德勤会计公司纵容了法卡斯旷日持久的欺诈。这两起诉讼都是私下和解的，赔偿金额不详。

最后，美国司法部提起民事诉讼，指控德勤会计公司签署了"严重虚假、具有误导性"的财务报表。[2] 尽管德勤会计公司坚称其审计符合职业准则，但还是同意支付 1.5 亿美元，"以规避漫长的诉讼的风险和不确定性"。[3]

德勤会计公司陷入法律纠纷是可以预见的，因为在法卡斯实施舞弊的整整 7 年里，该会计公司一直在支持 TBW 的账目。相比之下，对殖民银行的审计公司——普华永道会计公司的诉讼更让人吃惊。TBW 的破产受托人尼尔·卢里亚起诉普华永道会计公司，要求赔偿 55 亿美元，外加惩罚性赔偿。卢里亚提起诉讼的基础是，如果没有殖民银行的资金支持，TBW 不可能遭受 6 年不断升级的亏损，如果普华永道会计公司发现了法卡斯和基西克的早期操纵，殖民银行在 2003 年就会切断 TBW 的融资。普华永道会计公司坚决主张，犯有欺诈罪的组织（如 TBW），不应有权从欺诈受害者（如殖民银行）的审计师那里获得赔偿。2016 年 8 月，陪审团在迈阿密开庭

---

[1] Ruth Simon and Michael Rapoport, "Deloitte & Touche Sued Over Taylor Bean Collapse," *Wall Street Journal Online*, September 27, 2011.

[2] Ben McLannahan, "Deloitte in $150m Settlement Over Mortgage Broker Collapse," *Financial Times*, February 28, 2018.

[3] Ibid.

审理时，首席律师贝丝·塔尼斯（Beth Tanis）在开庭陈词中否认普华永道会计公司对 TBW 的损失负有任何责任。她表示："没有任何文件显示，这些董事或 TBW 的任何其他人曾经收到（普华永道会计公司的）审计报告，实际上阅读过（普华永道会计公司的）审计报告，并依赖于这些报告。"① 但原告律师开始试图说服陪审团相信普华永道会计公司存在失职。他们出示了一份由一名普华永道会计公司实习生在 2006 年撰写的文件，文件显示，她"感觉"某些贷款的抵押品是"足够"的。② 但几乎没有证据支持该实习生的结论。SEC 前首席会计师林恩·特纳作为专家证人作证称，普华永道会计公司违背了独立性准则，在一名参与了殖民银行 2005 年和 2006 年审计工作的高级经理进入殖民银行担任财务监督工作后，仍继续对殖民银行实施了审计。③ 经过 3 个星期的举证质证，普华永道会计公司同意和解，赔偿金额不详。

紧随其后的是，联邦存款保险公司对普华永道会计公司提起了 10 亿美元的诉讼，要求其赔偿殖民银行破产所造成的损失。经过长达数周的庭审，美国地区法官芭芭拉·雅各布斯·罗斯坦（Barbara Jacobs Rothstein）认定，普华永道会计公司在审计殖民银行的财务报表时存在过失。罗斯坦在她的判决中写道："普华永道会计公司未能设计合理的审计程序来侦察舞弊，违背了审计准则。"④ 罗斯坦表示，假如审计师检查了某些抵押贷款的原始凭证（underlying documents），普华永道会计公司本可以发现 TBW 对殖民银行实施的舞弊，但他们没有执行这一程序。在单独举行了为期 3 天的用以确定损害赔偿金的听证会后，罗斯坦法官于 2018 年 7 月命令普华永道会计公司为其过失支付 6.253 亿美元。

行尸走肉

凯瑟琳·基西克就其帮助法卡斯欺诈殖民银行的行为认罪并被判 8 年

---

① Francine McKenna, "PwC Faces 3 Major Trials that Threaten its Business," *MarketWatch*, August 18, 2016.

② Ben McLannahan, "PwC Settles $5.5bn Fraud Detection Lawsuit," *Financial Times*, August 26, 2016.

③ Ibid.

④ Evan Weinberger, "Shoddy PwC Audits Led to Bank Failure, Judge Rules," *Law360.com*, January 2, 2018.

监禁。基西克的助手特雷莎·凯利（Teresa Kelly）被判入狱 3 个月。TBW 的 4 名高级管理人员签署了认罪协议，承认他们曾与法卡斯合谋并协助其实施欺诈。TBW 的财务主管德西瑞·布朗（Desiree Brown）、CEO 保罗·艾伦（Paul Allen）、总裁雷·鲍曼（Ray Bowman）和高级金融分析师肖恩·拉格兰（Sean Ragland）分别被判处 6 年、40 个月、30 个月和 3 个月徒刑。这 6 人都配合了司法部的调查。

只有李·法卡斯一人否认罪行。对他的审判持续了 10 天，但由于有 6 名同伙指证他有罪，他的有罪裁决从未真正受到质疑。联邦陪审团认定他犯有 14 项罪名，包括合谋、银行诈骗、电信诈骗和证券诈骗等。法卡斯的固执让他付出了沉重的代价。法官莱奥妮·布林克玛（Leonie Brinkema）在解释她为什么对这位 58 岁的初犯判处 30 年监禁时指出，法卡斯毫无悔意。

2011 年，法卡斯进入了布特纳（北卡罗来纳州）联邦惩戒中心，这里正是伯尼·麦道夫（Bernie Madoff）因证券诈骗被判 150 年监禁的服刑场所。3 年后，法卡斯告诉《华尔街日报》的记者，自从被捕以来，他已经瘦了 43 磅，也失去了大部分的朋友。[1]"在这里你不是真的活着，"他抱怨说，"你是个僵尸——只是一具到处走动、吃东西、睡觉、任人大吼大叫的尸体。"[2]

【参考文献】

Eaglesham, Jean. "A Prison Life: Ex-Banker Struggles." *Wall Street Journal Online*, March 18, 2014.

Gregory, Deborah H. *Unmasking Financial Psychopaths*. New York: Palgrave Macmillan, 2014.

Hagerty, James R., and Nick Timiraos. "For Lender, a Fast Fall From Audit to Collapse." *Wall Street Journal*, August 27, 2009.

McKenna, Francine, "PwC Faces 3 Major Trials that Threaten its Business." *MarketWatch*, August 18, 2016.

McLannahan, Ben. "Deloitte in $150 Million Settlement Over Mortgage Broker Collapse." *Financial Times*, February 28, 2018.

---

[1] Jean Eaglesham, "A Prison Life: Ex-Banker Struggles," *Wall Street Journal Online*, March 18, 2014.

[2] Ibid.

McLannahan, Ben. "PwC Settles ＄5.5bn Fraud Detection Lawsuit." *Financial Times*, August 26, 2016.

Norris, Floyd. "After Years of Red Flags, a Conviction," *New York Times*, April 22, 2011.

Rapoport, Michael. "Deloitte Settles Suits Over Taylor Bean Audits." *Wall Street Journal Online*, October 3, 2013.

Rapoport, Michael. "Judge Hits PwC with Big Payout." *Wall Street Journal*, July 3, 2018.

Rapoport, Michael. "PwC Found Negligent in Collapse of Bank." *Wall Street Journal*, January 2, 2018.

Securities and Exchange Commission v. Lee B. Farkas, Complaint for Injunctive and Other Relief. United States District Court for the Eastern District of Virginia, Civil Case No.1: 10-CV-667, June 16, 2010.

Simon, Ruth, and Michael Rapoport. "Deloitte & Touche Sued Over Taylor Bean Collapse." *Wall Street Journal Online*, September 27, 2011.

Stephens, Michael. *TBW-Colonial Investigation Lessons Learned*. Systemic Implication Report (SIR) No. 2014－0013, Office of Inspector General, Federal Housing Finance Agency, August 21, 2014.

United States of America v. Lee Bentley Farkas, Indictment. United States District Court for the Eastern District of Virginia, Criminal Case No.1: 10-CR-200 (LMB), June 15, 2010.

Weinberger, Evan. "Shoddy PwC Audits Led to Bank Failure, Judge Rules." *Law360.com*, January 2, 2018.

【思考】

1. 泰勒、比恩&惠特克公司是如何处置自己发放的大部分贷款的？TBW的两个主要收入来源是什么？

2. 李·法卡斯和凯瑟琳·基西克采取了哪些措施来隐瞒TBW在殖民银行账上的透支？

3. TBW公司的欺诈行为是怎么曝光的？

4. 原告向TBW的审计公司德勤会计公司索赔的理由是什么？

5. 原告向殖民银行的审计公司普华永道会计公司索赔的理由是什么？

28 雷曼兄弟公司

> 人们普遍认同,雷曼兄弟的倒闭是整个金融危机的分水岭事件。
> ——经济学家艾伦·布兰德[1]

雷曼兄弟在其 158 年的历史中经历了美国内战、大萧条、两次世界大战和"9·11"恐怖袭击。最终该公司却因过度负债和不良投资而破产,成为美国历史上资产规模最大的破产案。雷曼兄弟 7 000 亿美元的资产超过了安然公司和世通公司的总和。正因为雷曼兄弟的规模非常大,且与华尔街其他金融机构的联系极为紧密,所以在雷曼兄弟于 2008 年 9 月 15 日申请破产保护后的几个小时内,道琼斯工业平均指数下跌了 500 多点。

从蒙哥马利到曼哈顿

亨利·雷曼(Henry Lehman),原名哈乌姆·雷曼(Hayum Lehmann),1822 年出生于巴伐利亚州,1844 年移民到阿拉巴马州的蒙哥马利。6 年后,两个弟弟伊曼纽尔(Emanuel)和迈耶(Mayer)也跟随他来到这里。三人开了一家杂货店,向当地农民出售衣服、杂货和生活用品。他们的顾客中有许多人种植棉花,这些人有时会用棉花来抵偿货款。在出

---

[1] Alan S. Blinder, *After the Music Stopped* (New York: Penguin Books, 2013), 128.

售这些以物易物得来的棉花的过程中，三兄弟发现做棉花生意比经营杂货店更挣钱，所以很快他们就转变了主营业务，开始从当地农民手中购买棉花，再卖给北方的纺织厂。1858年，他们在纽约开设了一家分公司，为金融家和其他大宗商品交易商提供了更便捷的渠道。

1855年，亨利死于黄热病。1861年美国爆发南北战争，南方各州与北方各州分裂，这为伊曼纽尔和迈耶两兄弟提供了难得的机会。经济禁运使得贸易商无法将南方联盟（Confederate）的棉花卖给北方的纺织厂。由于南方的纺织厂很少，北方联邦（Union）的军舰又封锁了运往欧洲的货物航线，所以南方棉花商人发现有很多想要出售棉花的卖家，但很少有买家。1861年至1865年，雷曼兄弟购买了大量棉花，并将棉花藏在阿拉巴马州各地的秘密仓库中。战后，他们就将这些值钱的存货运往北方。四年来一直买不到棉花的纺织厂为了能重启生产，支付了高昂的溢价。

1870年，他们将公司总部从蒙哥马利迁至曼哈顿。同年，他们参与创建了纽约棉花交易所（New York Cotton Exchange），迈耶·雷曼担任了该交易所的首任董事会成员。后来随着公司开始经营其他商品，他们又协助组建了咖啡交易所和石油交易所。

在19世纪末之前，大多数美国企业都是家族企业，如果一家公司需要资金来扩大经营，其业主就会从商业银行贷款。但铁路是个例外。全国铁路网的建设往往耗资数千万美元，需要引入成千上万的投资者。19世纪后期铁路建设的激增带来了华尔街的繁荣。面向个人投资者的小面值铁路债券是第一批在华尔街得到大规模交易的证券。雷曼兄弟凭借买卖实体商品方面积累的20多年经验，于1887年在纽约证券交易所购买了一个席位，开始从事金融证券交易。

雷曼兄弟的第二代后人在20世纪初继承了这家公司。伊曼纽尔的儿子菲利普·雷曼（Philip Lehman）将雷曼兄弟从一个大宗商品交易商转型为一家投资银行。需要资金的公司聘请雷曼兄弟来承销其证券。也就是说，雷曼兄弟会从证券发行人那里购买新发行的股票或债券，然后转售给银行、养老基金、其他金融机构和个人投资者。承销商从"承销利差"（即他们向发行人购买证券的价格与他们向投资者出售证券的价格之间的差额）中获利。在20世纪前20年，雷曼兄弟承销了B.F.古德里奇（B.F. Goodrich）、金宝汤（Campbell Soup）、伍尔沃斯（Woolworth）和西尔斯&罗巴克（Sears, Roebuck & Co.）等公司发行的证券，帮助这些颇具代表性的美国公司从小企业成长为全国知名企业。

菲利普的儿子罗伯特·雷曼（Robert Lehman）在 1925—1969 年掌管了雷曼兄弟。在带领公司度过了大萧条和第二次世界大战之后，罗伯特见证了雷曼兄弟战后经济繁荣时期的快速扩张。雷曼兄弟为电影产业（派拉蒙影业和 20 世纪福克斯）、电视产业（美国广播公司）、计算机产业（数字设备公司）和电信产业（高通）的发展都提供了资金。

2000 年，雷曼兄弟为其成立 150 周年举行了庆祝活动。1 年后，该公司位于世界贸易中心北塔的办公室被恐怖分子摧毁，其在附近的世界金融中心三号（Three World Financial Center）的办公室也被破坏得无法修复。而不到 1 个月，这家颇具韧性的公司就在第七大道买下了一座 42 层的新总部大楼。

举债交易

作为承销商，雷曼兄弟每年从发行者手中购买数十亿美元的股票和债券，短暂持有之后便将这些证券转售给投资者。雷曼兄弟的主要收入来源是承销利差，这便要求公司必须找到愿意让其承销证券的客户。在经济低迷时期，试图融资的公司越来越少，这样的客户可能很难找到。

2006 年，雷曼兄弟的管理层和董事会采用了新的经营战略——为了赚取利息、股利、租金和资本收益，公司开始购买并持有长期资产。这些新资产包括商业房地产、抵押贷款支持证券和私募股权。雷曼兄弟斥资数千亿美元收购的这些资产，确实带来了新的收入机会，但也带来了新的风险。雷曼兄弟的房地产、衍生品和私募股权的价值可能会剧烈波动，一旦这些资产的价值开始下跌，就很难脱手。

雷曼兄弟主要用借来的资金构建自己的投资组合。2007 年底，雷曼兄弟持有 7 000 亿美元资产，其中有 6 750 亿美元源自债务融资，仅以 250 亿美元的所有者权益作为担保。[①] 雷曼兄弟的成功有赖于其投资回报率高于其债务利率。借款利率越低，获利的可能性越大。而且雷曼兄弟的大部分债务都是短期债务，这意味着公司需要不断地借新债还旧债。鉴于不断申请新贷款的需求以及支付低利率的重要性，雷曼兄弟必须在评级机构穆迪

---

① Anton Valukas, *Report of Anton R. Valukas*, *Examiner*, United States Bankruptcy Court Southern District of New York. March 11, 2010, 3.

和标准普尔中保持最高信用评级。

时隐时现

信用评级机构在给出信用评级时会考虑的一个关键指标是财务杠杆（financial leverage），即资产与所有者权益的比率。雷曼兄弟坐拥7 000亿美元资产，但所有者权益只有250亿美元，即使对于一家金融机构来说，这样的杠杆率也很高。因此，从2007年底开始，雷曼兄弟的高管们就开始想方设法降低该公司对外公布的杠杆率。

雷曼兄弟的许多短期债务来自销售和回购协议（sale and repurchase agreements），即通常所说的"售后回购"。雷曼兄弟将短期证券"出售"给买方（即贷款人），同时承诺日后以更高的价格"回购"这些证券。2000年至2009年生效的《财务会计准则公告第140号》要求企业将大多数回购交易记录为贷款。不妨设想这样的一次回购交易：一家公司以20万美元的价格"出售"短期证券，并同意在一周后以20.1万美元的价格回购这些证券。在"出售"时，卖方/借入方记录的负债如下：

(1) 借：库存现金　　　　　　　　　　　　　$ 200 000
　　　贷：短期负债　　　　　　　　　　　　$ 200 000①

三个月后，卖方/借入方记录负债的偿还：

(2) 借：短期负债　　　　　　　　　　　　　$ 200 000
　　　利息费用　　　　　　　　　　　　　　$ 1 000
　　　贷：库存现金　　　　　　　　　　　　$ 201 000②

需要注意的是，在前面的例子中，短期证券从未从卖方/借入方资产负债表的资产部分中移除。这是因为，即便证券此时由其他方持有，也几乎能够确定卖方/借入方会收回资产并继续收取相关的利息或股息。

在尝试降低杠杆率时，雷曼兄弟的会计师们自以为发现了《财务会计准则公告第140号》第218段中的一个漏洞。通过增加与每笔回购相关的证券数量，他们自认为有理由按照销售证券来对回购交易进行会计处理。

---

① 分录(1)意味着库存现金增加20万美元，短期负债增加20万美元。——译者
② 分录(2)意味着短期负债增加20万美元，利息费用增加1 000美元，同时库存现金减少20.1万美元。——译者

雷曼兄弟开始把"售后回购105"当作实际销售来核算。"售后回购105"这个表述源于这样一个情况:雷曼兄弟暂时转让了价值相当于借款金额105%的证券,而不是大多数回购交易中常见的102%。举个例子,雷曼兄弟以20万美元的价格"出售"了市值21万美元的证券,并同意在一周后以20.1万美元的价格回购这些证券。在出售时,雷曼兄弟通过以下会计处理将这些证券从其资产负债表中剔除:

(1) 借:库存现金 $200 000

    (资产)回购期权 $10 000

   贷:短期证券 $210 000①

分录(1)对不同资产的账户的增减变动进行了抵销,而没有在资产负债表上增加负债。在"出售"这些证券之后,雷曼兄弟可以用收到的现金来偿还其他债务:

(2) 借:短期负债 $200 000

   贷:库存现金 $200 000②

分录(2)从雷曼兄弟的资产负债表上剔除了20万美元的负债,从而降低了该公司公布的杠杆率。

一周后,当雷曼兄弟需要20.1万美元现金来"回购"其证券时,它再借入所需的资金:

(3) 借:库存现金 $201 000

   贷:短期负债 $201 000③

雷曼兄弟随后会回购这些证券,并将其重新纳入投资组合:

(4) 借:短期证券 $210 000

    利息费用 $1 000

   贷:(资产)回购期权 $10 000

    库存现金 $201 000④

以上4笔会计分录的整体效果是将雷曼兄弟的资产负债表恢复到原来的状态,跟原来相比,支付了1 000美元利息。但从雷曼兄弟"出售"其

---

   ① 分录(1)意味着库存现金增加20万美元,回购期权增加1万美元,同时短期证券减少21万美元。——译者

   ② 分录(2)意味着短期负债减少20万美元,同时库存现金减少20万美元。——译者

   ③ 分录(3)意味着库存现金增加20.1万美元,同时短期负债增加20.1万美元。——译者

   ④ 分录(4)意味着短期证券增加21万美元,利息费用增加1 000美元,同时回购期权减少1 000美元,库存现金减少20.1万美元。——译者

投资并将得款用于偿还其他债务，到雷曼兄弟借入更多资金"回购"其投资的这段时间内，20万美元的债务从雷曼兄弟公布的负债中暂时抹去了。

在按照上述方式处理其"售后回购105"交易之前，雷曼兄弟需要先取得一份法律意见书，声明这些交易确实符合销售的定义。他们找不到任何一家美国的律师事务所愿意提供这样的意见，因此他们把目光投向了国外。最后，英国大型律师事务所年利达（Linklaters）出具了一封意见书，声明"售后回购105"交易确实符合英国法律规定的销售定义。由于该意见仅适用于英国法律，所以"售后回购105"交易必须由雷曼兄弟位于伦敦的证券分支机构雷曼兄弟国际欧洲公司（Lehman Brothers International Europe，LBIE）在伦敦进行。

"售后回购105"交易的成本高于普通的售后回购，因为它们需要更多的短期证券才能获得同等规模的融资。因此，雷曼兄弟全年都使用普通的售后回购交易为其持续运作提供资金，并且只在每个季度末的很短时间内（只有几天）进行成本高昂的"售后回购105"交易。在一年的48个星期中，雷曼兄弟都背负着巨额短期债务，但在每个季度末前后共计4个星期的时间内，"售后回购105"交易抹去了债务，降低了报告的杠杆率。在2007年第四季度和2008年前两个季度结束的那几个星期里，雷曼兄弟利用"售后回购105"交易分别隐藏了380亿、490亿和500亿美元的债务。[1]

大猩猩和裁判

1969年，23岁的小理查德·"迪克"·赛富林·富尔德（Richard "Dick" Severin Fuld Jr.）加入了雷曼兄弟，成为一名债券交易员。他在公司工作了39年，1994年升任CEO。富尔德的好胜心为他赢得了"大猩猩"（Gorilla）的绰号。[2] 多年来，他凭借好胜的天性和积极进取的领导能力获得了丰厚的回报。在1993年亏损1.02亿美元之后，雷曼兄弟连续14年获得净利润。2008

---

[1] Anton Valukas, *Report of Anton R. Valukas*, *Examiner*, United States Bankruptcy Court Southern District of New York. March 11，2010，20.

[2] Christian Plumb, "Lehman CEO Fuld's Hubris Contributed to Meltdown," *Reuters*, September 14，2008.

年 1 月，该公司在截至 2007 年 11 月 30 日的财年获得创纪录的营业收入和净利润。《巴伦周刊》称富尔德为"华尔街先生"（Mr. Wall Street），并将他列入了该刊 2007 年 3 月评出的全球 30 位最佳 CEO 名单。[1]

在富尔德的领导下，雷曼兄弟的员工人数从 8 500 人增至 28 600 人，年收入从 27 亿美元增加到了 192 亿美元，其中部分增长来自收购。雷曼兄弟在 2003 年以 32 亿美元收购了共同基金运营商路博迈（Neuberger Berman）。大约在同一时间，雷曼兄弟又收购了五家抵押贷款机构，包括专门从事次级贷款发放业务的 BNC 抵押贷款公司（BNC Mortgage）和极光贷款服务公司（Aurora Loan Services）。

雷曼兄弟的增长主要来源于抵押贷款和抵押贷款支持证券。2006 年，BNC 抵押贷款公司和极光贷款服务公司每月都要发放近 500 亿美元的贷款。通过对这些抵押贷款和从其他抵押贷款发放机构处购买的贷款进行证券化操作，雷曼兄弟在 2006 年和 2007 年成为美国主要的 MBS 承销商，控制了 10% 的 MBS 市场。雷曼兄弟出售了大部分证券化的抵押贷款，但在自己的投资组合中保留了一些风险最高的。

马修·李（Matthew Lee）在苏格兰长大，毕业于爱丁堡大学，曾在安永会计公司担任审计师，后于 1994 年加入了雷曼兄弟。在纽约生活并为雷曼兄弟工作期间，他喜欢在周末担任足球比赛的裁判。也许是因为当裁判的经历，马修·李特别看重公平和遵守规则。2008 年 5 月 16 日，马修·李致信雷曼兄弟全球财务总监马丁·凯利（Martin Kelly），批评公司的会计惯例。马修·李声称，雷曼兄弟的资产负债表包含"未经证实的余额，这些余额有可能是不良资产，也可能是不实负债"。[2] 马修·李还指出，雷曼兄弟未能以"完全现实和合理的方式"对其部分投资证券进行估值。[3]

马修·李并不是唯一一位质疑公司会计操作的雷曼兄弟员工。马丁·凯利警告他的老板们，如果"售后回购 105"交易被公之于众，将会给雷曼兄弟带来"声誉风险"。[4] 2008 年 4 月，雷曼兄弟股权部门主管巴特·麦克达德（Bart McDade）在一封电子邮件中称，"售后回购 105"交易是"我们

---

[1] Andrew Bary, "The World's Best CEOs," *Barron's*, March 26, 2007, 42.

[2] Michael Corkery, "Executive Warned on Accounting," *Wall Street Journal*, March 13, 2010, B1.

[3] Ibid.

[4] Mike Spector, Susanne Craig, and Peter Lattman, "Examiner: Lehman Torpedoed Lehman," *Wall Street Journal*, March 12, 2010.

正在吸食的另一种毒品"。①

  雷曼兄弟的审计委员会要求公司的审计师调查马修·李的指控。安永会计公司自1994年以来一直对雷曼兄弟进行独立审计。安永会计公司合伙人威廉·施里奇（William Schlich）和希拉里·汉森（Hillary Hansen）于6月12日与马修·李会面。在会议上，马修·李描述了雷曼兄弟利用"售后回购105"交易从公司的资产负债表中移除负债的过程，这是他在5月16日的信中没有提及的话题。第二天，施里奇会见了雷曼兄弟的审计委员会成员，却没有讨论该公司对"售后回购105"交易的会计处理。施里奇后来作证称，他认为没有必要与审计委员会讨论"售后回购105"交易，因为安永会计公司在审计期间已经得出结论，雷曼兄弟的会计处理符合美国证券市场上的公认会计原则。同月晚些时候，雷曼兄弟解雇了马修·李，声称他的解雇只是公司大规模裁员的一部分。②

雷曼兄弟公司的破产

  雷曼兄弟持有大量住房和商业抵押贷款，这使得该公司很容易受到房地产价格下跌的影响。不幸的是，美国房价在2006年达到顶峰，2007年稳步下跌。到2008年初，美国有900多万笔抵押贷款"资不抵债"，这意味着欠款余额超过了基础房产的现行价值。抵押贷款违约和房屋止赎率大幅上升。

  2008年6月9日，雷曼兄弟宣布截至5月31日的第二季度亏损29亿美元。这是该公司自富尔德1994年担任CEO以来首次出现季度亏损，主要是MBS的减记造成的。雷曼兄弟的股价在6月10日跌至每股27.50美元，较1月2日的62.19美元下跌了56%。

  绿光资本（Greenlight Capital）的对冲基金经理戴维·艾因霍恩（David Einhorn）认为，雷曼兄弟的实际亏损可能更高。③ 他质疑雷曼兄弟评估其抵押贷款相关资产的方式，以及该公司是否充分披露了所有风险。艾因

---

  ① Mike Spector, Susanne Craig, and Peter Lattman, "Examiner: Lehman Torpedoed Lehman," *Wall Street Journal*, March 12, 2010.
  ② Michael Corkery, "Lehman Whistle-Blower's Fate: Fired," *Wall Street Journal Online*, March 15, 2010.
  ③ Louise Story, "Lehman Battles Insurgent Investor," *New York Times*, June 4, 2008.

霍恩做空了雷曼兄弟的股票，并促请纽约投资者会议的与会者也这么做。

2008年夏天，富尔德和他的管理团队试图将他们的公司与一家更强大的金融机构合并。美国银行（Bank of America，BoA）曾考虑收购雷曼兄弟，但由于美国财政部拒绝帮助美国银行隔离损失而终止了谈判。雷曼兄弟的股价整个夏天都在下跌，仅在8月22日因为有消息称韩国产业银行（Korea Development Bank，KDB）可能会收购雷曼兄弟而反弹了5%。9月9日韩国产业银行的合并计划告吹后，雷曼兄弟的股价再次暴跌45%至7.79美元。1天后，雷曼兄弟报告第二季度亏损39亿美元，穆迪宣布正在重新评估雷曼兄弟的债务评级。

9月12日（星期五）收盘时，雷曼兄弟的股价仅为每股3.65美元。富尔德整个周末都在拼命谈判，希望能把雷曼兄弟卖给英国巴克莱银行（Barclay's PLC）。周日下午，由于英国金融服务管理局（Financial Services Authority）坚持企业并购必须按照英国的要求经股东投票批准，因此，这一拟议中的交易宣告流产。SEC主席克里斯托弗·考克斯（Christopher Cox）知道雷曼兄弟的破产将震惊金融市场，遂敦促雷曼兄弟董事会在周日晚间亚洲市场开盘前宣布他们的最终决定。① 数小时后，雷曼兄弟在2008年9月15日（星期一）凌晨1点45分，宣布该公司将依据《美国联邦破产法》第十一章申请破产保护。

余 波

雷曼兄弟倒闭后，其全球金融服务网络被分拆出售。巴克莱银行斥资13.5亿美元收购了雷曼兄弟的北美业务，包括其价值不菲的曼哈顿总部大楼。日本领先的证券公司野村控股（Nomura Holdings）收购了雷曼兄弟的亚洲业务和部分欧洲业务。贝恩资本（Bain Capital Partners）和赫尔曼&弗里德曼（Hellman & Friedman）这两家私募股权公司收购了雷曼兄弟投资管理业务中比较有价值的部分。

2009年1月，美国破产法院（纽约南区）任命安东·沃卢克斯（Anton Valukas）调查雷曼兄弟破产的原因。沃卢克斯是总部位于芝加哥的詹纳&布洛克（Jenner & Block）律师事务所的总裁，也是里根任命的前联

---

① Valukas, *Report of Anton R. Valukas*, *Examiner*, 12.

邦检察官。沃卢克斯和他的团队在会见了 250 多名雷曼兄弟员工，并审阅了大约 3 400 万页的文件之后，发布了一份 2 200 页的报告，解释了雷曼兄弟破产的原因。① 沃卢克斯将公司的失败归咎于公司持有太多的风险资产且过于依赖短期融资。当贷款机构不再信任雷曼兄弟提供的作为贷款担保的资产时，就会停止放贷，雷曼兄弟就破产了。

虽然沃卢克斯得出的结论是，雷曼兄弟的倒闭是因为糟糕的商业决策，而不是因为欺诈，但该报告指出，存在一些"貌似可取的指控"（colorable claims），即指控富尔德及其他金融高管验证并公布了"误导性财务报表"，以及安永会计公司未能"质疑和挑战（雷曼兄弟）财务报表中不恰当或不充分的披露"。② "貌似可取的指控"是指那些如果能在法庭中证明事实，就有足够的理由得到法院支持的主张。③ 沃卢克斯的报告提醒原告向雷曼兄弟的高管和审计师索赔，并提供了数千页的证据来支持他们的诉讼。

投资者和债权人提起了集体诉讼，声称受到了雷曼兄弟会计操作的误导，尤其是该公司利用"售后回购 105"交易将债务从季度资产负债表中剔除的做法。他们指控雷曼兄弟的高管和董事公布的财务报表低估了公司的负债，具有重大误导性。此外，原告还指控分销雷曼兄弟证券的承销商未能调查雷曼兄弟的真实财务状况，从而助长了欺诈行为。2011 年 8 月，富尔德和另外 12 名雷曼兄弟的管理人员及董事以 9 000 万美元（与投资者和债权人）达成和解，其中大部分资金来自他们的职业赔偿保险。④ 2011 年 12 月，美国银行、摩根士丹利以及另外 30 多家曾帮助分销雷曼兄弟债券和股票的承销商同意向投资者支付 4.17 亿美元。⑤

另外，这些投资者还起诉了安永会计公司，指控雷曼兄弟的审计师明知其客户利用"售后回购 105"交易大幅低估其报告的杠杆率，却因欺诈或过失出具了无保留意见的审计报告。2013 年，安永会计公司同意支付 9 900 万美元与投资者达成集体诉讼和解。⑥ 纽约总检察长安德鲁·库莫

---

① Valukas, *Report of Anton R. Valukas*, *Examiner*, 12.
② Ibid., 16–17.
③ Definition of "colorable claim," www.law.cornell.edu/wex/colorable_claim.
④ Peter Lattman, "Ex-Lehman Officials to Pay ＄90 Million," *New York Times*, August 25, 2011.
⑤ Nick Brown, "Lehman Investors, Underwriters in ＄417 Million Accord," *Reuters*, December 6, 2011.
⑥ Michael Rapoport, "Ernst ＆ Young Agrees to Pay ＄99 Million in Lehman Settlement," *Wall Street Journal Online*, October 18, 2013.

（Andrew Cuomo）提起了另一项诉讼，指控安永会计公司通过"偷偷地从雷曼兄弟的资产负债表中移除数百亿美元的证券"，帮助其客户实施了"大规模会计欺诈"（massive accounting fraud）。① 诉讼要求安永会计公司赔偿投资者的损失，并退还自 2001 年以来向雷曼兄弟收取的 1.5 亿美元费用。2015 年，安永会计公司同意支付 1 000 万美元，解决了纽约的诉讼，不过并未认罪。安永会计公司一位发言人表示："经历了这么多年代价高昂的诉讼，我们很高兴这件事终于翻篇了。"②

悲剧还是闹剧？

2018 年 7 月，雷曼兄弟破产近 10 年后，伦敦国家剧院上演了意大利剧作家斯蒂法诺·马西尼（Stefano Massini）的戏剧《雷曼兄弟三部曲》（Lehman Trilogy）。这部三幕剧追溯了雷曼兄弟的历史，从 1844 年亨利·雷曼抵达纽约港，到 164 年后雷曼兄弟倒闭。戏剧评论家迈克尔·比林顿（Michael Billington）如此评价这部史诗般的故事：

> 很容易看出这部戏剧反映了美国梦的定义的变化。对于最初一代的雷曼兄弟来说，他们来到了被他们其中一人戏称为"神奇音乐盒"的美国，美国梦意味着进取和努力就会获得成功。然而到了 2008 年，美国梦已经沦为凭借提供金融服务就能获得无尽的财富的一种错觉。③

【参考文献】

Bary, Andrew. "The World's Best CEOs." *Barron's*, March 26, 2007.

Billington, Michael. "The Lehman Trilogy Review Mendes Is on the Money with Astonishing Saga." *The Guardian*, July 13, 2018.

Blinder, Alan. *After the Music Stopped*. New York: Penguin Books, 2013.

---

① Peter Lattman, "New York Accuses Ernst & Young of Fraud," *New York Times*, December 22, 2010, B3.

② Michael Rapoport, "Ernst Settles Lehman Case," *Wall Street Journal*, April 16, 2015, C2.

③ Michael Billington, "The Lehman Trilogy Review—Mendes Is on the Money with Astonishing Tale," *The Guardian*, July 13, 2018.

Brown, Nick. "Lehman Investors, Underwriters in $417 Million Accord." *Reuters*, December 6, 2011.

Caplan, Dennis H., Saurav K. Dutta, and David J. Marcinko. "Lehman on the Brink of Bankruptcy: A Case about Aggressive Application of Accounting Standards." *Issues in Accounting Education* 27 (2012).

Chang, Chun-Chia (Amy), Joanne Duke, and Su-Jane Hsieh. "A Loophole In Financial Accounting: A Detailed Analysis of Repo 105." *The Journal of Applied Business Research* 27 (September/October 2011).

Chasan, Emily. "Judge Approves Lehman, Barclays Pact." *Reuters*, September 19, 2008.

Corkery, Michael. "Executive Warned on Accounting." *Wall Street Journal*, March 13, 2010.

Corkery, Michael. "Lehman Whistle-Blower's Fate: Fired." *Wall Street Journal Online*, March 15, 2010.

Craig, Susanne, and Mike Spector. "Repos Played a Key Role in Lehman's Demise." *Wall Street Journal*, March 13, 2010.

De la Merced, Michael, and Andrew Sorkin. "Report Details How Lehman Hid Its Woes." *New York Times*, March 12, 2010.

Dutta, Saurav K., Dennis Caplan, and Raef Lawson. "Lehman's Shell Game: Poor Risk Management." *Strategic Finance* 92 (August 2010).

Eder, Steve. "Lehman Auditor May Bear the Brunt." *Wall Street Journal*, March 14, 2011.

Jenning, Marianne M. "The Irony of Complicity: Lehman Brothers, Ernst & Young, and Repo 105." *Corporate Finance Review* 15 (May/June 2011).

Knapp, Michael C. *Contemporary Auditing: Real Issues and Cases*, 9th ed. Cincinnati, OH: South-Western, 2013.

Lattman, Peter. "Ex-Lehman Officials to Pay $90 Million." *New York Times*, August 25, 2011.

Lattman, Peter. "New York Accuses Ernst & Young of Fraud in Lehman Collapse." *New York Times*, December 22, 2010.

Plumb, Christian. "Lehman CEO Fuld's Hubris Contributed to Meltdown." *Reuters*, September 14, 2008.

Rapoport, Michael. "Ernst & Young Agrees to Pay $99 Million in Lehman Settlement." *Wall Street Journal*, October 18, 2013.

Rapoport, Michael. "Ernst Settles Lehman Case: Accounting Firm to Pay $10 Million in Agreement with New York's Attorney General." *Wall Street Journal*, April 16, 2015.

Reilly, David. "The Lehman Bankruptcy Report: Questions on Ernst Auditing." *Wall Street Journal*, March 15, 2010.

Slater, Steve. "Nomura Buys Lehman's Europe Investment Bank Arm." *Reuters*, September 23, 2008.

Spector, Mike, Susanne Craig, and Peter Lattman. "Examiner: Lehman Torpedoed Lehman." *Wall Street Journal*, March 12, 2010.

Story, Louise. "Lehman Battles Insurgent Investor." *New York Times*, June 4, 2008.

Story, Louise, and Ben White. "The Road to Lehman's Failure Was Littered with Lost Chances." *New York Times*, October 6, 2008.

Valukas, Anton R. *Lehman Brothers Holdings Inc. Chapter* 11 *Proceedings Examiner's Report*. Downloaded from http://jenner.com/lehman.

【思考】

1. 雷曼兄弟是如何为其7亿美元的投资组合融资的？

2. 雷曼兄弟对"售后回购105"交易的会计处理是如何降低公司报告的财务杠杆率的？

3. 哪些经济事件导致了雷曼兄弟的破产？

4. 原告向雷曼兄弟的审计公司安永会计公司索赔的理由是什么？

29　大衰退

> 这不是一般的、稀松平常的衰退，我们正在经历自大萧条以来最严重的经济危机。
>
> ——美国总统巴拉克·奥巴马①

　　道琼斯工业平均指数从2002年10月安然公司和世通公司财务丑闻爆发后的低点7 286点，稳步上升至2007年10月的14 043点。《2002年萨班斯-奥克斯利法案》的支持者认为，股市的强劲表现证明，该法案成功地恢复了投资者对证券市场的信心。

　　然而在2007年10月至2009年3月，道琼斯工业平均指数暴跌逾50%至6 594点，仅在2008年9月就下跌了2 000点。股市和房价的双双暴跌，导致美国家庭的资产净值在2007年第二季度到2009年第一季度下降了近25%。全国失业率从2004年初的4.4%升至2009年4月的8.9%，翻了一番。从2008年第三季度到2009年第一季度，美国实际国内生产总值（GDP）累计下降17.9%。就失业和GDP下降而言，2008年和2009年是自20世纪30年代以来最糟糕的两年。

---

　　① Susan Milligan, "A Catastrophe Looms, Obama Tells the Nation," *Boston Globe*, February 10, 2009.

美国金融危机

从2002年初到2004年初,美联储将联邦基金利率维持在不到2%的水平。数百万的美国人趁着利率低购买了更大、更昂贵的房子。还有数百万人二次抵押了现有的抵押贷款,现金的预支使得房贷的未清偿余额进一步扩大。许多新贷款的利率只有(最初的)2到3年是固定利率,之后便随着现行利率进行浮动。

由于担心通货膨胀,美联储逐渐将联邦基金利率从2004年5月的1.25%提高到2006年5月的5.25%。高利率从两个方面损害了房屋和住房抵押贷款的价值。首先,高利率增加了月供,降低了购房者有意愿且有能力支付的房价。随着需求下降,2006年6月至2009年2月,美国房价中位数下降了31.6%。其次,对于背负可调利率抵押贷款(adjustable rate mortgages)的房主来说,更高的利率使所需的月供超过了一些借款人的支付能力。无力支付新的更高付款额的借款人开始拖欠贷款。美国丧失抵押品赎回权的房屋数量,从2006年的70万,增加到了2007年的130万以及2008年的230万。

房价下跌和违约率上升侵蚀了MBS的价值。2007年7月,信用评级机构穆迪和标准普尔下调了数百份AAA级的MBS评级,以反映它们不断上升的违约风险。由于评级下调,这些证券的价格大幅下跌。由于法律禁止养老基金和保险公司持有非投资级证券(noninvestment-grade securities),这些机构遂被迫出售了其持有的大量MBS。此类机构投资者的抛售进一步压低了抵押贷款相关证券的价格。2007年夏季,MBS市场实质上冻结了。MBS的持有者卖不掉他们的证券,贷款机构也不能将新的贷款证券化。

在接下来的14个月里,包括美利凯斯特(Ameriquest)、国家金融服务公司(Countrywide)、印地麦克银行(IndyMac)和华盛顿互惠银行(Washington Mutual)在内的几家最大的次级抵押贷款银行要么破产,要么经联邦监管机构安排由更强大的金融机构收购。2008年3月,摩根大通(JP Morgan Chase)以每股10美元的价格收购了大量投资于MBS的投资银行贝尔斯登(Bear Stearns)。而就在一年前,贝尔斯登的股价还为172美元。

2008年9月,金融危机在两个星期的动荡中达到顶峰。房利美和房地美拥有数千亿美元的住房抵押贷款,还为数十亿美元住房贷款提供了担保。

9月7日，联邦政府接管了房利美和房地美，并向这两家公司注入了2 000亿美元的资本，以保持它们的偿付能力。9月15日，拥有近7 000亿美元资产的雷曼兄弟申请破产保护。美林证券在同一天把自己卖给了美国银行，以避免重蹈雷曼兄弟的覆辙。9月16日，保险业巨头美国国际集团（American International Group，AIG）从美联储获得850亿美元救助，以避免其债务违约。此前，AIG累计出售了5 000亿美元的信用违约互换（credit default swaps，CDS），为投资者对MBS的损失提供担保。

9月18日周四，美国财政部长汉克·保尔森（Hank Paulson）和美联储主席本·伯南克（Ben Bernanke）与国会领导人会面，促请国会迅速采取行动，避免经济崩溃。保尔森和伯南克概述了他们的稳定证券价格和向银行体系注入流动性的计划，拟授权财政部向金融机构购买高达7 000亿美元的"问题资产"（即MBS和CDO）。当国会领导人质疑政府对金融市场进行直接干预的必要性时，伯南克回应道："如果我们不这样做，到了星期一我们的经济或将不复存在。"[1]

10月3日，乔治·布什总统在国会通过《紧急经济稳定法案》（Emergency Economic Stabilization Act）仅数小时后就签署了该法案。尽管TARP的7 000亿美元最初计划用于购买MBS以及银行持有的其他非流动资产，但财政部最终决定用这笔钱直接对危在旦夕的金融机构进行股权投资。财政部从TARP资金中拿出2 050亿美元购买了美国707家银行的无投票权优先股，花旗集团和美国银行是最大的受益者，各自获得了450亿美元。随着经济衰退的加剧，TARP资金也被用来支持非金融企业。通用汽车和克莱斯勒分别获得了130亿美元和40亿美元，以帮助它们维持运营。幸运的是，金融机构在接下来的10年里偿还了大部分TARP资金，最终美国纳税人的净成本仅为320亿美元。[2]

立法改革

在采取行动提振美国经济后不久，国会就开始追查被认为引发了次贷

---

[1] Joe Nocera. "As Credit Crisis Spiraled, Alarm Led to Action." *New York Times*, October 1, 2008.

[2] Congressional Budget Office, *Report on the Trouble Asset Relief Program*, downloaded from www.cbo.gov/publication/53617.

危机的抵押贷款发放机构和华尔街银行家。2009年5月20日，美国总统巴拉克·奥巴马签署了《欺诈执法和恢复法案》(Fraud Enforcement and Recovery Act)，称该法案为检察官和监管者提供了"新的工具，以打击这场危机的源头，即抵押贷款欺诈和掠夺性贷款（predatory lending）这两大问题"。[①] 负责起草这项法案的佛蒙特州民主党参议员帕特里克·莱希（Patrick Leahy）和奥巴马总统持相同观点，认为不道德的金融高管是罪魁祸首。该法案在后续2年中提供了5亿美元，支持监管机构额外雇用300名联邦特工、200名检察官和200名法务分析师，以识别和惩罚金融机构违反联邦欺诈相关法律的行为。

在2009年的后续几个月及2010年上半年，参议院银行委员会主席、康涅狄格州民主党参议员克里斯托弗·多德（Christopher Dodd）和众议院金融服务委员会主席、马萨诸塞州民主党众议员巴尼·弗兰克（Barney Frank）起草了法案，以解决在金融服务业中发现的问题。2010年7月21日，奥巴马总统签署了《多德-弗兰克华尔街改革和消费者保护法案》。

这部长达2 319页的法律对金融服务业进行了重大改革。《多德-弗兰克华尔街改革和消费者保护法案》提高了金融机构的资本和流动性要求，使它们更不易受到经济衰退的影响。该法案设立了消费者金融保护局（Consumer Financial Protection Bureau），负责监管从借记卡和信用卡收费到住房贷款申请等各种消费贷款交易。对冲基金必须向SEC注册，并披露其交易和投资组合的内容。为了规范信用评级机构和保险公司，该法案成立了两家新的联邦机构——信用评级办公室（Office of Credit Ratings）和联邦保险办公室（Federal Insurance Office）。《多德-弗兰克华尔街改革和消费者保护法案》中最具争议的条款之一，即"沃尔克规则"（Volcker Rule），限制银行投资于私募股权基金或从事自营交易。

《多德-弗兰克华尔街改革和消费者保护法案》中只有两项条款直接影响到了审计或财务报告。该法案规定，券商的审计师必须在美国公众公司会计监督委员会注册，并定期接受检查。《多德-弗兰克华尔街改革和消费者保护法案》还要求公司在年度报告中披露CEO的总薪酬、除CEO外所有员工薪酬的中位数以及二者之比。这一规定的支持者认为，该披露将有助于限制"畸高"的高管薪酬。反对者称，披露这样的金额可能具有误导

[①] Sarah Maler, "Obama Signs Law Cracking Down on Mortgage Fraud," *Reuters*, May 20, 2009.

性，且该披露要求可能会妨碍私营企业上市。SEC 多年来一直在努力编写应用指南，以解决诸如养老金缴费、其他附带福利是否应当算作薪酬，合同工是否应被视为雇员，以及如何计算兼职雇员的薪酬等问题。因此，直到 2018 年初，也就是《多德-弗兰克华尔街改革和消费者保护法案》出台近 8 年后，才出现了首例 CEO 薪酬与员工薪酬中位数之比的披露。

《多德-弗兰克华尔街改革和消费者保护法案》在国会参众两院获得通过时，只有 6 位共和党人投了赞成票。2016 年，当唐纳德·特朗普（Donald Trump）作为共和党候选人竞选美国总统时，他承诺要"在《多德-弗兰克华尔街改革和消费者保护法案》上大做文章"。① 2018 年 5 月，特朗普总统签署了《经济增长、放松监管和消费者保护法》（Economic Growth, Regulatory Relief, and Consumer Protection Act）。尽管新法并未废除《多德-弗兰克华尔街改革和消费者保护法案》，但它确实放松了对于资产规模低于 2 500 亿美元的金融机构的监管要求。资产低于这一门槛的银行不再需要定期接受衡量其抵御经济衰退能力的压力测试。此外，中小型贷款发放机构无需向监管机构报告客户的信用评分、贷款金额和利率等数据。支持者声称，由于合规成本问题而停止发放贷款的小银行将重新进入市场，为小型市场中主要由小型机构提供服务的消费者提供帮助。

会计改革

针对人们对雷曼兄弟利用"售后回购 105"交易来降低财务杠杆的广泛不满，财务会计准则委员会公布了一系列声明，修订了回购协议会计准则。2009 年 6 月，FASB 公布《财务会计准则公告第 166 号》，新准则大幅扩充了售后回购交易的披露要求。2 年后，FASB 公布《会计准则更新第 2011-03 号》，加大了构建销售而不是借款条件的售后回购交易的难度。在 2014 年 6 月，FASB 公布了《会计准则更新第 2014-11 号》，填补了在到期日结算的回购的会计规则漏洞。

事实证明，有价证券投资的会计核算是一个更加困难和有争议的问题。回想一下第 13 章，SEC 曾批评金融机构在 20 世纪 80 年代的储贷危机期间

---

① Alan Rappeport and Emily Flitter, "Congress Eases Banking Curbs Set After Crisis," *New York Times*, May 23, 2018.

使用了历史成本会计,并建议银行和储蓄贷款机构以公允价值而非历史成本来报告其投资。自1993年以来,金融机构按照《财务会计准则公告第115号》的规定,对于作为交易性证券(trading securities)或可供出售证券(available-for-sale securities)持有的MBS及其他债券,一律按照公允价值予以列报。《财务会计准则公告第157号》则就如何确定公允价值提供了指导。

向来不喜欢盯市会计的银行家们在金融危机期间抱怨,公允价值会计准则导致了资产价格的螺旋式下降。当MBS的价格在2007年开始下跌时,美国的银行被要求对投资组合计提减值。由于减值减少了银行的监管资本,银行被迫出售资产以满足其资本要求。这些资产的出售进一步压低了证券价格,引发了新一轮按市值计价的资产减记、资本减少和资产出售。记者史蒂夫·福布斯(Steve Forbes)声称:"按市值计价的盯市会计是引发我们的金融系统崩溃的罪魁祸首。"[1]

两大党派的政客都向SEC施压,要求其暂停使用公允价值会计。2008年9月,共和党总统候选人约翰·麦凯恩抱怨称,盯市会计似乎"加剧了信贷紧缩"。[2] 来自宾夕法尼亚州的民主党国会议员保罗·坎乔斯基(Paul Kanjorski)也声称,"严格应用"公允价值会计"加剧了持续的经济危机"。[3]

2008年10月,FASB和SEC联合公布了一份"澄清声明",提醒各银行,如果正常交易活动的变化导致市场价格扭曲,它们可以采用管理层对未来现金流的估计来对其投资证券进行估值。但银行及其国会盟友并不满意。SEC的一项研究也没有说服它们,该研究的结论是,"公允价值会计似乎在2008年发生的银行破产中并没有发挥重要作用"。[4] 在2009年3月的一场听证会上,众议院金融服务委员会成员严厉指责财务会计准则委员会主席罗伯特·赫茨(Robert Herz)没有及时暂停盯市会计。来自纽约州的民主党众议员加里·阿克曼(Gary Ackerman)警告称:"如果你们再不采

---

[1] Steve Forbes,"Obama Repeats Bush's Worst Market Mistakes," *Wall Street Journal*, March 6, 2009.

[2] "All's Fair: The Crisis and Fair-Value Accounting," *The Economist*, September 18, 2008.

[3] Floyd Norris, "Bankers Say Rules Are the Problem," *New York Times*, March 12, 2009.

[4] Securities and Exchange Commission, *Report and Recommendations Pursuant to Section 133 of the Emergency Economic Stabilization Act of 2008: Study on Mark-to-Market Accounting* (Washington, D.C.: Securities and Exchange Commission, 2008), 4.

取行动，我们就要采取行动了。"① 不到1个月，FASB以3票对2票的微弱优势，公布了《职员立场第115-a号》，允许银行对其认为是由市场异常状况所引起的价格下跌不再报告（减值）损失。

国际会计准则理事会（IASB）也面临着来自欧洲银行家和政客的类似压力。法国总统尼古拉·萨科齐（Nicolas Sarkozy）呼吁国际会计准则理事会暂停金融工具的公允价值会计规则。在SEC和FASB放宽了美国证券市场上的盯市会计要求后，欧洲领导人发表了一份联合声明，承诺将"确保在会计规则和解释方面，不会令欧洲金融机构在其国际竞争对手面前落入下风"。② 国际会计准则理事会随后改变了它的盯市会计要求，以配合FASB宽松的准则。

大西洋两岸的会计师对政客们再次干预金融会计准则感到不满。SEC前主席亚瑟·莱维特抱怨道："FASB的行为最让我感到不安的是，他们似乎屈服于国会议员的骇人威胁，而后者则对其企业支持者心存感激。"③ 国际会计准则理事会主席戴维·泰迪爵士（Sir David Tweedie）告诉英国议会议员，在欧盟委员会强迫IASB在未举行磋商的情况下修改规则后，他曾考虑过辞职。④

罚款和诉讼

泰勒、比恩&惠特克公司的董事长李·法卡斯是唯一因其在金融危机中扮演的角色而被判长期监禁的银行高管。由于犯罪意图难以证明，而且检方又不愿意输官司，所以美国司法部、SEC和州检察长通常会选择对涉嫌行为失当的金融机构及其高管提起民事诉讼，而非刑事诉讼。

产生的罚款与和解的金额往往相当巨大。截至2018年2月，抵押贷款机构、证券化机构和承销商累计支付的罚款超过2 400亿美元。⑤ 超过一半

---

① Arthur Levitt, "Weakening a Market Watchdog," *Washington Post*, March 26, 2009.
② Sarah Johnson, "The Global Fair-Value Fight," *CFO.com*, October 8, 2008.
③ Ian Katz and Jesse Westbrook, "Mark-to-Market Lobby Buoys Bank Profits 20% as FASB May Say Yes," *Bloomberg.com*, March 29, 2009.
④ Jennifer Hughes, "IASB Chairman Warns on Risk to Rules," *Financial Times*, November 11, 2008.
⑤ Steve Goldstein, "Here's the Staggering Amount Banks Have Been Fined Since the Financial Crisis," *Marketwatch.com*, February 24, 2018.

的罚款是由于其未能披露打包成 MBS 的不良贷款。其余的罚款则针对其他与抵押贷款相关的违规行为，如承销失职（faulty underwriting）、不当的止赎和歧视性贷款等。

美国银行支付的罚款最多。2008 年，美国银行收购了全国最大的抵押贷款机构国家金融服务公司以及 CDO 的主要承销商美林证券，因而接手了一堆烫手山芋。截至 2018 年春季，美国银行已经为其自身、国家金融服务公司和美林证券的违法行为支付了 760 亿美元的罚款。同样，摩根大通在 2008 年收购抵押贷款发放机构华盛顿互惠银行（Washington Mutual）和投资银行贝尔斯登时，也为这两家公司的不当行为承担了责任。摩根大通因其自身及其子公司的抵押贷款相关违法行为支付了 430 亿美元的罚款。其他支付与抵押贷款相关罚款累计超过 100 亿美元的金融机构，包括花旗集团（190 亿美元）、德意志银行（140 亿美元）、富国银行（118 亿美元）和苏格兰皇家银行（101 亿美元）。

四大会计公司也因在抵押贷款机构和承销商的审计中涉嫌不当行为而付出了高昂代价。普华永道会计公司损失最大。它因未能发现殖民银行的欺诈行为而被判赔偿 6.25 亿美元，创下了公共会计公司的最高损害赔偿纪录。又为了解决泰勒、比恩 & 惠特克公司的破产受托人提起的诉讼，它又支付了未披露的赔偿金。此外，普华永道会计公司在 2015 年 4 月同意向破产券商全球曼氏金融（MF Global）的股东支付 6 500 万美元。普华永道会计公司在另外两个案件中分别躲过一劫——仅支付 100 万美元就解决了美林证券投资者提起的民事诉讼，而一名法官驳回了美国国际集团股东提起的要求赔偿数百万美元的诉讼。

德勤会计公司的法律和解费用略低。德勤会计公司支付了 1.5 亿美元，就美国司法部提起的民事诉讼达成和解。美国司法部指控德勤会计公司在对泰勒、比恩 & 惠特克公司进行审计时未能遵守职业准则。另外三起与 TBW 相关的诉讼让德勤会计公司支付的赔偿金金额未披露。2011 年 7 月，德勤会计公司支付 1 850 万美元，就投资者对华盛顿互惠银行的诉讼达成和解。1 年后，德勤会计公司又支付了 1 990 万美元，就贝尔斯登股东提起的诉讼达成和解，在该案中股东指控审计师在 2006 年和 2007 年的审计中作了虚假陈述。

安永会计公司支付 1.09 亿美元，就两起与雷曼兄弟审计相关的诉讼达成和解。除此以外，该公司躲过了重大处罚，因为一名联邦法官驳回了印地麦克银行投资者提起的诉讼，该案中，投资者称在该抵押贷款公司破产前，审计师本应发布一份提及持续经营能力的保留意见审计报告。

毕马威会计公司则遭遇了两次不大不小的挫折。2010年8月，审计师支付了2 400万美元，就国家金融服务公司股东提起的诉讼达成和解。1周后，毕马威又支付了4 500万美元，就一起指控新世纪金融公司（New Century Financial Corp.）欺诈隐瞒其不断恶化的财务状况的诉讼达成和解。

不只是局部问题

虽然金融危机始于美国房价下跌，但是其损害并不局限于房地产行业、住房贷款行业，甚至不仅仅是影响了美国。全球的银行、养老基金、保险公司和个人投资者在投资组合中持有数十亿美元的美国MBS。2007年，当这些证券的价格暴跌时，六大洲的投资者都蒙受了损失。依赖美国金融机构融资的欧洲和亚洲的银行在2008年遭遇了流动性问题，当时华尔街的大型投资银行倒闭，其他银行停止放贷。接下来的四章阐述了美国以外的会计和审计实践，包括对全球金融危机导致的变化的讨论。

【参考文献】

"All's Fair: The Crisis and Fair-Value Accounting." *The Economist*, September 18, 2008.

Aubin, Dena. "Big Wins Elude Investors in Auditor Lawsuits." *Reuters*, January 21, 2011.

Badertscher, Brad, Jeffrey Burks, and Peter Easton. "A Convenient Scapegoat: Fair Value Account-ing by Commercial Banks during the Financial Crisis." *Accounting Review* 87 (January 2012): 59–90.

Becker, Jo, Sheryl Gay Stolberg, and Stephen Labaton. "White House Philosophy Stoked Mortgage Bonfire." *New York Times*, December 21, 2008.

Blinder, Alan. *After the Music Stopped*. New York: Penguin Books, 2013.

Congressional Budget Office. *Report on the Troubled Asset Relief Program*. March 2018. Downloaded from https://www.cbo.gov/publication/53817.

Duhigg, Charles. "Pressured to Take More Risk, Fannie Reached Tipping Point." *New York Times*, October 5, 2008.

Forbes, Steve. "Obama Repeats Bush's Worst Market Mistakes." *Wall Street Journal*, March 6, 2009.

Fuhrmanns, Vanessa, and Theo Francis. "Adding Numbers to Compensation Data." *Wall Street Journal*, February 2, 2018.

Goldstein, Steve. "Here's the Staggering Amount Banks Have Been Fined Since the Financial Crisis." *Marketwatch.com*, February 24, 2018.

Goodman, Peter S., and Gretchen Morgenson. "Saying Yes, WaMu Built Empire on Shaky Loans." *New York Times*, December 28, 2008.

Hartwell, Carolyn. "How Lehman Brothers and MF Global's Misuse of Repurchase Agreements Reformed Accounting Standards." *CPA Journal* 86 (August 2016): 44–49.

Hughes, Jennifer. "IASB Chairman Warns on Risk to Rules." *Financial Times*, November 11, 2008.

Johnson, Sarah. "The Global Fair-Value Fight." *CFO.com*, October 6, 2008.

Katz, Ian, and Jesse Westbrook. "Mark-to-Market Lobby Buoys Bank Profits 20% as FASB May Say Yes." *Bloomberg.com*, March 29, 2009.

Kothari, S. P., and Rebecca Lester. "The Role of Accounting in the Financial Crisis: Lessons for the Future." *Accounting Horizons* 26 (June 2012): 335–351.

Laux, Christian, and Christian Leuz. "Did Fair-Value Accounting Contribute to the Financial Crisis?" *Journal of Economic Perspectives* 24 (Winter 2010): 93–118.

Levitt, Arthur. "Weakening a Market Watchdog." *Washington Post*, March 26, 2009.

Maler, Sarah. "Obama Signs Law Cracking Down on Mortgage Fraud." *Reuters*, May 20, 2009.

McCoy, Kevin. "JPMorgan to Pay Record $13B for Toxic Loans." *USA Today*, November 20, 2013.

Milligan, Susan. "A Catastrophe Looms, Obama Tells the Nation." *Boston Globe*, February 10, 2009.

National Commission on the Causes of the Financial and Economic Crisis in the United States. *The Financial Crisis: Inquiry Report*. Washington, D.C.: Government Printing Office, 2011.

Nocera, Joe. "As Credit Crisis Spiraled, Alarm Led to Action." *New York Times*, October 1, 2008.

Norris, Floyd. "Bankers Say Rules Are the Problem." *New York Times*, March 12, 2009.

Pulliam, Susan, and Tom McGinty. "Congress Helped Banks Defang Key Rule." *Wall Street Journal*, June 3, 2009.

Rappeport, Alan, and Emily Flitter. "Congress Eases Banking Curbs Set After Crisis." *New York Times*, May 23, 2018.

Ryan, Stephen G. "Accounting in and for the Subprime Crisis." *Accounting Review* 83 (November 2008): 1605-1638.

Scannell, Kara. "FASB Eases Mark-to-Market Rules." *Wall Street Journal*, April 3, 2009.

Scannell, Kara. "U.S. Haul from Credit Crisis Bank Fines Hits $1.5Bn." *Financial Times*, August 6, 2017.

Scannell, Kara and Camilla Hall. "Bank of America to Pay $16.65Bn in Mortgage Case." *Financial Times*, August 21, 2014.

Securities and Exchange Commission. *Report and Recommendations Pursuant to Section 133 of the Emergency Economic Stabilization Act of 2008: Study on Mark-to-Market Accounting*. Washington, D.C.: Securities and Exchange Commission, 2008.

Solomon, Deborah. "U.S. to Buy Stakes in Nation's Largest Banks." *Wall Street Journal*, October 14, 2008.

U.S. Senate Permanent Subcommittee on Investigations. *Wall Street and the Financial Crisis: Anatomy of a Financial Collapse*. Washington, D.C.: U.S. Senate, 2011.

【思考】

1. 《多德-弗兰克华尔街改革和消费者保护法》中的哪些条款直接对美国公众公司的审计和财务报告造成了影响？

2. 美国银行家认为，公允价值会计是怎样引发全球金融危机的？

3. 金融危机后，财务会计准则委员会做出了哪些改变？

4. 金融机构客户的破产对审计师造成了什么影响？

第八部分
世界是平的

30　世界很小

> 全球资本市场没有国界。
>
> ——美国注册会计师协会主席巴里·梅兰肯[①]

截至 2018 年 7 月,已有来自 46 个国家的 502 家外国公司在纽约证券交易所上市。另有 481 家外国公司在纳斯达克上市。相比之下,113 家美国公司在多伦多证券交易所上市,68 家美国公司在伦敦证券交易所上市。

在整个 20 世纪下半叶,德国投资者购买荷兰公司的股票,英国金融家投机于日本证券,美国人在香港证券交易所寻找潜力股。据美国财政部估计,2016 年年底,美国投资者持有的外国公司股票达 7.1 万亿美元。大约 2/3 的美国权益投资者直接持有或通过共同基金持有外国股票。反过来,亚洲和欧洲的投资者也持有数万亿美元的美国证券。

世界资本市场的全球化在三个方面对会计产生了深远的影响。首先,全球化产生了对国际公认会计准则(internationally accepted accounting standards)的需求。这是因为每个国家的投资者都希望能够阅读和理解其他国家的公司所编制的财务报表。而跨国公司有时要在几十个国家经营,它们自然希望能够按照一套统一的会计准则来记账。其次,全球化创造了对国际公认审计准则的需求,因为投资者希望得到对国外财务报表可靠性

[①] Daniel Hood, "SEC Releases Staff Report on IFRS Work Plan," *AccountingToday.com*, July 13, 2002.

的保证。最后，全球化造成了全球证券交易所之间的竞争。伦敦的另类投资市场（Alternative Investment Market，AIM）、法兰克福证券交易所和阿姆斯特丹的泛欧交易所（Euronext），与东京、香港、卢森堡和纽约的证券交易所展开了激烈竞争，以吸引世界领先的企业。

巴别塔[①]

在20世纪70年代、80年代和90年代，不同国家编制的财务报表可能看起来差异很大。加拿大的资产负债表按流动性顺序列示资产，以现金开始，以商誉结束。而在德国和法国的资产负债表中，则会先列出无形资产，然后将剩下的资产按流动性由低到高排列。甚至使用同一种语言的国家之间，术语也有所不同。英国企业资产负债表中的"stocks"指的是持有待售的货物，而美国企业资产负债表中的"stocks"指的是股票。应收账款在美国用"accounts receivable"表示，而在英国用"debtors"表示。除了格式和术语上的差异外，公司评估资产估值和确认收入与费用所遵循的规则也存在重大差异。美国公司以历史成本减去累计折旧的方式报告财产和设备，而荷兰公司根据重置成本来进行资产估值，智利公司则按照经通货膨胀调整后的金额记录资产的价值。在美国，研究和开发费用在发生时做费用化处理，而在日本，类似的费用需要予以资本化和摊销。

各国会计准则存在差异有以下几方面的原因。在一些国家，如德国，公布的财务报表是征收所得税的基础。在这些国家，政府在决定如何计量收入方面发挥了关键作用。在其他国家，如美国和英国，私立的准则制定机构（private standard-setting bodies）建立了独立于税法的财务报告准则（financial reporting standards）。影响会计准则演变的第二个因素是，融资来源于股东还是银行。股票市场活跃的国家倾向于制定强调收入计量的会计准则。由债权人提供大部分资金的国家则更加重视衡量流动性和偿付能力。影响会计准则的第三个因素是该国货币体系的稳定性。南美洲的一些国家在20世纪的部分时期经历了两位数和三位数的通货膨胀，它们制定了

[①] 巴别塔（the Tower of Babel）是《圣经》故事中人类联合起来想要建造的通往天堂的高塔，上帝为了阻止人类的计划，让人类说起了不同的语言，使用不同语言的人们彼此之间不能再沟通，计划因此失败。——译者

会计准则，允许根据价格变化水平调整资产价值。汇率较为稳定的亚洲和西欧国家则更有可能要求企业按历史成本报告资产。宗教也会影响一些国家的会计准则。总部设在巴林（Bahrain）的准则制定机构——伊斯兰金融机构会计和审计组织（Accounting and Auditing Organization for Islamic Financial Institutions）为伊斯兰银行业按照伊斯兰教法经营的独特的交易制定了会计准则。

国际会计准则的差异给跨国公司带来了巨大的成本。例如，英国石油公司（British Petroleum，BP）在澳大利亚、挪威、巴西、南非和美国等国家设有 50 多家子公司。BP 的每个子公司都必须按照东道国的会计准则编制自己的财务报表。然后，BP 伦敦总部的会计师还要根据英国会计准则编制一套合并财务报表，这是因为 BP 的证券在伦敦、纽约和法兰克福的证券交易所都有交易，BP 必须公布能够让这些证券交易所各自的监管机构接受的合并财务报表。国际会计准则的差异使得 BP 和其他跨国公司维护其会计系统的工作非常复杂，而且成本高昂。

国际会计准则的差异也会让财务报表的读者感到困惑。了解和遵守美国证券市场上的公认会计原则的投资者，能够比较美国汽车制造商福特和通用汽车的财务报表。但是由于美国（证券市场）、瑞典、德国和日本的会计准则并不统一，所以很难将福特、沃尔沃、宝马和丰田的财务报表放在一起进行比较。

国际会计准则

鉴于国际会计准则的差异所引发的高昂成本和混乱局面，澳大利亚、加拿大、法国、德国、爱尔兰、日本、墨西哥、荷兰、英国和美国的公共会计师行业协会于 1973 年共同成立了国际会计准则委员会（IASC），目的是协调全球会计惯例。除了发布 26 项《国际会计准则》（IASs）外，IASC 最重要的贡献是制定了财务会计的概念框架。1989 年公布的《编制和列报财务报表的框架》（Framework for the Preparation and Presentation of Financial Statements）规定了财务报表的目标、财务信息质量特征、财务报表要素的定义以及财务报表要素的确认标准。

2001 年，IASB 取代了 IASC。IASB 有 14 名根据专业能力和实践经验选出的全职成员。为了保持国际多样性，理事会的成员有 4 名来自亚洲/大洋洲地区，4名来自欧洲，4名来自美洲（北美洲、南美洲），1名来自非洲，第14名成员不限区域。IASB编写《国际财务报告准则》(IFRS) 的协商程序（consultation process），包括准备讨论文件（discussion paper）、分发征求意见稿（exposure draft）和举行公开听证会。要通过新准则，必须获得14名理事会成员中9名成员的"绝对多数"赞成票。国际财务报告准则基金会（IFRS Foundation）负责监督IASB的活动，提名其成员，并提供资金支持。

IASB准则的早期采用者大多是发展中国家，它们发现采用IFRS比自行制定会计准则更方便。2005年，IASB的公信力显著提高，因为经济实力强大的欧盟成员国放弃了国内会计准则，转而采用IFRS[①]加拿大、巴西和俄罗斯在2011年要求公众公司采用IFRS。中国的国家会计准则实现了与IFRS的实质性趋同，尽管存在很少的差异。日本在2013年变更了一项规则，允许大多数日本公司使用IFRS编制合并财务报表。印度在2015年宣布了一项计划，到2021年要实现与IFRS的完全趋同。截至2018年，美国是唯一一个既不允许国内公司使用IFRS编制财务报表，也未致力于将其国家会计准则[②]与IASB制定的会计准则完全趋同的主要发达国家。

美国无意采用《国际财务报告准则》

美国乔治·布什政府时期的SEC主席克里斯托弗·考克斯是国际会计准则的坚定支持者。考克斯说："拥有一套全球公认的会计准则，对于日益加速的全球资本市场的一体化至关重要。"[③]

在考克斯的领导下，SEC在2008年提出了一项提案，拟要求所有美国公众公司在2014年之前改用IFRS。根据SEC提出的时间表，2010年将允许某些大型美国公司在自愿的基础上开始采用IFRS，SEC将在2011年将决定是否强制所有公司都采用IFRS。SEC 2011年的决定将取决于财务会计准则委员会和IASB在解决美国证券市场上的公认会计原则与IFRS之间分歧上取得的进展、IFRS在美国的教育培训情况、IASB的资金支持，以

[①] 欧盟成员国要求境内上市公司采用IFRS编制合并报表，不涉及个别报表。——译者
[②] 美国各州公司法存有差异，联邦层面上不可能出现国家会计准则。——译者
[③] James Turley, "Mind the GAAP," *Wall Street Journal*, November 9, 2007.

及 IFRS 在全球范围内的持续采用情况等。

在克里斯托弗·考克斯描述了他采用 IFRS 的计划后不久，巴拉克·奥巴马当选美国总统，并任命玛丽·夏皮罗（Mary Shapiro）接替考克斯担任 SEC 主席。在参议院确认听证会上，夏皮罗说她将"不受现有路线图的约束"。[①] 夏皮罗列举了推迟采用 IFRS 的三个原因。其中一个担忧是改变会计制度和重新培训会计人员的短期成本。考虑到美国正在经历 70 年来最严重的经济衰退，夏皮罗不愿让美国公司再承担巨大的会计准则转换成本。第二个问题与准则本身的质量有关。夏皮罗并不认为 IFRS 优于美国证券市场上的公认会计原则。最后，她对 IASB 的独立性表示担忧。财务会计准则委员会的资金来自会计支持费用，而 IASB 2009 年的运营预算 1/3 以上来自捐款。夏皮罗担心，IASB 缺乏独立的资金来源，这可能使它容易屈服于来自大额捐款者的压力。2013 年，事实证明了夏皮罗对 IASB 资金来源的担忧颇具先见之明，当时欧洲议会威胁称，其未来对 IASB 的资金支持将以 IASB 修改其概念框架为前提。[②]

2011 年，时间已超过了克里斯托弗·考克斯最初版本的提议中所设定的作出决定的日期，但 SEC 并没有采取行动。同年 11 月，SEC 发布了一份报告，分析了 183 家采用 IFRS 编制财务报表的公司的年度报告。[③] 该报告抱怨称，许多公司未能充分描述其会计政策，所以投资者很难理解其报表。报告又称，因为各公司在 IFRS 的应用方面存在非常广泛的差异，所以很难对不同国家和不同行业的财务报表进行比较。

2012 年发生的两件事不由得让人进一步怀疑美国是否会接受 IFRS。7 月 13 日，SEC 首席会计师办公室发布了一份报告，讨论了将 IFRS 纳入美国财务报告体系的利弊。[④] 该报告旨在为 SEC 的 5 名委员提供参考，以决定美国是否、何时以及如何向 IFRS 过渡。报告指出，"绝大多数美国资本市场的参与者不支持"直接用 IFRS 取代美国证券市场上的公认会计原则，

[①] David Katz and Sarah Johnson, "Top Obama Advisors Clash on Global Accounting Standards," *CFO.com*, January 15, 2009.

[②] Huw Jones, "IASB Accounting Body Rejects EU Parliament's Funding Conditions," *Reuters*, October 14. 2003.

[③] Securities and Exchange Commission, *An Analysis of IFRS in Practice*, November 16, 2011.

[④] Securities and Exchange Commission, *Work Plan for the Consideration of Incorporating International Financial Reporting Standards into the Financial Reporting System for U.S. Issuers: Final Staff Report*, July 13, 2012.

并建议放缓向 IFRS 过渡。[1] 此外，该报告抱怨，IFRS 缺乏分行业的报告准则和实施指南，还对 IASB 的资金支持表示担忧，并警告称，过渡到 IFRS 将大幅增加美国公司的成本。在 SEC 发布这份悲观的报告后的 1 个星期内，财务会计准则委员会和 IASB 宣布，经过 3 年的协商，它们仍然无法就银行如何对贷款损失进行会计处理达成一致。二者用了 3 年时间都未能制定出一份双方都能接受的会计准则，这表明完全统一公认会计原则和国际会计准则是多么困难。自 2012 年以来，美国在采纳国际会计准则方面几乎没有什么进展。SEC 首席会计师韦斯利·布里克（Wesley Bricker）在 2016 年 12 月表示，美国在"可预见的未来"（foreseeable future）不太可能采用 IFRS。[2]

国际审计准则

当投资者开始基于外国公司的财务报表做决策时，他们自然会关注其是否经过了恰当的审计。投资者和审计师表示希望能有一套国际上公认的审计准则。1977 年 10 月，来自 51 个国家的公共会计师行业协会的代表在慕尼黑召开会议，成立了国际会计师联合会（IFAC）。截至 2018 年，IFAC 会员已增至 175 家公共会计师行业组织，代表着 130 个国家和地区的近 300 万名会员。

IFAC 下设四个准则制定理事会，分别负责制定审计、职业道德、会计教育和公共部门会计的准则。负责制定审计准则的国际审计与鉴证准则委员会（IAASB）拥有 18 名有投票权的成员，其中包括至少 3 名由公众提名的非从业人员。IAASB 在制定国际审计准则时遵循严格的应循程序。IAASB 必须有 2/3 的成员同意才能通过一项拟议的准则。

截至 2017 年，有 128 个司法管辖区已经采用或承诺在不久的将来会采用 IAASB 的审计准则。值得注意的是，采用国际审计准则的国家中没有美国，美国证券市场上继续使用 PCAOB 制定的审计准则。在会计领域，财

---

[1] Securities and Exchange Commission, *Work Plan for the Consideration of Incorporating International Financial Reporting Standards into the Financial Reporting System for U. S. Issuers: Final Staff Report*, July 13, 2012., 2.

[2] Tatyana Shumsky and Michael Rapoport, "SEC Chief Accountant: U. S. Won't Switch to IFRS in the 'Foreseeable Future,'" *CFO Journal*, December 5, 2016.

务会计准则委员会与IASB制定的准则之间存在明显的差异。但在审计准则方面,PCAOB与IAASB的审计准则之间的差异相对较小。黛博拉·林德伯格(Deborah Lindberg)教授和黛博拉·塞弗特(Deborah Seifert)教授在2011年发现,国际审计准则与美国证券市场的审计准则之间只有5项显著差异。① 类似地,马斯特里赫特会计、审计和信息管理研究中心(Accounting, Auditing and Information Management Research Center)的结论是,除了PCAOB要求审计师对客户的内部会计控制发表独立意见外,根据这两套审计准则进行的审计之间几乎没有实质性的差异。②

监管套利

金融全球化的第三个影响是在全球证券交易所之间制造竞争。2002年12月,就在布什总统签署《2002年萨班斯-奥克斯利法案》5个月后,纽约证券交易所CEO理查德·格拉索(Richard Grasso)抱怨说,这项立法将阻止外国公司在美国证券市场上市。③ 当时,中国和印度是世界上经济增长最快的两个国家。由于大多数美国和欧洲的大公司已经是公众公司,印度和中国的公司构成了世界上最大的IPO主体。中国和印度的公司各自倾向于在香港和孟买的证券交易所发行股票。为了吸引西方投资者的资金,一些亚洲公司也会在纽约或伦敦交叉上市。纽约证券交易所、纳斯达克与伦敦证券交易所展开了激烈的竞争,以吸引外国公司前来上市。

从1996年到2001年,平均每年有50家外国公司在纽约证券交易所上市。《2002年萨班斯-奥克斯利法案》通过后,外国公司的涌入显著减少。2003年,只有16家外国公司在纽约证券交易所上市,2004年更是仅有8家。新德里一家公司的执行董事加甘·邦加(Gagan Banga)对于选择在伦

---

① Deborah Lindberg and Deborah Seifert, "A Comparison of U. S. Auditing Standards with International Standards on Auditing," *CPA Journal* 81 (April 2011): 17–21.

② Maastricht Accounting, Auditing and Information Management Research Center, *Evaluation of the Differences Between International Standards on Auditing (ISA) and the Standards of the U. S. Public Company Accounting Oversight Board (PCAOB)*, 20 July 2009.

③ Vincent Boland and Andrei Postelnicu, "New Rules Will Damage NYSE, Chief Warns," *Financial Times*, December 4, 2002.

敦而非纽约上市的解释是:"美国上市的要求要严格得多,流程也很耗时间。"[1]

此外,已在纽约证券交易所上市数十年的知名欧洲公司也开始撤离。菲亚特(Fiat)、巴斯夫(BASF)和拜耳(Bayer)等34家外国公司在2007年自愿退出纽约证券交易所。拜耳高管估计,如果不需要遵守美国证券市场的金融监管规则,公司每年将节省2 100万美元。[2] 纽约证券交易所CEO约翰·塞恩(John Thain)抱怨说:"世界各地的公司都在用脚投票。"[3]

然而,在纽约证券交易所上市的外国公司数量的下降,也不能完全归咎于《2002年萨班斯-奥克斯利法案》。早在2002年之前,纽约证券交易所在全球金融市场的地位就已经开始下降。美国在全球IPO融资总额中的占比从1996年的60%降至2001年的8%,其占比下降的主要原因是,中国企业的成长有力地推动了香港股票市场的大幅增长。赴美IPO的公司数量减少的另一个原因是,其他国家证券市场上的承销费用较低。在美国,承销商收取的承销费平均为IPO融资的7%,而在欧洲,这一比例平均为4%。纽约证券交易所的上市费用也更高。在纳斯达克上市的公司首先要支付500万美元的注册费(registration fee),然后每年都要缴纳230万美元的年费(annual fees)。而伦敦证券交易所的另类投资市场的初始费用为380万美元,年费为90万美元。最后一个原因是,美国的投资银行通过在全球设立分支机构输出了它们的金融专业知识。亚洲、欧洲或南美的公司想要接受世界级的金融服务,不一定非要来纽约。

另一个让外国公司望而却步的重要因素是,SEC要求在纽约证券交易所和纳斯达克上市的公司,要么按照美国证券市场上的公认会计原则编制财务报表,要么提供一套根据公认会计原则调整其报告净利润和股东权益的详细表格。戴姆勒-奔驰(Daimler-Benz)1993年在纽约证券交易所上市时,公司高管估算,如果将公司的会计系统转换成按照公认会计原则编制财务报表,需要花费6 000万美元。

在21世纪中期,美国投资银行家和证券交易所高管抱怨说,他们正在

---

[1] Craig Karmin and Aaron Lucchetti, "New York Loses Edge in Snagging Foreign Listings," *Wall Street Journal*, January 26, 2006.

[2] "German Drug Maker Bayer to Delist Shares from NYSE," *Dow Jones Newswires*, September 27, 2007.

[3] John Thain, "The Price of Sarbanes-Oxley," *Wall Street Journal Europe*, May 24, 2004.

失去客户，就因为外国公司不愿承担遵循《2002年萨班斯-奥克斯利法案》和按照公认会计原则调整财务报表所需的高昂成本。因此，SEC在2007年决定允许外国公司凭借按照IFRS编制的财务报表进入美国证券市场，而无需将净利润或股东权益按照公认会计原则进行调节。SEC的新政策造成了一种奇怪的局面，即外国公司可以凭借按照IFRS编制的财务报表在美国出售证券，而本国公司仍需使用公认会计原则。2007年，许多美国公司的高管开始游说SEC允许他们像外国竞争对手一样使用IFRS。然而，如上所述，10多年过去了，SEC不允许美国公司使用IASB的准则。

欺诈是一个全球性的问题

财务报表造假同样没有国界。在20世纪90年代和21世纪初，加拿大当局发现Livent公司的费用分类错误，比利时当局发现Lernout & Hauspie公司的收入不实，澳大利亚监管机构发现HIH保险公司（HIH Insurance）存在会计问题，法国电信公司维旺迪前CEO让-玛丽·梅西耶（Jean-Marie Messier）被判挪用资金罪。

意大利的帕玛拉特和日本的奥林巴斯也发生了引人注目的财务欺诈。帕玛拉特的创始人卡利斯托·坦齐（Calisto Tanzi）连续13年谎报公司利润，同时将约10亿欧元的股东资金转移给了家族企业。20世纪80年代末，奥林巴斯的高管们在投机性金融投资上损失了1 000亿日元，随后又密谋隐瞒了20多年。这两起丑闻，以及其他类似的丑闻，引发了人们对全球会计准则和审计程序质量的质疑。

【参考文献】

Boland, Vincent, and Anderi Postelnicu. "New Rules Will Damage NYSE, Chief Warns." *Financial Times*, December 4, 2002.

Doupnik, Timothy, and Hector Perera. *International Accounting*. 3rd ed. New York: McGraw-Hill/Irwin, 2012.

"German Drug Maker Bayer to Delist Shares from NYSE." *Dow Jones Newswires*, September 27, 2007.

Hanson, Mark. "Becoming One: The SEC Should Join the World in Adopting IFRS." *Loyola Los Angeles International and Comparative Law Review* 28

(2006): 521-564.

Hood, Daniel. "SEC Releases Staff Report on IFRS Work Plan." *AccountingToday.com*, July 13, 2002.

Jones, Huw. "IASB Accounting Body Rejects EU Parliament's Funding Conditions." *Reuters*, October 14, 2003.

Karmin, Craig, and Aaron Lucchitti. "New York Loses Edge in Snagging Foreign Listings." *Wall Street Journal*, January 26, 2006.

Katz, David, and Sarah Johnson. "Top Obama Advisors Clash on Global Accounting Standards." *CFO.com*, January 15, 2009.

Krantz, Matt. "U.S. Exchanges Lose Their Cachet Overseas." *USA Today*, September 24, 2007.

Lindberg, Deborah, and Deborah Seifert. "A Comparison of U.S. Auditing Standards with International Standards on Auditing." *CPA Journal* 81 (April 2011): 17-21.

Norris, Floyd. "Accounting Détente Delayed." *New York Times*, July 19, 2012.

Norris, Floyd. "The Case for Global Accounting." *New York Times*, May 10, 2012.

Piotroski, Joseph, and Suraj Srinivasan. "Regulation and Bonding: Sarbanes-Oxley and the Flow of International Listings." *Journal of Accounting Research* 46 (May 2008): 383-425.

Prentice, Robert. "Sarbanes-Oxley: The Evidence Regarding the Impact of SOX 404." *Cardozo Law Review* 29 (2007): 703-764.

Scannell, Kara, and Joanna Slater. "SEC Moves to Pull Plug on U.S. Accounting Standards." *Wall Street Journal*, August 28, 2008.

Securities and Exchange Commission, Division of Corporation Finance. *Work Plan for the Consideration of Incorporating International Financial Reporting Standards into the Financial Reporting System for U.S. Issuers: An Analysis of IFRS in Practice*. Washington, D.C.: Securities and Exchange Commission, November 16, 2011.

Securities and Exchange Commission, Office of the Chief Accountant. *Work Plan for the Consideration of Incorporating International Financial Reporting Standards into the Financial Reporting System for U.S. Issuers: Final Staff Report*. Washington, D.C.: Securities and Exchange Commission, July 13, 2012.

Shumsky, Tatyana, and Michael Rapoport. "SEC Chief Accountant: U.S. Won't Switch to IFRS in the 'Foreseeable Future.'" *CFO Journal*, December 5, 2016.

Thain, John. "The Price of Sarbanes-Oxley." *Wall Street Journal Europe*, May 28,

2004.

Turley, James. "Mind the GAAP." *Wall Street Journal*, November 9, 2007.

【思考】

1. 各国会计准则之间的差异是由哪些因素造成的？
2. 请简要描述各国会计准则之间不一致的消极后果。
3. 美国证券市场为什么不愿意采用 IFRS？
4. 在 21 世纪初，哪些因素导致外国公司不愿意在纽约证券交易所和纳斯达克上市？

31　帕玛拉特公司

「　我从来没有编造，也没有以牺牲投资者的利益为代价精心策划过一个巨大的骗局。

——帕玛拉特的创始人卡利斯托·坦齐[①]　」

1938年，卡利斯托·坦齐出生在意大利西北部一个叫科莱基奥（Collecchio）的村子里。在20岁之前，坦齐就经历了贝尼托·墨索里尼的法西斯统治、纳粹的占领、盟军的入侵，以及意大利战后的经济崩溃。雪上加霜的是，他父亲的早逝迫使他从大学退学，终结了他成为专业会计师的梦想。

坦齐在父亲去世后回到了故乡，接手了他祖父多年前创办的公司——"坦齐·卡利斯托和儿子们的冷切肉和蜜饯公司"（Tanzi Calisto e Figli—Salumi e Conserve），生产腌肉和罐装番茄等加工食品。20世纪60年代初，坦齐曾到意大利各地考察经济，他发现乳制品比肉类和蔬菜有更大的商机。因此，在接管家族企业2年后，23岁的坦齐就建造了一家小型巴氏杀菌厂，开始在附近的帕尔玛（Parma）和周边城镇挨家挨户兜售牛奶。

[①] Nicole Winfield, "Parmalat's Tanzi Convicted in Collapse," *Associated Press Newswires*, December 18, 2008.

冠军牛奶

20 世纪 60 年代末，坦齐采用了一种名为超高温（ultra-high-temperature，UHT）巴氏灭菌的创新工艺，他的乳品生意从此得以蓬勃发展。这种工艺需要将原料奶加热到 140°F（相当于 60°C），然后迅速冷却并包装，经过这种工艺处理的牛奶在没有冷藏的情况下保鲜期可以延长至 6 个多月。随着乳品生意的扩大，他把公司的名字改为帕玛拉特（Parmalat），取帕尔玛（Parma，一座以帕尔玛干酪闻名的意大利西北部城市）和牛奶（latte，意大利语，又称"拿铁"）之意。

在 20 世纪 60 年代之前，牛奶在意大利一直是作为一种通用产品出售的，缺乏品牌运营。当地的乳品公司从农民那里购买牛奶，进行巴氏消毒，用没有标识的玻璃瓶包装，然后卖给食品杂货店或直接送到客户家中。当时的乳制品市场是高度分散的，因为对消费者来说买哪一家的牛奶都是一样的，而且牛奶必须冷藏，这使得向距离装瓶厂几公里以外的顾客提供服务既困难又昂贵。

拥有超高温巴氏灭菌工艺的帕玛拉特公司的牛奶，便从当时的意大利牛奶市场中脱颖而出。因为这种牛奶的保质期很长，坦齐就能够为远离帕尔玛总部的顾客提供服务。此外，作为一名极具创新精神的市场营销人员，坦齐看到了产品品牌的价值。坦齐开始将产品打造成"牛奶中的可口可乐"。帕玛拉特通过赞助意大利体育英雄而享誉全国。帕玛拉特的"冠军牛奶"（Milk of Champions）标识醒目地出现在了速降滑雪选手古斯塔沃·泰奥尼（Gustavo Theoni）的滑雪服和赛车手尼基·劳达（Niki Lauda）的 F1 赛车上。

20 世纪 70 年代，坦齐利用帕玛拉特牛奶业务的利润，来支持奶油、酸奶、黄油、果汁和其他加工食品的生产。20 世纪 80 年代，帕玛拉特公司将业务扩展到烘焙食品和罐装酱料领域。帕玛拉特的收入也从 1975 年的 2 300 万欧元增至 1986 年的 6.4 亿欧元。1987 年，坦齐犯了第一个严重的错误，他用帕玛拉特的 1.3 亿欧元购买了奥迪翁电视台（Odeon TV），希望将其打造成意大利第三大电视广播公司。然而 3 年后，帕玛拉特就出售了这家破产企业，损失逾 4 000 万欧元。

在经历了奥迪翁电视台的惨败后，帕玛拉特出现了资金短缺，于是在 1990 年通过反向并购上市。在接下来的 10 年里，帕玛拉特通过发行债券筹集了超过 80 亿欧元的资金。其中大部分款项用于海外并购。帕玛拉特在南美大举投资，收购了巴西、阿根廷、委内瑞拉和智利的乳品业务。帕玛拉特收购了美国拱门曲奇（Archway Cookies）的制造商，并占据了纽约市 50% 的牛奶市场。在欧洲，帕玛拉特闻名于西班牙、葡萄牙、匈牙利和罗马尼亚。1991 年，帕玛拉特在 6 个国家拥有 4 800 名员工。到了 2003 年，帕玛拉特在六大洲的 31 个国家拥有加工厂，员工人数达 36 000 人。

虽然帕玛拉特早在 1990 年就已经是上市公司了，但坦齐家族控制了殖民地股份公司（Coloniale SpA①），而后者持有帕玛拉特 52% 的有表决权股份。这种所有权结构便使卡利斯托·坦齐能够对帕玛拉特的管理决策保持绝对控制。卡利斯托·坦齐担任帕玛拉特的董事长兼 CEO，他的兄弟乔瓦尼（Giovanni）和儿子斯蒂法诺（Stefano）都是帕玛拉特董事会成员，也是行政委员会成员。其他大多数董事会成员要么是帕玛拉特的员工，要么是坦齐家族的朋友。2001 年，帕玛拉特的 13 名董事会成员中只有 3 人是独立董事。

卡利斯托·坦齐的兴趣远远超出了乳制品和加工食品。帕玛拉特在 1991 年收购了帕尔玛的职业足球队——帕尔马俱乐部（Parma AC）。这支由斯蒂法诺担任主席的球队，赢得了两次欧洲联盟杯冠军和一次欧洲优胜者杯冠军。但是在职业运动中，胜利的代价是昂贵的。帕尔马俱乐部仅在 2002 年就亏损了 7 700 万欧元。而坦齐的女儿弗朗切斯卡（Francesca）还有一个更昂贵的"爱好"。她经营着坦齐家族的旅游公司——帕尔玛旅游公司（Parmatour）。在收购全球各地的旅行社和酒店的过程中，帕尔玛旅游公司也积累了数亿欧元的损失。

帕玛拉特公司开始"变质"了

帕玛拉特第一次出现问题是在 2002 年 12 月，当时美林证券将帕玛拉特的证券评级从"买入"下调为"卖出"。此外，美林证券的食品行业分析师指出，帕玛拉特的现金流缺乏透明度。同月，一家意大利证券公司抱怨说："想深入了解帕玛拉特债务结构的细节真是一件难事儿！"② 2003 年 1

---

① SpA 是意大利语 societa per azioni 的缩写，与英语 joint-stock company 同义。——译者

② Stewart Hamilton,"How Going Global Compromised Parmalat," *European Business Forum*, Spring 2005, 66.

月，帕玛拉特的股价已经从 2002 年 4 月的峰值下跌了 40%。

帕玛拉特原计划在 2003 年 2 月发行 3 亿至 5 亿欧元的欧洲债券（Eurobonds），然而有机构投资者质疑该公司资产负债表中尚有数十亿欧元的无限制现金，为何还需要借入更多的资金。帕玛拉特就此取消了债券发行。10 个月后，也就是 2003 年 12 月 8 日，帕玛拉特未能按时偿还 1.5 亿欧元的债券，此事再次震惊了分析师和投资者。与帕玛拉特资产负债表中报告的 100 亿欧元资产相比，这笔债务几乎微不足道。对此，坦齐解释道："我们有一点流动性问题。"①

12 月 9 日，帕玛拉特董事会宣布，已聘请扭亏为盈专家（turnaround specialist）恩里科·邦迪（Enrico Bondi）为公司起草重组计划。在接下来的一周中，卡利斯托·坦齐、他的弟弟乔瓦尼、现任首席财务官卢恰诺·德尔·索达塔（Luciano Del Soldata）、前首席财务官法乌斯托·托纳（Fausto Tonna）以及审计委员会主席马里奥·布鲁盖拉（Mario Brughera）纷纷从帕玛拉特董事会辞职了。

12 月 16 日，邦迪聘请普华永道会计公司对帕玛拉特的财务状况进行审查。但普华永道会计公司还没来得及开展调查，美国银行纽约分行便通知致同会计公司的审计师，帕玛拉特的资产负债表上记录的 39.5 亿欧元账户并不存在。致同会计公司将这一异常情况报告给意大利监管机构，监管机构又通知了邦迪。12 月 19 日，帕玛拉特向市场宣布，该公司账上有 39.5 亿欧元失踪，约占其公布资产的 38%。12 月 27 日，帕玛拉特宣告破产，意大利监管机构对其实施了特别接管（extraordinary administration）②。卡利斯托·坦齐被控欺诈罪，并于当天晚些时候被捕。

帕玛拉特公司骗局

普华永道会计公司的调查人员在审查帕玛拉特的财务状况时发现，自 1990 年以来，该公司的财务报表每年都有错报。尽管从 1990 年到 2002 年，帕玛拉特每年报告的净利润在增长，但在这 13 年里，帕玛拉特有 12 年是

---

① Alessandra Galloni and David Reilly, "Spilt Milk: How Success Story at Parmalat Got a Very Sour Final Chapter," *Wall Street Journal*, December 22, 2003.

② 这种由政府安排的接管主要面向会对就业造成重大影响的大型公司。——译者

亏损的。仅2002年一年，帕玛拉特的营业收入就夸大了15亿欧元，税前利润也夸大了6亿欧元。①

帕玛拉特欺诈案最初是为了掩盖经营亏损。帕玛拉特的南美业务从一开始就没有盈利，但坦齐知道，如果帕玛拉特报告该亏损，公司将难以为未来的收购筹集资金。

坦齐同首席财务官法乌斯托·托纳及其下属设计了一个"双重账单计划"（double-billing scheme），以夸大帕玛拉特的收入和资产。② 在将牛奶赊销给超市或其他零售商的收入和应收账款入账后，帕玛拉特的会计师会准备一份发票复本，这些发票通常以运送牛奶的运输公司名义开具，然后再次入账。帕玛拉特随后用虚构的应收账款作为抵押品向银行贷款。在骗局被发现后，帕玛拉特的员工克劳迪奥·佩西纳（Claudio Pessina）告诉意大利当局，帕玛拉特有多达300人知道这个"双重账单计划"。③

当重复记录合法销售不足以掩盖帕玛拉特的损失时，坦齐和托纳就开始记录完全虚构的交易了。1999年，帕玛拉特在新加坡的一家子公司账上记录了向帕玛拉特的开曼群岛子公司邦拉特销售了30万吨奶粉，价值6.2亿欧元。而邦拉特则声称自己把这些奶粉卖给了古巴政府。帕玛拉特在这样一笔极不合理的交易中记录了约5亿欧元的收入，而这笔交易的奶粉量相当于古巴人均分得超过200升的牛奶。④

除了夸大收入和资产，帕玛拉特还严重低估了负债。SEC称，帕玛拉特通过以下方式低估了其债务：（1）错误地声称33亿欧元的债务已经通过回购债券偿还；（2）错误地将10亿欧元的债务分类为股东权益；（3）将某些带追索权的应收账款描述为无追索权的项目；（4）错误地将3亿欧元的银行贷款分类为集团内部的借贷业务，并在编制合并报表时不恰当地予以抵销；（5）声称2亿欧元的应付款项已经支付，但事实上仍未付清；（6）未记录与看跌期权相关的4亿欧元负债。⑤

帕玛拉特欺诈案的第三个方面是卡利斯托·坦齐从帕玛拉特的银行账

---

① Hamilton, "How Going Global Compromised Parmalat," 68.
② *In re Parmalat Securities Litigation*, *Second Amended Complaint*, U. S. District Court, Southern District of New York, October 18, 2004, 10.
③ Peter Gumbel, "How It All Went so Sour," *Time*, November 21, 2004.
④ *In re Parmalat Securities Litigation*, *Second Amended Complaint*, 9.
⑤ *SEC v. Parmalat*, *First Amended Complaint*, U. S. District Court, Southern District of New York, July, 28, 2004, 6.

户中抽取了约 9.26 亿欧元,以弥补他女儿亏损的旅游业务。坦齐对调查人员说:"总共有 1 万亿里拉被我挪用在家族的旅游公司上了。那些业务进展不顺利,需要钱,所以我给我的伙伴们下了指令。"① 现金提款在帕玛拉特的账簿上最初作为应收款项入账。后来,通过一系列的转账和造假,这些提款被伪装成与坦齐、他的家人和帕尔马旅游公司无关的第三方的应收账款。

帕玛拉特的大部分欺诈性交易都记在邦拉特公司的账上。正如前文所述,邦拉特公司是帕玛拉特在开曼群岛注册的离岸子公司。从 1998 年成立到 2003 年 9 月,邦拉特公司报告的资产从 15 亿欧元增至 86 亿欧元。帕玛拉特首席财务官法乌斯托·托纳后来向调查人员承认,邦拉特公司的资产完全是捏造的。② 帕玛拉特的会计人员在一个编号为 999 的公司内部账户中跟踪记录邦拉特公司的虚构资产。就在这起欺诈案被发现前不久,帕玛拉特的首席财务官卢恰诺·德尔·索达塔命令会计克劳迪奥·佩西纳把他存着 999 号账户记录的电脑拿回家,然后用锤子砸碎了硬盘。③

审计师轮换

自 1990 年帕玛拉特上市起,致同会计公司的意大利分公司就开始对帕玛拉特进行审计。意大利证券法要求公司最多 9 年就必须轮换审计公司。因此,1999 年,在致同会计公司结束了帕玛拉特的第 3 个为期 3 年的审计任期之后,帕玛拉特聘请德勤会计公司的意大利分公司对其合并财务报表进行审计。根据意大利法律,帕玛拉特可以继续让致同会计公司对邦拉特公司和其他离岸子公司进行审计。因此,帕玛拉特的高管们得以决定在该公司 120 个运营部门中,哪些部门由德勤会计公司进行审计,以及哪些依然由致同会计公司审计。

由于帕玛拉特虚构的资产大部分都集中在一个项目上——邦拉特公司宣称其在美国银行中有一个 39.5 亿欧元的账户,所以调查人员想知道致同

---

① Peter Popham, "Parmalat Funds Siphoned for Family Use, Founder Admits," *The Independent*, December 31, 2003.

② *SEC v. Parmalat*, 5.

③ Peter Popham, "Parmalat Blame Is Pinned on Its Worn-Out Founder," *The Independent*, January 3, 2004.

会计公司为何会遗漏如此明显的错报。致同会计公司的工作底稿中有一封日期为 2003 年 3 月 6 日的确认函，该确认函似乎是写在美国银行的信笺上，函上列出了三笔总计 39.5 亿欧元的邦拉特公司账户余额。不过，美国银行矢口否认发送过这一封确认信。帕玛拉特前首席财务官法乌斯托·托纳后来承认，他用剪刀、胶水和扫描仪伪造了美国银行的文件。①

德勤会计公司的南美审计师从一开始就对帕玛拉特心存疑虑。不幸的是，负责帕玛拉特审计的米兰合伙人阿道夫·马莫利（Adolfo Mamoli）不太欢迎这些可能会得罪他这位利润丰厚的客户的问题。1999 年，德勤会计公司布宜诺斯艾利斯办公室的合伙人埃斯塔本·佩德罗·维拉（Estaban Pedro Villar）提交了一份"内部警示报告"，并开始向帕玛拉特的首席财务官法乌斯托·托纳施压，要求其提供有关帕玛拉特财务状况的信息。托纳向马莫利抱怨维拉的问题"无礼而荒谬"，马莫利随即警告了维拉，并要求他在向托纳询问更多信息之前"提前联系我，讨论可能的解决方案"。②

2 年后，德勤会计公司另一位南美的审计师特别就邦拉特公司向马莫利发出了警告。2001 年 3 月，德勤会计公司巴西合伙人万德利·奥利维蒂（Wanderley Olivetti）质疑了帕玛拉特应收邦拉特公司的 1.86 亿欧元集团内部应收款项。奥利维蒂在一封给阿道夫·马莫利的电子邮件中写道："我们非常担忧这笔账款能否兑现，也担忧邦拉特公司清偿这些账款的能力。"③ 2002 年，奥利维蒂重申了他的担忧，想要对帕玛拉特的巴西子公司出具保留审计意见，因为他怀疑帕玛拉特无法收回邦拉特公司欠它的 5 亿美元货款。

托纳威胁称，如果德勤会计公司的审计人员继续询问邦拉特公司的情况，他将解聘德勤会计公司。托纳说："我不想再听到奥利维蒂的事了。我不会向他妥协的，我们将立即选择其他审计师。"④ 此后不久，德勤会计公司将奥利维蒂从帕玛拉特的审计业务中除名了。

除了虚假的美国银行账户外，邦拉特的账簿上还有另一笔虚假资产，

---

① Claudio Celani, "The Story Behind Parmalat's Bankruptcy," *Executive Intelligence Review*, January 16, 2004.

② Gumbel, "How It All Went so Sour."

③ Alessandra Galloni and David Reilly, "Parmalat Auditor Raised Concerns Over Unit in 2001," *Wall Street Journal Europe*, March 29, 2004.

④ Jason Nisse, "Deloitte Bowed to Pressure to Stop Parmalat Whistleblower," *The Independent*, May 1, 2005.

是对一只名为 Epicurum 的基金的 4.97 亿欧元的投资。帕玛拉特告诉致同会计公司，Epicurum 是一只投资于旅游公司的开放式共同基金。邦拉特公司对于 Epicurum 的投资在资产负债表上被分类为现金和有价证券。2003 年 8 月，致同会计公司要求查看 Epicurum 的资产负债表。当致同会计公司告知德勤会计公司它无法验证这笔投资的价值时，德勤会计公司对邦拉特公司 2003 年第三季度财务报表出具了保留审计意见。该份保留意见的审计报告引起了意大利证券监管机构的注意，其要求帕玛拉特提供更多关于 Epicurum 的信息。2003 年 12 月 8 日，帕玛拉特被迫承认这笔投资毫无价值。

致同会计公司和德勤会计公司均否认对帕玛拉特骗局负有责任，声称自己遵循了适当的审计程序，只是被造假和串通的谎言所欺骗。德勤会计公司甚至自认有功，因为它在更大的欺诈被发现的 4 个月前，就对邦拉特公司出具了带有保留意见的审计报告。

米兰检察官办公室任命斯蒂法尼亚·基亚鲁蒂尼（Stefania Chiaruttini）博士来分析德勤会计公司的审计活动及其在欺诈案中所扮演的角色。基亚鲁蒂尼的结论是，"德勤并未关注……其现场审计师在早期预警报告（early warning reports）和审计问答摘要（summary audit pleadings）中提出的意见"，这些意见是南美审计师发给米兰同事的。[①]

致同会计公司则受到了更强烈的谴责。致同会计公司的审计师洛伦佐·彭卡（Lorenzo Penca）和毛里齐奥·比安奇（Maurizio Bianchi）被意大利警方逮捕，并被指控协助帕玛拉特欺诈，根据法乌斯托·托纳的证词，"邦拉特公司的问题……始于与致同会计公司审计师的会谈"，他们"要求我们授权他们审计邦拉特公司……这样他们就可以继续'验证'资产负债表，尽管他们知道其中存在不实情况"。[②]

意大利监管机构对致同会计公司处以 24 万欧元罚款，原因是其参与了或未能发现财务欺诈。更严重的是，致同国际（Grant Thornton International）把这家意大利公司从组织中除了名。德勤会计公司支持了其意大利子公司，但该公司在 2007 年支付了 1.49 亿美元，以解决帕玛拉特债券持有人提起的民事诉讼。

---

① *In re Parmalat Securities Litigation*, *Second Amended Complaint*, 20.
② Ibid., 8.

擦掉溢出的牛奶

2003年平安夜，帕玛拉特申请破产保护。当时意大利政府承受了相当大的政治压力，因为外界要求政府救助该公司。帕玛拉特是意大利第八大公司，约占该国国内生产总值的1%。除了有数千名员工在帕玛拉特工作之外，还有5 000家意大利奶牛场将大部分或全部牛奶卖给了帕玛拉特的装瓶厂。

意大利总理西尔维奥·贝卢斯科尼（Silvio Berlusconi）授权恩里科·邦迪重组帕玛拉特的业务并解决该公司的债务。邦迪出售了帕尔玛俱乐部和帕玛拉特的许多亏损的海外子公司，并专注于帕尔玛拉特盈利的欧洲乳制品业务。帕玛拉特的债券持有人获得了重组后公司的股份。2006年，帕玛拉特的普通股在米兰证券交易所恢复了交易。

SEC对帕玛拉特提起民事诉讼，指控该公司一方面在美国出售了超过10亿美元的债务证券，另一方面却实施了"历史上最大的金融骗局之一"。[①] 由于美国债券持有人得以用获得的股票替换了毫无价值的债券，SEC没有对帕玛拉特的不当行为进行罚款，因为罚款反倒会降低美国投资者的股票价值。取而代之的是，SEC要求帕玛拉特采取一系列公司治理改革措施。帕玛拉特同意修改公司章程，设立一个由股东选举产生、独立董事占多数的董事会。修订后的章程还规定，董事会主席和CEO的职位由不同的人担任。帕玛拉特同意成立一个由独立董事组成的内部控制和治理委员会，以监督公司的内部控制。

意大利检方指控20多人参与了帕玛拉特欺诈案。2005年，首席财务官法乌斯托·托纳被判有罪，并被判处30个月监禁。2008年9月，包括德勤会计公司2名审计合伙人在内的8名被告在庭外达成和解。德勤会计公司的2名审计师被判18个月监禁。帕玛拉特审计委员会主席、董事会成员马里奥·布鲁盖拉被判20个月监禁。另外7名被控教唆欺诈的被告——4名帕玛拉特的高管和3名美国银行的员工——在米兰的陪审团审判后被判无罪。

2008年12月，卡利斯托·坦齐被判市场操纵罪，判处10年监禁。2

---

① SEC v. Parmalat, 1.

年后，他又因欺诈性破产罪和合谋罪被判处 18 年监禁。坦齐对记者抱怨说："这个判决与我的责任相比似乎太重了。"[①] 实际上，坦齐很容易就逃脱了惩罚。意大利当局很少囚禁 70 岁以上的罪犯。因为坦齐在首次被定罪之前一个月刚好年满 70 岁，所以他被软禁在帕尔马的庄园服刑。不过，坦齐的居住环境已经不像以前那么舒适了。2009 年 12 月，意大利税务警察突袭了坦齐的住所，带走了 19 件艺术品（包括梵高、毕加索和塞尚的作品），价值 1 亿欧元。

【参考文献】

Arie, Sophie. "Parmalat Dream Goes Sour." *The Observer*, January 1, 2004.

Barry, Colleen. "Parmalat Bondholders Emptyhanded from Milan Trial." *Associated Press Newswires*, December 19, 2008.

Celani, Claudio. "The Story Behind Parmalat's Bankruptcy." *Executive Intelligence Review*, January 16, 2004.

Edmondson, Gail, and Laura Cohn. "How Parmalat Went Sour." *Business Week*, January 12, 2004.

Galloni, Alessandra, and David Reilly. "Spilt Milk: How Success Story at Parmalat Got a Very Sour Final Chapter." *Wall Street Journal*, December 22, 2003.

Galloni, Alessandra, and David Reilly. "Tanzi Said to Admit Role in Alleged Fraud." *Wall Street Journal Europe*, December 30, 2003.

Galloni, Alessandra, and David Reilly. "Parmalat Auditor Raised Concerns Over Unit in 2001." *Wall Street Journal Europe*, March 29, 2004.

Gumbel, Peter. "How It All Went so Sour." *Time*, November 21, 2004.

Hamilton, Stewart. "How Going Global Compromised Parmalat." *European Business Forum* 21 (Spring 2005 2005): 65-69.

In re Parmalat Securities Litigation, Second Amended Consolidated Class Action Complaint. United States District Court for the Southern District of New York, Case No. 04 Civ. 0030 (LAK), October 18, 2004.

Knapp, Michael C. *Contemporary Auditing: Real Issues and Cases*. 9th ed. Cincinnati, OH: South-Western, 2013.

Nisse, Jason. "Deloitte Bowed to Pressure to Stop Parmalat Whistleblower." *The*

---

① Colleen Barry, "Parmalat Bondholders Emptyhanded from Milan Trial," *Associated Press Newswires*, December 19, 2008.

Independent, May 1, 2005.

Popham, Peter. "Parmalat Blame Is Pinned on Its Worn-Out Founder." *The Independent*, January 3, 2004.

Popham, Peter. "Parmalat Funds Siphoned for Family Use, Founder Admits." *The Independent*, December 31, 2003.

Reilly, David, and Jonathan Weil. "Top Executives Are Arrested at Parmalat Auditor." *Wall Street Journal*, January 2, 2004.

Securities and Exchange Commission. SEC v. Parmalat Finanziaria SpA, First Amended Complaint. United States District Court for the Southern District of New York, Case No. 03 CV 10266 (PKC), July 28, 2004.

Sylvers, Eric. "New Audit Details Fall of Parmalat." *New York Times*, April 17, 2004.

Winfield, Nicole. "Parmalat's Tanzi Convicted in Collapse." *Associated Press Newswires*, December 18, 2008.

【思考】

1. 帕玛拉特采用了什么方法来夸大其报告的收入？
2. 根据SEC的说法，帕玛拉特采用了什么方法来虚减负债？
3. 帕玛拉特的高管们是如何向审计师隐瞒公司虚增现金的事实的？
4. 根据斯蒂法尼亚·基亚鲁蒂尼的说法，德勤会计公司的审计师在对帕玛拉特的审计过程中犯了哪些错误？

32　奥林巴斯公司

「　我本以为自己要经营的是一家医疗保健和消费电子公司，却发现自己走进了约翰·格里森姆（John Grisham）的犯罪小说。

——奥林巴斯 CEO 迈克尔·伍德福德[①]　」

菊川刚（Tsuyoshi Kikukawa）和迈克尔·伍德福德在反目成仇之前曾经是朋友，这本来是一段不太可能发生的忘年交。菊川刚 1941 年出生，在战后的日本长大，毕业于著名的庆应义塾大学（Keio University）。19 年后，伍德福德出生在英格兰，在利物浦的一个工人阶级社区长大，16 岁辍学。两人之间的缘分还要从奥林巴斯这家联结了 5 大洲 3.5 万名员工的跨国公司说起。

菊川刚于 1964 年加入奥林巴斯，并稳步晋升，2001 年成为总裁兼董事长。1980 年，年仅 20 岁的伍德福德加入了奥林巴斯销售医疗设备的英国子公司凯美德（KeyMed），任销售员，并于 1989 年升任凯美德公司的总经理。伍德福德的迅速升迁，引起了在地球另一端工作的这位年长同事的注意。在接下来的 20 年里，菊川刚一直是伍德福德的导师，并于 2008 年任命伍德福德负责奥林巴斯的整个欧洲业务。2011 年 4 月，菊川刚选择伍德福德接替他担任奥林巴斯总裁。菊川刚还没有完全准备好退休，他保留了

[①] Michael Woodford, *Exposure: Inside the Olympus Scandal* (New York: Portfolio/Penguin, 2012), dust jacket.

董事长职务。

在之后的半年中，这两位昔日好友就陷入了谁将执掌奥林巴斯的权力之争。起因是伍德福德得知了一些可疑的交易，希望进行全面调查，菊川刚却阻止了他。2011年12月，两人都离开了奥林巴斯，不欢而散。

奥林巴斯公司概况

在二战后的40年里，日本制造商以能够设计和生产高质量的消费品而闻名。例如索尼电视、丰田汽车、松下半导体和本田摩托车在工程学和可靠性方面都领先世界。

奥林巴斯是日本的另一个成功故事。尽管该公司在西方消费者心目中以相机最为知名，但其大部分收入和利润其实都源于医疗设备销售，奥林巴斯控制了全球70%以上的内窥镜市场。内窥镜是一种带有微型灯和摄像头的可调节管状仪器，可以插入人体内诊断和治疗疾病，或者在手术时提供辅助。

奥林巴斯的问题始于1985年9月，当时美国、日本、英国、法国和西德的财政部长在纽约的广场酒店举行会议，制定了一项旨在让强劲的美元贬值的计划，由此形成的《广场协议》（Plaza Accord）一举让汇率从1984年底的1美元兑250日元，降到了1987年底的1美元兑121日元。美元兑日元汇率走低损害了奥林巴斯等日本出口商的利益。在美国销售相机或内窥镜所得的每一美元能够兑换的日元减少，奥林巴斯的收入和利润也随之下降。以其本国货币计量的奥林巴斯的利润从1985年的68亿日元暴跌至1986年的31亿日元。

随着制造业利润的下降，奥林巴斯总裁下山敏郎（Toshiro Shimoyama）开始从金融投资中找寻利润。从1986年到1993年，奥林巴斯的财务主管对利率互换（interest rate swaps）、货币互换（currency swaps）和结构性投资（structured investments）等衍生品进行了投机性投资。不幸的是，奥林巴斯在衍生品交易方面的实力与其在相机制造方面的专长并不相当。到1990年底，投机性投资的累计损失接近1 000亿日元，约合7.3亿美元。

当时的日本会计准则并不要求金融资产按市值计价。尽管奥林巴斯的上述投资的价值已经大幅缩水，但只要奥林巴斯继续持有这些投资，就可以按照购买价格将其列报在资产负债表中。由于不情愿确认损失，奥林巴斯只能将这些缩了水的投资继续攥在手里。

1997年又出现了一个新问题。日本开始将其国家会计准则对标IFRS。IFRS要求金融资产按当前市场价值（current market value）列报，这意味着奥林巴斯现在需要确认未实现的持仓损失。由于无法继续隐瞒损失，奥林巴斯的高管们需要找到一个让亏损消失的方法。

亏损"飞走"了

Tobashi是一个日语术语，意思是"飞走"。奥林巴斯的高管们设计了一个分两步进行的计划，以掩盖公司的未实现投资损失。在第一阶段，即"亏损分离"阶段，奥林巴斯创建了几个在开曼群岛注册的不纳入合并范围的空壳公司。奥林巴斯提供了种子资金，而这些公司的资金主要来自借款。这些空壳公司按照原始账面价值收购了奥林巴斯亏损的金融资产。由此奥林巴斯从资产负债表中剔除了不良投资，且无须在出售时记录亏损情况。

"亏损分离"计划导致奥林巴斯未合并子公司持有的资产价值远远低于子公司已支付的金额。此外，这些子公司还欠着债权人数亿美元，这些欠款是它们为收购而借入的。在第二阶段，即"损失处置"阶段，奥林巴斯需要将资产转移给开曼群岛的公司，以便它们能够偿还债务。

将资产转移到空壳公司的第一种方式，是支付过高的收购费用。2003年至2005年，开曼群岛公司收购了三家小型日本企业：医疗废物处理公司阿尔蒂斯（Altis）、邮购化妆品公司胡马拉博（Humalabo）、微波餐盘生产商纽斯舍夫（News Chef）。这三家公司的总收购价约为1 000万美元。2008年3月，奥林巴斯以近8亿美元的价格，从开曼群岛公司手中收购了阿尔蒂斯、胡马拉博和纽斯舍夫，大部分收购成本都记入了商誉。

将资产转移到空壳公司的第二种方式，是支付虚假的咨询费。2008年，奥林巴斯斥资22亿美元收购了一家英国医疗设备制造商佳乐集团（Gyrus Group PLC）。收购完成后，就与佳乐集团收购交易相关的服务，奥林巴斯向在开曼群岛注册的投资公司阿克萨姆（Axam）支付了6.87亿美元，这些费用构成了收购总成本的一部分，增加了并购商誉的金额。总而言之，奥林巴斯的两阶段亏损掩盖计划用同等金额的商誉，替换了超过10亿美元的未实现投资损失。

警铃大作

2011年7月,日本一家不知名杂志《通讯》(*Facta*)发表了一篇题为《奥林巴斯胡作非为》(Olympus Runs Amok)的文章。[①] 这篇文章包含两项严重的指控。首先,奥林巴斯在三家产品与奥林巴斯的核心业务无关的亏损公司上豪掷了8亿美元;其次,奥林巴斯莫名其妙地为一笔22亿美元的收购支付了6.87亿美元的咨询费,要知道,大多数投资咨询公司只能收取并购交易金额的1%或2%作为合并重组咨询费。

当《通讯》上的文章发表时,伍德福德正在伦敦的家中。他不会日语,若不是有位朋友通过电子邮件给他转发了一份英文译本,他可能永远也不会听说这篇文章。7月29日,他前往日本,希望能在公司总部听到关于该指控的只言片语。然而,他发现大家都讳莫如深。伍德福德向他的导师寻求解释。菊川刚解释说:"是我让行政楼层的工作人员不要告诉你的。你作为总裁工作已经够辛苦了,哪能因为这点小事就惊动你呢。"[②] 当伍德福德问及这些指控是否属实时,菊川刚点头称:"有些是真的。"[③] 然而,他拒绝详细说明。伍德福德要求奥林巴斯其他高管解释这些可疑的收购和过高的咨询费,但没有得到满意的答复。

2个月后,当伍德福德在纽约考察公司在美国的经营状况时,《通讯》杂志发表了第二篇关于奥林巴斯的文章。一位日本同事将英文译本转发给了伍德福德。文章发现阿尔蒂斯与在开曼群岛注册的两家可疑的特殊目的公司之间存在联系。此外,这篇文章还将这两家特殊目的公司与第三家公司联系起来,后者疑似与日本一个名为"极道"(Yakuza)的有组织犯罪集团有关系。

回到英国后,伍德福德致信奥林巴斯集团合规官森久志(Hisashi Mori),要求他回答一系列问题。具体而言,伍德福德要求其提供有关这三笔收购的详细信息,包括为每家公司支付的价格、如何确定每笔收购价格、向谁

[①] Michael Woodford, *Exposure: Inside the Olympus Scandal* (New York: Portfolio/Penguin, 2012), dust jacket, 6-9.

[②] Michael Woodford, *Exposure: Inside the Olympus Scandal* (New York: Portfolio/Penguin, 2012), dust jacket, 23.

[③] Ibid.

付款、收购是如何记账的，以及每家公司目前的财务状况和未来预期。第二天森久志就作出了回应，但回避了大部分问题。

伍德福德给森久志发了第二封信，开头这样写道："你的答复我很不满意。"[①] 伍德福德表示，如果森久志不就他的问题提供实质性的答案，他将坚持聘请独立会计师调查这些交易。尽管信是写给森久志的，但这第二封信却引来了菊川刚的回复，告诉伍德福德他的询问是徒劳的，他应该停止调查。

在随后写给菊川刚的三封信中，伍德福德锲而不舍地询问有关收购的信息，并表示如果得不到满意的答复，他将从奥林巴斯辞职。伍德福德正式将这五封信件抄送给奥林巴斯董事会的每位成员，他还将最后两封信抄送给了安永会计公司在日本、亚洲和美国的高级合伙人，包括安永会计公司的董事长兼CEO詹姆斯·特里（James Turley）。

伍德福德于9月28日返回东京。在第二天的董事会上，几位董事批评了伍德福德威胁要辞职并将信件抄送给安永会计公司的行为。"你这是引狼入室呀，为什么要这样做？"一位董事问道。[②] 由于缺乏奥林巴斯董事会的支持，伍德福德只能回到英国的家中，考虑下一步该怎么办。

在回到伦敦后不久，伍德福德委托普华永道会计公司调查奥林巴斯为收购佳乐集团向阿克萨姆支付的6.87亿美元的咨询费。普华永道会计公司只用8天就完成了这项工作。会计师报告称，尽管他们无法验证奥林巴斯的行为是否失当，但奥林巴斯管理层采取的几项行动是"值得怀疑的"，这里有"一些值得探究的潜在违法行为，包括会计造假……以及董事会违反董事职责"。[③] 在阅读了普华永道会计公司的报告后，伍德福德给菊川刚和森久志写了第六封也是最后一封信，要求他们二人辞职。他随后飞往东京进行最后的决战。

10月14日上午，在成为奥林巴斯总裁大约6个月后，伍德福德参加了一次特别董事会。菊川刚晚了7分钟进入董事会，这在日本文化中是极为失礼的行为。菊川刚没有递交辞呈，而是提出了两项提议。第一项提议是解除伍德福德在奥林巴斯的总裁及董事职务，第二项提议是解除伍德福德在奥林巴斯子公司的董事职务。15名董事会成员并没有对此展开讨论，而

---

① Michael Woodford, *Exposure: Inside the Olympus Scandal* (New York: Portfolio/Pengiun, 2012), dust jacket, 45.

② Ibid., 52.

③ Ibid., 54-55.

是在宣读每一项提议时，同时举起了手。几分钟后，奥林巴斯员工就护送他们的前总裁进了电梯。

伍德福德从公寓里拿了一箱衣服，之后第一个电话就打给了《金融时报》记者乔纳森·索布尔（Jonathan Soble）。他们在一家咖啡馆见了面，伍德福德给了索布尔一份文件，其中包括他写给菊川刚和森久志的六封信、他们的回复、普华永道会计公司关于阿克萨姆咨询费的报告，以及《通讯》上两篇文章的英文译本。经过一番简短的讨论，伍德福德动身去机场时说："索布尔，我需要你把这一切都曝光出来。请快点。"①

10月15日，《金融时报》头版刊登了索布尔的文章，文中称伍德福德因质疑奥林巴斯向开曼群岛的可疑公司支付10亿多美元款项而被解雇。②伍德福德在接下来的一周内接受了数十次采访，类似的报道还出现在《华尔街日报》（美国版和国际版）和《每日邮报》（伦敦版）等报纸上，英国广播公司（BBC）也播出了类似的报道。这一负面消息导致奥林巴斯的股价在伍德福德被解雇后的5个交易日内从每股2 433日元跌至1 207日元，市值蒸发40亿美元。

奥林巴斯的多数日本机构投资者在公司股价暴跌期间保持了沉默。但海外大股东经历了持股价值缩水50%之后，要求公司采取行动。10月21日，在解雇伍德福德7天后，奥林巴斯董事会同意就该公司最近的收购活动接受独立调查。12月6日，由退休的日本最高法院法官甲斐中辰夫（Tatsuo Kainaka）担任主席的第三方委员会公布了调查结果。③该报告描述了奥林巴斯高管如何在投机性投资上损失逾10亿美元，然后在20年的时间里合谋隐瞒这些损失。该委员会称奥林巴斯的公司治理和内部控制"存在缺陷和不足"。④ 在结论中，该委员会将奥林巴斯的企业文化比作癌症，称"奥林巴斯应该摘除它的恶性肿瘤，真正地改过自新"。⑤

---

① Michael Woodford, *Exposure*: *Inside the Olympus Scandal* (New York: Portfolio/Penguin, 2012), dust jacket, 73.

② Jonathan Soble, "Sacked Olympus Chief Had Sought Answers to Over ﹩1bn in Payments," *Financial Times*, October 15, 2011.

③ Third Party Committee, *Investigation Report* (English translation; Tokyo: Olympus Corporation, 2011).

④ Ibid., 18.

⑤ Ibid., 31.

三只盲鼠

当时的五大会计公司中的三家均未能揭露奥林巴斯的投资损失。20世纪80年代末奥林巴斯最初出现亏损时，安达信会计公司的日本子公司朝日公司对其进行了审计。毕马威日本公司在安达信会计公司倒闭后收购了朝日公司，并于2002年接手了奥林巴斯的审计业务。安永新日本公司（Ernst & Young ShinNihon）则在2010年接替了毕马威日本公司。

在这三家审计公司中，毕马威会计公司是唯一一家对奥林巴斯会计处理提出严肃质疑的。2008年12月，毕马威会计公司审计师在对截至2009年3月31日的财年进行审计时得出结论，奥林巴斯为收购阿尔蒂斯、胡马拉博、纽斯舍夫和佳乐集团支付了过高的价格。在接下来的4个月里，审计师要求菊川刚和他的同事们解释为什么奥林巴斯花费近8亿美元收购了三家不盈利的公司，并为收购第四家公司支付了超过30%的"咨询费"。菊川刚和森久志回应称，审计师没有责任质疑客户的商业决策。毕马威会计公司合伙人在2009年5月告诉菊川刚："如果你只是不断重复你之前给出的解释（即这些交易是合适的），那么我将很难继续担任你的审计师。"[1] 菊川刚不情愿地从奥林巴斯2009年3月31日的资产负债表上移除了9.21亿美元的商誉，但他不愿意再与毕马威会计公司打交道了。在审计师对奥林巴斯2009财年的财务报表出具无保留意见的审计报告后不久，董事会便任命安永新日本公司执行2010财年的审计。新的审计师只是草草询问了一番就接手了审计业务。一年后，安永新日本公司对奥林巴斯2010年3月31日的财务报表发表了无保留意见。

最初负责调查奥林巴斯可疑收购的第三方委员会批评毕马威会计公司和安永会计公司在调查那些远超实际价值的收购价格和咨询费方面做得不够。该委员会的报告表示，"我们必须承认，（这些审计机构）难辞其咎。"[2] 另一个专门负责评估奥林巴斯审计师表现的独立委员会则较为宽

---

[1] Phred Dvorak and Kana Inagaki, "Olympus Auditors Get New Scrutiny," *Wall Street Journal Online*, December 9, 2011.

[2] Third Party Committee, *Investigation Report*, 25.

容，认为这两家会计公司都没有违反其受托责任。① 该委员会的报告称，奥林巴斯的高管们如此巧妙地掩盖了损失，审计师不应该为没有发现亏损而受到指责。日本金融厅（FSA）也对审计师的工作进行了审查。尽管 FSA 表示，没有发现审计师在奥林巴斯审计中"存在任何故意行为或严重过失"，但它依然得出结论，毕马威日本公司和安永新日本公司都缺乏适当的运营管理系统来确保进行恰当的审计。② 这两家公司被要求在 2012 年 8 月之前向 FSA 提交业务改进计划，并每 6 个月报告一次进度。

浴火重生

2012 年 2 月，日本当局逮捕了菊川刚和森久志，指控他们违反了日本证券法。在认罪后，两人都被判缓刑。法官斋藤广明（Hiroaki Saito）对于自己没有将这两名高管送进监狱的判决给出的理由是，他们只是延续了前几任高管多年前发起的一项欺诈计划，而且没有证据表明两人从欺诈中获得了个人利益。③

在被解职后的 3 个月里，伍德福德一直在同奥林巴斯的员工和投资者开会，试图组建一个新的公司董事会和管理团队，并恢复自己的总裁一职。然而在奥林巴斯最大的日本机构投资者拒绝支持他之后，伍德福德切断了与奥林巴斯的所有关系，并与之达成了 1 550 万美元的财务和解协议。当年晚些时候，伍德福德在一本名为《曝光：奥林巴斯丑闻内幕；我如何从 CEO 变成吹哨人》（*Exposure：Inside the Olympus Scandal；How I Went from CEO to Whistleblower*）的书中揭露了他的艰难经历。2016 年，纪录片《武士和白痴：奥林巴斯事件》（*Samurai and Idiots：The Olympus Affair*）上映，该片以对伍德福德的采访为卖点。

奥林巴斯在这场丑闻中安然幸存。东京证券交易所（Tokyo Stock Exchange）要求奥林巴斯提交 5 年的修正后的财务报表，但只对该公司处以

---

① Hiroko Tabuchi and Keith Bradsher, "Olympus Clears Auditors in an Accounting Cover-Up," *New York Times*, January 18, 2012.

② Taiga Uranaka, "Japan Regulator Raps KPMG, Ernst & Young for Olympus Work," *Reuters*, July 6, 2012.

③ Hiroko Tabuchi, "Suspended Sentences in Olympus Fraud Case," *New York Times*, July 4, 2013, B3.

约 13 万美元的罚款，并且从未将其股票摘牌。东京地区法院则因奥林巴斯公布虚假财务报表对其处以 700 万美元罚款。到 2013 年 4 月，奥林巴斯的股票恢复到了丑闻前的每股 2 500 日元。2018 年夏天，奥林巴斯的股票价格超过了 4 000 日元，该公司继续在内窥镜技术方面领先于世界。

【参考文献】

Dvorak, Phred, and Kana Inagaki. "Olympus Auditors Get New Scrutiny." *Wall Street Journal Online*, December 9, 2011.

Elam, Dennis, Marion Madrigal, and Maura Jackson. "Olympus Imaging Fraud Scandal: A Case Study." *American Journal of Business Education* 7 (Fourth Quarter 2014).

Knapp, Michael C., and Carol A. Knapp. "Zaiteku + Tobashi = Olympus Accounting Fraud." *Journal of Forensic & Investigative Accounting* 6 (2014).

Norris, Floyd. "Deep Roots of Fraud at Olympus." *New York Times*, December 9, 2011.

Soble, Jonathan. "Sacked Olympus Chief Had Sought Answers to Over $1bn in Payments." *Financial Times*, October 15, 2011.

Tabuchi, Hiroko. "Arrests in Olympus Scandal Point to Widening Inquiry Into a Cover-Up." *New York Times*, February 17, 2012.

Tabuchi, Hiroko. "Suspended Sentences in Olympus Fraud Case." *New York Times*, July 4, 2013.

Tabuchi, Hiroko, and Keith Bradsher. "Olympus Clears Auditors in an Accounting Cover-up." *New York Times*, January 18, 2012.

Third Party Committee. *Investigation Report* (English translation). Tokyo: Olympus Corporation, 2011.

Uranaka, Taiga. "Japan Regulator Raps KPMG, Ernst & Young for Olympus Work." *Reuters*, July 6, 2012.

Woodford, Michael. *Exposure: Inside the Olympus Scandal; How I Went from CEO to Whistleblower*. New York: Portfolio/Penguin, 2012.

【思考】

1. 在 20 世纪 90 年代，奥林巴斯的高管们是如何隐瞒公司的投资亏损的？

2. 奥林巴斯是如何利用其在开曼群岛的子公司来让该公司亏损"飞

走"的?

3. 奥林巴斯的欺诈行为是如何被发现的?

4. 奥林巴斯的会计核算中,有哪些方面可能会让毕马威日本公司和安永新日本公司警觉到该公司隐瞒了损失?

33　随着世界的变化……

「　人们对审计失去了信心，我认为公共会计师行业迫切需要解决这个问题。

　　　　　　　　　　　　　　　　　　　　——史蒂芬·海德里尔[①]　」

　　世界各地的银行、养老基金、保险公司和个人投资者持有数十亿美元的美国证券。2002年，安然公司、世通公司、泰科（Tyco）、环球电讯（Global Crossing）和阿德菲亚通信（Adelphia Communications）因被指控财务欺诈而宣告破产，六大洲的投资者都蒙受了损失。6年后，由于美国住房抵押贷款支持证券贬值，全球投资者又损失了数十亿美元。例如，在雷曼兄弟破产时，苏格兰皇家银行就持有超过15亿美元雷曼兄弟及其子公司的无担保债权。

　　财务丑闻并非美国独有。在总部位于加拿大、澳大利亚、中国、日本、德国和英国的公司中，都发生过大型财务欺诈。2002年至2018年，许多国家针对会计和审计程序在企业财务欺诈中暴露的弱点进行了改革。

加拿大

　　作为美国最近的邻居和最大的贸易伙伴，加拿大密切关注安然公司和

[①] Quoted in Madison Marriage, "Probe Urged Into Break-up of Big Four Accountants," *Financial Times*, March 16, 2018.

世通公司的财务丑闻。美国于 2002 年 7 月颁布《2002 年萨班斯-奥克斯利法案》，几个月后，加拿大也开始强化自己的会计和审计规则。

加拿大改革的动力之一是希望避免类似的丑闻。加拿大西安大略大学（University of Western Ontario）商科教授戴维·夏普（David Sharp）警告称，加拿大自身没有遭遇重大财务欺诈，这"只是侥幸"。夏普说："就一般意义而言，我怀疑加拿大公司并不比其对标的美国公司更遵守会计准则。"[1] 2002 年 7 月，加拿大会计准则监督委员会（Accounting Standards Oversight Council）主席托马斯·艾伦（Thomas Allen）告诉一家报社记者，鉴于安然公司和世通公司的丑闻，该组织正在重新审查加拿大的会计惯例。[2]

改革的第二个动机是希望维护加拿大公司进入美国资本市场的"绿色通道"（preferential access）。2002 年，大约有 180 家加拿大公司在美国的证券交易所交叉上市。由于美国认为加拿大有足够强大的会计和公司治理法规，所以两国之间签署了一项双边协议，允许符合条件的加拿大公众公司使用仅经过加拿大证券监管机构审查的披露文件在美国上市。当美国于 2002 年 7 月颁布《2002 年萨班斯-奥克斯利法案》时，加拿大被迫采取类似改革，以维持自身有利地位。

SEC 负责在全国范围内执行证券法律，与美国不同的是，加拿大没有国家层面的证券委员会。加拿大的 13 个省和地区都有自己的证券交易法律法规。各省和各地区的管理当局通过加拿大证券管理局（Canadian Securities Administrators）协调其活动。因为多伦多证券交易所（多伦多是安大略省的省会）是加拿大最大的证券市场，所以安大略省的证券委员会（Ontario Securities Commission，OSC）经常牵头改革工作。

2002 年 10 月，安大略省财政部长珍妮特·埃克（Janet Ecker）提出了《信守对强劲经济的承诺法案》（Keeping the Promise for a Strong Economy Act）。这项通常被称为"198 号法案"的法律于 12 月正式通过。198 号法案提高了对证券欺诈罪的最高处罚，并指示证券监管机构制定提振投资者信心的规则。

根据 198 号法案的指示，加拿大证券管理局于 2003 年 6 月提出 3 项多

---

[1] Richard Blackwell, "Accounting Scandals Inevitable, Experts Say," *Globe and Mail*, July 1, 2002.

[2] Ibid.

边文书（multilateral instruments，MIs），其中"MI 52-108"（审计师监督）规定，只有在加拿大公共会计委员会（Canadian Public Accountancy Board，CPAB）注册的会计公司才可以审计公众公司。CPAB 监管加拿大的会计公司，但不制定审计准则。"MI 52-109"（CEO 和 CFO 证明）要求公司 CEO 和 CFO 亲自证明他们已经审查了每一份中期/年度申报文件，并且据其所知，申报文件中不包含任何重大错报或遗漏。此外，他们必须证明他们设计或监督设计了对财务报表的可靠性提供合理保证的内部控制。《2002 年萨班斯-奥克斯利法案》第 404 项条款要求审计师对公司财务报告的内部控制进行评估或发表意见，而在加拿大的监管规定中没有类似的条款。"MI 52-110"（审计委员会）阐述了关于公司审计委员会的组成、独立性和职责的规定。2004 年 1 月，除不列颠哥伦比亚省拒绝采用"MI 52-108"外，加拿大所有省和地区都通过了这 3 项拟议的规则。

澳大利亚

澳大利亚是另一个在文化和经济上与美国相似的国家，它在 2004 年实施了自己的会计和公司治理改革。2001 年 3 月 HIH 保险公司破产后，澳大利亚总理约翰·霍华德（John Howard）成立了一个皇家委员会（Royal Commission）来调查该公司的破产。HIH 保险公司是澳大利亚第二大的综合保险公司，该公司累计亏损 53 亿澳元，是澳大利亚历史上最大的破产企业。HIH 保险公司总裁罗德尼·阿德勒（Rodney Adler）承认了 4 项刑事指控，包括传播虚假信息和利用误导性陈述牟利。

由法官内维尔·约翰·欧文（Neville John Owen）担任主席的皇家委员会于 2003 年 4 月发布报告，建议澳大利亚采用高质量、一致且易于理解的会计准则，以及通过在年报中披露非审计服务并限制前审计师在被审计单位中担任高级管理职位，来提高审计师的独立性。报告还建议，除了审计业务合伙人和复核合伙人外，还应将审计师轮换要求适用于高级审计人员。[①]

2004 年 7 月，澳大利亚颁布了《2004 年公司法经济改革计划（审计改

---

① HIH Royal Commission，*Report of the HIH Royal Commission* （Canberra：Commonwealth of Australia，2003）.

革和公司披露）法案》（Corporate Law Economic Reform Program（Audit Reform & Corporate Disclosure) Act of 2004），即所谓的"第9号法案"（CLERP 9）。新法律采纳了皇家委员会的许多建议，其中包括保护举报人、高管薪酬和审计师独立性等方面的规定。根据第9号法案，CEO和CFO必须亲自证实公司的定期财务报告。公司必须披露曾在其现任审计机构中担任合伙人的高管姓名。审计师必须至少等待2年才能成为被审计公司的管理人员，不得有超过1名的前审计合伙人同时担任公司的高管或董事。各公司必须披露支付给审计机构的非审计服务金额，并作出确认审计师独立性的一般性声明。根据第9号法案的审计师轮换要求，审计业务合伙人和复核合伙人在公众公司连续7个财年里最多只能在5个财年的审计中担任重要职位。

日　本

21世纪初，日本也遭遇了一系列财务丑闻。2004年10月，监管机构发现，东京主要列车运营商西武铁路（Seibu Railway）在过去5年里虚报股东信息，以掩盖其违反东京证券交易所规定的行为。西武铁路的董事长堤义明（Yoshiaki Tsutsumi）承认了内幕交易和伪造财务记录罪的指控。2005年4月，一项内部调查显示，化妆品企业嘉娜宝有限公司（Kanebo Ltd.）通过虚增收入、递延费用和高估存货，虚增了2 000亿日元的净资产。来自普华永道会计公司日本子公司的4名审计师因帮助嘉娜宝有限公司高管伪造公司报告而被捕。2006年1月，日本当局突击搜查了互联网服务提供商活力门（Livedoor）的办公室，逮捕了几名涉嫌证券欺诈的高管。这一丑闻引发了市场对活力门和其他科技股的疯狂抛售，东京证券交易所甚至因担心其计算机系统可能崩溃而提前收盘。

这一连串的财务丑闻，尤其是嘉娜宝有限公司的倒闭，促使人们重新审视日本的审计实务。21世纪初，日本企业支付的审计费用还不到美国对标企业的一半。低收费至少会在两个方面损害审计质量。首先，审计公司会通过限制审计程序的范围来削减成本；其次，低收费减少了审计公司可用于支付工资的资金，增加了吸引高质量审计师的难度。2006年，日本每9 600名公民中有一位注册会计师，而美国每800名公民就有一名注册会计师。

文化规范也会影响审计质量。对峙在日本是罕见的，共治和合作受到高度重视。律师丸岛茂（Shigeru Maruhashi）称，文化因素导致日本审计师对客户过于恭顺，即使客户触犯了法律，他们也会遵从客户的意愿。[1] 日本监管机构几乎没有采取过什么措施来制止松懈的审计工作。从 1979 年到 1998 年，日本财务省甚至没有吊销过任何一名注册会计师的执照。

2004 年，日本采取了三个步骤来加强其会计和审计实务。首先，首相小泉纯一郎（Junichiro Koizumi）建立了一个新的联邦机构——日本金融厅来监管日本的资本市场。其次，成立了注册会计师和审计监督委员会（Certified Public Accountants and Auditing Oversight Board，CPAAOB）来监督全国的公共会计师。最后，日本注册会计师协会（Japanese Institute of Certified Public Accountants，JICPA）通过了加强审计师独立性的新规定，包括有史以来首次禁止审计师持有其客户的股票。

2005 年 10 月，CPAAOB 开始审查日本四大会计公司的业务。CPAAOB 在 2006 年 7 月发布的报告中描述了这四家公司在经营政策和程序上的缺陷，日本金融厅随后发布了"业务改进令"，要求各家公司整改。

2006 年 6 月，日本国会通过立法，旨在加强企业内部控制，恢复公众对财务报告的信任。日本记者将这项《金融工具与交易法》（Financial Instruments and Exchange Law）称为"日本萨班斯法案"（J-SOX），因为它与美国的《2002 年萨班斯-奥克斯利法案》相似。[2] J-SOX 要求日本公司高管证明其公司针对财务报告的内部控制是健全的，财务报表是准确的。另外，财务报表和内部控制报告必须经公司外部审计师核准。

在 J-SOX 颁布 5 年后，奥林巴斯欺诈案再次引发了人们对日本的财务报告实务的质疑。奥林巴斯吹哨人迈克尔·伍德福德批判了奥林巴斯收到的审计报告，称其"肤浅且毫无意义"（shallow and meaningless）。[3] 奥林巴斯欺诈案曝光时的审计机构安永新日本公司 4 年后又卷入了一场规模更大的丑闻。调查人员在 2015 年发现，安永新日本公司的审计客户东芝，将此前 7 年的盈利夸大了 1 510 亿日元（约合 12 亿美元）。许多东芝高管迫于实现盈利目标的压力，参与了会计操纵，采用了低估原材料成本、不冲销

---

[1] David Reilly and Andrew Morse, "Japan Leans on Auditors to be More Independent," *Wall Street Journal Asia*, May 18, 2006.

[2] "Outline of the 'J-SOX' Financial Rules," *The Japan Times*, December 29, 2006.

[3] Andrew Sawers, "Michael Woodford on the Olympus Scandal, Auditors, and Capitalism," *Economia*, January 31, 2012.

已解除的合同等手段。日本金融厅因安永新日本公司对东芝的审计存在缺陷而对其处以 21 亿日元（约合 1 730 万美元）的罚款，并禁止该公司在 3 个月内接受新的审计业务。

东芝丑闻不仅仅"玷污"了安永新日本公司。日本注册会计师协会会长森公高（Kimitaka Mori）表示，东芝事件"严重损害"了人们对日本资本市场以及日本特许会计师审计工作的信任。[①] 会计学教授八田进二（Shinji Hatta）预测，东芝事件将成为日本审计制度的一个"转折点"。[②] 到目前为止，奥林巴斯和东芝的丑闻似乎至少促成了一次审计改革，即日本在 2017 年采用了新的审计准则，要求审计报告披露更多关于审计师判断和审计过程的信息。

日本的财务丑闻也引发了公司治理改革。批评人士称奥林巴斯和东芝的欺诈案之所以能够隐瞒多年，是因为这两家公司的董事会全部由内部人员组成，他们拒绝挑战公司的高管。对此，2015 年日本金融厅出台了一项新的公司治理准则，要求企业至少任命 2 名独立董事，或解释不这么做的理由。

欧　盟

2009 年，随着美国金融危机席卷大西洋彼岸，欧盟的实际国内生产总值萎缩了 4%。欧洲央行降低了利率，并向难以筹措运营资金的金融机构提供紧急贷款。欧盟各国政府通过了"欧洲经济协调复苏计划"（Coordinated European Economy Recovery Plan），在基础建设项目上投入了 2 000 亿欧元，以刺激陷入困境的经济。

欧洲的审计机构与美国同行相比受到了更严厉的批评，因为它们未能向投资者和监管机构发出金融市场即将崩溃的警告。欧盟的执行机构欧盟委员会（European Commission，EC）在 2010 年 10 月宣布，将对审计师在经济中的作用进行研究。欧盟委员会的绿皮书《审计政策：危机的教训》（*Audit Policy: Lessons from the Crisis*）引言中有这样的表述：

[①] "In Japan, New Emphasis on Holding Auditors to Account," *Nikkei Asian Review*, December 23, 2015.

[②] Ibid.

2007年至2009年，许多银行的资产负债表表内及表外所持头寸都出现了巨额亏损，这不仅引发了人们关于审计师为何能够在这段时间内为客户出具无保留意见审计报告的疑问，还引发了对当前立法框架的适当性和充分性的思考。①

欧盟委员会的绿皮书概述了一系列需要研究的审计相关议题。在题为"审计师的作用"章节中，绿皮书就审计过程中是否需要更多实质性测试以及扩大审计报告内容等主题征求意见。绿皮书在题为"审计公司的治理和独立性"章节中承认，公司自行选择审计师并支付费用的现行制度造成了"体制内的扭曲"（distortion within the system）。欧盟委员会表示，它正在考虑建立一个由监管机构（而非企业自身）来处理审计师的任命和薪酬的体系的可行性。绿皮书在该章节中还就审计公司强制轮换、禁止会计公司向审计客户提供非审计服务以及会计公司可以从单个客户获得的收入占总收入百分比的限制等问题征求了意见。绿皮书的第三个主要章节"集中度与市场结构"表达了对四大会计公司已经"大而不倒"（too big to fail）的担忧，并警告称，一家会计公司的倒闭可能会严重扰乱资本市场。该报告针对欧盟委员会是否应当采取法国的审计政策征求了意见，即要求公众公司指定两家不同的审计公司分担审计工作，并发布联合审计报告。这样的政策可能会给二线会计公司发展壮大的机会，因为那些本不会聘请二线会计公司作为唯一审计师的大型跨国公司，可能会考虑在联合审计中，让一家四大会计公司与一家规模较小的审计公司进行搭配。接受联合审计的客户，哪怕其中一家审计机构倒闭了，其受到的影响也会比较小。

在审阅了700多封评论信并进行了多项研究之后，欧盟委员会于2011年11月提出了一系列改革措施，以提高对公共利益实体（public-interest entities）审计的质量。② 欧盟委员会的提案列举了在2008年和2009年用于援助欧洲各银行的4.5万亿欧元财政支出，以及广为人知的益格鲁爱尔兰银行（Anglo Irish Bank）和英国国防承包商BAE系统公司的财务丑闻，以说明审计没有发挥应有的作用。该提案指出了审计服务市场存在三大弱点：(1) 审计客户缺乏选择机会；(2) 四大审计公司之一如若倒闭可能带来的

---

① European Commission, *Audit Policy: Lessons from the Crisis*, 13 October 2010, 3.
② European Commission, *Regulation to Increase the Quality of Audits of Financial Statements of Public-Interest Entities*, 30 November 2011.

系统性风险；(3) 潜在利益冲突，以及审计独立性相关问题。

为了解决这些已知的薄弱环节，欧盟委员会提出了一系列改革建议，包括禁止"仅限四大"的合同条款，加强审计委员会在任命审计师方面的作用，以及扩展审计报告的内容。

该提案还包括一项禁止审计师向其客户提供非审计服务的规定。令四大会计公司合伙人吃惊的是，该法案草案要求大型会计公司将其咨询业务剥离为独立的法律实体，成为只承接审计业务的公司。欧盟委员会指出，完全禁止四大会计公司提供非审计服务是合理的，否则假若其中一家会计公司因为向客户提供了非审计服务而失去审计资格，许多大公司将只剩下一两家审计公司可供选择。

也许最引人注目的改革是此项提议：要求客户在最多 6 年的聘期期满后更换审计公司，且在再次聘请该审计公司之前需要有 4 年的冷静期。该报告称强制轮换是整个提案发挥作用的必要条件，仅靠其他措施不足以提高审计独立性和职业怀疑水平。

四大会计公司的欧洲子公司迅速抨击了提案中的新规定。德勤会计公司 CEO 兼高级合伙人戴维·斯普劳尔（David Sproul）预测称："这些审计质量改进措施的不利影响将作用于所有行业，但对金融机构的影响将最为严重。"[①] 普华永道会计公司（英国）的董事长伊恩·鲍威尔（Ian Powell）表示赞同："某些提议将大幅增加成本，增加监管的复杂性并危及审计质量。"[②] 2011 年，四大会计公司花费了 700 多万欧元用于游说，以对抗那些它们担心会破坏其商业模式（business models）的改革。

2014 年 4 月，欧洲议会通过了审计改革立法。最显著的变化是要求公众公司、保险公司和金融机构每 10 年轮换一次审计师。成员国可允许公司延长一次审计聘期，最多续聘 10 年，前提是在第一个 10 年期结束时开展招标。该法案还限制向审计客户提供某些非审计服务。被禁止的非审计服务包括准备纳税申报单、代理记账、工资服务、承销和内部审计外包。

9 个月后，在 2015 年 1 月，国际会计与审计准则委员会（International Accounting and Auditing Standards Board）公布了一项新的审计准则，以使审计报告更具信息量。《国际审计准则第 701 号》要求审计师在报告中沟通

---

① Matthew Dalton, "EU Proposes Overhaul to Audit Rules," *Wall Street Journal Online*, December 1, 2011.

② "European Commission Proposes Regulatory Changes for Audits," *Journal of Accountancy.com*, November 30, 2011.

"关键审计事项"(key audit matters, KAMs)。关键审计事项是指审计师根据职业判断,认为在当期财务报表审计中至关重要的事项,例如难以审计的会计估计,包括贷款损失储备金、养老金费用和递延税款。对于每一项关键审计事项,审计师必须在其报告中披露:(1)为什么认为该事项是重要的;(2)审计师在审计中如何应对关键审计事项;(3)相关的财务报表的披露。《国际审计准则第701号》还要求对报告格式进行若干修改,例如必须先提出审计意见,再给出形成意见的基础,以及审计师必须就其独立性和履行相关道德责任的情况作出肯定性声明。报告强化了对于审计师职责和审计主要特征的描述。

英 国

与欧洲大陆的欧盟伙伴一样,英国在全球金融危机中也遭受了巨大损失。2008年9月14日,严重依赖国际借贷为其运营融资的英国北岩银行(Northern Rock)成为150年来首家遭遇挤兑的英国银行。北岩银行因无法再通过货币市场获得足够的融资而向英格兰银行(Bank of England)申请紧急贷款的消息传出后,惊慌失措的客户纷纷涌去银行提取存款。2008年10月8日,英国宣布了一项银行救助计划,其中包括5 000亿英镑的贷款、贷款担保和对该国银行的直接投资。

英国议会对审计师在金融危机期间的行为进行了调查。上议院经济事务委员会主席、普尔汉姆市场(Pulham Market)的麦克格雷戈勋爵(Lord MacGregor)在宣布调查时称:"在金融危机之后,审计是一个非常引人注目的问题,我们将努力探寻,少数审计机构在市场上的主导地位是否导致了它们未能发现国际银行承担了自身无力承受的风险。"[1]

经济事务委员会在2011年3月发布的报告中得出结论称,"银行审计师的自满情绪是2008年至2009年银行业崩溃的一个重要促成因素。要么是他们没有意识到日益增加的危险,要么是即使他们意识到了,他们也没

---

[1] "Economic Affairs Committee Launches Inquiry into Auditors: Market Concentration and Their Role," 27 July 2010, retrieved from www.parliament.uk/business/committees/committees-a-z/lords-select/economic-affairs-committee/news/economic-affairs-committee-publishes-call-for-evidence.

有向监管机构报告自己的担忧，这是应受谴责的"。[1] 报告称，如果四大会计公司中有一家倒闭，市场集中会导致可选会计公司不足、费用更高、质量更差，以及无法承受的高风险。

随后的两份报告同样对英国审计师提出了批评。2011年7月，金融监管委员会（Financial Regulatory Council）的审计检查组发布了一份报告，评估了国内最大的6家会计公司2009年7月至2010年4月的表现。报告批评审计师缺乏怀疑精神，未能通过充分的分析和严谨的态度去怀疑管理层的假设。2年后，英国竞争委员会（Competition Commission）发布的一份报告称，审计师过分专注于满足客户的管理要求了。

尽管受到多家政府机构的严厉批评，英国审计实务还是没有多大的改变。2014年，英国开始要求其350家大型公众公司每10年对其审计业务重新招标，满20年后必须更换审计师。金融监管委员会通过了一项新的审计准则，要求审计师在报告中描述对其整体审计策略影响最大的重大错报风险，并解释其审计程序是如何应对这些风险的。现在，英国审计师通常会用6至8页的文字来描述他们如何测试客户的高风险账户和交易。

2018年，一系列新的财务丑闻促使英国监管机构重新审视本国的会计惯例。普华永道会计公司因对连锁百货公司BHS的审计存在缺陷而被罚款1 000万英镑。财务报告理事会（Financial Reporting Council，FRC）的结论是，德勤会计公司对科技公司奥托诺米（Autonomy）的审计"没有达到标准"。[2] 在批评了毕马威会计公司"自满"地批准了建筑承包商卡利莲（Carillion）报告中"不切实际的数字"后，监管机构得出结论，毕马威会计公司的审计失败"不是个案"，而且颇具代表性。[3] 上议院议员瑞秋·里弗斯（Rachel Reeves）说，审计似乎是"对时间和金钱的巨大浪费，只适合向投资者、工人和公众提供虚假的保证"。[4] 她抱怨称，审计机构在审计中"把自己的利润置于被审计公司良好的治理之上"，并呼吁对四大会计公

---

[1] House of Lords Economic Affairs Committee，*Auditors*：*Market Concentration and Their Role*（London：House of Lords，2011），paragraph 167.

[2] Alia Shoaib，"Deloitte Faces Disciplinary Action Over Autonomy Accounts Scandal，" *Accountancy Age*，June 1，2018.

[3] Emma Smith，"Auditors 'In the Dock' Over Carillion as Report Calls for Big Four Breakup，" *Accountancy Age*，May 16，2018.

[4] Alia Shoaib，"Carillion Inquiry：Missed Red Flags，Aggressive Accounting and the Pension Deficit，" *Accountancy Age*，February 26，2018.

司是否应该拆分进行研究。① 2018 年 3 月，英国 FRC 的 CEO 史蒂芬·海德里尔（Stephen Haddrill）对记者表示，他"渴望重新审视"是否应该禁止会计公司提供非审计服务的问题。②

结 论

在 21 世纪头 20 年，全球审计实务发生了重大变化。加拿大加强了其审计委员会和审计师监督，以保持与美国的良好关系，并防范未来的财务欺诈。澳大利亚在经历了 HIH 保险公司的财务丑闻后，采取了多项改革措施，包括保护举报人、限制审计师在前任客户中任职等。日本经历了西武铁路、嘉娜宝有限公司、活力门、奥林巴斯和东芝等知名企业一系列的财务丑闻后出台的 J-SOX，要求高管和审计师证明，公司的财务报告的内部控制是健全的。2015 年，日本通过了新的公司治理准则，鼓励日本公司在董事会中聘用独立董事。欧洲的审计机构因未能就全球金融危机向投资者和监管机构发出警告而受到严厉批评。2014 年 4 月，欧洲议会通过立法，要求公众公司每 10 年轮换审计师，并限制了公共会计公司可能提供的非审计服务。英国近年来的财务丑闻则表明，可能需要进一步的改革。在 BHS、奥托诺米和卡利莲的财务欺诈引发巨大关注之后，英国政客建议分拆四大会计公司，只允许其承接审计业务。

【参考文献】

Ben-Ishai, Stephanie. "Sox Five Years Later: A Canadian Perspective." *Loyola University Chicago Law Journal* 39 (Spring 2008).

Blackwell, Richard. "Accounting Scandals Inevitable, Experts Say." *The Globe & Mail*, July 1, 2002.

Chynoweth, Carly. "It's Musical Chairs for Auditors." *The Sunday Times*, May 25, 2014.

Dalton, Matthew. "EU Proposes Overhaul to Audit Rules." *Wall Street Journal Online*, December 1, 2011.

---

① Emma Smith, "Auditors 'In the Dock' Over Carillion as Report Calls for Big Four Breakup."

② Madison Marriage, "Probe Urged Into Break-up of Big Four Accountants."

Ebrahimi, Helia. "Biggest Audit Firms Hit by Scathing Regulator's Verdict." *The Telegraph*, July 26, 2011.

Ebrahimi, Helia. "Big Four Chastised by Competition Commission." *The Telegraph*, February 22, 2013.

"Economic Affairs Committee Launches Inquiry into Auditors: Market Concentration and Their Role." July 27, 2010. Retrieved from www.parliament.uk/business/committees/committees-a-z/lords-select/economic-affairs-committee/news/economic-affairs-committee-publishes-ca ll-for-evidence.

European Commission. *Audit Policy: Lessons from the Crisis*, October 13, 2010.

European Commission. *Regulation to Increase the Quality of Audits of Financial Statements of Public-Interest Entities*. November 30, 2011.

"European Commission Proposes Regulatory Changes for Audits." *Journal of Accountancy.com*, November 30, 2011.

Financial Reporting Council. *The Independent Auditor's Report on Financial Statements*. International Standard on Auditing (U.K. and Ireland) No. 700. London: FRC, 2014.

HIH Royal Commission. *Report of the HIH Royal Commission*. Canberra: Commonwealth of Australia, 2003.

House of Lords Economic Affairs Committee. *Auditors: Market Concentration and Their Role*. London: House of Lords, 2011.

"In Japan, New Emphasis on Holding Auditors to Account." *Nikkei Asian Review*, December 23, 2015.

International Auditing and Assurance Standards Board. *Communications of Key Audit Matters in the Independent Auditor's Report*. International Standard on Auditing No. 701. New York: International Federation of Accountants, January 15, 2015.

"Japan Seeks Greater Transparency, Details in Audit Reports." *Nikkei Asian Review*, September 7, 2017.

Lumsden, Andrew. "CLERP 9: What You Need to Know." *Company Director Magazine*, August 1, 2004.

Marriage, Madison. "Probe Urged Into Break-up of Big Four Accountants." *Financial Times*, March 16, 2018.

McCurry, Justin. "Livedoor Execs Admit to Scandal that Shook Japan." *The Guardian*, May 26, 2006.

Nocera, Joe. "As Credit Crisis Spiraled, Alarm Led to Action." *New York Times*, October 1, 2008.

"Outline of the 'J-SOX' Financial Rules." *The Japan Times*, December 29, 2006.

Reilly, David and Andrew Morse. "Japan Leans on Auditors to Be More Independent." *Wall Street Journal Asia*, May 18, 2006.

Sanchanta, Mariko. "Seibu Railway Scandal Widens." *Financial Times*, October 21, 2004.

Sawers, Andrew. "Michael Woodford on the Olympus Scandal, Auditors, and Capitalism." *Economia*, January 31, 2012.

Shoaib, Alia. "Carillion Inquiry: Missed Red Flags, Aggressive Accounting and the Pension Deficit." *Accountancy Age*, February 26, 2018.

Shoaib, Alia. "Deloitte Faces Disciplinary Action Over Autonomy Accounts Scandal." *Accountancy Age*, June 1, 2018.

Smith, Emma. "Auditors: 'In the Dock' Over Carrillion as Report Calls for Big Four Break-up." *Accountancy Age*, May 16, 2018.

Soble, Jonathan. "Panel Finds Accounting Irregularities at Toshiba." *New York Times*, July 21, 2015.

Spitzer, Kirk. "Toshiba Accounting Scandal Could Speed Corporate Changes." *USA Today*, July 15, 2015.

Tafara, Ethiopis. "A Race to the Top." *International Financial Law Review*, September 2006.

Wearden, Graeme. "Government to Spend £500 Bn to Part-Nationalize U.K.'s Banks." *The Guardian*, October 8, 2008.

【思考】

1. 在安然公司和世通公司的财务丑闻发生后，加拿大采取了哪些会计和审计改革措施？

2. 澳大利亚第9号法案怎样改变了该国的审计实践？

3. 2004—2006年，在西武铁路、嘉娜宝有限公司、活力门的财务丑闻爆发之后，日本进行了哪些会计和审计改革？针对奥林巴斯和东芝丑闻，日本还采取了哪些改革措施？

4. 在认定审计机构在2006年和2007年未能就金融市场即将崩溃向投资者和监管机构发出警报后，欧盟在2014年和2015年采取了哪些会计和审计改革措施？

5. 根据英国上议院经济事务委员会的说法，四家大型会计公司有哪些消极后果？英国的审计报告在2014年发生了怎样的变化？

34 总　结

> 我们不应该盯着过去，除非是为了从过去的错误中汲取有用的教训。
> ——乔治·华盛顿[1]

在整个20世纪和21世纪初，精明的骗子暴露了财务报告系统的缺陷。一些丑闻促使会计师们制定了新的会计准则，以弥补他们觉察到的漏洞。还有一些欺诈行为促使审计师采取了更严格的测试程序。当政界人士或监管机构得出结论，认为会计师们未能采取行动保护公众利益时，新的保障措施就会被强制执行。数十起财务丑闻（包括本书所强调的16起）对于要求披露的财务信息的数量和内容、公认会计原则的发展、审计师的测试程序、公共会计公司的组织结构以及政府对公共会计师行业的监管产生了重大影响。

强制性财务报告和强制性审计

1929年股市崩盘后2年多过去了，国会仍未采取实质性行动。但伊瓦尔·克鲁格大规模财务欺诈案的爆发，为改革带来了新的动力。众议员菲奥雷洛·拉瓜迪亚指责纽约证券交易所的监管不力助长了克鲁格的欺诈行

---

[1] Letter to John Armstrong, March 26, 1781.

为。纽约《每日镜报》（Daily Mirror）断言，只要公司接受定期的审计（regular audits），"像克鲁格 & 托尔公司那样的巨额骗局就无法组织起来"。[1]

就在克鲁格畏罪自杀后不到一年，美国国会通过了《1933 年证券法》，要求美国公司在向公众出售证券之前，必须公布经审计的财务报表。众议员萨姆·雷伯恩称此举是对"金融家的沉默"（the reticence of financiers）的回应。[2] 没有人能比克鲁格更沉默寡言了，他是一位守口如瓶的苦行僧，他曾把自己的成功归功于"沉默，很多的沉默，更多的沉默"（silence, more silence, and even more silence）。[3]

自 1933 年以来，企业必须披露的信息数量呈指数级增长。当年度财务报表被证明不足以满足投资者的需求时，SEC 就强制要求进行季度报告。为了遏制意见购买（opinion shopping）的现象，有一项规定要求，公众公司如果想要更换审计师，就必须公开披露在过去 3 年里管理层与审计师之间是否存在任何分歧。肯尼斯·莱在安然公司破产之前几个月，出售了数十万股安然公司的股票，因此催生了要求对内幕交易进行更全面披露的规定。《多德-弗兰克华尔街改革和消费者保护法案》要求企业披露高管薪酬与公司业绩之间的关系。

公认会计原则的发展

《1934 年证券交易法》授予了 SEC 制定财务报告准则的权力。SEC 并没有直接制定准则，而是允许一系列私立的委员会编写详细的会计准则。公认会计原则在 20 世纪发展缓慢，因为会计程序委员会、会计原则委员会和财务会计准则委员会在很大程度上是在"救火式"地处理报告问题。这也正是为什么许多会计准则都可以直接追溯到财务丑闻所暴露出的缺陷。

数十年来，并购的会计处理一直是个问题。1969 年，当会计原则委员会试图取消权益结合法时，会计公司和工商业界的强烈反对直接导致了该委员会的解散。直到全美学生营销公司、废弃物管理公司和世通公司利用

---

[1] Dale Flesher and Tonya Flesher, "Ivar Kreuger's Contribution to U. S. Financial Reporting," *Accounting Review* 61 (July 1986): 429.

[2] Joni J. Young, "Defining Auditors' Responsibilities," *Accounting Historians Journal* 24 (December 1997): 28.

[3] I. F. Marcoson, "The Match King," *Saturday Evening Post*, October 12, 1929, 238.

权益结合法"创造"了不可持续的增长纪录，为投资者带来了巨额损失，财务会计准则委员会才在 2001 年废除了权益结合法，并制定了新的规则，要求公司定期审查外购商誉的减值情况。

20 世纪 80 年代的储蓄贷款机构危机暴露了金融机构会计惯例中的诸多缺陷。直到 1987 年，银行和储蓄贷款机构可以通过收取高额的低息贷款申请费来增加短期收益。许多陷入困境的银行和储蓄贷款机构通过低估贷款损失储备金，来向监管机构隐瞒自己的真实财务状况。为此，《财务会计准则公告第 91 号》规定，金融机构须递延确认大部分贷款发行费，即在贷款期间分期确认收入，而不是将其确认为发放贷款时的收入。1993 年公布的《财务会计准则公告第 114 号》，则对何时必须将贷款归类为已经发生减值的贷款，制定了更严格的标准。

在过去的 100 年里，最具争议的会计问题之一就是资产应该按历史成本还是按当前市场价值进行报告。SEC 认为，一些公司在 20 世纪 20 年代报告的市场价值太过随意，因此，其很早就决定，要求公司按历史成本报告其资产。20 世纪 70 年代和 80 年代，在利率剧烈波动的背景下，历史成本会计的不足显现了出来。资产负债表没有反映出金融机构的证券和贷款投资组合价值下降的程度，公司便可以通过精心选择和出售投资组合中已升值的证券，来操纵它们的报告收入。

SEC 在 20 世纪 90 年代初又改变了做法，开始倡导对金融工具推行公允价值会计。15 年后，银行业说服国会领导人，公允价值会计对 2007 年和 2008 年的金融危机负有部分责任。在国会的压力下，SEC 和财务会计准则委员会在 2009 年被迫放松了对金融证券按市值计价的要求。

在整个 20 世纪，各国的会计规则之间差别很大。进入 21 世纪后，情况有所变化。2005 年，欧盟委员会要求欧盟境内上市公司采用 IFRS 编制合并报表，似乎朝着建立一套通用的会计准则的方向迈出了一步。2008 年，SEC 宣布拟允许国内公司采用 IFRS 编制财务报表，但后来放弃了这一思路，理由是担忧 IFRS 的质量以及企业从公认会计原则到 IFRS 的转换成本。

审计程序

一些财务欺诈引发了审计测试程序的重大变化，这是因为审计师试图借此来堵住那些精明的骗子曾经利用过的漏洞。与100年前的同行相比，今天的审计师会检查更多的外部证据，执行更多的分析性程序，会更彻底地检查管理层的估计，也会更加关注关联方交易。

早期的美国证券市场上的审计业务包括对客户的会计记录进行极其详尽的检查。审计师会从会计分录开始追溯，直到总账，并会重新计算账户余额。他们会花费数百个小时来验证各个交易是否得到了正确记录和汇总。但审计师花在审查第三方文件上的时间相对较少。审计师也不会定期盘点资产，以验证期末余额。

1939年，在SEC调查麦克森&罗宾斯欺诈案时，一个由帕特里克·格洛弗担任主席的美国会计师协会委员会建议，审计师应观察客户的实物库存清点，并通过与债务人直接沟通来确认应收账款的真实性。如果普华会计公司的审计师在审计麦克森&罗宾斯公司时采取了上述两种做法中的一种，F.唐纳德·科斯特要想掩盖他的走私活动和虚假交易就会困难得多。因此，自1940年起，美国注册会计师协会的审计规则开始要求审计师通过实地盘点或第三方确认（即函证）来核实客户主要资产的真实存在性。

20世纪50年代，电子数据处理的出现极大地改善了会计师的生活。计算机让记账变得不再是苦差事，并大大减少了过账（posting）和汇总时发生错误的概率。但与此同时，骗子们很快就学会了如何使用电脑来实施和掩盖欺诈。美国权益基金公司的员工利用电脑程序，虚构了64 000份人寿保险单的账号和虚假数据。在美国权益基金公司的欺诈曝光后不久，美国注册会计师协会旗下的审计准则执行委员会公布了《审计准则公告第3号》来识别会计电算化系统带来的风险。自20世纪70年代中期以来，审计师开发了复杂的软件程序，来对客户的电子数据进行分类和评估。

诸如ZZZZ Best这样的财务欺诈，推动了分析性程序的广泛使用。在ZZZZ Best丑闻暴露后的1年内，美国注册会计师公布《审计准则公告第56号》，要求审计师在所有审计的计划和最终复核阶段执行分析性程序（analytical procedures）。如果巴里·明科的审计师实施了简单的年度比率比较，他们可能就会注意到ZZZZ Best的运营费用和固定资产增长远远跟不上公司报告收入的增长。不幸的是，仅靠新准则并不能确保有效的审计。安达信会计公司过度依赖于未得到有效执行的分析性程序，这使其未能发现世通公司的财务欺诈。审计师也显然没有考虑到世通公司的管理人员操纵账目以消除季度间波动的可能。相反，审计师竟然天真地认为，世通公司稳定的线路成本收入比恰恰能够证明其所报告的线路成本费用是合理的。

许多财务欺诈都涉及操纵需要进行估计的账户的余额。查尔斯·基廷故意低估了林肯储蓄贷款机构的贷款损失准备。废弃物管理公司不当地延长了填埋场的预计使用寿命。斯科特·沙利文指示他的会计人员调减了世通公司未来线路收费的应计项目。需要进行估计的账户的余额特别难以进行审计，因为根据定义，正确的账户余额要到将来某个时候才能确定。1988 年，美国注册会计师协会旗下的审计准则委员会公布了《审计准则公告第 57 号》，针对如何审计重大会计估计，提供了更多的指导。2002 年公布的《审计准则公告第 99 号》，要求审计师对上一年度的会计估计进行回顾性审查，以识别管理层的假设或者方法上的偏差。

关联方交易是许多诈骗犯用来隐藏损失或夸大利润的另一个工具。艾伦·诺维克通过将损失从 ESM 政府证券公司的账簿转移到一家与之关联（但未纳入合并范围、未得到审计）的公司，隐瞒了 3 亿美元的损失。安然公司通过将亏损的资产转移到由首席财务官安迪·法斯托控制的特殊目的实体来避免记录损失。1975 年，在美国金融公司欺诈案曝光后不久，美国注册会计师协会的审计准则委员会公布了《审计准则公告第 6 号》，要求审计师执行旨在识别客户与关联实体之间的非公平交易的程序。1983 年的修订版审计准则公告与 1995 年公布的《实务报警》（Practice Alert），为关联方交易的审计提供了更新的指导。2001 年 12 月，在安然公司破产几个星期后，美国注册会计师协会向其成员发布了一份《关联方工具包》（Related Party Toolkit），强调了解客户的交易和关联关系的重要性。

审计师对发现客户的舞弊行为的责任

英国作家劳伦斯·迪克西在 1892 年评论道："同等情况下，能发现舞弊的审计师比不能发现舞弊的审计师要好。"[1] 但是，在 20 世纪的大部分时间里，美国的审计师都在试图逃避发现客户舞弊行为的责任，这种趋势在实务界和理论界都有所体现。1929 年，美国会计师协会在其出版的第一份权威的审计程序汇编文件中警告称，审计不一定能披露那些通过操纵账目掩盖的挪用资金的行为。从 1912 年到 1957 年，罗伯特·蒙哥马利的著作《审计理论与实践》的历次版本对侦察舞弊的重视程度越来越低。

---

[1] Alan Rappeport, "Is the Auditor the CFO's Fool?" *CFO.com*, November 14, 2007.

1940年版的蒙哥马利审计著作中甚至否认审计师应对舞弊行为负责，称寻找违规行为"需要检查如此详细的细节，其成本……实在令人望而却步"。① 1940 年，SEC 关于麦克森 & 罗宾斯公司欺诈案的报告却给出了相反的观点："我们认为……会计师能够发现资产和利润的显著高估，无论这种高估是由于合谋欺诈还是由于其他原因。"② 这种观念上的冲突，也导致在 20 世纪接下来的时间里，公共会计师一直面临着自我定义的职责与公众/监管机构的期望之间的"期望差距"。

公众对美国权益基金公司丑闻的愤怒，促使美国注册会计师协会在 1977 年公布了《审计准则公告第 16 号》，以明确审计师对舞弊的责任。新准则要求审计师在制订检查计划时要"查找可能会对财务报表产生重大影响的错误和违规行为"。类似地，20 世纪 70 年代中期的水门事件的听证会推动了《审计准则公告第 17 号》的出台，该准则明确了审计师在侦察和报告客户违法行为方面的责任。

仅仅 10 年后，储贷危机和 20 世纪 80 年代其他广为人知的财务丑闻，迫使美国注册会计师协会再次尝试改革。《审计准则公告第 16 号》告诫称，审计程序本就存在"固有限制"。然而美国纳税人没有心情听审计师的辩解，他们要支付数千亿美元去救助那些破产的金融机构。公众希望得到更有力的保护，免受查尔斯·基廷和唐·迪克森等大诈骗犯的伤害。1987 年夏天，被全国媒体密集报道的 ZZZZ Best 欺诈案，让人们不禁质疑，一家大型的公共会计公司为何会允许一个 22 岁的地毯清洁工虚报数千万美元的收入呢？

1988 年公布的《审计准则公告第 53 号》，要求审计师在设计审计程序时，要"为发现财务报表中重大的错误和违规行为提供合理保证"。新准则要求审计师秉持专业的怀疑态度（professional skepticism）来对待管理层的陈述。这意味着，审计师再也不能简单地假设管理层是诚实的，除非有相反的证据。

1997 年，Phar-Mor 和 Leslie Fay 代价高昂的财务欺诈曝光后不久，美国注册会计师协会旗下的审计准则委员会便公布了更详细的指导，以帮助审计师评估舞弊的风险。《审计准则公告第 82 号》指出了 30 多个通常与虚假财务报告紧密相关的风险因素。新准则要求审计师在工作底稿中记录其

---

① Robert H. Montgomery, *Auditing Theory and Practice*, 6th ed. (New York: Ronald Press, 1940), quoted in Joni J. Young, "Defining Auditors' Responsibilities," 30.

② Securities and Exchange Commission, Accounting Series Release No. 19, *In the Matter of McKesson & Robbins, Inc.*, December 5, 1940.

风险评估的过程，并调整其审计程序，以便在存在重大舞弊的情况下为发现此类舞弊提供合理保证。

安然公司和世通公司的丑闻导致美国注册会计师协会的审计准则委员会公布了《审计准则公告第99号》。最新的准则要求审计师执行更多的专门设计的程序，来发现欺诈行为。审计团队必须举行头脑风暴会议，在会议期间，他们必须努力想象客户可能会如何实施欺诈。审计师必须进行大范围的面谈，以了解客户用于预防、制止和发现舞弊的程序。审计师应特别留意客户的存货和收入账目，且应每年都对其审计程序进行调整，以使客户难以预测和逃避审计师的测试。

公共会计公司

八大会计公司中有六家成立于19世纪。另外两家公司——安永会计公司和安达信会计公司，分别成立于1903年和1913年。最初的八大会计公司中，只有安达信会计公司没有留存下来，其他的七家会计公司合并成了现在的四大会计公司。

尽管这些会计公司仍然头顶其创始人的姓氏，但现代会计公司的运作方式，已与威廉·德劳伊特、S. H. 普莱斯和 A. C. 厄恩斯特所设想的大不相同。合伙人的自主权变小了。他们必须遵守质量控制指南，他们的决定现在需要经过复核合伙人和行政总部的审核。此外，四大会计公司已经发展成跨专业的服务机构，它们现在从管理咨询服务中获得的收入超过了审计业务。

公共会计公司一直是合伙制的。合伙企业的一个共同特征是中央权威较弱。小型合伙企业主要建立在友谊和信任的基础上。每个合伙人都信任其他合伙人会进行适当的审计，并在审计报告上签名。随着公司的发展壮大，合伙人并不愿意放弃自己的自主权，也不希望其他合伙人对他们的专业判断进行审查。现代会计公司在其全球网络中拥有3 000名甚至更多的合伙人，不可避免地会有一些害群之马。例如何塞·戈麦兹为ESM政府证券公司的虚假财务报表提供了认证，同时从该公司的经理们那里接受了数千美元的"贷款"。戴维·邓肯无视安达信会计公司专业标准小组的建议，下令销毁了与安然公司有关的文件和邮件信息等。

由于会计公司总是将责任推给不称职的审计师，或声称审计失败是由个别的判断错误造成的，以此来逃避审计失败的责任，所以美国国会和

SEC 强令公共会计公司采取更有力的内部控制措施。例如，1977 年，美国注册会计师协会成立了专门的 SEC 事务部，要求各会计公司必须为每一家公众公司审计客户指定一个复核合伙人。《2002 年萨班斯-奥克斯利法案》要求首席业务合伙人每 5 年轮换一次。

会计公司自成立以来，就为客户提供了广泛的管理咨询服务。然而，在 20 世纪 70 年代前，会计和税务服务都占到了大多数会计公司总收入的 80% 以上。所有的公共会计公司合伙人都必须是注册会计师，包括那些专门从事咨询业务的合伙人。

在 20 世纪 70 年代和 80 年代，咨询收入的增长速度超过了审计收入的增长速度。到了 1995 年，六大会计公司 50% 以上的收入和更大比例的利润都来自管理咨询服务。注册会计师嫉妒其咨询业同行的成功，以儿戏的态度抛出了"认知者"这一新的职业头衔。

非审计服务的增长引发了数十年的争论。民意调查显示，相当多的财务报表使用者认为，咨询服务损害了审计师的独立性。在 20 世纪 70 年代的梅特卡夫/莫斯听证会和 20 世纪 80 年代的丁格尔/怀登听证会上，也有证人建议禁止会计公司向审计客户提供管理咨询服务。

公共会计公司的咨询收入持续增长，直到 Sunbeam 公司和废弃物管理公司的丑闻重新引发人们对审计师与客户密切联系的担忧。2000 年至 2001 年，五大会计公司中有四家取消了咨询业务。《2002 年萨班斯-奥克斯利法案》禁止公共会计公司提供 8 项被认为与审计不相容的特定服务。

安然公司和世通公司的风波刚刚平息，公共会计公司就开始重建其咨询业务了。从 2003 年到 2010 年，前 100 家会计公司的咨询服务收入翻了一番有余。到了 2017 年，四大会计公司的全球咨询收入为 560 亿美元，超过了 470 亿美元的审计收入。

政府监管

在 1933 年的参议院听证会上，哈斯金斯 & 塞尔斯会计公司的合伙人亚瑟·卡特促请国会委托公共会计师来审计公司的财务报表，一位持怀疑态度的参议员问道："谁来审计你们？"卡特大胆地回答道："我们的良心。"[1]

---

[1] John L. Carey, *The Rise of the Accounting Profession: 1896-1936* (New York: American Institute of Certified Public Accountants, 1969), 185.

在20世纪的大部分时间里，公共会计师的工作几乎不受外部限制。各州只顾着颁发公共会计师执照，却很少惩罚审计师的不当行为。从1937年到1969年，SEC发布了114份《会计系列公告》，其中与对公共会计师的纪律处分有关的不到25份。直到20世纪70年代，联邦政府才开始定期惩罚审计师的审计不力。1973年，赛德曼&赛德曼会计公司的两名审计师因对美国权益基金公司未能实施完整的审计而被起诉。1974年司法部起诉了两名毕马威会计公司的审计师，因为他们在全美学生营销公司的委托投票说明书中作了虚假陈述。SEC对此的处理是，禁止赛德曼&赛德曼会计公司和毕马威会计公司在6个月内承接新的公众公司审计业务。

全美学生营销公司和美国权益基金公司的欺诈案虽然上了新闻头条，也引发了争论，但几乎没有掀起改革的浪花。参议员李·梅特卡夫在发表了一份强烈谴责公共会计师行业的报告后，决定再给会计师一次改过自新的机会。众议员约翰·莫斯在1978年提出了一项法案，呼吁成立一个新的联邦机构，对会计公司实施检查，并对审计不合格的指控进行调查，但该法案在委员会中停滞不前，未能进入众议院审议环节。

8年后，众议员约翰·丁格尔和罗恩·怀登又举行了一系列听证会，调查公共会计师行业。尽管几名证人敦促国会实施实质性的改革，如亚伯拉罕·布里洛夫教授建议将审计业务和咨询业务分开，罗伯特·查托夫教授也提出让SEC分配审计师给公众公司，但丁格尔和怀登并未尝试将上述建议付诸实践。怀登倒是多次提出要求审计师直接向SEC报告欺诈嫌疑，但均告失败。最终，《1995年私人证券诉讼改革法案》（Private Securities Litigation Reform Act of 1995）中只是增加了一项规定，如果客户的管理层未能向SEC报告欺诈行为，审计师就需要向SEC报告。

直到2002年安然公司和世通公司破产之后，国会才对公共会计师行业采取了严格的控制。《2002年萨班斯-奥克斯利法案》成立了PCAOB来审计审计师。PCAOB的职责包括接受公共会计公司注册，并实施定期检查，以确保审计师遵守适用的会计和审计准则。公众公司审计所适用的有关审计、道德和质量控制的准则，现在由PCAOB制定，不再由美国注册会计师协会自行制定。

其他几个国家也采取了类似于《2002年萨班斯-奥克斯利法案》的改革措施。例如，加拿大在2005年规定，企业高管需要证明其公司的内部控制。澳大利亚的第9号法案规定，会计公司在审计某客户满5年之后必须轮换合伙人，并经过2年的"冷静期"，才能再次为该客户服务。日本加强了对审计师独立性的要求，并通过了一项新的公司治理准则，要求公司至少任命 2 名独立董事，或解释不这么做的理由。

结　论

世界资本市场依赖于由会计师制作并经审计师核实的可靠的财务信息。2001 年 8 月，《华尔街日报》评论道：

> 如果要对 20 世纪的智力成果排名，公认会计原则应该在每个人的前 10 名名单上。公认会计原则的理念是如此简单，却又如此激进，那就是应该有一种标准的方法来核算公众公司的利润或损失，让投资者看到一家公众公司是如何管理其资金的。正是这种透明度，使得投资者能够比较麦当劳、IBM 和特百惠（Tupperware）这样不同的企业，并使美国证券市场成为全世界最优秀企业的向往之地。①

然而，到了仅仅 1 年后的 2002 年，美国资本市场就不再是全世界羡慕的对象了。安然公司和世通公司摧毁了投资者对美国公众公司财务报告体系的信心。政界人士和监管机构纷纷发问，以原则为导向的 IFRS 会不会优于以规则为导向的公认会计原则。《2002 年萨班斯-奥克斯利法案》强加给公众公司的高昂成本，导致亚洲和欧洲企业纷纷对美国证券市场敬而远之。

接下来的大丑闻——2007 年和 2008 年的全球金融危机伤害了全球的公司、投资者和纳税人。六大洲的公共会计师和监管者试图对紧密交织的全球资本市场推行改革。财务会计准则委员会和国际会计准则理事会的准则制定者选择合作，以寻找更好的方法来核算金融资产和不良贷款。美国注册会计师协会的审计准则委员会和国际会计师联合会的国际审计准则委员会，也尝试改进和协调各自的审计准则。

为应对最新丑闻所采取的每一项新的改革，都会给跨国公司带来额外的成本。1933 年，乔治·梅曾提醒国会："所有这些都是一个平衡风险与

---

① Clay Shirky, "How Priceline Became a Real Business," *Wall Street Journal*, August 13, 2001, A12.

成本的问题。如果你建立的保护机制代价过高,你就会扼杀实业发展。"[1]
历史上,会计人员一直在努力以合理的成本提供相关和可靠的财务信息。他们成功了许多次,但在大多数情况下失败了。未来的会计师必须找到符合成本效益的方法,来纠正当前的财务报告缺陷,并应对未来不可避免的财务丑闻。

【参考文献】

Carey, John L. *The Rise of the Accounting Profession*:*1896-1936*. New York:American Institute of Certified Public Accountants, 1969.

Flesher, Dale, and Tonya Flesher. "Ivar Kreuger's Contribution to U. S. Financial Reporting." *Accounting Review* 61 (July 1986).

Marcoson, I. F. "The Match King." *Saturday Evening Post*, October 12, 1929.

Montgomery, Robert H. *Auditing Theory and Practice*, 6th ed. New York:Ronald Press, 1940.

Rappeport, Alan. "Is the Auditor the CFO's Fool?" *CFO.com*, November 14, 2007.

Securities and Exchange Commission. In the Matter of McKesson & Robbins, Inc. Accounting Series Release No. 19, December 5, 1940.

Shirky, Clay. "How Priceline Became a Real Business." *Wall Street Journal*, August 13, 2001.

Young, Joni J. "Defining Auditors' Responsibilities." *Accounting Historians Journal* 24 (December 1997).

【思考】

1. 举例说明在20世纪20年代不常见,但现在必须披露的财务信息。
2. 举例说明为应对财务丑闻而引入的会计规则。
3. 现代审计程序与80年前的审计程序有何不同?
4. 从1892年至今,审计师对财务报表舞弊的责任是如何演变的?
5. 在过去的50年里,公共会计公司发生了怎样的变化?
6. 《2002年萨班斯-奥克斯利法案》如何降低了公共会计师行业的专业自治水平?

---

[1] Flesher and Flesher, "Ivar Kreuger's Contribution to U. S. Financial Reporting," 429.

Called to Account: Financial Frauds that Shaped the Accounting Profession, 3rd Edition by Paul M. Clikeman

ISBN: 9781138327085

© 2020 Paul M. Clikeman

Authorized translation from the English language edition published by Routledge, a member of the Taylor & Francis Group. All rights reserved. 本书原版由 Taylor & Francis 出版集团旗下 Routledge 公司出版，并经其授权翻译出版，版权所有，侵权必究。

China Renmin University Press is authorized to publish and distribute exclusively the Chinese (Simplified Characters) language edition. This edition is authorized for sale throughout the mainland of China. No part of the publication may be reproduced or distributed by any means, or stored in a database or retrieval system, without the prior written permission of the publisher. 本书中文简体翻译版权授权由中国人民大学出版社独家出版并仅限在中国大陆销售，未经出版者书面许可，不得以任何方式复制或发行本书的任何部分。

Copies of this book sold without a Taylor & Francis sticker on the cover are unauthorized and illegal. 本书封面贴有 Taylor & Francis 公司防伪标签，无标签者不得销售。

北京市版权局著作权合同登记号：01-2020-1221

图书在版编目(CIP)数据

证券市场沉思录：第3版/（美）保罗·克利克曼著；周华，尤希琦译. --北京：中国人民大学出版社，2025.4. --ISBN 978-7-300-33543-8

Ⅰ. F830.91

中国国家版本馆 CIP 数据核字第 20256UB704 号

证券市场沉思录（第3版）

[美] 保罗·克利克曼　著
周　华　尤希琦　译
Zhengquan Shichang Chensilu

出版发行	中国人民大学出版社		
社　　址	北京中关村大街 31 号	邮政编码	100080
电　　话	010-62511242（总编室）		010-62511770（质管部）
	010-82501766（邮购部）		010-62514148（门市部）
	010-62511173（发行公司）		010-62515275（盗版举报）
网　　址	http://www.crup.com.cn		
经　　销	新华书店		
印　　刷	天津中印联印务有限公司		
开　　本	720 mm×1000 mm　1/16	版　次	2025 年 4 月第 1 版
印　　张	27.5 插页 1	印　次	2025 年 4 月第 1 次印刷
字　　数	447 000	定　价	98.00 元

版权所有　　　侵权必究　　　印装差错　　　负责调换